www.ingramcontent.com/pod-product-compliance
Lightning Source LLC
LaVergne TN
LVHW041710070526
838199LV00045B/1291
* 9 7 8 8 1 9 8 2 7 7 1 1 4 *

سیاسی اسلام

انتخاب وترتیب
اشعر نجمی

Bright Books

© Ashar Najmi

Siyasi Islam
by Ashar Najmi
Bright Books, Thane, India
1st Edition : November 2024
ISBN: 978-81-982771-1-4

اس کتاب کا کوئی بھی حصہ مصنف یا ناشر کی پیشگی اجازت کے بغیر کسی بھی وضع یا جلد میں
کلّی یا جزوی، منتخب یا مکرر اشاعت یا بہ صورت فوٹو کاپی، ریکارڈنگ، الیکٹرانک، میکینیکل
یا ویب سائٹ پر اَپ لوڈنگ کے لیے استعمال نہ کیا جائے۔ نیز اس کتاب پر کسی بھی
قسم کے تنازعہ کو نمٹانے کا اختیار صرف ممبئی کی عدلیہ کو ہوگا۔

Bright Books
Mira Road East, Dist. Thane, India
nidabattiwala@gmail.com

فہرست

سیاسی اسلام	05	مبارک علی
اسلامی ریاست کا تصور	09	اصغر علی انجینئر
قیام خلافت کا مغالطہ	15	مبارک حیدر
شیعہ سنی مخاصمت: مذہبی یا سیاسی؟	21	این بلیک
جمہوریت مغرب سے کیوں طلوع ہوئی؟	24	فرنود عالم
جدید قومی ریاست کی جواز خیزی	28	عبداللہ سعید
ریاستی جواز	42	شاہرام اکبرزادہ
سعودی عرب: ۱۱ ستمبر کے بعد	48	لاربی صادق
اسلامی جمہوریہ ایران میں اصلاح کی سیاست	64	فریدہ فرحی
بنگلہ دیش میں اسلام کی نئی اٹھان	79	تاج آئی ہاشمی
ازبکستان کا اسلامی قضیہ	100	شاہرام اکبرزادہ
ملیشیا میں اسلام اور سیاسی جواز خیزی	112	عثمان بکر
انڈونیشیا: منقسم اکثریت	132	گریگ فیلی
ایردگان کی کامیابی اور سیاسی اسلام	149	فرنود عالم
حزب التحریر: خلافت کے احیا کی جدوجہد	155	احمد رشید
تاجکستان میں خانہ جنگی	169	احمد رشید
طالبان کا تاریخی و سیاسی شعور	183	احمد رشید
حزب اللہ: سیاسی مؤقف میں تغیر وارتقا	186	مولانا عمار خان ناصر

سیاسی اسلام

مبارک علی

اس وقت موجودہ حالات کے تحت اسلام کی جس انداز میں تشریح اور تاویل کی جا رہی ہے، اس کے لیے اسکالرز نے کئی اصطلاحات کو رواج دیا ہے، کیوں کہ یہ تشریح سیاسی، سماجی اور کلچرل حالات کے تحت ہو رہی ہے۔ اس لیے اس میں اختلافات بھی ہیں اور نئی توضیحات بھی۔ اس مضمون میں، میں اس بات کی کوشش کروں گا کہ ان اصطلاحات کے مفہوم اور ان کے معنی بیان کروں تا کہ ہماری سمجھ میں یہ آسکے کہ اسلام کو کس طرح سے سمجھا اور دیکھا جا رہا ہے۔

آج کل 'سیاسی اسلام' ایک مقبول عام اصطلاح ہے، اس کا سادہ مطلب یہ ہے کہ مذہب کو سیاست میں کس طرح سے استعمال کیا جاتا ہے اور اس استعمال کے کیا نتائج نکل رہے ہیں۔ اگر دیکھا جائے تو مذہب اور سیاست کے درمیان ملاپ کا سلسلہ کوئی نیا نہیں ہے۔ دنیا کی تاریخ میں تقریباً ہر بڑی تہذیب میں مذہب کو سیاسی طور پر استعمال کر کے حکمرانوں نے اپنے اقتدار کے لیے جواز فراہم کیا ہے۔

اس سلسلہ میں مسلمان حکمرانوں نے بھی اپنے سیاسی مقاصد کے لیے اسلام کو استعمال کیا۔ کیوں کہ علما اور فقہا بھی مسلمانوں کے دور حکومت میں ریاست کے اعلیٰ عہدوں پر فائز رہے۔ اس لیے انھوں نے حکمرانوں کے اقتدار کے لیے کام کیا اور ان کے احکامات کو مذہب کے ذریعہ درست ثابت کیا کہ عوام ان پر عمل کریں اور حکمرانوں سے وفادار رہیں۔ تاریخ میں اس کی شہادتیں موجود ہیں کہ کب بھی حکمران کو اپنے ذاتی یا سیاسی معاملات میں فتوؤں کی ضرورت ہوئی تو مفتیوں اور فقہا نے فوراً ان کی مرضی کے مطابق فتوے جاری کر دیے اور ان کے اعمال و احکامات کو مذہبی جواز فراہم کر دیا۔ مثلاً جب اکبر اپنی چار سے زیادہ بیویوں کو مذہبی طور پر جائز قرار دینا چاہتا تو مالکی قاضی نے فقہ مالکی کے تحت ان کو جائز قرار دے دیا اور اس کے اس مسئلہ کو فوراً حل کر دیا۔ خاص بات یہ ہے کہ اس فتویٰ کے بعد اکبر نے اس قاضی کو فوراً برطرف کر دیا کہ کہیں دوسرے امراء بھی اس سے فائدہ نہ اٹھا

لیں اور یہ چار سے زیادہ شادیاں کرنے کی روایت نہ بن جائے۔ تاریخ میں ایسے فتووں کی بڑی تعداد موجود ہے، جن میں اقتدار پر غاصبانہ قبضہ کو، باغیوں کے قتل کو، بیت المال سے شاہی اخراجات کو اور مسلمانوں اور غیر مسلمانوں کے ساتھ جنگ کو مذہبی طور پر جائز کہا گیا ہے۔ اس لیے پوری تاریخ میں سیاسی طور پر بااقتدار طبقوں نے مذہب کو اپنے مفادات اور خواہشات کے لیے استعمال کیا۔

موجودہ دور میں پاکستان میں صدر جنرل ضیاء الحق شہید نے مذہب کو آمریت کے استحکام کے لیے اور اہم اقدامات کے لیے پوری طرح سے استعمال کیا اور اس کے مقابلہ میں جمہوری اداروں اور روایات کا قلع قمع کیا۔ اس طریقہ کار کو بنگلہ دیش میں جنرل ایچ۔ ایم۔ ارشاد نے اس وقت اختیار کیا جب اس کے خلاف مخالف تحریکوں میں اضافہ ہوا اور لوگوں میں اس کی آمریت کے خلاف نفرت کا اظہار ہونے لگا۔ سوڈان میں جعفر غیری نے بھی اس پالیسی کو اس لیے اختیار کیا کہ وہ لوگوں کے بنیادی مسائل حل کرنے میں ناکام ہوا۔ اس وقت اس نے شریعت کے نفاذ کے ذریعہ لوگوں کے مذہبی جذبات کو ابھار کر ان کی ہمدردیاں حاصل کرنے کی کوشش کی۔ اس وقت سعودی عربیہ میں اسلام کی تشریح اس انداز سے کی جارہی ہے کہ جو اس کے بادشاہت کے نظام کے خلاف نہ ہو۔ اس کے برعکس ایران میں بادشاہت کے خاتمہ کے بعد اب علما کی ایک جماعت کا سیاست پر قبضہ ہے اور وہ اسلام کو اپنی طرز کے سیاسی نظام کے لیے استعمال کر رہے ہیں۔ جب اسلام کے نام پر سیاست کی جاتی ہے اور اس کے حق میں علما کے فتوے بھی آجاتے ہیں تو عام لوگوں کے لیے یہ مشکل ہو جاتا ہے کہ وہ اس کے خلاف آواز اٹھائیں، کیوں کہ یہ ایک طرح سے مذہب کے خلاف بغاوت ہوتی ہے۔

جمہوری معاشروں میں بھی سیاسی جماعتیں لوگوں کے ووٹ حاصل کرنے کے لیے مذہبی نعروں کو استعمال کرتی ہیں اور اس بات کا دعویٰ کرتی ہیں کہ کامیاب ہونے کے بعد اسلامی نظام کا نفاذ کریں گی۔ ان کا مفروضہ یہ ہوتا ہے کہ وہ اپنے منصوبے پر اسی وقت عمل کر سکیں گے جب وہ اقتدار میں آجائیں گے، اس لیے مذہبی نعرے کا مقصد ایک لحاظ سے لوگوں کی رائے کو اپنے لیے ہموار کرنا ہوتا ہے۔ یہ اپنے مفادات کے تحت اسلام کی تعبیر اس طرح سے کرتے ہیں کہ اسلام اور جمہوریت میں کوئی تضاد نہیں ہے۔ اس لیے اسلامی نظام ایک لحاظ سے جمہوری ہے۔

ان کے برعکس اسلامی ملکوں میں ایک جماعت ایسی بھی ہے جو جمہوریت، الیکشن اور لوگوں کے ووٹوں پر یقین نہیں رکھتی ہے اور اس نظام کو 'اسلامی تعلیمات کے خلاف سمجھتی ہے۔'' وہ ایک ایسے اسلامی نظام کے حامی ہیں جس کی بنیاد راسخ العقیدگی پر ہے، ان کے خیال میں صرف اس نظام کے بعد مسلمان اپنی پستی سے بھی نکلیں گے اور مذہبی تعلیمات کی روشنی میں ان کے سیاسی، سماجی اور کلچرل مسائل کا حل بھی ممکن ہو سکے گا۔

لبرل اسلام

مذہب کو جب مختلف جماعتیں، فرقے اور گروہ استعمال کرتے ہیں تو وہ اس کی تشریح اپنے مفادات کے تحت کرتے ہیں اور اس طرح مذہب ان کے لیے مقاصد کے حصول کا ذریعہ بن جاتا ہے۔ مذہب کا یہ استعمال

خاص طور سے ان معاشروں میں ہوتا ہے جہاں تعلیم کی کمی ہوتی ہے اور جذبات کی بنیاد پر فیصلے کیے جاتے ہیں۔ اس لیے یہ دیکھتے ہیں کہ پاکستان میں فرقوں کی تعبیر اور تاویل کے ساتھ ساتھ اسلام کی تشریح جاگیردارانہ قدروں اور قبائلی رسومات کے تحت بھی کی جاتی ہے۔اس تشریح میں جاگیردارانہ روایات اور قبائلی رسم ورواج مذہب کا ایک حصہ ہوجاتے ہیں۔

اہل مغرب نے اسلام کے کردار کو موجودہ دور میں تین حصوں میں تقسیم کردیا ہے۔سیاسی، عسکریت پسند اور لبرل اسلام۔ہم پہلے دو پر اظہار خیال کر چکے ہیں، اب یہ دیکھنا ہے کہ لبرل اسلام کا کیا تصور ہے؟اس تصور کو آگے بڑھانے کی اصل وجہ سیاسی اور عسکریت پسند اسلام کے اثرات ہیں۔ اس لیے لبرل اسلام کے فروغ میں جہاں ایک طرف مغربی طاقتیں دلچسپی لے رہی ہیں، وہیں مسلمان ملکوں کی حکومتیں بھی اس میں شامل ہیں۔کیوں کہ ان دونوں کو اسلامی جماعتوں سے خطرہ ہے جو اسلام کے نام پر کی حکومتوں کو ختم کر کے اقتدار حاصل کرنا چاہتی ہیں۔ لٰہذا لبرل اسلام کے فروغ کے لیے انھوں نے اپنے دانشوروں کی مدد لی جو یہ ثابت کریں کہ اسلام جدیدیت کا مخالف نہیں ہے، وہ جمہوری اداروں، روایات اور امن کا حامی ہے،اس کے اندر رواداری اور وسعت ذہنی ہے۔

اسلام کا یہ نقطۂ نظر امپیریل طاقتوں اور مسلمان حکمرانوں کے لیے اس لیے قابل قبول ہے کہ اس صورت میں ان کے خلاف مزاحمتی تحریکیں ختم ہوجاتی ہیں اور امن کی صورت میں وہ اور ان کے سامراج حمایتی اپنے تسلط کو قائم رکھ سکتے ہیں۔اس لیے جو علما اور دانشور لبرل اسلام کا پروپیگنڈا کرتے ہیں، انھیں مغرب اور مسلمان حکومتوں سے کثیر تعداد میں فنڈز فراہم کیے جاتے ہیں۔

لبرل اسلام کو سیاسی مقاصد کے لیے استعمال کرنا بھی ایک پرانا حربہ ہے۔ برطانوی دور حکومت میں سرسید احمد خان اور ان کے ساتھیوں نے برطانوی حکومت کے تحفظ کے لیے لبرل اسلام کا نظریہ پیش کیا۔ ہمارے اپنے زمانے میں ایوب خان نے جماعت اسلامی اور دوسری راسخ العقیدہ جماعتوں کے مقابلہ میں غلام احمد پرویز کی حمایت کی جنھوں نے لبرل اسلام کو ان کے مقابلہ میں پیش کیا۔

لیکن ہم دیکھتے ہیں کہ لبرل اسلام کی تحریک بھی اپنے مقاصد میں کامیاب نہیں ہوسکی۔ کیوں جب تک سماج لبرل نہیں ہوگا، جب تک لوگوں کی معاشی حالت بہتر نہیں ہوگی، جب تک لوگوں کا وقار بلند نہیں ہوگا اور جب تک تعلیم وصحت اور بنیادی ضرورتیں نہیں ملیں گی، اس وقت تک لبرل اسلام کا تصور لوگوں کے لیے ایک خواب ہی رہے گا۔نظریات وافکار اس وقت عملی شکل اختیار کرتے ہیں جب لوگوں کی عملی طور پر حالت بدلے۔مغرب اور مسلمان حکمران لبرل اسلام کو اپنے مفادات کے لیے چاہتے ہیں، یہ کسی بھی صورت میں سماجی تبدیلیاں لانے پر تیار نہیں ہیں۔ حکمران طبقے اپنی مراعات چھوڑنے پر آمادہ نہیں تو اس صورت میں عام کے لیے اصل مسئلہ اپنے بنیادی حقوق کا حصول ہے۔انھیں محض نعروں میں دلچسپی نہیں رہتی ہے۔

جہاں تک ان دانشوروں کا سوال ہے جو لبرل اسلام کی تبلیغ کر رہے ہیں، ان میں دو گروہ ہیں۔ایک تو وہ ہیں جو امریکہ اور یورپ کی یونیورسٹیوں میں تحقیق کر رہے ہیں اور اسلام کو ترقی پسند نقطہ نظر سے پیش کر رہے ہیں۔

ان لوگوں کی کتابیں یورپی زبانوں میں ہوتی ہیں۔ امریکہ اور یورپ سے شائع ہوتی ہیں اور ان کے قارئین یا تو انھیں کی طرح سے دانشور ہوتے ہیں یا وہ تعلیم یافتہ افراد جن کے جرائم کو اس موضوع سے دلچسپی ہے۔ اس لیے ان کے خیالات و افکار محدود رہتے ہیں اور عام لوگوں تک نہیں پہنچ پاتے۔ اس لیے ان کی تحریریں مسلمان معاشروں میں کوئی تبدیلی نہیں لاسکتی ہیں۔

اس کے برعکس ایسے علما اور دانشور کم ہیں جو مسلمان ملکوں میں رہتے ہوئے عربی، فارسی اور اردو میں لکھیں جس کا اثر لوگوں پر ہو۔ ان زبانوں کو استعمال کرنے والے راسخ العقیدہ علما ہوتے ہیں جن کی تحریریں لوگوں تک جاتی ہیں۔ اس لیے لبرل اسلام کا ان سے کوئی مقابلہ نہیں ہے۔ یہ وقت کے ساتھ حکومتی سرپرستی میں پیدا ہوتا ہے اور اس کے ساتھ ختم ہوجاتا ہے۔

[بشکریہ 'تاریخ کے نئے زاویے'، تاریخ پبلی کیشنز، لاہور، ۲۰۱۲ء]

اسلامی ریاست کا تصور

اصغر علی انجینئر

ترجمہ: لیاقت علی ایڈووکیٹ

اسلام نے ایک تہذیب کی بنیاد رکھی، یا ایک ریاست کے تصور کو جنم دیا؟ یہ وہ سوال ہے جس پر گزشتہ چودہ صدیوں کے دوران مسلمان مفکرین اور اہل علم متفق نہیں ہو سکے۔ ایک حلقۂ فکر کا خیال ہے کہ اسلام کا ظہور جن مقاصد کے حصول کے لیے ہوا تھا، ان میں پوری دنیا کو ایک اسلامی ریاست بنانا بھی شامل تھا، لیکن قرآن و حدیث میں ایسا کوئی تصور موجود نہیں ہے۔ اسلامی تعلیمات کا منشا ایک ایسے سماج کی تشکیل ہے، جس کی بنیاد عدل اور انصاف پر ہو۔ مصنف اصغر علی انجینئر نے اپنے مضمون میں اسلامی تعلیمات کی روشنی میں یہ ثابت کرنے کی سعی کی ہے کہ اسلام انصاف پر مبنی معاشرے کی تشکیل کا درس دیتا ہے، چہ جائیکہ ایک اسلامی ریاست قائم کی جائے، جو کہ سیاسی تنازعات کو جنم دینے کا باعث بنتی ہے۔

اسلامی ریاست کے تصور کے حامیوں اور مخالفین کے مابین فکری مجادلہ نہ صرف ایک طویل ماضی رکھتا ہے، بلکہ اس تصور کے گرد دلائل و براہین کا سلسلہ بغیر کسی وقفہ کے، ہنوز جاری و ساری ہے۔ کیا ایسا کوئی تصور موجود ہے یا یہ محض ایک سراب ہے؟ کیا ہم کسی ریاست کو اسلامی ریاست کہہ سکتے ہیں؟ بلا شبہ بہت سے ایسے اہل علم موجود ہیں جو نہ صرف اس تصور کے داعی ہیں بلکہ ایسی ریاست کے قیام کو اسلام کی حقیقی روح قرار دیتے ہیں۔ ان کے نزدیک اسلام کا ظہور جن مقاصد کے لیے ہوا تھا، وہ اس وقت تک حاصل نہیں ہو سکتے جب تک کہ پوری دنیا میں اسلامی ریاست قائم نہ ہو جائے۔ باعث دلچسپ امر یہ ہے کہ اسلامی ریاست کے قیام کے داعیوں میں فوجی آمر، موروثی بادشاہ اور ایسے حکمران نمایاں ہیں جو اپنے عوام کو ان کے جمہوری حقوق دینے سے انکاری ہیں۔ کیا موجودہ دور کی کسی ریاست کے بارے میں یہ دعویٰ کیا جا سکتا ہے کہ یہ اسلامی ریاست ہے؟ کیا کوئی ایسا پیمانہ یا معیار موجود ہے جس پر

اسلامی ریاست کے دعویٰ کو پرکھا جاسکتا ہے؟ یہ وہ سوالات ہیں جو ہماری بحث کا موضوع ہیں۔

سب سے پہلے تو ہمیں اس امر کا ادراک حاصل کرنا چاہیے کہ کیا قرآن وحدیث میں اسلامی ریاست کا کوئی تصور موجود بھی ہے یا نہیں؟ کیا قرآن وحدیث کا منشا کسی ریاست کا قیام ہے؟ اسلامی لٹریچر جس میں سر فہرست قرآن وحدیث ہیں، جن کا مفصل مطالعہ ہمیں بتاتا ہے کہ اسلامی ریاست کا کوئی تصور اس میں موجود نہیں ہے۔ حقیقت تو یہ ہے کہ حضرت محمدؐ کی وفات کے بعد مسلمان ان کے جانشین کے مسئلہ پر بھی باہم متفق نہ تھے ۔رسولؐ کا جانشین کون ہو؟ یہ وہ پہلا مسئلہ تھا جس پر مسلمان منقسم ہو گئے تھے۔ اس ابتدائی تقسیم کے پس پشت کچھ لوگوں کا یہ خیال تھا کہ خود رسول اللہؐ نے کسی کو اپنا جانشین مقرر نہیں کیا تھا، چنانچہ کسی شخص کا یہ دعویٰ کرنا اور مسلمانوں کے کسی ایک دھڑے کی طرف سے اس کی تائید وحمایت درست نہیں ہے، جب کہ دوسرے گروہ کا موقف تھا کہ رسول اللہؐ نے نہ صرف اپنا جانشین مقرر کیا تھا بلکہ انھوں نے بالوضاحت حضرت ابوبکرؓ کو اپنے بعد مسلمانوں کی دنیاوی اور روحانی رہنمائی اور قیادت کا فریضہ بھی تفویض کیا تھا۔

جہاں تک قرآن کا تعلق ہے تو اس میں زیادہ سے زیادہ ایک سماج کا تصور تو موجود ہے لیکن ریاست اور اس کے اداروں کا کوئی ذکر نہیں ملتا۔ قرآن عدل اور احسان پر زور دیتا ہے۔ چنانچہ قرآنی اصولوں کے مطابق تشکیل پانے والے سماج کی بنیادیں انھی اصولوں پر استوار ہونا چاہئیں۔ اسی طرح قرآن ظلم اور ناانصافی کو سختی سے مسترد کرتا ہے۔ چنانچہ ایسا سماج جو ظلم و زیادتی پر قائم ہو، وہ کسی طور پر بھی اسلامی سماج نہیں کہلا سکتا۔ سماجی تشکیل میں قرآنی اقدار بنیادی اہمیت کی حامل ہیں۔ پس یہ امر بحث طلب ہے کہ کیا ظلم وزیادتی کی بنیادوں پر قائم اور عدل واحسان پر مبنی قرآنی اقدار سے ماورا ریاست کو جائز طور پر اسلامی ریاست کہا جاسکتا ہے۔

قبل از اسلام کا عرب معاشرہ ریاست کے کسی تصور سے آشنا نہیں تھا۔ وہ ایسا قبائلی سماج تھا جو ریاست اور سماج کے مابین کسی قسم کے فرق سے ہنوز ناواقف تھا۔ وہاں تو اس وقت تک تحریری قوانین ہی موجود نہیں تھے، چہ جائیکہ کسی قسم کے منضبط اور تحریری آئین کی بات کی جائے۔ اس عہد کے خطہ عرب میں وراثتی یا منتخب، کوئی حکومتی اتھارٹی موجود نہ تھی، تاہم ایک ایسا ادارہ جس کو عہد حاضر کی آئینی زبان میں سینٹ کہا جاسکتا ہے، موجود تھا اور اس کے ارکان ایک مخصوص علاقے میں بسنے والے قبائل کے سردار ہوتے تھے۔ ہر فیصلہ باہمی مشاورت اور اتفاق رائے سے ہوتا تھا اور جو فیصلہ ایک بار ہو جاتا، اس کی پاسداری اور اس پر عملدرآمد کرانا قبیلہ کے سردار کی ذمہ داری تھی۔ اگر کوئی قبائلی سردار کسی فیصلہ سے اختلاف کرتا تو ایسے فیصلے پر عمل درآمد کرانا ممکن نہیں ہوتا تھا۔

ٹیکس کا کوئی نظام تھا، نہ کوئی پولیس اور باقاعدہ فوج۔ مخصوص سرحدوں کے اندر واقع علاقے یا علاقوں میں حکومتی نظم ونسق، دفاع یا پولیس کے کسی باقاعدہ نظام کا کوئی تصور نہ تھا۔ ہر قبیلہ اپنے رسم ورواج اور صدیوں پر محیط روایات پر عمل کرتا تھا۔ بلا شبہ متحارب قبائل کے مابین جنگ وجدل جاری رہتا تھا اور قبیلہ کے ہر بالغ مرد کا فرض سمجھا جاتا تھا کہ وہ اس جنگ میں اپنے قبیلے کی عزت وناموس اور مفادات کے تحفظ کی خاطر حصہ لے، اگر اس مقصد کے لیے اپنی جان قربان کرنی پڑے تو اس سے بھی گریز نہ کرے۔ جزیرہ نما عرب کے قبائل کے مابین ایک

قانون کے بارے میں عمومی اتفاق موجود تھا، وہ قصاص کا قانون تھا۔قبل از اسلام کے عرب میں قانون اوراخلاق کی بنیاد قصاص کے اصول پر استوار تھی۔ مکہ میں حضورؐ کی قیادت میں قائم ہونے والے معاشرے کو یہ حالات ورثہ میں ملے تھے۔ جب آنحضرتؐ اوران کے صحابہ کرامؓ پر مکہ میں مخالفین اسلام کی طرف سے عرصۂ حیات تنگ کر دیا گیا،تو وہ مدینہ ہجرت کر گئے، جواس وقت یثرب کہلاتا تھا۔اس دور کا مدینہ بھی بنیادی طور پر قبائلی معاشرت کا حامل شہر تھااور وہاں بھی قبائلی رسوم ورواج کی حکمرانی تھی۔مکہ کی طرح مدینہ میں بھی ریاست نام کی کوئی چیز موجود نہ تھی اور قبائلی رسوم وروایات کی پاسداری کی جاتی تھی۔ یہاں اگر یہ کہا جائے تو بے جا نہ ہوگا کہ اس وقت بعض حوالوں سے مدینہ کی حالت مکہ سے بدتر تھی۔ مکہ میں قبائل کے مابین جنگوں کا رجحان اتنا شدید نہیں تھااوراس کی بڑی وجہ یہ تھی کہ شہر بڑی تیزی سے تجارتی سرگرمیوں کا مرکز بن رہا تھااوران سرگرمیوں کا تقاضا تھا کہ قتل وغارت گری کے بجائے شہر میں امن اور ہم آہنگی کی فضا بنی رہے۔ تیزی سے بڑھتی ہوئی تجارتی اور معاشی سرگرمیاں قبائل کو مجبور کررہی تھیں کہ وہ باہمی لڑائیوں کے بجائے ایک دوسرے کے ساتھ تعاون کریں تاکہ زیادہ سے زیادہ تاجر مکہ کا رخ کریں۔ تاہم مدینہ نخلستان ہونے کی وجہ سے نیم زرعی معاشرہ تھااور وہاں مختلف قبائل ہر وقت لڑنے مرنے کے لیے تیار رہتے تھے۔قبائل کی باہمی دشمنی کے خاتمے کے لئے مدینہ کے لوگوں نے حضرت محمدؐ کو بطور منصف مدینہ آنے کی دعوت دی تھی۔

پیغمبرؐ اسلام ایک عظیم روحانی اور مذہبی شخصیت ہونے کے ناطے جزیرہ نما عرب میں بہت زیادہ عزت و احترام کی نظر سے دیکھے جاتے تھے، چنانچہ جب مدینہ کے عوام نے انھیں قیامِ امن کے لیے مدعو کیا تو آپؐ وہاں انصاف پر مبنی معاشرے کے قیام کے لیے تشریف لے گئے۔آپؐ نے قیامِ مدینہ کے دوران جو پہلا کام کیا تھا، وہ مختلف قبائل اور مذہبی گروہوں کے مابین معاہدہ امن کی تشکیل تھی، جو 'میثاق مدینہ' کے نام سے معروف ہے۔اس معاہدے کی شقوں کے تحت مدینہ اوراس کے گردونواح میں رہنے والے تمام قبائل اور مذہبی گروہوں کا ان کے عقائد، قبائلی قوانین اور روایات کے مطابق زندگی گزارنے کا حق تسلیم کیا گیا تھا۔کسی کو یہ حق نہیں تھا کہ وہ اپنے عقائداور روایات کسی دوسرے شخص یا گروہ اور قبیلہ پر بزور طاقت مسلط کرے۔قرآن میں واضح طور پر یہ بیان کیا گیا ہے کہ ''دین کے معاملات میں کوئی جبر نہیں ہے۔''

'میثاق مدینہ' کو مدینہ میں قائم ہونے والی 'ریاست' کی آئینی دستاویز کہا جاسکتا ہے۔'میثاق مدینہ' کی شقیں قبائلی نظم وضبط کی نفی اور حکمرانی کے مشترکہ امور میں قبائلی سرحدوں کو نظر انداز کرتی تھیں۔'میثاق مدینہ' میں یہ طے کیا گیا تھا کہ اگر کوئی بیرونی قوت مدینہ پر حملہ آور ہوگی تو تمام فریقین بلا استثنا مذہب اور قبیلہ مشترکہ طور پر شہر کا دفاع کریں گے۔ چنانچہ یہی وہ مرحلہ تھا جب تاریخ اسلام میں پہلی بار مشترکہ سرزمین کے تصور نے جنم لیا، جو کسی بھی ریاست کے قیام کے لیے بنیادی شرط خیال کی جاتی ہے۔قبل ازیں جیسا کہ اوپر بیان کیا گیا ہے، عرب میں قبیلے کا تصور تو موجود تھا لیکن مخصوص سرحدوں کا کوئی تصور نہیں پایا جاتا تھا۔

'میثاق مدینہ' کی صورت میں پیغمبرؐ اسلام نے ایک طرح سے انقلابی قدم اٹھایا تھا۔اگر ایک طرف انھوں

نے نظریاتی سرحدوں کا تصور دیا، تو دوسری طرف انھوں نے زمینی سرحدوں کی اہمیت کو بھی اجاگر کیا تھا۔ تاہم اس سے یہ نتیجہ اخذ کرنا کہ حضرت محمدؐ کا مقصد کسی قسم کی سیاسی کمیونٹی تشکیل دینا تھا، یہ تاثر کسی صورت بھی درست نہیں ہوگا۔ وہ مذہبی عقیدے کی بنیاد پر کمیونٹی تشکیل دینا چاہتے تھے۔ 'میثاق مدینہ' کے نتیجے میں مسلمانوں کا ایک سیاسی کمیونٹی میں ڈھل جانا محض حادثہ تھا، نہ کہ اسلامی تعلیمات کا لازمی نتیجہ۔ یہی وجہ ہے کہ قرآن کسی سیاسی نظریہ کے بجائے اخلاق اور انصاف کی اقدار پر زیادہ زور دیتا ہے۔ قرآن کے نزدیک زیادہ اہمیت دین کو حاصل ہے، نہ کہ حکمرانی کو۔ اللہ تعالیٰ قرآن میں فرماتا ہے کہ ''ہم نے آج تمھارے دین کو مکمل کر دیا ہے۔'' چنانچہ قرآن ہمیں مکمل دین دیتا ہے، نہ کہ مکمل سیاسی نظام۔ کسی سیاسی نظام کی ترتیب و تشکیل اور اس کے ارتقا میں بہت سا وقت درکار ہوتا ہے۔ اس کے ساتھ ہی ہر عہد کی سماجی و سیاسی اور معاشی ضروریات اور تقاضے کسی بھی سیاسی نظام کی تشکیل و تعمیر اور تبدیلی و ترمیم میں بہت اہم کردار ادا کرتے ہیں۔

مسلمانوں کی بنیادی ذمہ داری ہے کہ وہ ''نیکی کو نافذ کریں اور برائی کا مقابلہ کریں''۔ یہ قرآنی اصول اسلامی معاشرے کو ایک واضح اخلاقی جہت عطا کرتا ہے۔ بعد ازاں دین اور سیاست کے اتحاد کے جس نظریہ پر بہت زیادہ زور دیا گیا اور جسے اسلام کی 'حقیقی روح اور منشا' قرار دیا گیا، میرے علم کے مطابق قرآن میں اس کا بالکل کوئی ذکر موجود نہیں ہے۔ پیغمبرؐ اسلام نیکی اور انصاف کی اعلیٰ ترین اقدار کے نفاذ کے لیے مبعوث ہوئے تھے اور انھوں نے اپنی تمام زندگی معاشرے سے برائی کے خاتمے اور انصاف کے قیام کے لیے وقف کیے رکھی، لیکن اس کے باوجود انھوں نے کبھی کسی سیاسی عہدے یا منصب کی خواہش کی اور نہ کوشش۔ وہ اپنے صحابہ کرامؓ میں روحانی اقدار کو مضبوط و مستحکم دیکھنا چاہتے تھے۔ قرآن کی اس آیت میں مسلمان امہ کے لیے بہترین سماجی اور معاشرتی فلسفہ بیان کیا گیا ہے ''تم (مسلمان) بہترین امت ہو۔ نیکی کی راہ پر چلو اور برائی سے دور رہو اور اللہ کی رسی کو مضبوطی سے تھامے رکھو۔''

چنانچہ ہم دیکھتے ہیں کہ مسلم اُمّہ کا مقصد قرآنی تعلیمات کی روشنی میں ایک ایسے اخلاقی سماج کی تشکیل و ترتیب ہے، جس کی بنیاد نیکی اور اچھائی کے اصولوں اور بدی و برائی سے پرہیز کے اصولوں پر استوار ہو۔ مسلمانوں کا اتحاد و اتفاق اسی صورت میں قائم اور مستحکم ہو سکتا ہے، جب کہ وہ ایک دینی گروہ کے طور مبنی بر انصاف سماج تشکیل دینے کی سعی کریں۔ ایک ایسا سماج جہاں ظلم و زیادتی اور ناانصافی کا کوئی دخل نہ ہو۔ اگرچہ سچ کی تلاش اور اس کو اپنانے کے ایک سے زائد طریقے اور حوالے ہو سکتے ہیں۔ قرآن میں اللہ تعالیٰ کو احکم الحاکمین کہا گیا ہے (بہترین انصاف کرنے والا)۔ قرآن کی یہ سب آیات اور ہدایات مثبت سماجی اقدار کو فروغ دیتی ہیں۔ مسلمانوں کو ایک ایسا معاشرہ قائم کرنے کا پیغام دیتی ہیں جو انسانوں پر ظلم و زیادتی کے بجائے عدل و انصاف کا نفاذ ممکن بنائے۔

اسلام اپنے پیروکاروں سے ہرگز یہ تقاضا نہیں کرتا کہ وہ کسی ایک سیاسی جماعت یا گروہ میں منظم ہو جائیں۔ سیاست بنیادی طور پر لوگوں میں اقتدار کے حصول کی خواہش کو اُبھارتی ہے۔ اقتدار اور سیاسی قوت کی خواہش انسانوں میں اتحاد و یگانگت کے بجائے تقسیم در تقسیم کا باعث بنتی ہے۔ قرآن مسلمانوں سے تقاضا کرتا ہے کہ وہ

باہم متحد رہیں اور کمزور کر دینے والے اختلافات اور باہمی تضادات کی پذیرائی نہ کریں۔ قرآن کہتا ہے کہ ''اور اللہ اور اس کے پیغمبر کی اطاعت کرو اور ایک دوسرے کے ساتھ تنازعہ پیدا نہ کرو، تاکہ تم کمزور نہ ہو جاؤ اور تمھاری قوت ختم ہو جائے۔ یقیناً اللہ مومنوں کے ساتھ ہے۔''

سیاسی اقتدار کے حصول کی جدوجہد کرنے والوں کے مابین تنازعہ پیدا ہونا لازم ہے۔ باہمی تنازعات افراد اور کمیونٹی کو کمزور کرتے ہیں، اور سماجی ترقی کی کوششوں کو سبوتاژ کرنے کا باعث بنتے ہیں۔ یہی وجہ ہے کہ قرآن نے مسلمانوں کو باہمی تنازعات سے دور رہنے کی ہدایت کی ہے۔ اسلامی تاریخ کا مطالعہ ہمیں بتاتا ہے کہ مسلمانوں کے مابین پیدا ہونے والے باہمی تنازعات اور اختلافات کے پس پشت سیاسی اقتدار کے حصول کی خواہش تھی۔ حضورؐ کی وفات کے بعد سب سے بڑا سوال ہی یہ تھا کہ سیاسی اقتدار کس کے پاس ہو اور حق حکمرانی کس کو حاصل ہے۔ چنانچہ سیاسی اقتدار کے سوال پر مسلمانوں کی تقسیم کے عمل کا آغاز ہو گیا۔

تین دہائیوں پر محیط خلافت راشدہ کے دوران مسلمانوں کے مختلف گروہوں کے مابین سیاسی اقتدار کے حصول کے لیے بہت سے تنازعات اور اختلافات ابھرے اور بعض صورتوں میں یہ اختلافات قتل و غارت گری پر منتج ہوئے۔ تین دہائیوں پر مشتمل یہ عرصہ مسلمانوں کے مابین باہمی اختلافات اور خون خرابے سے بھرپور ہے۔ چار میں سے تین خلفا کو شہید کیا گیا۔ قرآن نے مسلمانوں کو اتحاد و یگانگت کا جو سبق دیا تھا، وہ پس پشت کیوں چلا گیا؟ مسلمانوں کے مختلف گروہوں اور جماعتوں کے مابین جنگ و جدل کیوں ہوا؟ اس سارے جنگ و جدل اور خون خرابے کے پس پردہ مختلف افراد کی اقتدار پر قبضہ کرنے کی خواہش تھی۔ حضورؐ کی وفات کے فوراً بعد ہی ایسے اشارے ملنا شروع ہو گئے تھے، جن سے یہ ظاہر ہوتا تھا کہ کچھ افراد اقتدار پر قبضہ کرنے کی خواہش رکھتے تھے۔

مکہ کے لوگوں کی اکثریت کا تعلق قبیلہ قریش سے تھا۔ وہ سمجھتے تھے کہ خلیفہ کے چناؤ میں انھیں فوقیت ملنی چاہیے، کیوں کہ انھوں نے ہی سب سے پہلے اسلام قبول کیا تھا اور ویسے بھی دوسرے قبائل کی نسبت وہ زیادہ مہذب، پڑھے لکھے اور تجربہ کار ہیں، اس لیے خلافت انھی کا حق ہے۔ انصار چاہتے تھے کہ خلیفہ کا تعلق مدینہ سے ہو۔ وہ دعویٰ کرتے تھے کہ انھوں نے نبیؐ کی اس وقت مدد کی، جب مکہ کے اہل قریش نے ان پر عرصۂ حیات تنگ کر دیا تھا۔ اس لیے خلافت پر ان کا حق فائق ہے۔ وہ خلیفہ کا چناؤ انصار میں سے کرنا چاہتے تھے۔ حضورؐ کے اہل خاندان سمجھتے تھے کہ حضرت علیؓ جو ان کے داماد اور چچا زاد بھائی ہیں، اس منصب کے زیادہ اہل ہیں۔

قرون اولیٰ کے مسلمانوں میں جو ابتدائی اختلافات پیدا ہوئے، ان کی نوعیت مذہبی نہیں بلکہ سیاسی تھی۔ مختلف گروہوں اور افراد کی طرف سے 'نوزائیدہ' اسلامی ریاست کا اقتدار حاصل کرنے اور قیادت کی خواہش نے ان اختلافات کو ہوا دی۔ یہاں یہ حقیقت واضح کرنا ضروری ہے کہ ابتدائی ریاست کا قیام مذہبی سے زیادہ سیاسی تقاضا تھا۔ اس نقطہ پر ہم تفصیل سے روشنی ڈالیں گے۔

جیسا کہ ہر مسلمان جانتا ہے کہ نماز، روزہ اور زکوۃ ہر مسلمان پر فرض ہے اور حج کی ادائیگی اور توحید پر پختہ ایمان مسلمان ہونے کی بنیادی شرائط ہیں۔ روحانی بالیدگی کے لیے یہ چیزیں ناگزیر ہیں۔ مسلمان جہاں کہیں بھی

ہو، اسلام کے بتائے ہوئے یہ فرائض ادا کرسکتا ہے۔ان فرائض کی ادائیگی کے لیے کسی ریاست کی ضرورت نہیں ہے ۔ایک غیر مسلمان معاشرے میں رہتے ہوئے بھی کوئی مسلمان یہ فرائض بغیر کسی رکاوٹ اور مشکل کے ادا کرسکتا ہے، اور اگر کہیں کوئی مسلمان حکمران ہے تو وہ ان فرائض کو مسلمانوں پر زبردستی نافذ نہیں کرسکتا۔ عبادات کو ریاستی احکامات کے زور پر مسلط نہیں کیا جاسکتا۔ یہ اللہ اور اس کے بندے کا معاملہ ہے۔ ریاست کا اس سے کوئی لینا دینا نہیں ہے۔

تاہم کسی سماج میں رہنے والے انسانوں کے باہمی تعلقات کو منضبط کرنے لیے ریاست کا وجود ناگزیر ہے۔ تاریخ کے مختلف ادوار اور مختلف خطوں میں ریاست کی شکل وصورت مختلف رہی ہے۔ کسی جاگیردارانہ سماج میں جمہوری ریاست کا قیام ممکن نہیں ہے۔ قبائلی معاشرت میں کسی ایسی ریاست کا قیام جو جدید جمہوری اصولوں کی پیروی کرے، ممکن نہیں ہے۔ یہی وجہ ہے کہ قرآن ریاست کی ساخت کے بجائے اس کی نوعیت پر زور دیتا ہے۔ ریاست وحدانی ہو یا وفاقیت پر مبنی، قرآن کو اس سے غرض نہیں ہے۔ قرآن کی منشا ہے کہ ریاست عدل وانصاف، برابری اور انسانی وقار کے اصولوں پر استوار ہو، اور یہ کہنے کی ضرورت نہیں کہ آج کے عہد میں صرف ایک جمہوری ریاست ہی قرآنی اصولوں کے مطابق سماج کی تشکیل ممکن بنا سکتی ہے۔ ایک جمہوری ریاست میں ہی انسان نہ صرف دنیاوی معاملات میں ترقی وخوشحالی کی منزل پاسکتا ہے، بلکہ روحانی بلندیوں کو بھی چھوسکتا ہے۔ قرآنی تعلیمات کے مطابق ایک اسلامی ریاست میں بسنے والے تمام نسلی، لسانی، مذہبی گروہوں کو مکمل اور مساوی حقوق حاصل ہونے چاہئیں۔ قرآن کے نزدیک نسلی، قومیتی، قبائلی اور لسانی فرق اللہ کی نشانیاں ہیں اور انسانوں کی شناخت کے لیے ہیں۔ قرآن دیگر مذاہب کے ماننے والوں کے حقوق کو تسلیم کرتے ہوئے انھیں اپنے عقائد کے مطابق اپنی زندگی گزارنے کی مکمل آزادی دیتا ہے۔ قرآن سماجی رنگارنگی کو تسلیم کرتا ہے کیوں کہ اللہ کی رضا یہی ہے۔ آج کے عہد میں ایک جمہوری ریاست ہی اسلامی ریاست ہے۔

قیام خلافت کا مغالطہ

مبارک حیدر

بیسویں صدی میں سید قطب اور سید مودودی کی اسلامی تحریکوں کا دعویٰ یہ تھا کہ مسلم امت کی ایک مرکزی اسلامی ریاست قائم کی جاسکتی ہے جو خلافت راشدہ کے نمونے پر ہوگی۔ اگرچہ حسن البنا کی اخوان المسلمون سید قطب سے پہلے ایک سرگرم تحریک تھی اور اس کی پہلی شکل اخوان کے بانی شیخ عبدالوہاب تھے لیکن سید قطب جدید زمانے میں اس تحریک کے سب سے مؤثر نظریہ ساز تھے۔ تاہم ۱۹۸۰ء کے عشرہ میں سید قطب پر جمال عبدالناصر کی حکومت نے مقدمہ چلا کر ۱۹۶۶ء میں انھیں سزائے موت دے دی تو ان کی تحریک زیادہ مؤثر نہ رہی یا یوں کہیں کہ زیر زمین چلی گئی۔ کہا جاتا ہے کہ اس وقت ایمن الظواہری اور اسامہ بن لادن کی سرگرمیوں کے پیچھے سید قطب کے نظریات ہیں۔ سید قطب جو مولانا مودودی سے متاثر تھے، خود مولانا محترم سے بھی زیادہ خالص اسلامی نظام کے علمبردار تھے، کیوں کہ عرب بھی تھے اور وہابی بھی۔ اگرچہ وہ ظاہر کے اعتبار سے جدید دور کے انسان دکھائی دیتے تھے اور انھیں مولانا مودودی کے برعکس جوانی میں امریکہ رہنے اور امریکی دوشیزاؤں کے شیطانی حربوں کا مطالعہ کرنے کا موقع ملا جس پر انھوں نے امریکہ کے جاہلیتی نظام کے ضمن میں لکھتے ہوئے اپنی کتاب 'معالم فی الطریق' (راستے کے نشان) میں خوب روشنی ڈالی ہے۔ مولانا مودودی مرحوم کو امریکہ جانے کا موقع زندگی کے آخری دنوں میں ملا، جب وہ اپنے گردوں کے علاج کے لیے وہاں تشریف لے گئے، کیوں کہ درست علاج کی سہولت سعودی عرب یا کسی دوسرے اسلامی ملک میں نہ تھی۔ تاہم دونوں عظیم اسلامی مفکروں کے سامنے یہ واضح نصب العین تھا کہ ایک ایسی صالح جماعت تیار کی جائے جو آج کی مغرب زدہ سوچ سے بالکل آزاد ہو کر اسلامی ریاست کی دوبارہ بنیاد رکھے۔ سید قطب نے اپنی مذکورہ بالا کتاب میں مسلمانوں کی ایک ایسی نسل تیار کرنے کا نقشہ پیش کیا جو بقول ان کے مسلمانوں کی پہلی نسل کی طرح قرآن کے علاوہ ہر علم کو اپنے لیے ممنوع قرار دے دے۔ جدید دنیا سے کچھ نہ سیکھے، صرف ان کی ٹیکنالوجی کے ثمرات لے لے، یعنی آلات نقل وحمل اور آلات

جنگ۔ یہ نئی نسل ایک اسلامی ریاست قائم کر کے مغرب کے نظام جاہلیت کے بنائے ہوئے آلات ووسائل جنگ کی مدد سے دنیا کے خلاف جہاد کرے، اس وقت تک کہ جب سارا عالم (جسے وہ عالم جاہلیت کہتے ہیں) اسلام کی قوت کے ہاتھوں شکست کھا کر ''ذلت کے ساتھ خود اپنے ہاتھوں سے جزیہ دے۔''

یہ انداز مولانا مودودی کے انداز سے بھی زیادہ جارحانہ تھا۔ یہ غالباً جغرافیائی کلچر کے اثرات تھے کہ مولانا محترم شدید ترین فاتحانہ امنگوں کے باوجود اتر پردیش کے مسلمانوں کی مہذب روایت سخن سے پوری طرح الگ نہ ہو سکے۔ مولانا مودودی محترم کے مقابلے میں سید قطب کا انداز سیدھا سادہ فاتحانہ تھا۔ انھوں نے لگی لپٹی رکھے بغیر اپنے ارادے بیان کر دیے اور ساری دنیا کو کھلے لفظوں میں جاہلیت کی دنیا قرار دیا جو کہ تباہ ہونے اور تسخیر ہونے کی مستحق ہے۔ ان کی نظر میں جو مسلمان مفکر تبلیغ و دعوت اور فکری جہاد اور جہاد برائے مدافعت کی بات کرتے ہیں، دراصل خون کی کمی اور ایمان کی کمزوری کا شکار ہیں۔ ان کے خیال میں اسلام میں جہاد کا مفہوم فتح و تسخیر کے لیے مسلسل حملہ کرنا اور دنیا پر اسلام کی حکومت قائم کرنا ہے۔ اسلام کے علاوہ ہر نظام چونکہ باطل ہے اور ظالمانہ ہے اور چونکہ اسلام اللہ کا واحد دین ہے، لہٰذا ہر دین اور ہر نظام جو اسلام کے علاوہ ہے، تباہ و برباد کیے جانے کا مستحق ہے۔ یہی اللہ کا منشا اور حکم ہے۔ یہی مسلمان کی زندگی کا اولین مقصد ہے اور یہی دنیا کا مستقبل ہے۔ انھوں نے لکھا کہ 'لا اکراہ فی الدین' یعنی دین میں کوئی جبر نہیں، کا اطلاق صرف اس وقت شروع ہوگا جب ساری دنیا کے انسان فتح کیے جانے کے بعد اسلامی ریاست کے ماتحت آجائیں گے۔ تب ہر شخص کو آزادی ہوگی کہ وہ اپنے مذہب کے مطابق عمل کرے۔ تب غیر مسلموں کو اسلام قبول کرنے پر مجبور نہیں کیا جائے گا بلکہ انھیں صرف ذمی کی حیثیت سے جزیہ دینا ہوگا اور تذلیل قبول کرنی ہوگی جو ان کے غیر مسلم رہنے کی سزا ہے۔ کیوں کہ قرآن کی آیت ۹:۲۹ کا یہی حکم ہے۔ موجودہ پاکستان میں کالعدم شدت پسند تنظیموں کے علاوہ طالبان اور ڈاکٹر اسرار احمد مرحوم کی تنظیم اسلامی کا یہی موقف ہے، چنانچہ ان کو سید قطب کا جانشین سمجھا جا سکتا ہے۔

مولانا مودودی مرحوم نے اپنے عزائم غالباً اتنے واضح لفظوں میں بیان نہیں فرمائے، تاہم ان کی کسی تحریر میں دنیا کے دیگر مذاہب اور معاشروں کو یہ تسلی نہیں دی گئی کہ انھیں آزاد رہنے دیا جائے گا۔ ایک جہاندیدہ اور معاملہ فہم سیاست دان کی حیثیت سے انھوں نے غالباً ایسے بلند آواز اعلان جنگ کو قبل از وقت سمجھا ہوگا۔ تاہم اس امر میں کوئی لگی لپٹی نہیں کہ دنیا کو ایک مرکزی اسلامی نظام خلافت کی ضرورت ہے جو ان کے خیال میں نہ صرف ممکن ہے بلکہ دراصل اس کا وقت بہت ہی قریب ہے۔

کہتے ہیں ایک نوجوان نے ۱۹۶۵ء میں مولانا محترم کی خدمت میں حاضر ہو کر چند سوالات پیش کیے تھے جو یہاں دہرانا بے جا نہ ہوگا۔ کیوں کہ مولانا محترم نے یا کسی دوسرے اسلامی عالم نے ان سوالوں کا جواب اپنی کسی تحریر میں نہیں دیا، یا کم سے کم ہمارے علم میں ایسا کوئی جواب موجود نہیں۔ اور یہ سوال آج بھی قائم ہیں جب کہ دنیا پر اسلام کا غلبہ قائم کرنے کے دعوؤں پر ایک تحریک چل رہی ہے جس میں ہزاروں باصلاحیت مسلمان اپنی صلاحیتیں صرف کر رہے ہیں بلکہ جان تک کے نذرانے دے رہے ہیں۔ لہٰذا ضروری ہے کہ تحریک کے رہنما ان سوالوں کے

جواب فراہم کریں تاکہ مسلمانوں کی موجودہ اور آئندہ نسلیں اپنی قربانیوں کا درست مصرف دیکھ سکیں۔ اب یہ سوال کسی بھی ایسے عالم کی خدمت میں پیش کیے جاسکتے ہیں جو اسلامی مملکت کے لیے جہاد کے قائل ہیں۔

(۱) رسولؐ اللہ کی حاکمیت کی بنیاد وحی پر تھی، یعنی انھیں اللہ نے لوگوں کا حکمران بننے کے لیے منتخب کیا تھا۔ آپؐ کے وصال کے بعد چاروں خلفائے راشدین الگ الگ طریقے سے سربراہ بنے۔ پہلے خلیفہ کا انتخاب چند لوگوں کے اجلاس میں بحث وتمحیص کے بعد ہوا۔ دوسرے خلیفہ راشد حضرت عمرؓ کو پہلے خلیفہ رسولؐ نے نامزد کیا جس میں کسی بحث کا کوئی ذکر نہیں آتا۔ تیسرے خلیفہ کا تقرر چھ صحابہ کے آپس کے تبادلۂ خیال کے ذریعہ ہوا جنھیں دوسرے خلیفہ نے نامزد کیا تھا، جب کہ چوتھے خلیفہ کا تقرر الجھنوں اور بالآخر مسلمانوں کی جزوی تائید سے ہوا جسے حضرت معاویہؓ نے تسلیم نہیں کیا۔ لہٰذا دو مرکز قائم رہے۔ تقرر کے ان مختلف طریقوں کا بیان قرآن، حدیث یا خود خلفائے راشدین کے کسی فیصلے میں نہیں، نہ ہی قرآن اور حدیث میں سربراہ کے انتخاب کا کوئی طریقہ موجود تھا اور یہی وجہ تھی کہ خلفائے راشدین کے تقرر کے لیے مختلف طریقے استعمال ہوئے۔ پہلا سوال یہ ہے کہ آپ یا کوئی شخص جو اب خلیفۂ رسولؐ یا امیر المومنین یا سربراہ امت بنے گا، اس کے تقرر کا کیا طریقہ ہوگا؛ یعنی خلفائے راشدین میں سے کس خلیفہ کا اصول؟

(۲) اگر مان لیا جائے کہ آپ کو اجتہاد کا حق مل گیا ہے، حالاں کہ اجتہاد کے لیے شرط ہے کہ آپ مسلم امہ کے ایسے معتبر عالم تسلیم کرلیے گئے ہوں جس پر کسی کو اختلاف نہ ہو، جب کہ آپ یا کوئی عالم دین یہ شرط پوری نہیں کرتا اور موجودہ صورت حال یہ ہے کہ برصغیر اور دنیا بھر کے مسلم عوام کی اکثریت اور شیعہ مسلمان جو ایران اور عرب کے کئی ممالک میں بڑی تعداد میں موجود ہیں، آپ کے نظریات کو شیخ وہاب کے نظریات سمجھتے ہوئے آپ سے شدید اختلاف کرتے ہیں۔ تو کیا آپ ان کروڑوں مسلم عوام کو مرتد اور واجب القتل قرار دیں گے؟ کیا انھیں بھی غیر مسلم آبادیوں کی طرح فتح کیا جائے گا؟ کیا برصغیر اور دنیائے عرب کے تمام مزار تباہ کیے جائیں گے؟ اس طرح کے خدشات کی بنیاد موجود ہے، کیوں کہ حضرت محمد بن عبدالوہاب کے پیروکار الاخوان نے ۱۸۰۱ء میں کربلا میں حضرت امام حسینؓ کا مزار تباہ کیا تھا۔ (مولانا صوفی محمد کی قیادت میں طالبان نے حال ہی میں پاکستان کے تقریباً تمام مسلمانوں کو خارج از اسلام قرار دیا ہے اور طالبان نے ہی پشاور میں رحمان بابا کا مزار تباہ کیا ہے۔)

اگر مان لیا جائے کہ آپ اجتہاد کے ذریعے الیکشن کا مغربی جمہوری نظام استعمال کرسکتے ہیں تو کیا آپ منتخب ہونے کے بعد یا کسی بھی طریقے سے سربراہ بننے کے بعد پاکستان کے امیر المومنین ہوں گے یا امت مسلمہ کے؟ اور آپ ملک کی مسلح افواج کو اور دوسرے اداروں کو موجودہ انتظام کے تحت رکھیں گے یا انھیں منتشر کرکے نئی افواج کا حکم جاری کریں گے؟ کیا مسلح افواج سے آپ کو امید ہے کہ وہ تابعدار رہیں گی؟ اور اگر وہ بغاوت کریں تو کیا آپ کے پاس ایسا کوئی طریقہ ہے کہ آپ اس بغاوت کو فرو کریں؟

اگر مولانا زندہ ہوتے تو آج کا نیا سوال یہ ہوتا: کچھ عرصہ سے القاعدہ اور طالبان مسلح جنگ کے راستہ سے اسلام نافذ کرنے کی کوشش کررہے ہیں، جب کہ آپ ووٹ کا راستہ صحیح مانتے ہیں۔ کیا آپ ایک دوسرے کی

اطاعت کریں گے؟

(۳) اگر آپ صرف پاکستان کے اسلامی سربراہ ہوں گے تو باقی اسلامی آبادیوں اور قوموں کا نصیب کیا ہوگا؟ اور کیا آپ دنیائے کفر کے خلاف جہاد کے لیے باقی مسلم امت کے بغیر صرف پاکستانی افواج کو استعمال کریں گے؟ یعنی برصغیر ہندو، روس اور چین کو فتح کرنے کے لیے کیا اپنی فوج کافی ہوگی؟ یا ان غیر مسلم اقوام کو اسی حالت میں رہنے دیں گے؟

(۴) اگر ایسا نہیں ہے اور آپ کو پوری امت مسلمہ کو متحد کرنا ضروری نظر آتا ہے جس عزم کا آپ بار بار اظہار کر چکے ہیں تو کیا آپ تمام مسلم ممالک کو اپنی مملکت اسلامیہ تصور کریں گے؟ تو کیا وہ اپنی اپنی قومی حکومتیں ختم کر کے آپ کے ماتحت آجائیں گی یعنی افغانستان، ایران، جزیرۂ عرب کے ممالک، مصر، انڈونیشیا اور ملائیشیا وغیرہ؟ اور اگر انھوں نے آپ کو تسلیم نہ کیا جیسا کہ حضرت ابوبکرؓ کی خلافت پر ہوا تھا تو کیا آپ ان ممالک پر فوج کشی کریں گے اور ان کی حیثیت مرتد کے طور پر مقرر کر کے ان کی مکمل شکست تک جنگ کریں گے؟

خلافت راشدہ کے بعد صدیوں تک مسلم سلطنت قائم رہی۔ وہ دنیا کی سب سے طاقتور سلطنت تھی، پھر بھی مسلم حکمرانوں نے ساری دنیا پر اسلام کا پرچم لہرانے کی کوشش نہیں کی۔ روس، چین، مشرق بعید اور یورپ کے وسیع علاقے اور انسان اسلامی یلغار سے محفوظ رہے۔ کیا صدیوں تک مسلم امہ کی نسلیں اپنے دینی فریضہ سے غافل رہیں؟ یا آج کی طاقتور اقوام کو فتح کرنا زیادہ آسان ہو گیا ہے؟

(۵) اگر فرض کر لیا جائے کہ ان تمام مرحلوں کے بغیر مشیت ایزدی سے ایک ایسا معجزہ ہو جائے کہ ساری امت مسلمہ آپ کو امیر مان کر آپ کے تابع فرمان ہو جائے تو آپ بھارت، چین، روس، یورپ اور امریکہ کو فتح کرنے کے لیے کیا حکمت عملی اختیار کریں گے؟ اور اگر یہ اس وقت تیار ہوگی تو کیا اصولاً آپ اس تسخیر کے عمل کو تسلیم کرتے ہیں؟ دنیا کی موجودہ غیر مسلم اقوام بظاہر اسلام کی مخالفت نہیں کرتیں۔ یہ بھی حقیقت ہے کہ چین کے علاوہ دنیا کا کوئی ملک ایسا نہیں جو مسلم مبلغین کو اسلام کی تبلیغ سے روکتا ہو۔ غلبۂ اسلام کے تقریباً تمام سرکردہ مفکر اس بات پر متفق ہیں کہ اگر کوئی نظام حکومت اپنے عوام کو اسلام کا پیغام سننے اور قبول کرنے سے روکتا ہو تو اس نظام حکومت کے خلاف اسلحہ سے جہاد کرنا مسلم حکمرانوں کا پہلا فرض ہے اور یہ جہاد تب تک جاری رہے گا جب تک اس جاہلیتی نظام کے لوگ شکست کھا کر بسکی کے ساتھ جزیہ دینے پر تیار نہ ہو جائیں، حتیٰ کہ وہاں کے عوام اسلامی حکومت کے تحت آکر اپنے مذہب کے خلاف ہمارے علمائے کرام کی تقاریر آزادی سے سن سکیں اور جزیہ ادا کر کے زندہ رہنے یا اسلام قبول کرنے کے لیے آزاد ہوں، تو کیا چین اس اعتبار سے پہلا ملک ہوگا جس پر فوج کشی اور جہاد فی سبیل اللہ ہماری اسلامی ریاست کے لیے سر بسر لازم ہوگا؟

حضرت شاہ ولی اللہ اور حضرت محمد بن عبد الوہاب کا موقف رہا ہے کہ ایسے تمام نظام جاہلیتی ہیں جو اسلامی حکومت کے ماتحت آنے سے انکار کریں۔ آپ نے بھی اپنے رسالہ 'ارتداد کی سزا' مطبوعہ ۱۹۴۰ء کے آخری صفحات پر اسی موقف کا اعلان فرمایا تھا، سید قطب نے 'معالم فی الطریق' کے باب جہاد فی سبیل اللہ میں وضاحت

18 سیاسی اسلام

کے ساتھ لکھا کہ آج کے تمام معاشرے جہاد کے ذریعے فتح کیے جائیں گے اور وہاں اسلامی شریعت تلوار کے زور پر نافذ کی جائے گی۔

(اس وقت القاعدہ کی سربراہی میں طالبان کی جہادی سرگرمیاں اسی عزم کے ساتھ جاری ہیں کہ اسلام صرف مسلم سرزمینوں کی مدافعت کا حکم نہیں دیتا بلکہ تمام ممالک کو فتح کرکے اسلامی قانون نافذ کرنے کا حکم دیتا ہے۔غلبۂ اسلام کی موجودہ تحریک کا موقف ہے کہ اگر کوئی معاشرہ یہ کہے کہ ہم اپنے نظام سے خوش ہیں یا یہ کہے کہ ہم نہ خود کو مریض سمجھتے ہیں نہ آپ کو حکیم، تو ہم ایسا معاشرہ کو صرف ان کے کہنے پر ان کے حال پر نہیں چھوڑ سکتے بلکہ ہم ان کا جبراً علاج کریں گے یعنی انھیں فتح کرکے اسلام کی برکات سے فیضیاب کریں گے، کیوں کہ دنیا بھر کے جدید معاشرے دراصل بھٹکے ہوئے دائمی مریض ہیں جنھیں اپنے امراض کی عادت پڑ چکی ہے۔ وہ نہیں جانتے کہ انھیں ہماری حکمت کی کتنی ضرورت ہے۔ہم دنیا کے حکیم ہیں، یہ فیصلہ کرنا ہمارا کام ہے کہ دنیا بھر کی مریض اقوام کو کیا چاہیے۔)

اب عملی صورت حال یہ ہے کہ چین، روس، یورپ اور امریکہ کے مہلک ترین ہتھیاروں سے لیس ہیں اور ان ممالک کے لوگ اپنے اپنے ملکی نظام سے اتنے خوش ہیں کہ اس کے تحفظ کے لیے شدید جنگ کرنے پر تیار نظر آتے ہیں۔احتمال ہے کہ ان ممالک کی فوجی کارروائیوں میں مسلم افواج لاکھوں بلکہ کروڑوں کی تعداد میں کام آئیں گی۔کیا آپ کی دانست میں یہ کروڑوں شہادتیں ضروری ہیں؟ اور کیا ان کروڑوں شہادتوں کے بعد آپ اپنی عالمی مملکت قائم کرنے اور قائم رکھنے میں کامیاب ہوجائیں گے؟

(۶) جیسا کہ آپ نے 'خلافت وملوکیت' میں تسلیم کیا ہے، رسولؐ اللہ کی ذاتی تربیت پانے والے وہ مسلمان جن کی عظمت ایمانی اور صداقت اور علم (خود آپ کے خیال کے مطابق) قیامت تک انسانیت کے لیے مثال ہے، وہ خلافت راشدہ کو تین عشروں تک بھی قائم نہ رکھ سکے اور ملوکیت نے خلافت کی جگہ لے کر حقیقی اسلامی ریاست کو ختم کردیا۔تو آپ کو کیسے یہ یقین ہے کہ خلافت کا جو صالح نظام آپ رائج کرنے والے ہیں، وہ زیادہ دیر قائم رہ سکے گا؟ کیا آپ میں سے کوئی (یا اسامہ بن لادن) معاذ اللہ خود کو رسولؐ اللہ سے بہتر معلم اور تنظیم کار سمجھتا ہے اور اپنی جماعت کو صحابہ کی جماعت سے زیادہ مستحکم، زیادہ منظم اور زیادہ باکردار؟ (استغفر اللہ)

(۷) اور اگر آپ جانتے ہیں کہ یہ سب ناممکن ہے تو آپ کے پیش نظر اصل مقصد کیا ہے جس کے لیے آپ نوجوانوں کو نسل در نسل قربان کرنا چاہتے ہیں کہ وہ ایک کبھی نہ مکمل ہونے والے مشن کے لیے اپنی صلاحیتیں، حتیٰ کہ اپنی زندگیاں صرف کرتے رہیں؟

۱۷۴۰ء کے لگ بھگ شیخ عبدالوہاب نے جس نئی تحریک خلافت کی بنیاد رکھی تھی، جس کے لیے لاکھوں مسلم نوجوانوں نے اپنی صلاحیتوں کی قربانی دی ہے اور جدید علوم سے منھ موڑ کر اپنی قوموں کی تعمیر نو کو یہ کہہ کر حرام قرار دیا ہے کہ اسلام قوموں کو نہیں امت کو مانتا ہے، وہ تحریک سید قطب اور سید مودودی سے ہوتی ہوئی انگنت تصادمی تنظیموں کی شکل میں پُرخلوص اور سادہ دل مسلمانوں کے خون میں نہاتی بالآخر امریکہ کو دنیا کی واحد سپر پاور

بنانے میں کامیاب ہوگئی۔ اور ایسا لگا جیسے خلافت اسلامیہ کے معنی دنیا بھر میں کارپوریٹ امریکہ کی سلطنت قاہرہ کا قیام تھا اور آج اسی سلطنت قاہرہ کے اگلے منصوبے کی تکمیل کے لیے انتشار، قتل و غارت گری اور طوائف الملوکی کا عمل جاری ہے جس امت مسلمہ کو اپنے انسانی وسائل کی تربیت و تنظیم سے متنفر کر دیا ہے اور اس بات کو یقینی بنا دیا ہے کہ توانائی کے خزانوں سے مالا مال یہ قومیں کبھی علم کی اس شکل کو حاصل نہ کر سکیں گی جس سے ان وسائل کا استعمال ان کے اپنے عوام کے فائدے کے لیے ہو سکے۔

آج کی دنیا علم و ہنر تک عام رسائی کی دنیا ہے۔ علم کی فطرت ہے ظاہر ہونا اور پھیلنا۔ انسان کی فطرت ہے کہ سیکھنے نکلے تو موجود اور معلوم کو پا لیتا ہے۔ نامعلوم کو معلوم بنانے اور غیر موجود کو عالم وجود میں لانے کا نصب العین آدم کو پہلے دن ودیعت ہو گیا تھا اور اس نصب العین تک پہنچنے سے آدمی کو صرف اس کے اپنے ارادوں کا فتور ہی روکتا ہے ورنہ اور کچھ بھی روک نہیں سکتا۔ یہ بات وہ قوتیں اچھی طرح جانتی ہیں جنھیں علم کی فضیلت حاصل ہے، یہ دور علم کی معیشت کا دور ہے اور یہ قوتیں جانتی ہیں کہ انسانوں کی ذہنی نشوونما سے روکنے کے لیے جبر کے ہتھیار مہمل ہیں اور دیواریں کھڑی کرنا بے کار ہے، جب کہ علم کی معیشت میں کسی قوم کی سربراہی یا پسماندگی کا انحصار علم کے حاصل کرنے اور علم کو چھوڑنے پر ہے۔ لہٰذا، کسی قوم کو علم کی مملکت سے محروم رکھنے کا صرف ایک ہی حربہ ہے اور وہ یہ کہ لوگ رضاکارانہ طور پر علم کے راستہ سے ہٹ جائیں۔ یعنی وہ حربہ جو 'معالم فی الطریق' میں سید قطب نے تجویز کیا۔ انھوں نے کہا، ''ہم نے مسلمانوں کی ایک ایسی نسل تیار کرنی ہے جو اپنے اوپر قرآن کے علاوہ علم کے تمام دروازے بند کر لے۔'' اور اس عمل کو قرآن سے عقیدت کے نام پر کیا جائے۔ پھر جب وہ دروازے جن سے علم کی روشنی اندر آ سکتی تھی، خود پر بند کر کے یہ نسل ایک دوسرے کے خلاف چھریاں پکڑ لے تو دروازوں پر علمائے دین پہرہ دینے کے لیے کھڑے ہو جائیں کہ کہیں کوئی یہ دروازہ کھولنے کی کوشش نہ کرے۔ چنانچہ آج اس کی عملی شکل یہ ہے کہ مسلم ممالک میں عموماً اور پاکستان میں خصوصاً علمی اختلاف اور مباحث کو ایسے بند کیا گیا ہے کہ نئی نسل کا مطالبہ ہی نہیں کہ اختلاف اور اظہار رائے کی اجازت دو۔ یہی صورت حال ضمانت ہے مسلمانوں کو جہالت کے صحراؤں میں بھٹکتا رکھنے کی اور مسلمانوں کے ذریعے مسلمانوں کو برباد کرنے کی۔

[بشکریہ 'مغالطے مبالغے'، سانجھ، لاہور]

شیعہ سنی مخاصمت: مذہبی یا سیاسی؟

این بلیک

عرب خطے میں جاری شورش کے فرقہ وارانہ اور سیاسی رجحانات کے تناظر میں لکھا گیا این بلیک کا یہ مضمون دی 'گارڈین' اخبار کی ویب سائٹ پر ۱۵ اپریل ۲۰۱۵ء کو شائع کیا گیا تھا۔

عرب خطے میں ایک زمانے تک کسی عرب سے اس کا عقیدہ یا مسلک پوچھنا نامناسب خیال کیا جاتا تھا، اگرچہ اس کے نام، لہجے، جائے رہائش، عبادت گاہ یا دیوار پر آویزاں تصاویر سے اس کا سنی، شیعہ یا عیسائی العقیدہ ہونا عیاں ہو۔ نوآبادیاتی دور کے خاتمے کے بعد کے ایام تفاخر میں تمام تر توجہ ایک مشترکہ عرب اور قومی شناخت کی تشکیل پر تھی۔ سنی، علوی، دروز اور کئی عیسائی قومیتوں پر مشتمل شام 'عرب قومیت کا دھڑکتا دل' بن کر نمایاں ہوا، حتیٰ کہ لبنان میں بھی جہاں شراکت اقتدار کی بنیاد مسلک پر تھی عقیدہ ایک نجی معاملہ تھا۔ عرب خطے میں بین المسالک شادیاں عام تھیں۔ دمشق اور بغداد میں حکومت کرنے والی جماعت بعث پارٹی کی بنیاد ایک عیسائی عرب قومیت پرست مشیل عفلق نے رکھی، دو اہم فلسطینی انقلابی رہنما جارج حبش اور نایف حواتمہ سمیت عرب قوم پرستی کے مورخ جارج انطونیوس بھی عیسائی تھے۔

شیعہ اکثریت، سنی اقلیت اور کردوں پر مبنی عثمانی خلافت کے ایک صوبے پر مشتمل برطانیہ کا تشکیل دیا غریب، دیہی عراق جہاں سنی صدام حسین نے سب گروہوں کو اکٹھا کرنے کی کوشش میں سبھی پر جبر کیا۔ اس صورت حال میں تبدیلی ۱۹۷۹ء میں ایران کے اسلامی انقلاب سے آئی جس سے مشرق وسطی کی تاریخ پر شدید اثرات مرتب ہوئے اور پورے عرب خطے میں پسماندہ رہ جانے والے شیعہ مسلمانوں کو تقویت اور مہمیز ملی۔ ۱۹۸۰ء میں صدام حسین کی ایران کے خلاف جارحیت کو سنی عرب اور خلیجی ریاستوں کی مالی معاونت حاصل رہی اور اسے عرب اور عجم کی جنگ قرار دیا گیا۔ ۲۰۰۳ء میں صدام حکومت کے خاتمے کا جشن منانے والے شیعہ مسلمانوں نے اس واقعے کو ۶۸۰ء میں سنی امویوں کے ہاتھوں امام حسین رضی اللہ تعالی عنہ کی شہادت کے تناظر میں دیکھا۔

اگرچہ فرقہ بندی مذہبی اختلافات کی مظہر ہے اور 'غیریت' کی بنیاد ہے لیکن یہ ہمیشہ طاقت، وسائل اور علاقائی اقتدار سے جڑی رہی ہے۔ بحرین کی سنی العقیدہ بادشاہت اقتدار اور نظام حکومت میں اپنے جائز حصے سے محروم شیعہ اکثریت کی مزاحمت کو ہمیشہ تہران کی پشت پناہی کی پیداوار قرار دیتی آئی ہے۔ سعودی عرب بھی اسی طرح اپنے شرقی حصوں میں شیعہ اقلیت کی جدوجہد کو ایرانی سازش قرار دیتا آیا ہے۔ بحرین اور سعودی عرب دونوں جگہ مقامی سیاسی مسائل کو چھپانے کے لیے فرقہ وارانہ رنگ دیا گیا ہے۔

شام میں گزشتہ چار برس سے جاری خونریز جنگ میں علویوں کو بحیثیت مجموعی بشارالاسد کا طرفدار، جب کہ حزب مخالف کو سنی العقیدہ قرار دینے سے بھی فرقہ وارانہ جذبات کی شدت میں اضافہ ہوا ہے۔ بشارالاسد کو ایرانی حمایت یافتہ شیعہ عسکری تنظیم حزب اللہ کی حمایت ملنے سے بھی اس تاثر میں اضافہ ہوا ہے۔ لیکن یہ بھی درست ہے کہ فرقوں کے مابین بھی تنازعات موجود ہیں اور ایسے تنازعات بھی ہیں جہاں مسئلہ مذہبی شناخت سے بالاتر ہے۔

سعودی عرب اور کویت میں مقیم سنی شدت پسند مبلغین مخصوص وہابی انداز بیان کے مطابق اہل تشیع کی تضحیک انھیں 'بت پرست' کہہ کر کرتے ہیں۔ ایرانیوں کی ہتک کے لیے انھیں سولھویں صدی کی ایرانی صفوی بادشاہت کے حوالے سے 'صفوی' بھی پکارا جاتا ہے۔ بنیاد پرست جہادی اپنے تکفیری نظریات کی بنا پر (ایسے) 'کفار' کا قتل جائز سمجھتے ہیں۔

اپنے عروج کے زمانے میں القاعدہ اپنے 'دور افتادہ' دشمنوں، خصوصاً امریکہ کو ہدف بناتی رہی لیکن دولت اسلامیہ نے رد تشیع کو اپنے زہریلے نظریات میں بنیادی حیثیت دی ہے۔ دولت اسلامیہ کے خلیفہ ابوبکر بغدادی نے اسامہ بن لادن کے جانشین ایمن الظواہری کی جانب سے اہل تشیع کے بے دریغ قتل عام کی بجائے عراق اور شام کی شیعہ نواز اور صفوی حکومتوں پر حملے کرنے کی استدعا کو نظر انداز کیا ہے۔ بااثر سنی عالم یوسف القرضاوی نے الجزیرہ ٹی وی پر حزب اللہ کے حسن نصر اللہ کو حزب الشیطان کا سربراہ قرار دیا تھا۔

فرقہ واریت نے گزشتہ چند برس کے دوران جڑ پکڑ لی ہے لیکن اس امر میں بہت سے لوگوں کی کوششوں کا حصہ ہے، خاص طور پر سماجی رابطوں کی ویب سائٹس نے عدم برداشت پر مبنی زہریلا پروپیگنڈا پھیلانا خاصا آسان کر دیا ہے۔ اس کے باوجود فرقہ واریت مشرق وسطی میں تنازعات کی بنیادی وجہ نہیں۔ شیعہ اسلام سے وابستہ ہونے کے باوجود زیدی فرقے کے حوثی باغی یمن کے شدت اختیار کرتے بحران میں اپنے ملک کی سنی اکثریت کے قریب ہیں۔ سعودی مداخلت کے باعث حوثی باغیوں کو ایران سے حاصل ہونے والی مدد محض اتحادیوں کے حصول اور اپنی طاقت کے اظہار کا ایک ذریعہ ہے۔

امریکی دانشور اور مشرق وسطی کے مبصر 'ہوان کول' کے مطابق یہ کہنا کہ ایران حوثی باغیوں کی مدد مذہبی بنیادوں پر کر رہا ہے ایسا ہی ہے جیسے ''یہ مان لیا جائے کہ اسکاٹش پریسبیٹیرین ہمیشہ جنوبی بپٹسٹ عیسائیوں کی مدد کریں گے کیوں کہ دونوں پروٹسٹنٹ مسلک سے ہیں۔'' یمن تنازعہ کا فرقہ وارانہ رنگ شیعہ سنی مخاصمت کی بجائے

اس خطے کے سیاسی اور جغرافیائی سیاق و سباق کے باعث ہے۔ مصر کی واضح طور پر سنی العقیدہ آبادی کے باوجود ۲۰۱۱ء کے انقلاب اور اس کے استبدادی اور متنازعہ نتائج کے باعث قبطی عیسائی اقلیت کو شدت پسندوں کی طرف سے سابق حکومت کا حمایتی قرار دے کر نشانہ بنایا جانا بھی (اسی نوعیت کی) ایک مثال ہے۔

مغرب (شمالی افریقہ) میں جہاں تیونسی انقلاب کے دوران عرب بہار کا آغاز ہوا تھا؛ شامی خانہ جنگی اور دولت اسلامیہ کے ظہور کے باعث شدت پسندی میں اضافے کے باوجود فرقہ وارانہ مسائل موجود نہیں ہیں۔ لیبیا، مراکش اور الجیریا کو (مختلف العقیدہ) بربر قوم کے حقوق سے متعلق مسائل کا سامنا ضرور ہے تاہم یہ کسی بحران کا باعث نہیں بن پائے۔

یہ یاد رکھنا اہم ہے کہ ہر جگہ بہار عرب کا آغاز کسی بھی مذہب، عقیدے یا مسلک کے برعکس سیکولر اصلاحات کے مطالبے کے تحت ہوا تھا، جیسا کہ طلال سلمان نے لبنانی اخبار 'السفیر' میں لکھا، ''کسی بھی قبیلے، خاندان، عقیدے یا مسلک سے قبل تمام شہریوں نے 'احترام' کا مطالبہ کیا۔'' وہ لکھتے ہیں کہ ''(بہار عرب کے نتیجے میں) انتقال اقتدار کے باوجود بھی حالات جوں کے توں رہنے کے باعث وقت کے ساتھ فرقہ وارانہ رجحانات واضح ہونا شروع ہو گئے اور زیادہ تر لوگوں نے خود کو سیاسی خطوط پر منظم کرنے کی بجائے قبائلی اور مذہبی وابستگی کو شناخت بنانا شروع کر دیا۔''

طلال سلمان کے مطابق ''آج عرب بیک وقت بھائی بھی ہیں اور دشمن بھی، عربوں کا ہر گروہ اپنی مذہبی یا علاقائی شناخت کی بنیاد پر دوسرے عرب گروہوں سے ایک ایسی بے مصرف جنگ لڑ رہا ہے جس میں سب کی ہار یقینی ہے۔ مختصراً مشترکہ عرب قوم پرستی کا خاتمہ بھائیوں کے درمیان ایک ایسی خانہ جنگی کا نقطہ آغاز ثابت ہوگا جس سے متعلق کوئی نہیں جانتا کہ اس کا اختتام کب اور کیوں کر ہوگا۔''

[بشکریہ 'لالٹین'، ۱۸ اپریل ۲۰۱۵ء]

جمہوریت مغرب سے کیوں طلوع ہوئی؟

فرنود عالم

اس سوال کا جواب پانے کے لیے اپنے گریباں میں جھانکنا ہوگا۔ حضرت عثمانؓ کے دور میں خوارج پیدا ہو گئے۔ خوارج پہ جرائم پیشہ گروہ کا گمان گزرتا ہے، یہ تاریخ کے الہامی ذوق کا شاخسانہ ہے۔ معاملہ برعکس تھا۔ تقویٰ طہارت میں خوارج مثالی تھے۔ زہد واطاعت میں باقی صحابہؓ سے بہت آگے۔ ان کی تحریک کی بنیاد وہی تھی جو آج ہم بھگت رہے ہیں۔ کہتے تھے کہ عثمانؓ کے دور میں عمرؓ والی بات نہیں؛ اقربا پروری ہے اور ناانصافی، اللہ اور اس کے رسولؐ کے رستے سے عثمانؓ نے سرموانحراف کر رکھا ہے۔ حضرت علیؓ کا دور آیا۔ کہنے لگے، علیؓ کے دور میں تو عثمانؓ والی بات بھی نہیں۔ معاویہؓ کا دور آیا۔ لو جی یہ دور تو علیؓ کے دور سے بھی گیا گزرا ہے۔ اندازہ کریں کہ خلفائے راشدین کا دور اپنے وسط میں ہے، اور سوال اٹھ گئے۔ سوال بھی کیا؟ وہی جو آج بھی موجود ہیں۔ اس کشمکش دہر میں خوارج حضرت عثمانؓ سے بھڑ گئے۔ مدینے کا محاصرہ ہوگیا۔ املاک پہ قابض ہو گئے۔ خلافت چھوڑنے کا مطالبہ ہوگیا۔ مطالبہ مسترد ہوگیا۔ حضرت عثمانؓ گھر میں محصور ہو گئے۔ چالیس دن بھوکے پیاسے رہے۔ اکتالیسویں دن قتل کر دیے گئے۔ شہر میں ہُو کا عالم۔ جنازے میں بمشکل تین سے پانچ لوگ شرکت کر پائے۔ جنازہ گزرا تو پتھراؤ ہوا۔ امیر معاویہؓ، حضرت علیؓ سے الجھ گئے۔ الجھے تو الجھتے ہی چلے گئے۔ پینتالیس ہزار انسانوں کا خون اپنے ہاتھوں بہہ گیا۔ حضرت علیؓ کے دور میں تحریک نے زور پکڑا۔ سرعام خلیفہ کے قتل کے اعلانات ہوتے رہے۔ علیؓ فدائی حملے میں قتل کر دیے گئے۔ لاش غائب کر دی گئی۔ حضرت حسنؓ سوا سال میں ہی تھک ہار گئے۔ خلافت حضرت امیر معاویہؓ کو دے گئے۔ حضرت حسنؓ کے گھر پہ شب خون مارا گیا، قتل کر دیے گئے۔ یزید تخت نشین ہوا۔ مدینہ پہ چڑھائی کر دی گئی۔ تین دن مدینے میں کرفیو رہا۔ گلیاں خون میں رنگ گئیں۔ رات اندھیرے دن دیہاڑے لوٹ مار ہوئی۔ حضرت حسینؓ یزید کے درپے ہو گئے۔ کربلا پہنچ گئے۔ بہتر بزرگ خواتین بچے یہاں ذبح ہو گئے۔ خیمے جلا دیے گئے۔ حضرت حسینؓ کا سر نیزے پہ رکھ کر فتح کا جشن منایا گیا۔ بنو

امیہ کی حکمرانی شروع ہوگئی ہے۔ عبداللہ ابن زبیرؓ جیسے پائے کے لوگ سرعام قتل کیے گئے۔ لاش مدینے کے دروازے پہ لٹکادی گئی۔

منبرومحراب سے ریاست کے حکم پہ حضرت علیؓ کے لیے دشنام انگیز خطبے کہے گئے۔ بادشاہوں کے حرم میں وجودِ زن سے رنگ بھرنے کی روایت اسی دور کی عنایت ہے۔ غلاموں کی منڈیاں لگیں۔ لونڈیوں کی بولیاں لگیں۔ انسانوں کی تجارت نے ہر تجارت کو مات دے دی۔ بنوامیہ کا سورج علم و ہنر، معیشت، دفاع، عیاشی، فحاشی، خون کی ارزانی اور بالآخر بے حسی دیکھتا ہوا بنوعباس کی نیام میں خونم خون غروب ہوگیا۔ بنوعباس نے پہلے جھٹکے میں پانچ لاکھ گردنیں اتاردیں۔ دمشق میں بنوامیہ کا بچہ بچہ خون میں تڑپ گیا۔ خلیفہ دوم منصور نے اپنے بھائی کی گردن مار دی۔ ہارون الرشید نے نیک نامی کمائی۔ بہت صالح انسان تھے، اسی لیے تنقید گوارا نہیں فرماتے تھے۔ مخالفین پہ عرصۂ حیات تنگ رکھا۔ جس پہ عالم ہونے کا گمان گزرتا، اپنے دربار کا دربان بنالیتے۔ بہت منصف مزاج تھے، اسی لیے اقتدار دو بیٹوں میں برابر برابر بانٹ دیا۔ دونوں بیٹوں کے لیے باپ رول ماڈل تھا، چنانچہ دونوں اللہ واسطے باہم دست و گریبان رہے۔ برسوں انسان کے خون سے ہاتھ رنگتے رہے۔ امین الرشید مارا گیا، مامون الرشید غالب آگیا۔ شک نہیں کہ ہارون الرشید علم دوست تھا۔ مامون الرشید بھی۔ اس کے بعد کے کچھ حکمران بھی۔ امام ابوحنیفہؒ مالکؒ و حنبلؒ اور امام بخاریؒ اسی عہد کی نشانیاں ہیں۔ ابن ہیثم، فارابی اور بوعلی سینا جیسے جید علما اسی زمانے کی یادگار ہیں۔ علم دوستی کی ایک مثال یہ بھی ہے کہ ابن حنبل اپنی علمی رائے سے دستبردار ہونے پہ مجبور کیے گئے۔ ابن حنبل قائم رہے۔ نتیجے میں گدھے پہ الٹے بٹھائے گئے۔ منہ کالا کرکے شہر بھر کا چکر لگوایا گیا۔ عباسیوں کے دربار میں یومیہ بنیادوں پہ کوڑے مارے گئے۔ امام ابوحنیفہؒ کو پابند سلاسل کیا گیا۔ وہیں سے ان کا جنازہ اٹھا گیا۔ علمائے کرام ومشائخ عظام کی اکثریت نے شاہ کی قبا کو خدا کی رسی سمجھ کر مضبوطی سے تھامے رکھا۔ اسی لیے ابوحنیفہ جیسوں کو جھٹلادیا۔ شرق وغرب میں ایک ہی افواہ کہ موصوف دین میں بگاڑ پیدا کررہے ہیں۔ افواہ سازیاں بڑوں بڑوں کو لپیٹ میں لے لیتی ہیں۔ امام باقر تک نے کہہ دیا ابوحنیفہ میرے نانا کا دین بگاڑ رہا ہے۔ امام شافعی کو تو خیر خودساختہ جلاوطنی جھیلنی پڑگئی۔ ابن ہیثم جیسے نابغے عزت بچاتے پھرتے رہے۔

عباسی بنی اسرائیل کی طرح بہتر قبیلوں میں بٹنا شروع ہوگئے۔ فرقہ واریت ساتویں آسمان سے جالگی۔ کفریہ فتووں کی باقاعدہ صنعتیں اسی دور میں لگیں۔ تہمت کا روحانی آرٹ بھی اسی دور میں فروغ پایا۔ وہ دیکھیں عراقی اور حبشی لڑ گئے۔ زیادہ نہیں بس پچیس لاکھ انسان ایک دوسرے پہ جان وار گئے۔ منبر و دستار اور تاج وتخت ٹھنڈے پیٹوں زوال کی طرف گامزن ہیں۔ ہلاکو خان کی داڑھ گرم ہوگئی۔ منگول بغداد پہ چڑھ دوڑے۔ یہ تو ہونا ہی تھا۔ معتصم باللہ کو معمر قذافی کی طرح ایک غار سے کھینچ کر نکالا گیا۔ گائے کی کھال میں لپیٹ کر ڈنڈوں سے قتل کردیا گیا۔ علمی ذخیرے کو دجلہ وفرات بہالے گئے۔ دانش کدوں میں ویرانیاں بولنے لگیں۔ مسلمانوں کے سر ہیں اور گھوڑوں کی ٹاپیں۔ بے رحموں کے نیزے ہیں اور علما ومشائخ کے سینے۔ جبہ و دستار نوحہ خواں۔ منبرومحراب خاموش۔ مدرسے ومکتب گم سم۔ بغداد کی اینٹ سے اینٹ بجادی گئی۔ خلافت عباسیہ لاکھوں کا خون لے کر اور

لاکھوں کا خون دے کر تاریخ کے حوالے ہوگئی۔

محمود غزنوی کا دور آ گیا۔ سومنات کے بت والے بھائی صاحب۔ موصوف اکثر و بیشتر مسلمانوں سے لڑتے پائے گئے۔ غنائم پہ ہاتھ صاف کیے اور مجاہد قرار پائے۔ اسلامی تعلیمات کے برعکس سومنات کے مندر پہ حملہ آور رہے اور بت شکن قرار پائے۔ غضب یہ ہوا کہ اس خلاف شرع اقدام کو علامہ اقبال جیسے حکیم الامت نے سراہا۔ محمود نے ایاز کو ساتھ بٹھایا تو محمود کو خدا کے ساتھ بٹھا دیا۔ علاؤالدین کو دیکھیں کیا کر رہے ہیں۔ سرکار نے تو ماشاللہ غزنی شہر کو ہی آگ لگا دی۔ سات دن تک جم کر قتل عام کیا۔ بستیاں زمین کے ساتھ بالکل ہموار کر دیں۔ ادھر دیکھیں صلیبی جنگیں شروع ہوگئی ہیں۔ صلاح الدین ایوبی اور لوائین ہارٹ کی سینگیں اڑ گئیں۔ صلاح الدین ایوبی کمال حکمران تھے؛ مدبر، اصول پسند، ذہین اور چالاک۔ تنہا لشکر کے مقابل نکلے اور فتح یاب ہوئے۔ آپس کی بات ہے کہ میرے پسندیدہ سالار رہیں۔ سادہ طبیعت تھے۔ سادگی کا ایک ثبوت یہ بھی ہے کہ جاتے جاتے اقتدار تین بیٹوں کو دے گئے۔ اس بندر بانٹ سے فساد فی سبیل اللہ کی جونئی راہیں کھلیں، وہ تاریخ ہے۔ آج تو ہیرو لوگ زیر قلم آ گئے ہیں۔ سلطان صلاح الدین ایوبی سے طارق بن زیاد یاد آ گئے ہیں۔ طارق بن زیاد سے اسپین یاد آ رہا ہے۔ وہی طب و سائنس اور صنعت و حرفت میں ترقی کرنے والا اسپین۔ علمی عروج کا زمانہ۔ اب تھے تو آخر کو مسلمان ہی، چنانچہ خلفائے کرام ہسپانوی سانڈ کی طرح ایک دوسرے کو دوڑانے لگے۔ باہم دست و گریبان ہوگئے۔ گریبان کا ایک ایک تار غرناطہ کی گلیوں میں بکھرا ہوا ملا۔ سمیٹنے کے لیے مسیحی فوجیں پہنچیں۔ پچیس لاکھ مسلمان جلاوطن ہوئے۔ بڑی تعداد جان کے خوف سے مشرف بہ مسیحت ہوگئی۔ مسلمانوں کا عروج بال بکھیرے ماتم کرتا ہوا مسجد قرطبہ کے منبر و محراب کے پیچھے کہیں فنا ہوگیا۔

ہاتھ روکنا چاہتا ہوں مگر ہیرو پہ ہیرو یاد آتے چلے آ رہے ہیں۔ ایک ہیرو تیمور بھی ہیں۔ ہیرو کیوں نہ ہو، دہلی و میرٹھ میں لاکھوں ہندوؤں کا قتل عام جو کیا۔ مزے کی بات سنیں۔ تیمور کے اجداد نے جب بغداد کو ادھیڑا تو ہلاکو خان کو سفاک کا لقب ملا۔ سفاکوں کے اس سلسلے نے اسلام قبول کرنے کے بعد جب سلطنت عثمانیہ کے پانچ ہزار انسان زندہ دفن کیے اور دمشق میں لاکھوں انسانون کا قتل عام کیا تو ہیرو قرار پائے۔ سلطنت عثمانیہ سے یاد آیا ایک سلطان محمد فاتح بھی تو ہوا کرتے تھے۔ درخشندہ ستارہ۔ اس ستارے نے اصول وضع کیا کہ جو برسر اقتدار آئے وہ اپنے بھائیوں کو قتل کر دے۔ بھائیوں کے قتل سے اورنگ زیب عالمگیر یاد آ گئے۔ وہی اپنے فتاویٰ عالمگیری والے۔ والد بزرگوار شاہجہان عالی مقام کو قید میں رکھا۔ عمر بھر بھائیوں سے معرکہ آرائی میں رہے۔ سب بھائیوں کو قتل کر کے سلطنت تین بیٹوں میں بانٹ دی۔ تینوں بیٹے بزرگوں کے نقش قدم پہ رہے۔ لڑتے رہے مرتے رہے۔ بہادر شاہ غالب آ گیا۔ باقی دو تلوار کو پیارے ہوگئے۔ اورنگ زیب کی رعایا پروری اور دیانت پہ تو خیر کیا سوال۔ پختہ حاجی پکے نمازی۔ ابن انشا کا جملہ یاد آیا کہ موصوف دین و دنیا دونوں پہ نظر رکھتے تھے۔ عمر بھر نہ کوئی نماز چھوڑی نہ کوئی بھائی چھوڑا۔ ابن انشا کچھ بھی کہیں یہ بات ماننے والی ہے کہ وہ سلیم الطبع واقع ہوئے تھے۔

سلیم الطبع سے یاد آیا کہ سلطنت عثمانیہ میں ایک سلیم اول بھی تو ہوا کرتے تھے۔ وہی جو کئی بھائیوں اور

بیٹوں کے قتل کے بعد اقتدار تک پہنچائے گئے۔ ان کے جذبۂ جہاد نے انھیں باقاعدہ مسلم ریاستوں کی طرف متوجہ کردیا۔ اقبال نے کہا تھا کہ مصرو وحجاز سے گزر، تو موصوف نے پہلے جھٹکے میں مصر وحجاز ہی فتح کرڈالا۔ خانہ کعبہ پہ جھنڈا اگاڑ دیا۔ سلطنت عثمانیہ بفضل الٰہی کو اب پیار سے خلافت عثمانیہ پکارا جانے لگا۔ سلیم کو جدت کی سوجھی تو شیخ الاسلام کے ایک فتوے نے اس کی جان لے لی۔ پھر سلطان عبدالحمید لوگوں کی تو کیا سناؤں۔ بے حکمتی و بے بصیرتی کا ایک مثالی دور۔ دربار میں حورم سلطانوں، مہرمہ سلطانوں، نگار کالفاؤں اور سنبل آغاؤں کی چہل پہل۔ دربار سے باہر بے کسوں کی ریل پیل۔ ایک شیخ الاسلام پالا ہوا تھا، جو تہجد گزاری کی گواہیاں دیتا۔ ایک قاضی رکھا ہوا تھا جو شاہ کے فرمان کو صحیفوں سے تائید مہیا کرتا۔ خود پارلیمنٹ بنا کر آئین دیتا اور خود اسی آئین کے خلاف تحریک اٹھوا دیتا۔ خود ہی اپنے خلاف تحریک چلواتا، خود ہی کچل دیتا۔

انیسویں صدی گزر گئی، سلطان گزر گئے۔ بیسویں صدی میں دنیا داخل ہوگئی۔ جنگ عظیم شروع ہے۔ اسلام کے وسیع تر مفاد میں خلفائے اسلام جرمنی کے ساتھ ہو لیے جیسے کہ عرب اپنے والے اسلام کے مفاد میں انگریزوں کے ساتھ چلے گئے۔ ادھر جرمنی کا باجا بجا تو اِدھر خلیفے کا بھونپو بھی ٹھنڈا پڑ گیا۔ انگریز کا ڈنکا پٹ گیا تو عربوں کا شملہ اٹھ گیا۔ ترکوں کے تسلط سے نکل کر عرب برطانیہ کی طرف کھسکتے گئے۔ عثمانی خلافت کی بے راہ روی نے انھیں باہم دست وگریبان کیا۔ خلفا کے سارے تازیانے ٹھنڈے پڑ گئے تو غیب کے پردوں سے مصطفی کمال پاشا کا ظہور ہوا۔ عرب بھی پورے خلوص کے ساتھ آپس میں ایک دوسرے کا گریبان ناپنے لگ گئے۔ گریبان جب ٹھیک سے ادھڑ گئے تو اندر سے آل سعود کا ایک مقدس سلسلہ برآمد ہوا۔ مصطفی کمال زندیق تھا، کیوں کہ عربی رسم الخط پہ پابندی لگا دی تھی۔ آل سعود ابھی مقدس ہیں کیوں کہ خوبصورت ڈیزائن والے قرآن ہمیں انھی کی بدولت میسر ہیں۔ اس گھما گھمی میں اور مارا ماری میں تاریخ بنتی گئی۔ مسلمان تاریخ کی شاہراہ پہ بے فکری کی بکل مارے بیٹھے رہے۔

ان کا خیال تھا کہ تجربات محض تجربات ہوتے ہیں۔ خدا کو دھوکہ اور انسان کو چکمہ دیتے رہے۔ بدلتی دنیا کے بدلتے سوالات پہ کان نہیں دھرا۔ سترہ صدیاں گزر گئیں۔ مسلم علمائے کرام وخلفائے عظام اتنا سا جواب تک نہ دے سکے کہ اقتدار سے کسی کو رخصت کرنے کا طریقہ کیا ہوگا۔ رخصتی کا طریقہ کیا بتاتے، آمد کا قرینہ بھی غلاف کعبہ سے ڈھانپ دیا۔ سوال آخر سوال ہے، اٹھتا ہے تو جواب لے کر ہی قرار پاتا ہے۔ پیشوائیت و پاپائیت سچ کا گلا گھونٹتی رہی اور اُدھر بے حال مغرب کی دانش انگڑائی لینے لگی۔ وہ سوال جس کا جواب خلفا وعلما دینے پہ آمادہ نہ تھے، اس کا جواب اب مغربی دانش کدوں سے آنے لگا۔ کچھ جوابات خود مسلمانوں کی صفوں سے بھی آئے، مگر عوامی تائید کا فرق باقی رہا۔ مسلمان رعایا مؤرخ سے مؤرخ، شیخ الاسلام سے شیخ الاسلام، قاضی القضاۃ سے اور قاضی القضاۃ ظل سبحانی سے چمٹے رہے۔ مغرب کی عوام نے البتہ اہل فکر ونظر کی مان کر پیشوائیت کا بت مسمار کر دیا۔ ہم آج بھی پوج رہے ہیں۔ نئی دنیا نے ایک نئے عمرانی معاہدے کا تقاضا کیا تھا۔ ہم نہ دے سکے، تو مغرب بھی نہ دیتا؟ وہ کیوں؟

[بشکریہ 'ہم سب'، ۲۴ نومبر ۲۰۱۷ء]

جدید قومی ریاست کی جواز خیزی

عبداللہ سعید

ترجمہ: محمد ارشد رازی

عبداللہ سعید ایشیائی زبانوں اور معاشروں کے 'میلبورن انسٹی ٹیوٹ' میں عربی اور اسلامیات کے شعبہ کے سربراہ ہیں۔ انھوں نے سعودی عرب میں عربی اور اسلامک اسٹڈیز میں گریجویشن کی۔ میلبورن یونیورسٹی نے اسلام پر تحقیق کے اعتراف میں انھیں ڈاکٹریٹ کی ڈگری دی۔ 'Islamic Banking and Interest' اور 'Islam in Australia' ان کی تازہ ترین تصنیفات ہیں۔ زیر نظر مضمون میں مترجم نے حوالوں کے ماخذ اپنی ترجمہ شدہ کتاب 'اسلامی ریاست: جواز کی تلاش' میں شامل نہیں کیے ہیں، لیکن قارئین انگریزی زبان میں شائع اصل کتاب 'Islam and Political Legitimacy' میں شامل ان تمام حوالوں کی تفصیلات اور ماخذ سے استفادہ کرسکتے ہیں۔

اس باب میں جدید عہد کی مسلم دنیا میں سرکاری علما پر توجہ مرکوز رکھی گئی ہے۔ مضمون میں یہ دلیل دی گئی ہے کہ سیاسی اتھارٹی کے بالمقابل سرکاری علما پر غور کیا جائے تو بالعموم یہ علما جدید قومی ریاست کو کچھ زیادہ مذہبی جواز مہیا کرنے کی اہلیت نہیں رکھتے۔ مضمون میں سنی اسلام کے علما کا احاطہ کیا گیا ہے اور شیعہ علما کا احاطہ کرنے کی کوشش نہیں کی گئی ہے۔ اس بحث کا تعلق کسی خاص علاقے یا ملک سے نہیں بلکہ مسلم اکثریت کے ممالک کو پیش نظر رکھا گیا ہے۔ اس طرز کار میں ساختیاتی سطح پر موجود کوتاہیوں کے باوجود میرا خیال ہے کہ علما کے ادارے پر بامعنی تبصرہ کرنا ممکن ہے جو مسلم اکثریت کے بیشتر ممالک کے لیے درست ہوسکتا ہے۔ اس کی وجہ ان اداروں کے مابین اور اپنے اپنے ممالک میں علما کے سیاسی و معاشرتی کردار کے مابین پائی جانے والی مشترکہ خصوصیات ہیں۔

اس باب میں علما کی اصطلاح قدرے وسیع تر معنوں میں استعمال ہوئی ہے اور اس کے احاطے میں ہر وہ

شخص آتا ہے جس نے اسلامی مذہبی علوم کی فقہ، کلام، تفسیر اور دیگر متعلقہ ذیلی مضامین میں باقاعدہ تعلیم حاصل کی ہے اور جسے مذہبی معاملات نمٹانے میں اچھی اہلیت کا حامل خیال کیا جاتا ہے۔ دو طرح کے عالم موجود ہیں: سرکاری علما اور غیر سرکار (آزاد علما)۔ سرکاری علما بالعموم ریاستی نوکر شاہی کا حصہ ہوتے ہیں اور ان کا انحصار ریاست پر ہوتا ہے۔ غیر سرکاری علما بالعموم ریاستی نوکر شاہی میں شامل نہیں ہوتے۔ ہماری آج کی دنیا میں زیادہ تر مسلم ممالک میں موخر الذکر علما کی تعداد کچھ زیادہ نہیں۔ یہ آمدن کے اپنے ذرائع پر انحصار کرتے ہوئے اپنی آزادی برقرار رکھتے ہیں اور اس معاملے میں یہ اوائل اسلامی عہد کے آزاد علما کی طرح ہیں جو حکمرانوں اور ان کی نوازشوں سے گریزاں رہتے تھے۔

یہ خیال وسیع پیمانے پر پایا جاتا ہے کہ بطور گروہ علما کے اندر آج کی بہت سی مسلم ریاستوں کو مذہبی جواز مہیا کرنے کا رجحان پایا جاتا ہے۔ چونکہ انھیں مذہب کا محافظ سمجھا جاتا ہے، چنانچہ ان کی اس طرح کی رائے کو بہت سی مسلمان ریاستوں کے لیے مذہبی جواز کا درجہ دیتے ہیں۔ تاہم یہ دلیل بھی دی جاسکتی ہے کہ اسلامی تاریخ میں علما اور بالخصوص سرکاری علما اکثر و بیشتر بحیثیت جماعت حکمرانوں پر منحصر اور ان سے اپنے جواز کے طالب رہے ہیں۔ آج کے دور میں قومی ریاست میں علما کی قوت اور اثر و رسوخ کو بالعموم دبا دیا ہے۔ انھیں سرکاری ملازمت فراہم کی گئی۔ ان کی سرگرمیوں پر گرفت ہوئی اور بہت سے ایسے عہدے سونپے گئے جو تاریخی طور پر ان کے پاس ہوا کرتے تھے۔ یوں حکومتوں نے انھیں اپنی مٹھی میں رکھنے کے لیے کئی طریقے وضع کیے۔

آج کی طرح ماضی کے مسلم معاشروں میں بھی علما کو حاصل توقیر کا انحصار اس امر پر ہے کہ وہ سیاست سے کتنا فاصلہ برقرار رکھتے ہیں۔ علما نے جہاں بھی حکمرانوں کی معیت اختیار کی، ان کے اقتدار میں شریک ہوئے اور ان کی نوازشات کے لیے کوشاں ہوئے؛ عوام کی نظروں میں ان کا وقار ختم ہوگیا۔ کلاسیکی عہد کے کئی ممتاز علما نے حکام اور ان کے تحائف و نوازشات کو کھل کر ٹھکرایا اور سیاست سے فاصلہ برقرار رکھا۔ حکمران اور عوام دونوں اس طرح کے عالموں کی یکساں عزت کرتے تھے۔ اگرچہ قبل جدید عہد میں بھی بعض علما نے اپنی آزادی اسی طرح برقرار رکھی، لیکن علما کے وظائف سمیت قومی ریاست زندگی کے ہر پہلو میں دخیل ہوئی تو آج کے بہت سے علما کو آزاد رہنا مشکل ہوگیا۔ ایک دلیل یہ بھی ہوسکتی ہے کہ آج علما کی ایک بڑی تعداد ریاستی نوکر شاہی کے ساتھ وابستہ بلکہ اس کا اہم حصہ ہے۔ یہ امر براہ راست بھی ہوسکتا ہے اور بالواسطہ بھی۔ چنانچہ کچھ علما کو قلبی طور پر ریاستی پالیسیوں کے ساتھ چلنا مشکل بھی ہو تو وہ خود کو ریاستی اثر و رسوخ سے بچا نہ پائیں گے۔

مذہب اور سیاست کی علیحدگی

پہلی اسلامی امارت میں پیغمبر اسلامؐ کے طرز کار اور اسلامی قوانین کے نفاذ کی کوششوں کو دیکھنے سے پتہ چلتا ہے کہ کمیونٹی کے معاملات چلانے میں ان کا نقطہ نظر بالکل نتائجی تھا۔ منصوبہ بندی کرتے وقت وہ مذہبی اور سیاسی جہان کو الگ الگ نہیں رکھتے تھے۔ جس طرح مذہب کو سیاست سے الگ رکھنا مشکل کام ہے، اسی طرح بطور

رہنمائے امارات پیغمبرؐ کے ہر عمل کو مذہب سمجھ لینا بھی اتنی ہی مشکلات کھڑی کرتا ہے۔ مثال کے طور پر کمیونٹی پر حکومت کے لیے قانون کی ضرورت تھی اور وقت کی ضرورت کے مطابق آپؐ نے یہ قانون مہیا کیے۔ جب کمیونٹی کو کسی خاص قانون کی ضرورت ہوتی تو آپؐ اس قانون کو اختیار کر لیتے جس کی ماہیت و نوعیت کا تعین اکثر اس زمانے کے معاشرتی اور سیاسی حالات کے مطابق ہوتا۔ وقت کے ساتھ جب ان قوانین کو بدلنے کی ضرورت پیش آتی تو آپؐ انھیں بدل دیتے، حتیٰ کہ قرآن کے ساتھ بھی یہی حکمت عملی ہے کہ اس میں متعارف کروائے گئے قوانین کا تعین بھی معاشرتی ضرورت کے مطابق ہوا۔ ان معنوں میں پیغمبرؐ اور وحی دونوں دراصل ضرورت کے متعلق گہری آگہی کے عکاس ہیں۔ اسے سماجی دائرے کی نتائجی صداقت کہا جا سکتا ہے۔ اس ماحول میں مذہبی افراد پر مشتمل کوئی ایسی جماعت موجود نہیں تھی جو ریاستی انتظام کی جزئیات طے کرتی۔ پیغمبرؐ بھی فقط مذہبی رہنما نہیں تھے، وہ بیک وقت سیاسی شخصیت، منصف، منتظم اور فوجی رہنما بھی تھے۔ بطور سیاسی رہنما ان کے وظائف اور بطور مذہبی رہنما ان کے وظائف میں کوئی ایسی علیحدگی موجود نہ تھی۔ خلفائے راشدین کے ہاں بھی اسی روایت کا چلن تسلسل میں رہا۔

پیغمبرؐ اسلام اور ان کے پہلے دو خلفا کے دور میں اسلامی خلافت میں اہل امت کی شرکت پر بھرپور انحصار کیا گیا۔ سیاسی اسٹیج پر کسی کو غلبہ حاصل نہ تھا اور تمام امتی اپنی اپنی اہلیت اور مہارت کے مطابق اقتدار میں شریک تھے۔ فیصلہ سازی میں بھی لوگوں کے ساتھ خاصی مشاورت ہوتی جسے کسی خاص قبیلے، برادری یا جماعت تک محدود نہ رکھا جاتا، تاہم حضرت عثمانؓ کی خلافت کے آخری دور میں مکی اشرافیہ کے بعض ممتاز خاندانوں اور بالخصوص امویوں کو خلافت کے مختلف علاقوں میں بطور گورنر اور دیگر اعلیٰ حکام کو غلبہ حاصل ہوا۔

ایک ہی خاندان یعنی بنوامیہ خاندان میں اقتدار کے بڑھتے ارتکاز نے مسلمانوں کے مابین کشمکش اور تناؤ کو جنم دیا۔ نتیجتاً بغاوت ہوئی اور بالآخر حضرت عثمانؓ شہید کر دیے گئے۔ چوتھے خلیفہ حضرت علیؓ نے پُرانتشار حالات میں اقتدار سنبھالا۔ حضرت علیؓ کے حمایتیوں اور بنوامیہ کے درمیان گروہ بندی نے جنم لیا۔ بنوامیہ کی سربراہی حضرت معاویہؓ (متوفی: ۶۸۰ء) کے پاس تھی، تب وہ شام کے گورنر تھے۔ حضرت معاویہؓ کو کامیابی ملی تو ۶۶۱ء میں اموی عہد حکومت کا آغاز ہوا۔ خلفائے راشدین کے زمانے (۶۳۲-۶۶۱ء) کی شرکتی طرز حکومت کی جگہ آمریت نے لے لی۔ لوگوں پر قابو رکھنے کے لیے امویوں نے قبل اسلام کی قبائلیت کو ایک بار پھر ہوا دی۔ قدیم نفرتیں دوبارہ سطح پر آ گئیں۔ قبیلہ قبیلے کے خلاف اور شمالی عرب جنوبی عرب کے خلاف ہو گیا۔ شاعروں نے قبل اسلام تنازعات اور قبائلی تعصّبات کو از سرِ نو زندہ کر دیا۔ یہی ماحول تھا کہ بتدریج بگڑتی صورت حال کا فائدہ اٹھا کر دمشق میں اموی خلیفہ نے اپنی سیاسی قوت کو مضبوط تر کیا۔

اگرچہ طرز حکومت قدرے آمرانہ ہو گیا لیکن امویوں کی، بالخصوص عبدالمالک بن مروان (۶۸۵-۷۰۵ء) کے عہد حکومت میں مرکزیت کے رجحانات، انتظامیہ میں عربوں کی اکثریت اور نوکر شاہی میں ان کی شمولیت کے باعث مذہب اور سیاست الگ الگ نہ ہو پائے۔ لیکن عباسی عہد حکومت میں ریاست اور

سیاست کی جدائی رفتہ رفتہ واضح ہونے لگی۔ اس بات کو ہندوستانی مفکر ابوالحسن ندوی نے یوں بیان کیا ہے، ''عملاً سیاست اور مذہب کے درمیان علیحدگی ہوگئی۔''

عباسی عہد حکومت کے آغاز میں ہی جہان مذہب اور جہان سیاست کے درمیان علیحدگی واضح طور پر نظر آنے لگی تھی۔ ہر دم تنگ ہوتے جہان مذہب پر سرکاری علما کا اختیار تھا۔ جہاں سیاست حکمرانوں کی گرفت میں تھی جو عالم نہیں تھے۔ یہ علیحدگی آج کے دن تک چلی آتی ہے۔ اس بتدریج علیحدگی کی بہت سی وجوہات موجود ہیں:

اسلامی علوم

ساتویں اور آٹھویں صدی عیسوی میں فقہ، حدیث، تفسیر اور کلام جیسے اسلامی علوم متشکل ہوئے۔ عربی ادب اور زبان میں ترقی ہوئی اور علوم کو دینی اور دنیاوی کے طور پر تقسیم کیا جانے لگا۔ علم کے ان میدانوں میں فن پاروں کی اشاعت اور ان کے ماہرین کے ظہور کے باعث وہ تعلیمات اور تحریریں وجود میں آئیں جنھیں مذہبی کہا جاتا ہے۔ عباسی خلفا نے دارالترجمہ کھولا۔ فلسفہ، ریاضی اور طبی علوم کے تراجم ہوئے تو ان غیر مذہبی علوم کے تناظر میں مذکورہ بالا علوم کی مذہبیت اور بھی اجاگر ہوئی، مذہبی تعلیمات کی تکریم نے زور پکڑا اور ساتھ ہی غیر مذہبی علوم کو قدرے شک کی نظر سے دیکھا جانے لگا۔ دسویں اور گیارہویں صدی میں یہ رویہ زوروں پر تھا۔

الوہی حاکمیت کے تصورات

اپنی سلطنت کے آغاز سے ہی عباسیوں نے کچھ اساطیر متعارف کروادیں اور تاثر دیا کہ اہل نبوت سے تعلق رکھنے والے افراد بنوامیہ کا تختہ الٹا اور انقلاب برپا کیا۔ ۷۵۰ء میں انقلاب برپا کرنے کے بعد اپنے مذہبی فضائل کے استقرار کی ضرورت تھی۔ انھوں نے ساسانیوں کے الوہی حکومت کے نظریے سے مدد لی۔ یہ لوگ ساتویں صدی میں اسلامی فتوحات سے قبل خلافت کے مشرقی صوبوں پر حکومت کر رہے تھے۔ ساتھ ساتھ انھوں نے امامت کے متعلق اس وقت کے تصورات کو بھی استعمال کیا۔ شیعہ الٰہیات کے مطابق امام منجانب اللہ ہوتا ہے۔ اس بات کو یوں بھی کہا جاسکتا ہے کہ امامت کے متعلق شیعہ تصور اور عباسیوں کا الوہی حاکمیت کا تصور باہم متعلق ہیں۔ جب عباسیوں نے امویوں کو زیر کرلیا تو انھوں نے اپنے اقتدار کو جواز مہیا کرنے کے لیے الوہی حاکمیت کے تصور کو تقویت دینا شروع کی۔ اقتدار میں آنے کے بعد عباسیوں نے خلافت کو یوں بدلا کہ خلیفہ باقاعدہ امام بھی بن گیا؛ یعنی وہ مذہبی معاملات میں بھی مسلمانوں کا باجواز رہنما تھا۔ ایک شخص میں ان دواداروں کو قبل ازیں کبھی نہ سمویا گیا تھا۔ انھوں نے خود کو امیر منجانب اللہ، ظل اللہ فی الارض اور خلیفۃ اللہ جیسے القاب سے ملقب کیا۔

یہ سب اپنی جگہ لیکن خلیفہ کا طبقہ علما سے ہونا متوقع نہ تھا۔ یہ اور بات ہے کہ بعض اوقات خلیفہ کو عالم بھی سمجھا جاتا تھا مثلاً عبدالمالک بن مروان المتوفی بہ ۷۰۵ء اور عمر بن عبدالعزیز المتوفی بہ ۷۲۰ء۔ الماودی جیسے اسلامی

حکومت کے نظریہ دان خلیفہ کے لیے عالم ہونا ضروری خیال نہیں کرتے تھے، تاہم انھوں نے قرار دیا ہے کہ خلفاء کو اس طرح کا علم ضرور ہونا چاہیے کہ وہ عدیم النظیر معاملات میں اجتہاد کرتے ہوئے موزوں فیصلہ کر سکے۔ اس طرح کی اہلیت نظری شرائط کی صورت میں موجود رہی، کیوں کہ عملاً خلیفہ کو عالموں کی معاونت حاصل رہتی تھی۔ چنانچہ یہ تصور بالکل غلط ہے کہ اسلامی خلافت مذہبی رہنماؤں کی ایسی حکومت ہے جسے خلیفہ چنیدہ اور برگزیدہ مذہبی رہنماؤں کی مدد سے چلاتا ہے۔

قانون بحیثیت تفاعل اقتدار

اسلام کی پہلی صدی یعنی ساتویں صدی عیسوی میں مسلمانوں کے مابین موجود فوجی اور سیاسی اختلافات کے باوجود علمی اور درس گاہی معاملات پر ارتکاز کرنے والوں کی کمی نہ تھی۔ مکہ میں ابن عباسؓ اور عراق میں عبداللہ بن مسعودؓ جیسے ممتاز صحابیوں سے کسب فیض کے لیے طالب علم ہجوم کیے رہتے۔ وہ قرآن اور رسول اکرمؐ کی سیرت کی رہنمائی کی تعلیم حاصل کرتے۔ ان ممتاز صحابہ کی وفات کے بعد ان کے شاگردوں نے یہ سلسلہ جاری رکھا۔ اس طرح کے علما پر سیاسی مقتدرہ کی گرفت نہ ہوتی تھی اور وہ نسبتاً طویل عرصہ تک آزادانہ کام کا بندوبست کر لیتے تھے۔ تاہم آٹھویں صدی کے وسط میں جو قانون آزاد علما کے ہاتھوں میں تھا، کسی حد تک بیوروکریٹ علما کے پاس آیا اور عباسی خلفا کے گرد مرتکز ہونے لگا۔ خلافت پھیلی تو قانون کی تشکیل اور انصاف کے دروبست کے زیادہ منظم اور منضبط طریقے کی ضرورت پڑی۔ ابتدائی عباسی خلفا نے اس ضرورت کے تحت ایک قانونی ڈھانچے کی تشکیل کا عندیہ دیا تاکہ پوری خلافت میں قابل اطلاق قانونی نظام کی بنیاد فراہم ہو سکے۔ اس وقت تک عدلیہ بہت پھیل چکی تھی اور آزادانہ کام کرنے والے علما کو بھی بطور سرکاری ملازم اس میں شامل ہونے کے لیے کہا جا رہا تھا۔ اگرچہ حنفی امام ابو یوسف سمیت بہت سے عالم خلیفہ کی ملازمت میں چلے گئے لیکن دوسروں نے ایسا کرنے سے انکار کر دیا۔ انھیں خدشہ تھا کہ وہ نہ صرف اپنی آزادی سے محروم ہوں گے بلکہ انھیں حکمرانوں کے دباؤ کا مقابلہ بھی کرنا پڑے گا۔

قانون پھیلا تو سیاست کے ملحقات میں شامل ہوا۔ قاضی کا عہدہ باقاعدہ سرکاری رتبہ بنا اور وہ ریاست کا تربیت یافتہ افسر کہلانے لگا۔ عدالتیں باقاعدہ قائم کی گئیں اور رفتہ رفتہ ان عہدوں کو سنبھالنے والے افراد کی تربیت کے لیے ادارے قائم ہوئے۔ قاضی افسر شاہی میں شمار کیا جانے لگا۔ مثال کے طور پر مصر کے فاطمی عہد حکومت میں ریاست میں ایک اہم مذہبی درس گاہ 'الازہر' کے نام سے بنائی گئی تاکہ شریعت پر مبنی قدامت پرستی کو فروغ دیا جا سکے۔ اس کا ایک اور مقصد ریاست کو قانون اور الٰہیات میں درجۂ فضیلت کے حامل بیوروکریٹ مہیا کرنا تھا۔ یوں 'الازہر' الوہی حکومت کے تصور کے پرچارک عباسیوں کی حلیف بنی۔ سنی اسلام میں بھی اس طرح کے ادارے موجود رہے۔ ان میں سے معروف ترین بغداد کا مدرسہ نظامیہ تھا جسے سلجوقی وزیر نظام الملک المتوفی بہ ۱۰۳۲ء نے قائم کیا۔ دسویں صدی کے بعد سے حکمرانوں کی معاونت سے اس طرح کے ادارے قائم ہونے لگے تاکہ ریاست کو

فقہ میں فارغ التحصیل بیوروکریٹ فراہم کریں اور ساتھ ساتھ حکومت کی منشا کے مطابق قدامت پرستی کو فروغ دیں۔ سیاسی مقتدرہ اور فقہ و الٰہیات کی تعلیم کے بندوبست کے درمیان وجود میں آنے والا یہ تعلق کسی نہ کسی شکل میں آج بھی موجود ہے۔ ریاست نے خود کو تعلیمی اداروں کے ساتھ یوں متعلق کیا کہ انھیں اور ان کے رہنماؤں یعنی علما کو قابو میں رکھ سکے۔ ریاستی ملازم ہونے کے ناطے ان اداروں کے علما ریاستی آلہ کار بن گئے۔

الٰہیات سیاسی اجارہ داری کے اظہار کی حیثیت میں

عباسیوں کے دور میں آنے والی ایک اہم تبدیلی کا تعلق خلافت اور امامت کے حوالے سے تھا۔ خلیفہ نے مذہبی میدان پر غالب آنا چاہا اور اس طرح کی پہلی کوشش خلیفہ المامون المتوفی بہ ۸۸۳ء نے کی۔ اس نے عقیدہ خلق القرآن کو رواج دینا چاہا۔ اس عقیدے کے حامی معتدلی ماہرین الٰہیات نے المامون اور اس کے جانشینوں لمعتصم (المتوفی بہ ۸۴۲ء) اور الواثق کو مدد دی۔ تاہم اس طرح کے جبراً عائد کردہ الٰہیاتی عقائد بالآخر نقصان دہ ثابت ہوئے۔ امام احمد بن حنبل (المتوفی بہ ۸۵۵ء) جیسے ممتاز علما اس نظام سے باہر رہے اور انھوں نے سخت ردعمل کا اظہار کیا۔ اپنی اصل میں یہ طرز فکر ماورائے استدلال طریقے کی قلمرو میں مداخلت تھا اور اسے معتزلی ماہرین الٰہیات کا منطقی رجحان سمجھا گیا۔ عامتہ الناس کی اکثریت نے اسے شدت سے مسترد کیا۔ اس ناکامی کے باوجود بعد میں آنے والے بعض عباسی خلفاء نے بھی الٰہیات میں جودت طبع کا اظہار کیا لیکن یہ زیادہ تر سنی مکتب فکر کے مرکزی دھارے کے اندر رہے۔ مثال کے طور پر عباسی خلیفہ عبدالقادر (المتوفی بہ ۱۰۳۱ء) کا بھی اعلیٰ مذہبی اتھارٹی یعنی امام کے لقب کو استعمال کرنے کی ایک مثال ہے۔

سیاسی مقتدرہ کے لیے علما کے مہیا کردہ جواز

خود علما نے بھی سیاسی مقتدرہ کے مفاد میں جواز مہیا کیے۔ ان میں سرکاری اور غیر سرکاری دونوں طرح کے عالم شامل ہیں۔ اس طرح کے جوازوں میں سے ایک تو یہ تھا کہ حکمران سلطان ہو یا خلیفہ واجب الاطاعت ہے۔ ان کی اس رائے نے حکمران کے عمل کو (جائز ہو یا ناجائز) جواز فراہم کیا۔ سرکاری اور غیر سرکاری دونوں طرح کے علما نے سیاسی مقتدرہ کے مفادات کو تحفظ دینے کے لیے یہ نقطہ نظر اختیار کیا۔ اس نقطہ نظر نے حکمرانوں کے (منصفانہ اور غیر منصفانہ دونوں طرح کے) اعمال کو جواز فراہم کیے۔ زیادہ اہم بات یہ ہے کہ اس نقطہ نظر نے ناانصافی کے خلاف بغاوت اور احتجاج کی حوصلہ شکنی کی۔ ان کا یہ نقطہ نظر اس تصور کے ساتھ ہم آہنگ ہے کہ خلافت کا ادارہ الوہی ہے اور اسی لیے خلیفہ کی اطاعت لازم ہے۔ علما کے اس انداز فکر کے پس پردہ ایک اہم وجہ یہ تھی کہ وہ اسلام کی پہلی صدی میں مسلمانوں کے مابین وجود میں آنے والے معاویہ اور حضرت علی، اموی اور خارجی اور اموی اور زبیریہ جیسے تفرقوں اور فتنوں سے بچنا چاہتے تھے۔ اس طرح کے فتنوں میں بہت انتشار پھیلا اور بے بہا خونریزی ہوئی۔ علما سمجھتے تھے کہ اس کا پُرسکوت انداز فکر امت کو انتشار اور فتنے سے بچا سکتا ہے۔ اس پُرسکوت

اندازِ فکر کی مدد سے علما امت کو انتشار سے بچانا چاہتے تھے۔

حکمران کی اطاعت کی ایک بنیاد قرآن میں بیان کیے گئے ایک تصور کو بنایا جاتا ہے، ''اطاعت کرو خدا کی اور اطاعت کرو رسول کی اور ان کی جنھیں تمھارے درمیان صاحب امر بنایا گیا۔'' (۵۹:۴) یہ بیان خاصا عمومی ہے اور اس کا مطلب غیر مشروط اطاعت بہر حال نہیں ہے۔ قرآن کی اس طرح کی ہدایات کی صحیح نمائندگی کے لیے پہلے خلیفہ حضرت ابوبکر صدیقؓ کی اختیار کردہ تعبیر سے ہوتی ہے کہ اطاعت صرف اس وقت تک اور اس حد تک واجب ہے جب تک وہ قرآن اور رسولؐ کے متعین کردہ خطوط کے مطابق اپنے فرائض سرانجام دیتا رہے، تاہم عملاً علما نے اسے ناقابل عمل قرار دے کر نظر انداز کر دیا۔

اس مسئلے پر ہونے والی بحثوں میں سے اولین ایک فارسی نومسلم ابن المقافہ (متوفی: ۷۵۶ء) کے ہاں ملتی ہے۔ عباسی خلیفہ جعفر المنصور سے خطاب کرتے ہوئے ابن المقافہ نے بتایا کہ خلیفہ کی اطاعت فرض ہے۔ وہ قرار دیتا ہے کہ خلیفہ (یا امام) کی اطاعت تمام معاملات میں ہونی چاہیے، خواہ وہ حکومتی انتظامی مسائل ہوں یا مذہبی معاملات؛ اس کے نزدیک ''خلیفہ کو حق حاصل ہے کہ وہ اپنی خلافت کے دوران جس طرح مناسب سمجھے، احکام جاری کرے۔'' الماوردی (متوفی: ۹۷۴ء) کے نزدیک ''پوری امت پر لازم آتا ہے کہ وہ فلاح عامہ کے تمام معاملات اس (خلیفہ، امام) کے حوالے کر دے اور اس کے سامنے کسی طرح کی مزاحمت یا مخالفت کا اظہار نہ کرے۔'' امت پر خلیفہ کی اطاعت اس وقت واجب نہیں رہتی جب وہ واضح طور پر انھیں اسلام کو مسترد کرنے یا خدا کے انکار کا حکم دے یا انھیں لازمی مذہبی رسوم کی ادائیگی سے روکے۔

علما کے نزدیک معاشرے کے اندر انتشار کو روکنے کے لیے حکومت کا موجود ہونا اتنا ضروری ہے کہ وہ اس بات کو پس پشت ڈال دیتے ہیں کہ حکومت کس طرح حاصل کی گئی۔ کوئی حکومت جائز طور پر آئی یا ناجائز طور پر، اس سے کچھ غرض نہیں، حکمران کی اطاعت بہر حال لازم ہے۔ اس اندازِ فکر کی حمایت کرنے والوں نے بھی جان لیا تھا کہ خود ان کے یعنی علما کے اندر موجود سیاسی مقتدرہ کی مزاحمت کی اہلیت موجود نہیں اور ان کا مفاد اسی میں ہے کہ اسے قبول کریں اور اس کی توثیق کریں۔

خلافتی مقتدرہ کی شکست و ریخت

عباسی خلافت کے اوائل زمانے تک (سیاسی اور مذہبی) اختیارات کی دونوں اقسام ایک ہی شخص میں مرتکز تھیں، تاہم دسویں صدی عیسوی کے بعد سے خلیفہ وقت محض ایک علامتی شخص کی شکل اختیار کرنے لگا۔ رفتہ رفتہ اس کی قوت محض ایک مذہبی حوالہ بن گئی۔ طاقتور سلطانوں اور عسکری گروہوں و شخصیتوں نے عملاً اختیار اپنے ہاتھوں میں لے لیے۔ نئے سلاطین اور جنگجو عملاً خود حاکم بنے اور عباسی خلیفہ محض مذہبی دائرہ کار کے اندر علامتی سربراہ کی حیثیت سے باقی رہ گیا۔ مثلاً سلجوقیوں (۱۰۸۳-۱۱۹۴ء) نے خلیفہ کے نام پر حکومت کرنے کے باوجود خلافت کے ادارے کو اپنی حاکمیت کے جواز میں برتا۔ رفتہ رفتہ جہان سیاست اور مذہبی مقتدرہ کے درمیان پیدا ہو جانے

والا یہ فرق بڑھا اور ان دونوں کو الگ الگ متشخص کیا جانے لگا۔ خلیفہ کے سر پر مذہبی اختیار اور مقتدرہ کا ہیولیٰ برقرار رہا۔ اسی لیے خطبات جمعہ اور دیگر مذہبی تقاریب کے خطبے میں اس کا نام پڑھا جاتا رہا لیکن خلافت کی وہ حیثیت ختم ہوگئی جس میں جہان سیاست اور جہان مذہب متحد تھے۔ خلافت میں مذہب اب بھی موجود تھا لیکن سیاست کے زیر دست آچکا تھا۔

> دسویں صدی کے اوائل تک خلافتی مقتدرہ کا انتشار مکمل ہو چکا تھا۔ بے اختیار ہو جانے والے عباسی خلفاء نے مان لیا تھا کہ خلیفہ کے علاوہ بھی ایک برتر حکومتی مقتدرہ موجود ہے جو سیاسی اور عسکری معاملات چلاتی ہے اور اس نے خلیفہ کو محض رسمی ریاستی سربراہ کی حد تک محدود کر دیا ہے اور وہ محض اسلام کی مذہبی وحدت اور عقیدے کا نمائندہ بن کر رہ گیا ہے۔ اقتدار کی یہ دو شکلیں یعنی مذہبی اور سیاسی باہم ایسے متشخص اور الگ ہو چکی تھیں کہ عباسیوں کے عہد میں سلجوقی غلبے کے دوران جب ایک بار خلیفہ نے سیاسی اختیار استعمال کرنا چاہا تو سلجوقی سلطان نے اسے سیاسی مقتدرہ کی مداخلت دے کر احتجاج کیا۔ اس نے قرار دیا کہ خلیفہ کو 'بطور امام اپنے فرائض میں مشغول رہنا چاہیے، امامت کرنا چاہیے جو بہترین اور ارفع ترین کام ہے۔ اپنی اس حیثیت میں وہ دنیاوی حکمرانوں کی جائے پناہ ہے؛ اسے چاہیے کہ وہ حکومتی معاملات سلطانوں کے لیے چھوڑ دے جن کو یہ تفویض کیے گئے ہیں۔'

علما: جدید عہد میں ان کا کردار، مرتبہ اور جواز خیزی

قبل جدید عہد میں علما کا سیاسی مرتبہ و مقام باہم منسلک کئی عوامل پر مبنی تھا۔ انھوں نے بطور عالم، منصف اور مفتی قانون وضع کیا۔ بطور قاضی انھوں نے انصاف فراہم کیا اور اوقاف کے منتظمین کی حیثیت سے انھیں اقتصادی آزادی میسر ہوئی۔ طالب علموں کی تربیت بھی علما کے پاس تھی۔ تربیت کا اہتمام ایسے ماڈل پر کیا جاتا جس میں مذہبی نظم وضبط کو ترجیح حاصل تھی۔ زندگی کے ہر پہلو میں موجود گہرے مذہبی اثرات علما کے سماجی کردار کی توثیق کرتے تھے۔ اس کے برعکس جدید عہد میں قومی ریاست کو ایسے بہت سے معاملات اپنے ہاتھوں میں لینا پڑے جو اس سے پہلے علما کے پاس تھے۔ نتیجتاً علما کو ماضی میں حاصل سماجی مرتبہ اور توقیر دونوں سکڑتے چلے گئے اور ساتھ ساتھ ان کے اثر و رسوخ میں بھی کمی آئی۔

علما کے اس طرح غیر مؤثر ہونے کی وجہ جزواً وہ خود بھی ہیں۔ مثلاً اس کی ذمہ داری ان کی تربیت پر بھی عائد ہوتی ہے۔ اسلامی علوم کی درس گاہوں میں چلنے والے تعلیمی نصاب پر ہی غور کریں، یہ نصاب علما کو جدید معاشرے کی ضروریات کے مطابق تیار نہیں کرتا۔ ان کے مطالعات کو اکثر فرسودہ اور جدید مسائل کے حل کے لیے غیر موزوں سمجھا جاتا ہے۔ مسلم معاشروں میں ان درس گاہوں میں داخل ہونے والوں کو یوں دیکھا جاتا ہے، گویا ان میں میڈیسن، انجینئرنگ اور سائنس جیسے زیادہ باوقار شعبوں میں جانے کی صلاحیت موجود نہیں تھی۔ وہاں صرف

وہی تعلیم دی جاتی ہے جسے مدرسوں کے ساتھ منسوب سمجھا جاتا ہے یعنی مذہبی۔ یہاں پہنچنے والے لوگ بالعموم معاشرے کے کم وسائل کے حامل طبقے سے آتے ہیں۔ انھیں ملنے والی تعلیم مفت لیکن ناکافی اور غیر موزوں ہوتی ہے۔ کلی نظام تعلیم میں یہ مدرسے بجائے خود مرکزی دھارے سے باہر رہتے ہیں۔ ان مدرسوں میں تیار ہونے والے 'مذہبی رہنما' فتویٰ جاری کرنے، مساجد میں نماز پڑھانے، قرآن کی تعلیم دینے اور مذہبی مضامین کی تدریس جیسے کاموں میں لگا دیے جاتے ہیں۔ ان میں سے کچھ خوش قسمتوں کو مذہبی معاملات کے محکمے میں ملازمت مل جاتی ہے لیکن روزگار کے مواقع سے قطع نظر ان علما کو بیشتر اوقات جدید زندگی کے پیچیدہ تر پہلوؤں کی فہم کے لیے ضروری تربیت و تعلیم دونوں سے تہی سمجھا جاتا ہے۔

جدید ریاست علما کے کردار اور اثر و رسوخ کو کم سے کم کرنے کے لیے جو اقدامات کرتی ہے، ان میں سے کچھ یوں ہیں:

اسلامی قوانین کو بے توقیر بنا کر

سعودی عرب اور ایران جیسی کچھ قومی ریاستوں میں جہاں اسلامی قانون نافذ ہے، سرکاری علما کو نسبتاً بہتر مقام حاصل ہے لیکن جن ممالک کا قانونی ڈھانچہ بدل دیا گیا ہے یا سیکولر کر دیا گیا ہے، وہاں علما کا کردار محدود ہے اور ان کی اہمیت بھی نہ ہونے کے برابر رہ گئی ہے۔ جدید قومی ریاستوں کے قانونی ڈھانچے میں علما کو دیا گیا بنیادی کردار اسلامی عائلی قوانین سے متصادم ہے، کیوں کہ اسے تا حال بدلا نہیں جا سکا۔ شادی، طلاق، وراثت اور بعض اوقات بچوں کی تحویل جیسے معاملات عائلی قوانین میں آتے ہیں۔ ملائیشیا جیسی بعض اسلامی ریاستوں نے شرعی عدالتوں کا نظام اپنایا ہے جن کا دائرہ کار عائلی قوانین تک محدود ہے۔ جن ریاستوں میں اس طرح کے قوانین موجود نہیں، وہاں عالم دیوانی قوانین تک محدود ہیں اور اسلامی عائلی قانون کا انتظام چلاتے ہیں۔ ان حالات میں علما کا کردار نکاح کروانے اور اسلامی کہلانے والے معاملات کے انتظامات تک محدود رہ جاتا ہے۔ ان میں مسجد کا انتظام، نماز کی امامت، مذہبی تہواروں کا بندوبست، اسکولوں میں مذہبی تعلیم اور ریاست کی طلب پر اور اس کی رہنمائی میں فتاویٰ کا اجرا شامل ہے۔

نوکر شاہی کا فروغ

آج کی بہت سی مسلم ریاستوں نے سرکاری علما کے حوالے سے بھی ایک نظام مراتب اپنایا ہے۔ ملک بہت سے حصوں میں تقسیم کر دیا جاتا ہے اور مقامی سطح پر ہر حصے میں اس کے اپنے عالم متعین کیے جاتے ہیں۔ ان عالموں کی سربراہی کسی ممتاز عالم کے پاس ہوتی ہے۔ قومی سطح پر عالموں کی سربراہی عالموں کی قومی کونسل کو دی جاتی ہے جس کا سربراہ کوئی مفتی یا بڑا عالم بنایا جاتا ہے۔ اس نظام مراتب کی چوٹی پر مذہبی امور کے وزیر کو بٹھا دیا جاتا ہے۔ ریاستی علما بحیثیت گروہ ریاستی نوکر شاہی کا حصہ ہیں اور ریاستی پالیسی کے پابند سمجھے جاتے ہیں۔ یوں

عالموں کی حدود اور کردار متعین ہو جاتے ہیں کہ وہ کیا کر سکتے ہیں اور کیا نہیں، اور مذہبی معاملات میں ان کا طرز فکر کیا ہونا چاہیے، کون سے معاملات ان کے لیے شجر ممنوعہ ہیں اور ان کے حوالے سے سیاست اور پالیسی کے کون سے پہلو نازک اور حساس ہیں۔

تربیتی انضباط

آج کی بہت سی مسلم ریاستوں نے علما کی تربیت قومیالی ہے یا پھر ان کی تربیت سرکاری سطح پر ہوتی ہے۔ اس مقصد کے لیے ایک طریقہ تو یہ ہے کہ ریاست اپنے منظور کردہ نصاب ریاستی خرچ پر پڑھاتی اور فارغ التحصیل طالب علموں کو امامت، درس گاہوں میں مذہبی تعلیم اور مذہبی تقاریب کی انجام دہی کے لیے تفویض کرتی ہے۔ نصاب اور ان کی تدریس کے طریقے ریاستی آئیڈیالوجی اور مذہبی یا ریاستی تشریق کے مطابق رکھے جاتے ہیں۔ فارغ التحصیل سے توقع کی جاتی ہے کہ وہ حکومتی پالیسی کا اتباع کرے۔ بعض ریاستوں میں نجی درس گاہوں کو منظور کروانا لازم قرار دیا گیا ہے۔ فقط انھی درس گاہوں کو منظور کیا جاتا ہے جو ریاست کے متعین کردہ خطوط پر چلنے کی یقین دہانی کرواتی ہیں۔ غیر تسلیم شدہ اداروں سے فارغ التحصیل ہونے والوں کو ملازمت نہیں دی جاتی۔ بعض اوقات ریاست نجی اداروں سے مطالبہ کرتی ہے کہ وہ اپنے نصاب ریاستی پالیسی کی مطابقت میں ڈھالیں، بصورت دیگر ان کی اسناد کو تسلیم نہیں کیا جاتا۔

مساجد پر کنٹرول

علما کے اثرات کو کم از کم کرنے کے لیے مساجد کو قومیانے کا طریقہ بھی استعمال کیا جاتا ہے۔ بہت سی مسلم ریاستوں میں حکومتوں نے مساجد کا انتظام کلی طور پر اپنے ہاتھ میں لے لیا ہے۔ یوں علما سے ایک اہم سیاسی بنیاد چھن گئی ہے۔ جب مساجد کا انتظام ریاست کے پاس ہوتا ہے تو یہ مسجد کی عمارت کے علاوہ امام کے تقرر کی مجاز بھی ہوتی ہے۔ اس طرح حکومت جمعہ کے واعظوں اور دیگر اجتماعات میں ہونے والے خطبات کو بھی اپنے مخصوص مقاصد کے لیے استعمال کرتی ہے۔ ان تمام تر پابندیوں کے باوجود ریاست مساجد کو اپنے لیے چیلنج سمجھتی ہے۔ ریاست کی مجبوری ہے کہ وہ مساجد کو بند نہیں کر سکتی اور نہ ہی عامتہ الناس کی غیر رسمی تعلیم کے ان ذرائع کو پوری طرح اپنے کنٹرول میں رکھ سکتی ہے۔ اب بھی مساجد لوگوں کے لیے تحریک کا مرکز ہیں، کارکنان کے نیٹ ورک میں اہم مرکز ہیں اور منحرفین کے لیے مقام اجتماع ہیں۔

اسکولوں میں مذہبی تعلیم

علما کا اثر کم کرنے کے لیے ایک اور طریقہ یہ اختیار کیا گیا ہے کہ سرکاری اسکولوں اور دیگر تعلیمی اداروں میں مذہبی تعلیم کا نصاب لگوا دیا گیا ہے۔ طے کیا گیا کہ اساتذہ ریاست کی وزارت تعلیم کی تیار کردہ درسی کتاب یا مقررہ

نصاب سے باہر نہیں جائیں گے۔ اساتذہ کو پابند کیا گیا کہ وہ درسی مواد کی تشریح کے لیے بھی مقررہ نصاب کے خطوط پر چلیں گے۔

اوقاف کا انتظام

دور جدید سے پہلے غیر سرکاری علما کو اپنی تعلیمی اور مذہبی سرگرمی کے لیے اوقاف کی آمدن میسر تھی اور یوں وہ ریاست کے مرہون منت نہیں تھے۔ جدید ریاست نے اوقاف کو قومی تحویل میں لیا اور ان کا انتظام اپنے ملازمین کے سپرد کر دیا۔ علما ایک بار پھر ریاست پر منحصر ہوئے اور انھیں ریاستی بالادستی میں مختلف خدمات سر انجام دینا پڑیں۔

ریاستی جواز خیزی

جب ریاست علما کو تسلیم کرتی ہے تو دراصل وہ ان سے ملنے والے جواز کو باوقعت بناتی ہے۔ خواہ سعودی عرب کی طرح ریاستی بیوروکریسی میں علما کو وسیع کردار حاصل ہوا ور خواہ انڈونیشیا کی طرح انڈونیشیا کی طرح ان کا کردار محدود ہو، ریاستی علما اکثر ریاست کو اسلامیت کا رنگ دینے میں برتے جاتے ہیں۔ اس مقصد کے لیے علما ریاستی فضائل گنوانے کا طریقہ اختیار کر سکتے ہیں یا پھر کسی مخصوص ریاستی قانون یا پالیسی کی حمایت میں فتوے دے سکتے ہیں۔ مثلاً اگر ریاست کسی مخصوص مذہبی یا سیاسی مخالف کو کچلنا چاہتی ہے تو علما فتویٰ جاری کر سکتے ہیں کہ اس گروپ کے خیالات مرتدانہ ہیں یا بدعت کی ذیل میں آتے ہیں۔ یوں ریاست کو ان کے ساتھ نمٹنے میں آسانی رہتی ہے۔ یہ طرزعمل فقط دور جدید کے ساتھ مخصوص نہیں۔ روایت کی جڑیں ماضی بعید میں بھی ملتی ہیں، جب سرکاری علما نے بعض نہایت ممتاز غیر سرکاری علما کو مرتد قرار دیا۔ یہ بھی ہوتا ہے کہ نشانہ بننے والے عالم ریاست کی بجائے فقط سرکاری علما کے خلاف ہوتے ہیں اور کسی خاص مسئلے پر ان کے نقطہ نظر کے لیے چیلنج بن سکتے ہیں۔ سرکاری علما ریاست کے ساتھ ساز باز کرتے ہوئے اپنے مقام و مرتبے کو تقویت دیتے ہیں اور ہر اس شخص کو ختم کرنے کے لیے کام کرتے ہیں جو خود ان کے وجود اور جواز کے لیے خطرہ بن سکتا ہے۔

یہ سب اپنی جگہ، لیکن ریاست کے لیے اہم جواز خیزی فراہم کرنے والے علما کے متعلق کچھ کہنا مشکل ہے۔ سعودی عرب جیسی ریاست دلیل دے سکتی ہے کہ اسے مذہب سے جواز حاصل ہے کیوں کہ اس نے اسلامی قوانین نافذ کیے۔ اسلام کی عالمی سطح پر حمایت کی اور وہ مقدس مقامات کی حفاظت کرتی ہے۔ بالفاظ دیگر یہ ریاست خود کو اسلام اور اسلامی سرگرمیوں کی محافظ قرار دیتی ہے۔ زیادہ تر غیر قومی ریاستیں اس طرح کے کردار کا دعویٰ نہیں کرتیں اور نہ ہی اسے اپنا جواز قرار دیتی ہیں۔ ہاں، البتہ بعض ریاستوں میں سرکاری علما کی حمایت کے بغیر ہی اسلامی علامات کو جواز میں استعمال کیا جاتا ہے۔

ریاست سرکاری طور پر اسلامی ہو یا سیکولر، بالعموم مسلم عامۃ الناس کو یقین دہانی کرواتی ہے کہ وہ ان کے

مذہبی مفادات کی محافظ ہے۔ اس طرح کے مفادات کی ایک مثال اسلامی عائلی قوانین کے کچھ پہلوؤں کا تحفظ، نئی مساجد کی تعمیر اور پرانی کی دیکھ بھال ہے۔ مدرسوں، اسلامی درس گاہوں، قرآنی تعلیمات کے بندوبست اور رمضان کے اہتمام اور عیدین جیسے تہواروں کی انجام دہی کے ساتھ ساتھ ریڈیو اور ٹیلی ویژن پر مذہبی پروگراموں کے لیے وقت کی فراہمی بھی اسی ذیل میں آتے ہیں۔ ریاست کی زیادہ تر اسلامی سرگرمیاں اسی نوعیت کی اور بالعموم علامتی ہوتی ہیں۔ کوئی ریاست جب تک یہ سرگرمیاں بجالاتی ہے تب تک اسے امت مسلمہ کے مفادات کی محافظ سمجھا جاتا ہے۔

فعالیت کا عروج اور سرکاری علما کو درپیش چیلنج

جدید عہد میں اسلام کو سیاست میں دخیل کیا گیا اور اس کے نتیجے میں سرکاری علما کو ایک موثر اسلامی فعالیت پسند گروپ کی طرف سے چیلنج کا سامنا ہوا۔ فعالیت پسند یقین دلاتے ہیں کہ اسلام کی تعبیر اور معاشرت میں اس کے کردار کے حوالے سے ان کے پاس ایک متبادل پروگرام موجود ہے۔ فعالیت پسندوں کا تعلق اس گروہ سے ہے جو ریاستی معاملات میں اسلام کے زوال پذیر کردار کے ردعمل میں پیدا ہوا۔ وہ سمجھتے ہیں کہ آزادی ملنے کے بعد بھی ان کی ریاستوں نے اسلامی قانون کی تقلیل پر عمل جاری رکھا اور دستیاب ریاستی مکانیت میں غیر ریاستی سرگرمیوں کو فروغ دیا۔

یہ فعالیت پسند نہ صرف معاشرے میں اسلام کے کردار کی تقلیل کی ذمہ دار ریاست کے خلاف ہیں بلکہ ان سرکاری علما کے بھی خلاف ہیں جو ان کے نزدیک ریاستی آلہ کار بنے ہوئے ہیں۔ اس چیلنج کی جڑیں اس مظہر میں ہیں جو بیسویں صدی کے آغاز میں اسلامی بیداری کے نام سے سامنے آیا۔ اس بیداری کے ساتھ وابستہ اہم تحریکوں میں سے ایک مصر کی اخوان المسلمین اور دوسری پاکستان کی جماعت اسلامی ہے۔ سماجی تغیر کے بارے میں ان کا انداز فکر ایک سا ہے۔ یہ زیادہ فعال اسلام پر زور دیتے ہیں، جو مذہب ہو یا ریاست؛ ہر طرح کے موجود مقتدرہ کو چیلنج کرنے کی اہلیت رکھتا ہے۔ ان کا عزم ہے کہ مسلم معاشروں کو اندر سے بدل دیا جائے۔ اس طرح کے تغیر کی راہ میں آنے والی ہر رکاوٹ اس چیلنج کا ہدف بن سکتی ہے۔

زیادہ اہم بات یہ ہے کہ ان تحریکوں میں سے عسکری مزاج کے حامل گروپوں نے بھی جنم لیا ہے۔ گروپ سمجھتے ہیں کہ مسلم دنیا میں قومی ریاست کی موجودہ شکل جائز نہیں۔ ان کا استدلال ہے کہ وہی ریاست جائز ہو سکتی ہے جو اپنا جواز یا اختیار لوگوں کی بجائے خدا یعنی بذریعہ وحی نازل ہونے والے مذہب سے اخذ کرتی ہے۔ ان کے نزدیک اقتدار اعلیٰ کا منبع خدا ہے اور اسے ریاست میں ارفع ترین مقام حاصل ہونا چاہیے۔ اسی صورت میں انسان کے ساختہ قانون کی بجائے خدا کا بھیجا ہوا قانون نافذ ہو سکتا ہے۔ چونکہ سوائے سعودی عرب اور ایران کے دوسری کوئی ریاست اس آئیڈیل پر قائم نہیں، چنانچہ انھیں عسکریت پسندوں کی طرف سے چیلنج کا سامنا ہے۔

معتدل اور عسکری مزاج کے حامل دونوں طرح کے اسلامی فعالیت پسند سرکاری علما کو منفی انداز میں

دیکھتے ہیں۔ اخوان المسلمین کے بانی حسن البنا قرون اولیٰ کے حکمرانوں کے سامنے حق بات کہنے والے عالموں کا تقابل آج کے سرکاری علما سے کرتے ہیں جو مقتدرہ کے قریب رہنے اوران کی نوازشات حاصل کرنے کے لیے سب کچھ کرگزرتے ہیں۔ (قیام پاکستان سے پہلے) جماعت اسلامی کے بانی مولانا مودودی کا خیال تھا کہ عالم دعاوئ کی کامیابی کی راہ کا روڑا ہیں۔ علما کے متعلق مودودی کے خیالات کی ایک جھلک سید ولی رضا نصر کے ہاں بھی ملتی ہے جنھوں نے مودودی کا گہرا مطالعہ کیا۔

اسلامی ریاست کے راستے سے علما کو شعوری طور پر ہٹا دیا گیا۔ مولانا انھیں ایک بعید از کار اور فرسودہ ادارہ سمجھتے تھے جس کی معقول اور اصلاح یافتہ اسلامی نظام میں کوئی گنجائش موجود نہیں۔ مودودی نے علما کی مذمت کی کہ ان کا عالمانہ انداز بے مقصد، سیاسی رویہ غلامانہ اور جدید دنیا کے متعلق علم ناقص ہے۔

سرکاری علما کے متعلق سید قطب کا رویہ دیگر کئی اسلام پسندوں کے مقابلے میں زیادہ سخت اور ناقدانہ ہے۔ وہ مذہب کی پیشہ واریت کے سخت خلاف ہیں اور بطور اصطلاح مذہبی شخصیت یا رجال الدین کے ناقد ہیں۔ وہ قرار دیتے ہیں کہ انھی رجال الدین نے قرآنی پیغام کو مسخ کیا، اس کی تعبیر اپنی ضروریات کے مطابق اختیار کی اور خدا سے وہ کچھ منسوب کیا جو اس نے انھیں کہا تھا۔ وہ قرار دیتے ہیں کہ یہ پیشہ ور رجال الدین اپنی روح خدا یا قوم کے ہاتھ نہیں بلکہ شیطان کے ہاتھ بیچ رکھی ہے۔ وہ سمجھتے ہیں کہ یہ لوگ حقیقت کی فہم سے بہت دور ہیں اور دنیاوی مسائل فتاویٰ کے اجرا اور تقاریر سے حل کرنا چاہتے ہیں۔ وہ انھیں کم از کم اسلامی معنویت کے نمائندوں کی حیثیت سے مخلوقات میں سے احقر ترین گردانتے ہیں۔

اسلامی فعال پسندی کے علمبردار قرار دیتے ہیں کہ حکمران طبقے کے مفادات کے لیے کام کرنے والے ان علما کے پاس کوئی اختیار اور جواز موجود نہیں۔ ان کے نزدیک فقط ان علما کا اتباع جائز ہے جو معاشرے میں اسلام کے زیادہ مقام کے لیے ریاست کو مجبور کر سکتے ہیں۔ یوں ریاست کو خود اپنا دفاع کرنا پڑتا ہے۔ سیاسی اداروں کی بجائے ریاست کی طرف سے سرکاری علما سامنے آتے ہیں۔ اسلامی منطق، اصطلاحات اور تراکیب کے جواب میں بھی اسلامی اصطلاحات، خیالات وتصورات اور تراکیب پیش کی جاتی ہیں۔ یوں ریاست اپنے اسلامی مخالفین کو نیچا دکھانے کے لیے سرکاری علما کو استعمال کرتی ہے۔ سرکاری علما قرار دیتے ہیں کہ ان کے مخالف فعالیت پسند علما کو اصل اسلام کی فہم نہیں اور اسی لیے ان کی سرگرمیاں اسلام کی روح کے خلاف ہیں۔

نتیجہ

خلافت ہو یا سلطنت، امارت ہو یا جدید قومی ریاست؛ اسلامی تاریخ میں سرکاری علما اکثر اس مرتبے پر فائز نہیں رہے کہ ریاست کو مذہبی جواز فراہم کر سکیں۔ اس کی وجہ یہ تھی کہ اسلامی ریاست میں اولی الامر کا کردار اتنا غالب رہا کہ علما بالعموم اس کے زیر اختیار تھے، آغاز سے ہی خود علما نے اپنے جواز کے لیے ریاست پر انحصار کیا۔ انھیں ریاست نے تسلیم کیا اور ریاستی نوکر شاہی میں جگہ دے کر نہ صرف سرفراز کیا بلکہ انھیں مالی معاونت بھی فراہم

کی۔اس کے بدلے میں ریاستی علمانے اپنی حدود میں رہنا قبول کیا اور بہ انداز حکمت و مصلحت یا دیگر طرز عمل سے مان لیا کہ اصل قوت اور اختیار سیاسی مقتدرہ کے پاس ہے۔ ریاست ہمیشہ غلام کے آزاد گروہ کے خطرے سے باخبر رہی۔ ریاست نے کئی طرح کے ہتھکنڈے استعمال کرتے ہوئے ان عالموں کو اپنے قابو میں رکھا۔اس کے باوجود قبل جدید عہد کے بہت سے عالم آزاد رہے اور انھوں نے خود کو حکمرانوں سے لاتعلق رکھنے کے لیے خاصا تردد کیا۔

قبل جدید عہد میں اس طرح کی آزادی ممکن تھی۔ آزاد عالموں کے لیے عطیات، اوقاف اور شخصی وسائل کے بل بوتے پر اقتصادی آزادی برقرار رکھنا آسان تھا۔ دور دراز واقع اور دیہی علاقوں پر حکومت کا تسلط ایسا مکمل نہ تھا۔ تاہم دور جدید میں صورت حال بدل گئی ہے۔ ابلاغ کی ترقی اور حکومت کے زیادہ بہتر نظام کے باعث جدید قومی ریاست کے علما کے ریاستی کنٹرول کے اندر رکھنے اور ان کی آزادی کم کرنے میں بالعموم کامیابی ملی ہے۔ خود اپنے جواز کے حوالے سے دیکھا جائے تو ریاستی علما کی حالت جیسی آج ہے، پوری اسلامی تاریخ میں کبھی ایسی بری نہ تھی۔ چنانچہ کہا جا سکتا ہے کہ جدید قومی ریاست کے لیے علما کی طرف سے مذہبی جواز کی فراہمی اور عطا محض ایک داستان ہے۔

[بشکریہ 'اسلامی ریاست: جواز کی تلاش'، مرتبہ شاہرام اکبرزادے، عبداللہ سعید]

ریاستی جواز

شاہرام اکبرزادہ

ترجمہ: محمد ارشد رازی

شاہرام اکبرزادہ آسٹریلیا کی موناش یونیورسٹی کے 'اسکول آف پولیٹیکل اینڈ سوشل انکوائری' میں سینئر لیکچرر ہیں۔ اسلام اور گلوبلائزیشن اور وسطی ایشیا میں سیاسی اسلام ان کے خاص موضوع ہیں۔ انھوں نے 'مسلم کمیونٹیز اِن آسٹریلیا' نامی ایک کتاب عبداللہ سعید کے ساتھ مل کر مدون کی ہے۔ وہ Historical Dictionary Tajikistan کے کمال الدین عبدالیف کے ساتھ شریک مصنف ہیں۔ برطانیہ کے ادارے ٹیلر اینڈ فرانسس سے شائع ہونے والے رسالے Global Change, Peace and Secuirty کے مدیر بھی ہیں۔

اپنے اقتدار کو مضبوط کرنے اور اس کے اسلامی دعویداروں کو ختم کرنے کے لیے مسلم دنیا کے رہنما دوشاخہ پالیسی پر عمل پیرا نظر آتے ہیں۔ وہ بیک وقت رضامندی کا حصول بھی چاہتے ہیں اور دبا کر رکھنے کے لیے کوشاں بھی رہتے ہیں۔ ان کے ہاں ریاستی قوت کے مظاہر کے طور اسلامی علامات اور استعارات وتراکیب واضح نظر آتی ہیں۔ ان کا جواز ہے کہ یوں وہ اسلام اور قومی شناخت کی وحدت کا اظہار کرتے ہیں۔ اسلامی علامات کو اختیار کرنے کا مقصد ریاستی جواز کو تقویت دینا اور اس کے قانونی، آئینی یا حکومتی پہلوؤں کو تکمیلی عنصر فراہم کرنا ہے۔ یہ عمل تمام مسلم ریاستوں کے لیے درست ہے، حتیٰ کہ اسلامی جمہوریہ ایران اور سعودی عرب پر بھی اس اصول کا اطلاق ہوتا ہے۔ حالاں کہ ان دونوں ریاستوں میں اسلام کو مقتدرہ کا بنیادی ماخذ خیال کیا جاتا ہے۔ دونوں ریاستوں میں جمہوری ترنگ سے لے کر معاشرتی فلاح جیسے عوامل کے انضمام کو استعمال کرتے ہوئے مسلسل جواز خیزی کی جاتی ہے۔ اس رجحان کو پچھلے کچھ عشروں میں خاص طور پر تقویت ملی ہے اور اس کا تعلق اسلامی حزب اختلاف کی تحریکوں سے ہے۔ حکمران طبقے اور سیاسی اسلام کے درمیان موجود تعلق کی حرکیات نے اسلام کے متعلق

عامتہ الناس کی رائے اور سیاسی میدان پر اس کے اثرات پر فیصلہ کن اثر ڈالا ہے۔ زیادہ تر توقعوں میں ان اثرات کا نتیجہ سیاسی قیادت کی خواہشات کے مطابق نہیں ہوتا، لیکن سیاسی مصلحت آمیزی کے تحت قیادت سیاسی میدان سے اسلام کو نکال باہر کرنے کے لیے کوئی جرأت مندانہ قدم نہیں اٹھاتی۔ اس کی بجائے ریاست کی توجہ سرکاری علما کے ذریعے پھیلائے جانے والے پیغام کو کنٹرول کرنے پر مرکوز رہتی ہے۔ سرکار کی کوشش ہوتی ہے کہ اس پیغام میں فقط قناعت پسند اسلام پیش کیا جائے۔ یہ امر قدرے غیر واضح ہے کہ یہ کنٹرول کتنا موثر رہتا ہے۔ اس لیے کہ سیکولر اصطلاحات میں مسلم دنیا کی تفہیم کا امکان کم از کم ہو رہا ہے۔ لگتا ہے کہ مسلم دنیا میں دنیاوی اور مذہبی عملوں کی راہیں باہم نزدیک تر ہو رہی ہیں۔

اسلامی دنیا میں موجود یہ صورت حال سیکولر سیاسی قیادت اور ایک مخصوص رقبے پر قائم جدید ریاست کے جواز کے لیے کیا معنی رکھتی ہے؟ اگرچہ تاریخی اعتبار سے ریاست اور سیکولر قیادت باہم متعلق اور منسلک چلی آتی ہیں، لیکن لگتا ہے کہ ان کے امکانات کا باہمی فاصلہ بڑھ سکتا ہے۔ ایک طرف تو ریاست اور مذہب کے درمیان موجود واضح خط امتیاز کا یورپی سیکولر تصور مسلم معاشرتوں کے ساتھ زیادہ سے زیادہ غیر متعلق یا ان چاہا ہونے لگا ہے لیکن ساتھ ساتھ مخصوص سرحدوں کی حامل اور ایک قوم کی نمائندہ جدید ریاست کا ماڈل مقبولیت پکڑ رہا ہے۔ اسے تاریخ کا پلٹا ہی کہا جا سکتا ہے کہ مسلم دنیا میں جدید ریاست کی تخلیق میں مرکزی کردار ادا کرنے والی سیکولر قیادت کو خطرہ لاحق ہو رہا ہے کہ اسے نکال باہر کیا جائے گا لیکن سیاست زور پکڑتی اور 'اسلامی شکل میں' اپنا وجود برقرار رکھتی نظر آتی ہے۔ چنانچہ حاکم طبقے کے جواز کو سیاسی اسلام سے لاحق خطرے کی تعبیر کرتے ہوئے اسے ریاستی جواز کو لاحق خطرہ قرار دینا غلط ہوگا۔

پچھلے عشروں میں اسلامی گروپوں کی تاریخ اور رویے نے سیاسی اسلام کے تصور میں ریاستی سرحدوں کی اہمیت کی تصدیق کر دی ہے۔ اس نکتے کی وضاحت کے لیے تین مثالیں پیش کی جا سکتی ہیں۔ واضح ترین مثال غالباً اخوان المسلمین ہے۔ ۱۹۲۸ء میں یہ تحریک مصر میں حسن البنا نے شروع کیا اور جلد ہی عرب دنیا کے دیگر سیاسی کارکن بھی اس سے متاثر ہونے لگے۔ اخوان کے سماجی انصاف اور اسلامی وحدت کی قوت کے پیغام کو عرب دنیا میں بالخصوص ۱۹۴۸ء اور بعد میں ہونے والی عرب اسرائیل جنگوں کے درمیان خصوصی مقبولیت ملی۔ پچاس کے عشرے میں اخوان المسلمین نے اردن، شام اور فلسطینی مقبوضہ علاقہ جات میں قدم جما لیے تھے۔ یہ توسیع و ترقی بڑی متاثر کن تھی اور علاقائی کمیونٹی سے ماورا اتحاد کے تصور یعنی امت کے پہلے سے موجود ہونے کی آئینہ دار تھی۔ کم از کم عرب دنیا میں ایسا ہی تھا۔ ظاہر ہے کہ اخوان المسلمین واضح طور پر خدا کی زمین پر اللہ کی حکمرانی کے قیام کی دعویدار تھی جسے انسان کی بنائی ریاستی سرحدوں سے کچھ سروکار نہیں۔ اس کے باوجود جب مختلف ممالک میں اخوان المسلمین کو فروغ ملا تو ہر شاخ میں متعلقہ قومی مسائل کو ترجیح دی گئی۔ اسلامی وحدت کے آئیڈیل کو پرے دھکیل دیا گیا اور اسے مجردات سے متعلق قرار دیا گیا۔

فلسطینی تجربہ اس نکتے کی وضاحت کرتا ہے۔ ستر کے عشرے میں فلسطینی اخوان المسلمین کے رہنما احمد

یاسین تھے۔ انھوں نے ۱۹۸۷ء میں انقلابی تحریک حماس چلائی۔ اپنی شکل میں اسلامی ہونے کے باوجود اس کا مطمع نظر فقط فلسطین کی آزادی تھا۔

مولانا ابوالاعلیٰ مودودی نے ۱۹۴۱ء میں برصغیر میں جماعت اسلامی قائم کی۔ اگرچہ مودودی نے ہندو پاک کی تقسیم پر منتج ہونے والی مسلمانوں کی تحریک کی مخالفت کی لیکن پاکستان قائم ہونے کے بعد وہ ہجرت کرتے ہوئے لاہور چلے گئے۔ ان کے سیاسی فلسفے پر معاصرین کا اثر تھا۔ مودودی قرار دیتے تھے کہ جب تک شریعت کی بالادستی حاصل نہ ہو، کوئی بھی سیاسی نظام اور جغرافیائی تقسیم با جواز نہیں۔ بنگلہ دیش اور پاکستان دونوں میں جماعت اسلامی نے اس اصول کو رہنما بنائے رکھا۔ اس جماعت نے بنگلہ دیش کی مخالفت کی، کیوں کہ وہ برصغیر کی مسلم آبادی کی ایک تقسیم کی مخالف تھی۔ جیسا کہ تاج ہاشمی کے مضمون سے پتہ چلتا ہے، بنگلہ دیش کی جماعت اسلامی بھی اسی لیے آزادی کے خلاف تھی۔ ہندو پاک کی تقسیم کی طرح مغربی پاکستان سے بنگلہ دیش کی علیحدگی کو بھی امت کے آئیڈیل پر ایک ضرب خیال کیا گیا۔ لیکن پاکستان اور بنگلہ دیش دونوں ریاستوں میں جماعت نے اپنی اپنی ریاستوں کے ساتھ مفاہمت کا عمل اپنایا۔ پاکستان کی جماعت اسلامی قانون ساز اداروں میں اپنا آپ ثابت کرتی نظر آتی رہی ہے۔ اسی طرح بنگلہ دیش میں بھی جماعت اسلامی نے نظام کے اندر رہتے ہوئے ایک مسلمہ سیاسی جماعت کی حیثیت سے کام کیا۔ ہوسکتا ہے کہ جماعتی رہنماؤں کے دلوں میں بالآخر اسلامی وحدت کا خیال زندہ ہو لیکن وہ اپنی اپنی ریاستوں کی حدود میں جاری پالیسیوں اور عملوں پر اس خواب کو اثر انداز نہیں ہونے دیتے۔ یوں جماعت نے سیاست میں نتائجیت کی راہ اپنائی ہے جو علاقائی ریاست کی منظوری کے مترادف نہیں تو اس پر قناعت کے مترادف ضرور ہے۔

اسلامی آئیڈیے پر قومی ریاست کو ترجیح دینے کی ایک مثال تاشقند میں ہیڈ آفس کی حامل تنظیم 'وسط ایشیا مفتیات' کی تاریخ ہے۔ یہ تنظیم وسط ایشیا کی پانچ جمہوریاؤں کی ضروریات پوری کرنے کے لیے ۱۹۴۳ء میں قائم کی گئی۔ جب وسط ایشیا کی یہ ریاستیں سوویت یونین کے کھنڈرات سے ابھر رہی تھیں تو اس تنظیم کو مرکز گریز قوتوں کا تجربہ ہوا۔ سوویت انہدام کے آغاز میں ہی مفتیات کی قازق شاخ نے مرکزی ادارے سے اپنا رابطہ توڑا اور ایک خود مختار قومی ادارہ بن گئی۔ ۱۹۹۲ء اور ۱۹۹۳ء میں مفتیات کی دیگر علاقائی شاخیں بھی اسی تجربے سے گزریں، جوں ہی کسی جمہوریہ نے اپنی آزادی کا اعلان کیا، اس میں قائم مفتیات کی شاخ قومی ادارے کی حیثیت اختیار کرگئی۔ بلاشبہ اس عمل میں سیاسی مقتدرہ کی خواہش بھی شامل تھی جو نو آزاد ریاستوں کی ہر سرکاری تنظیم پر اپنا ٹھپہ لگانا چاہتی تھی، ورائے قومی مفتیات کی جگہ قومی اسلامی اداروں نے لے لی۔ یہ عمل اپنی اصل میں قوم / ریاست ساز منصوبے کے ساتھ ہم آہنگ تھا۔ مزے کی بات یہ ہے کہ علما اور بالخصوص تاشقند کے علما نے کسی خاص مزاحمت کے بغیر مفتیات کو ٹوٹنے دیا۔ لگتا ہے کہ تمام عالم ذہنی طور پر خود مختار ریاست کی منطق پر پہلے سے متفق تھے۔ مفتیات کی مختلف شاخوں نے اپنے الگ ہونے کے جواز میں یہ منطق بار بار پیش کی کہ ان پانچ ریاستوں کے یہ ادارے اگر ازبکستان میں قائم یعنی ایک غیر ملکی ادارے کے سامنے جواب دہ رہتے ہیں تو اپنی

44

سیاسی اسلام

اپنی قوم کی خدمت کس طرح کریں گے۔

ورائے قومیت امت کے علمبردار دلیل دے سکتے ہیں کہ موجودہ ریاستوں کے ساتھ نتائجی مفاہمتوں کا مطلب اسلامی وحدت کے آئیڈیل سے انحراف نہیں۔ اس صورت حال میں بقا کے لیے نتائجیت ضروری ہے لیکن کیا نتائجیت خواب پر حاوی ہوسکتی ہے؟ سعودی عرب اور ایران میں جہاں بظاہر اسلامی اصولوں کی عملداری ہے، نظر آتا ہے کہ انسان کی بنائی ہوئی ریاست کی خودمختاری مسلم وحدت کے اسلامی اہداف پر غالب آجاتی ہے یا پھر اسے اور الوہی احکام کو ریاستی مفاد میں استعمال کرتی ہے۔ دنیا بھر میں پھیلی مسلم کمیونٹیوں کو ملنے والی سعودی مالی امداد جس قدر اسلام کے فروغ کے لیے ہے، اسی قدر سعودی عرب کو فراخ دل اور سخی ثابت کرنے کی غرض سے بھی ہے۔ سعودی حکمران مسلم دنیا کے قیادت کے دعویدار ہیں اور ان کا تصور ان کے دعوے کو تقویت دیتا ہے۔ سعودی عرب نے 'او آئی سی' اور 'مسلم ورلڈ لیگ' جیسی تنظیموں کو اپنے ہاں ہیڈکوارٹر کی اجازت دے رکھی ہے تاکہ اپنے اس امیج کو تقویت دے سکے۔ اس طرح کا مقدمہ ایران کے خلاف بھی پیش کیا جاسکتا ہے جو بین الاقوامی معاملات کے متعلق پالیسی وضع کرتے ہوئے حقیقی سیاسی قطب نما استعمال کرتا ہے۔ اپنے قیام کے بعد ہی سے اس اسلامی جمہوریہ کے تعلقات اپنی اسلامی ہمسایہ ریاستوں کے ساتھ کشیدہ چلے آرہے ہیں۔ ۱۹۸۰-۸۸ء کی ایران عراق جنگ میں عراق کو عرب ریاستوں کی حمایت ملنے کے بعد یہ تعلقات اور بھی پیچیدہ ہوگئے ہیں۔ ایرانی خارجہ پالیسی میں مسلم وحدت کے آئیڈیل کے عملی مضمرات نہ ہونے کے برابر ہیں۔ ممکن ہے کہ جزواً اس امر کا تعلق شیعہ سنی تفاوت سے بھی ہو، جو شیعہ اکثریت کے حامل ایران اور سنی اکثریت کی حامل باقی مسلم دنیا کے درمیان موجود ہے۔ لبنان میں حزب اللہ اور دیگر عسکری شیعہ گروپوں کو ملنے والی ایرانی معاونت فرقہ وارانہ بنیاد پر تعاون اور وابستگی کی شہادت سمجھی جاسکتی ہے لیکن اس معاونت کا ایک اور پہلو بھی ہے جو مذہبی نہیں ہے۔ اس طرح کی معاونت کو غیر مذہبی مقاصد کے لیے مذہبی رشتوں کا استعمال کہا جاسکتا ہے اور اس حوالے سے مسلم دنیا کی رہنمائی کے لیے سعودی عرب اور ایران کے درمیان باہمی کشمکش موجود ہوسکتی ہے۔ بالخصوص جب ایران عراق جنگ عروج پر تھی تو حزب اللہ کو ملنے والی ایرانی معاونت بھی زوروں پر تھی۔ زیادہ امکان یہی ہے کہ تب جنوبی لبنان پر قابض اسرائیل کے خلاف سرگرم حزب اللہ کو امداد دے کر ایران مسلم دنیا میں مقبولیت کا خواہاں ہو۔ اسرائیلی جارحیت کے خلاف عوامی غم وغصے اور مشرق وسطیٰ کی حکومتوں کی بے عملی نے ایران کو ایک موقعہ فراہم کردیا کہ وہ عرب ریاستوں پر دباؤ ڈالنے کے لیے عرب عوام کو براہ راست متوجہ کرے۔ تہران میں خارجہ پالیسی پر کسی پُر آہنگ اتفاق رائے کا مفروضہ قائم کرنا مشکل ہے۔ وہاں اعتدال پسندوں اور شدت پسندوں کے مابین ہمہ وقت کشمکش چلتی ہے۔ اس کے باوجود کوئی بھی گروہ مسلم وحدت کے آئیڈیل کا علمبردار نہیں۔ مسلم وحدت سے قطع نظر ایرانی شیعہ وحدت کے بھی قائل نظر نہیں آتے۔ ٹرانس کاکسس میں ایران نے شیعہ آذربائیجان کے خلاف جنگ میں عیسائی آرمینیا کی کھل کر حمایت کی تھی۔ بعض مبصرین کو دیکھ کر حیرت ہوئی کہ شیعہ اور نسلی تعلقات کے باوجود ایران نے باکو کی حمایت نہ کی۔ درحقیقت ایرانی آذری کمیونٹی اور آذربائیجان کے درمیان موجود نسلی تعلق نے ہی

ایران کو یہ اندازِ فکر اختیار کرنے پر مجبور کیا۔ اسے خدشہ تھا کہ آذری علیحدگی پسندوں کو باکو سے تحریک مل سکتی ہے۔ لگتا ہے کہ سیاسی اسلام نے ایران میں ایک چکر پورا کرلیا ہے۔ یہ دنیاوی ریاست پر اسلام کی برتری سے چلا اور اسلامی آئیڈیل کی قیمت پر سیاست کو ترجیح دینے تک چلا آیا۔ کہیں ایسا تو نہیں کہ عسکریت پسند دیگر اسلامی تحریکیں بھی یہی انداز اختیار کرنے کو ہیں۔

اگر بیان مذکورہ بالا کو قاعدہ مان لیا جائے تو بھی قابل توجہ استثنا موجود ہیں۔ 'حزب التحریر' (Liberation Party) ان میں سے اہم ترین ہے جو ورائے قومیت نقطہ نظر کی دعویدار ہے اور ریاستی سرحدوں سے بالاتر ہو کر امت کو اسلامی نقطہ نظر سے جائز شکل میں لانا چاہتی ہے یعنی خلافت۔ یہ پارٹی ۱۹۵۲ء میں یروشلم میں تقی الدین النبہانی نے قائم کی تھی۔ خدا کے اقتدار کے لامحدود ہونے اور غالباً فلسطینیوں کے انتشار سے تحریک پا کر حزب التحریر موجودہ ریاستی سرحدوں سے ماوراء ہونے کی راہ پر چل نکلی۔ اس نے تمام مسلم معاشروں کے اشتمال سے واحد اسلامی ریاست کی تخلیق نو کا خیال پیش کیا۔ دارالسلام میں خلافت کا قیام مروج بدعنوانی اور کفر کے خلاف جہاد کا متقاضی ہے۔ یہ اس امر کا تقاضا کرتا ہے کہ خلافت سے سوائے شریعت کے باقی ہر چیز ختم کردی جائے۔ لیکن اس عالمگیر پیغام کی عملی تشکیل و تعبیر کے لیے ضروری ہے کہ اس کی بنیاد زمان و مکان میں رکھی جائے۔

> اگرچہ اسلام ایک عالمگیر آئیڈیالوجی ہے لیکن اس کا طریق کسی کو اجازت نہیں دیتا کہ وہ عالمگیر پیمانے پر اس کے لیے ایک بار پھر آغاز سے کام کرے۔ تاہم یہ ضروری ہے کہ عالمگیر پیمانے پر اس کی طرف آنے کی دعوت دی جائے اور کسی ایک ملک میں اس کے لیے میدان کار طے کیا جائے۔ میدان کار ایک سے زیادہ ممالک میں بھی قائم کیا جا سکتا ہے، حتیٰ کہ اسلام وہاں نافذ ہوجائے اور اسلامی ریاست وجود میں آجائے۔

حزب التحریر خاصی شاطر کھلاڑی واقع ہوئی ہے۔ یہ دنیا کے ان علاقوں میں کام کرتی رہی ہے جسے سیاسی ماحول کے اعتبار سے مشکل ترین کہا جاسکتا ہے۔ اس جماعت کی مصر، عراق، اردن، لیبیا، شام، تیونس اور ازبکستان میں موجودگی ثابت کرتی ہے کہ اس کا بالشویک فعلی فلسفہ خاصا موثر رہا ہے۔ اس جماعت کے اپنے ویب پیج پر اس کے فلسفے کو تین مراحل پر مشتمل بتایا گیا ہے: (۱) پارٹی کیڈر کا قیام جو لیننسٹ پیشہ ور انقلابیوں کا سا ہونا چاہیے۔ (۲) پروپیگنڈا اور مسلم کمیونٹی کے ساتھ وسیع تر تعامل اور (۳) سیاسی طاقت کا حصول اور اسلام کا 'عمومی اور جامع نفاذ اور اس کے پیغام کی دنیا تک ترسیل'۔ مذکورہ بالا معاشروں میں حزت التحریر کی کامیابی قابل ذکر ہے۔ یہ کامیابی مقامی مسائل کو سمجھنے کے ساتھ ساتھ اسلامی حکومت کے اندر سماجی انصاف کے متعلق جزیک احساسات کی بیداری ہے۔ زیادہ امکان اس بات کا ہے کہ پارٹی کو حاصل معاونت روزمرہ کے سماجی فلاحی معاملات میں اس کی کارگزاری ہو۔ زیادہ امکان یہی ہے کہ مقامی سطح پر پارٹی کی مقبولیت کثیر قومی خلافت کے متعلق تصورات کی بجائے انھی عملی خدمات پر ہو۔ یہ امر ان معاشروں کے لیے بالخصوص درست ہے جن کے ہاں اسلامی تاریخ اور

فلسفے کی معلومات عمومی سطح پر بہت کم ہیں۔ازبکستان ایک ایسی ہی مثال ہے۔چنانچہ لگتا ہے کہ نعرے کی سطح پر نہ سہی لیکن عملاً حزب التحریر کے اغراض و مقاصد بھی بدل گئے ہیں۔اسے بھی ریاست پر مبنی سیاست کی تجاذبی قوتوں نے اپنی طرف کھینچ لیا ہے اور وہ بھی عالمگیریت اور ورائے قومیت خلافت سے عملاً دست کش ہوتی نظر آتی ہے۔

اس کتاب کے مصنفین نے بھی ثابت کیا ہے کہ اسلام سے پھوٹنے والے جواز کو باضابطہ طور پر کاشت کیا جاتا ہے۔اس کے نتیجے میں ایک ایسے عمل کا آغاز ہوتا ہے جو ایک عمل متناقضہ میں اپنے کاشتکار حکمران طبقے کے جواز کی شکست و ریخت کرنے لگتا ہے۔جب اسلام کو رسمی یا غیر رسمی طور پر سیاسی سطح پر لے آیا جاتا ہے تو اسے حکومتی پالیسیوں کی جانچ کی اتھارٹی مل جاتی ہے اور کوئی بھی سیکولر ریاست اس عمل کو تسلیم یا برداشت کرنے پر تیار نہیں ہوتی۔اسلام کو سیاست میں تسلیم کرنے کا ایک نتیجہ یہ نکلا کہ سیاسی اسلامی تنظیموں کو عوام تک رسائی میں کامیابی حاصل ہوئی۔ان تنظیموں کے لہجے کا بڑھتا تحکم اسی کامیابی کا نتیجہ ہے۔سیاسی اسلامی تنظیموں کے اس ادعا کے باعث سیاسی مقتدرہ کو نئے چیلنجوں کا سامنا ہے اور اسے ایک مجہول مدافعانہ جنگ لڑنا پڑ رہی ہے۔اسے اسلام کی حلقہ بگوشی میں اپنے خلوص کا ثبوت دینا بھی مشکل اور اپنی پیش کردہ اسلام کی تعبیر کو معتبر ثابت کرنا بھی۔حکمران طبقہ اپنی حکومت کی جواز خیزی کے لیے اسلام سے سند لانا چاہتا ہے اور اسی عمل نے اسے لوگوں کے لیے زیادہ آسان ہدف بنا دیا ہے لیکن حکومتوں کے جواز کو لاحق سیاسی اسلام کا چیلنج ریاستی حدود میں آنے والی سیاست سے ماورا نہیں۔مسلم معاشروں کی علاقائی حدود کے خاتمے کا تصور موجود رہا ہے اور اس نے سیاسی متخیلہ پر اپنے نقوش مرتب کیے ہیں۔الوہی اقتدار اعلیٰ کی برتری کا خواہاں سیاسی اسلام ریاستی حدود میں سمٹتا نظر آتا ہے۔ورائے قومیت امت اور باقی دنیا یعنی دارالحرب کے درمیان کشاکش اور تصادم روز بہ روز غیر متعلق اور عملاً افادی ہوتا جا رہا ہے۔نتیجتاً سیاسی اسلام جو مسلم معاشروں کی ریاستی سیاست کے اعتبار سے اہم ہے، اپنے اثرات میں بین الریاستی تعلقات کی ماہیت پر زیادہ اثر انداز نہیں ہو سکتا۔اس لیے کہ بین الریاستی تعلقات کی نوعیت ریاستوں کے اپنے مفادات پر ہے نہ اس پر آئیڈیالوجی غالب ہے۔

[بشکریہ 'اسلامی ریاست: جواز کی تلاش'، مرتبہ شاہرام اکبرزادے، عبداللہ سعید]

سعودی عرب: گیارہ ستمبر کے بعد

لاربی صادق

ترجمہ: محمد ارشد رازی

لاربی صادق ایکسٹر یونیورسٹی، انگلینڈ کے شعبۂ سیاسیات میں مشرق وسطیٰ میں جمہوریت اور انسانی حقوق کے متعلق پڑھاتے ہیں۔ جمہوریت اور جمہوریت سازی کا اسلامی معاشرت سے تعلق ان کا خاص موضوع ہے۔ ان کے مقالے 'Political Studies'، 'International Journal of Middle East Studies'، 'Arab Studies Quarterly' اور 'Orient' میں چھپتے رہے ہیں۔
زیر نظر مضمون میں مترجم نے حوالوں کے ماخذ اپنی ترجمہ شدہ کتاب 'اسلامی ریاست: جواز کی تلاش' میں شامل نہیں کیے ہیں، لیکن قارئین انگریزی زبان میں شائع اصل کتاب 'Islam and Political Legitimacy' میں شامل ان تمام حوالوں کی تفصیلات اور ماخذ سے استفادہ کر سکتے ہیں۔

نیو یارک پر ۱۱ ستمبر کے حملوں کے بعد سیکیورٹی، میڈیا، ذرائع ابلاغ اور علمی حوالے سے کسی اسلامی ملک پر سعودی عرب سے زیادہ توجہ نہیں دی گئی۔ طالبان کا افغانستان واحد استثنا تھا۔ سعودی شہنشاہیت کے ساتھ ساتھ اسے بھی خوب خوب نمایاں کیا گیا۔ یہ امر کہ 'ٹوئن ٹاور' (Twin Tower) اور 'پینٹاگون' (Pentagon) کے ساتھ جہاز ٹکرانے والے ہائی جیکروں میں سے اکثر سعودی شہری تھے، نہ صرف ماہرین سعودی عرب بلکہ خود سعودی شہریوں کے لیے بھی حیرت کا باعث تھا۔ ان افسوس ناک واقعات کی بدولت تیل سے مالا مال اس عرب ملک پر ایک بار پھر توجہ مرکوز ہوئی اور لوگ کئی ایک فکری خطوط پر سوچنے پر مجبور ہو گئے۔ اس مصنف کے خیال میں واضح اور ساتھ ساتھ علمی سوال یہ ہے کہ اگر دہشت گردی کے یہ حملے نیو یارک یا واشنگٹن کی بجائے ریاض پر ہوئے

ہوتے تو کیا سعودی شاہی گھرانہ گیارہ ستمبر کی تاب لا پاتا؟ مفروضہ پر مبنی اس طرح کے سوالوں کا جواب دینا آسان نہیں ہوتا لیکن ایک امر یقینی ہے کہ شاہی گھرانے نے سعودی سلطنت اور اپنے افراد خانہ کے تحفظ کے لیے اپنی دسترس میں موجود ہر آتشیں ہتھیار استعمال کر لیا ہوتا اور پھر امریکہ اور اس کے یورپی اور مشرق وسطیٰ کے حلیفوں نے بھی اس کے دوش بدوش جنگ سے گریز نہ کیا ہوتا۔ کویت کی نظیر میرے اٹھائے اس نکتے کی خاصی مسکت وضاحت ہے۔ اس کے لیے ایک زیادہ موزوں مثال یوں بھی دی جا سکتی ہے؛ ۱۹۷۹ء میں سعودی انتہا پسندوں نے مسجد الحرام پر قبضہ کر لیا، جسے اگرچہ قانونی طریقے سے لیکن متشددانہ انداز میں چھڑا لیا گیا۔ اس طرح کا مفروضہ بھی بے محل نہیں کہ تشدد کے ذمہ داران نے نیویارک اور واشنگٹن پر حملے مقامی تناظر (سعودی، اور عرب/مسلم) سے اٹھنے والی تحریک پر کیے۔ امر واقعہ یہ ہے کہ حملے عالمی دہشت گردی کے ایک سگنل کے طور پر دیکھے گئے؛ یعنی مقامی سطح پر سوچتے اور بین الاقوامی سطح پر عمل کرتے ہوئے اس انداز فکر کو تقویت دی گئی۔ اگر انھی خطوط پر تفتیش کرنا ہے اور انھیں معتبر بنانا ہے تو پھر شاہی گھرانے کے سیاسی جواز کو بہ نظر غائر دیکھنا ہوگا۔ اگر گیارہ ستمبر کے واقعات کو حزب اختلاف کے سیاسی رویے کے طور پر دیکھنا ہے اور اس کے مطالعے میں خونریزی پر مبنی حکمت عملی بروئے کار لانا ہے تو ایک سوال یہ بھی پیدا ہوتا ہے کہ اس طرح کے وقوعوں میں سیاسی جواز کا اطلاق کس طرح سے ہوگا۔ اگلا سوال یہ اٹھے گا کہ شاہی گھرانے کے حوالے سے سعودی عرب میں سیاست اور مذہب کی نوعیت کیا ہے اور یہ امر بھی پیش نظر رکھنا ہوگا کہ سعودی عرب کی اعلیٰ مقتدرہ نے سیکولرزم کو تا حال ایک سیاسی قدر کے طور پر قبول نہیں کیا۔ مشرق وسطیٰ کے دیگر ممالک مثلاً ترکی، الجیریا، مصر، تیونس اور شام کی طرح سعودی عرب میں ابھی سیکولرزم کو تنازعے یا مقابلے کا اکھاڑہ نہیں بنایا گیا۔ چنانچہ آگے پیش کیے گئے تجزیے میں اس کا حوالہ اس طور نہیں دیا جائے گا۔

ہمارے تجزیے کی بنیاد دو خطوط پر ہوگی۔ پہلا خط تحقیق کا تعلق سعودی عرب کے اسلام کی نوعیت اور ریاست میں اس کے طرز اطلاق سے عبارت ہے۔ سعودی عرب میں مذہب اور سیاست کے تعلق کی ایک تاریخ موجود ہے لیکن اس کے باوجود اسلام کثیر مرکزی ہوتا جا رہا ہے۔ نچلی سطح سے سرکاری اسلام کے متعلق سوالات اٹھنے لگے ہیں۔ ہم نے ان آوازوں کے منابع ڈھونڈنے اور ان کا تجزیہ کرنے کی کوشش کی ہے اور یہ بھی بتایا ہے کہ ریاست آوازوں پر کس ردعمل کا اظہار کر رہی ہے۔ تاہم سعودی ریاست اور اسلام کے درمیان موجود اس تعلق کے طریق بالعموم غیر متاثر چلے آرہے ہیں۔ وہابی اسلام کا سعودی سلطنت کی غایت کے ساتھ گہرا تعلق ہے۔ اس کے باوجود سعودی گھرانے کے سیاسی جواز کے لیے کچھ انتظامات بھی کیے گئے ہیں۔ مثلاً ۹۰ کے عشرے کے اوائل میں مجلس شوریٰ قائم کر دی گئی جس کا عرصے سے انتظار کیا جا رہا تھا، تاہم تا حال واضح نہیں کہ آیا یہ مجلس شوریٰ یا نیچے سے اٹھنے والی آوازیں مذہبی یا سیاسی آزادی کے لیے کتنی مفید ثابت ہوتی ہیں۔ اس امر کو کسی حد تک واضح ہوتے کوئی بیس برس لگ جائیں گے، جب سعودی گھرانے کے طلال بن ولید جیسے انتخابات پسند اور اصلاح کے حامی شہزادے اور عام معاشرے سے اٹھنے والے سعودی ایک نئی سیاسی جماعت میں مجتمع ہوں گے۔ لیکن یہاں پر بھی ایک بات قابل غور ہے جس کا تعلق عرب اور مسلم معاشروں کے طالب علموں کے نئے رجحانات سے ہے؛ یعنی اس

امر سے کہ یہ لوگ اپنے متعلق مغرب کے خیالات پر کس طرح کا ردعمل دیتے ہیں۔ عرب یا مسلم ممالک کے متعلق لکھتے ہوئے بالعموم اس مفروضے سے آغاز کیا جاتا ہے کہ یہاں تشخص کی مرکزی اشارت اسلام ہے اور سیاست اور آئیڈیالوجی میں اس کا مقام طے شدہ ہے۔ بالخصوص جب سعودی عرب میں مذہب اور سیاست کا معاملہ ہو اور سیاسی جواز کی تشکیل نو پر ان کے اثرات کی بات ہو تو اس طرح کی ترغیب اور روایت سے دامن چھڑانا مشکل ہو جاتا ہے۔ بہر کیف، یہ انداز فکر دہرے مسائل پیدا کر سکتا ہے۔ اگر اس سے بچنے کی کوشش کرتے ہیں تو اس کا مطلب یہ بھی ہو سکتا ہے کہ ہم سعودی عرب میں مذہب اور سیاست کے اختلاط کی اثباتیت کے منکر ہیں اور اگر اسے مان لیا جاتا ہے تو ہم ایک طرح کی تکثیریت میں الجھ جاتے ہیں۔ وجہ یہ ہے کہ سعودی عرب میں ریاست اور سیاست کے باہمی تعلق کا کوئی جائزہ بھی ایک اور طرز کار کو یکساں اہمیت دیے بغیر نہیں لیا جا سکتا جس کا براہ راست تعلق سیاسی جواز سے بنتا ہے۔ ہمارے اس موخر الذکر طریق میں سیاسی اقتصادیات اور اس کی تیل کی بنیاد دونوں شامل ہیں اور یہ امر بھی شامل ہے کہ اس مملکت کی اقتصادیات اور سیاسی ترقی کا باہمی تعلق بہت کمزور ہے۔ ساتھ ساتھ بیرونی تعلقات اور بالخصوص سعود کے گھرانے کا امریکہ سے تعلق بھی پیش نظر رکھنا پڑے گا۔ ایک اور مسئلہ یہ ہے کہ ان تمام عوامل کو باہم متعلق خیال کرنا ہوگا۔ یوں ہمارا تجزیہ کوئی یک رخی تفہیم نہیں بلکہ سعودی عرب میں سیاسی جواز ان تمام عوامل کے باہمی تعلقات پر غور و فکر کا متقاضی ہوگا۔ بالخصوص گیارہ ستمبر کے حملوں کے بعد اس تحقیق کا کثیر جہتی ہونا اور بھی کھل کر سامنے آ گیا ہے۔ ان سوالوں کا تعلق فقط سیاسی جواز سے نہیں رہتا بلکہ خود سعودی ریاست کا جواز بھی زیر بحث آ سکتا ہے جو ابھی تک کسی کو اقتدار میں شریک کرنے کے لیے تیار ہیں، جہاں حکمران جواب دہ نہیں اور معاشرتی مساوات کے لیے بہت طویل سفر طے کرنا ضروری ہے۔

اسلام، سیاست اور سعودی ریاست

جدید سعودی تاریخ کا پس منظر جنگ، قبائلی جھگڑوں اور منتشر قبائل سے عبارت ہے۔ چنانچہ اس تاریخ کے بیان میں اسلام کو ملنے والی مرکزی حیثیت کچھ زیادہ تعجب انگیز نہیں ہونی چاہیے۔ اس کی دو وجوہات ہیں۔ ایک تو یہ کہ جدید سعودی عرب سے قبل کے بدوؤں اور قبیلوں میں ایسی کوئی عصبیت موجود نہیں تھی جو انھیں باہم متحد کر دے۔ تعلقات کی قبائلی بنیاد ریاست سازی کی راہ میں بڑی رکاوٹ تھی۔ ابن خلدون کی اصطلاحات میں بات کی جائے تو اس عہد میں عصبیت زیادہ تر انتشاری قوت کے طور پر کام کر رہی تھی۔ دوسری وجہ یہ کہ اسلام اپنے وہابی روپ میں واحد اجتماع انگیز قوت کے طور پر موجود تھا یعنی یہ مجتمع کرنے والی عصبیت تھی۔ ابن خلدون کی اصطلاحات میں تب اسلام ریاست سازی اور شاہی حکومت کی تشکیل اور تشکیل نو کے لیے دستیاب قوت تھا۔ سعودی تاریخ کے راوی سعودی ریاست کی پیدائش کو دو افراد کے ساتھ وابستہ کرتے ہیں؛ ایک محمد ابن عبدالوہاب (۱۷۰۳-۹۲ء) اور محمد ابن سعود (۱۷۳۵-۶۵ء)۔ ان دونوں میں پہلے نام 'محمدؐ' کے علاوہ بھی بہت کچھ مشترک تھا۔ دونوں کو سعودی عرب کے بانیان کی حیثیت حاصل تھی۔ عبدالوہاب نے ایک مذہبی مصلح کی حیثیت سے کام کیا اور وہابیت کی تعلیم دی، جسے

اس ریاست میں بنیاد اور جواز کی آئیڈیالوجی کا درجہ ملا۔ اس نئے مکتب فکر نے ریاست کی سیاست اور مذہب کو متاثر کیا۔ ابن سعود پہلے ال دریا کے امیر اہوا کرتے تھے۔ وہ عبدالوہاب کے حلقہ بگوش ہوئے تو انھوں نے جدید سعودی ریاست کی بنیاد کے لیے کام شروع کیا جو آج ڈیڑھ سو سال بعد ہمارے سامنے ہے۔

مطلب یہ کہ سعودی ریاست کی پیدائش میں قلم اور تلوار کے اتحاد کا بڑا ہاتھ ہے۔ وہابی اخوان نے عبدالعزیز ابن سعود (۱۸۸۰-۱۹۵۳ء) کا ساتھ دیا جو تلوار اور سیاسی مہارت میں تمام مخالف قبیلوں پر حاوی تھا۔ اس اتحاد کے نتیجے میں تیس کے عشرے میں جدید سعودی ریاست وجود میں آئی۔ یہاں غور کرنے کی بات یہ ہے کہ اس سارے بیان میں ریاست کا ذکر موجود نہیں۔ ریاست کی پیدائش دراصل مذہب اور سیاست کے اتحاد کی صورت میں سامنے آئی۔ یہ ریاست کا نہایت منفرد تصور ہے۔ یہاں ریاست کے عام نشانات یعنی قومی ترانہ، جھنڈا اور سرکاری نام نے ریاست کو تشکیل نہیں دیا۔ ریاست ان نشانات سے بنتی بھی نہیں۔ نشانات فقط علامتیں ہوتی ہیں۔ سعودی عرب کے جھنڈے پر موجود متقاطع تلواریں اور کلمہ محض ریاست کی علامتیں ہیں اور بطور علامت ان میں سعودی ریاست کی اساسی اقدار کا خاصا بڑا حصہ ہے۔ اپنی اصل میں یہ ریاست اور مذہب کے درمیان موجود تعلق کا اظہار ہیں۔ چنانچہ یہ کہنے میں کچھ مبالغہ نہ ہوگا کہ سعودی ریاست دراصل ایک بے ریاست معاشرت پر منطبق ہے، اس امر کو مندرجہ ذیل حقائق تقویت دیتے ہیں:

☆ مغرب اور بالخصوص تیونس یا مشرق اور بالخصوص مصر میں ریاستی ارتقا کے برعکس سعودی عرب میں ایسی کوئی تاریخی روایت موجود نہیں ہے۔

☆ سعودی عرب میں ریاست کے تصور پر عالمانہ بحث کی روایت نہیں ملتی۔ سعودی ریاست کو مدینہ میں قائم ہونے والی پیغمبر اسلامؐ کی ریاست کا تسلسل نہیں سمجھا جا سکتا۔ اس طرح کی روایت مشرق اور مغرب میں کئی جگہ ملتی ہے۔

☆ جدید ریاست کے لوازمات کی حامل ہونے کے باوجود سعودی ریاست میں ادارہ جاتی ارتقا موجود نہیں اور یہ جدید ریاست سے کہیں زیادہ ایک نجی بادشاہت ہے۔ اگرچہ عامتہ الناس کی تعلیم اور دیگر سہولتوں پر بہت کچھ خرچ کیا گیا ہے لیکن تیل کی آمدن کا بہت بڑا حصہ سعود گھرانے کے پاس ہے۔ یوں سعودی عرب کو زیادہ سے زیادہ ایک برادری کی ریاست کہا جا سکتا ہے۔

☆ اس لیے سعودی ریاست کو قانونی منطقی طرز کار کی ٹھوس روایت کا وارث نہیں مانا جا سکتا جو ہمیشہ اور مکمل طور پر رضائے عامہ کے تحت چلنے کی پابند ہوتی ہے۔

سعودی گھرانے کے ذاتی فیصلے، ترجیحات اور مفادات کی حامل سعودی ریاست کو زیادہ سے زیادہ ایک وڈیرہ شاہی کہا جا سکتا ہے۔

☆ چونکہ سعودی ریاست میں مذہب اور سیاست کا اختلاط بطور بنیاد موجود ہے، چنانچہ گنجائش موجود ہے۔ ریاست کی قانونی حیثیت اور ہیئت مقتدرہ کے جواز پر بھی یہ حقائق اثر انداز ہوتے ہیں۔ جہاں قرآن کو آئین،

اسلامی قانون کو ملکی قانون، مغربی پارلیمنٹ اور جماعتوں جیسے اداروں کو غیر موجود مانا جائے اور جہاں وہابی مکتب فکر کے علما کو سیاسی قوت حاصل ہو، وہاں واضح ہو جانا چاہیے کہ ریاست کی غایتی اقدار کو بغیر کوئی سوال اٹھائے تسلیم کرنا ہوگا۔ اگر قرآن کی اخلاقی، قانونی یا سیاسی اقدار کے حوالے سے تعبیر کرنے کے ذمہ داران سے کوئی غلطی بھی سرزد ہو جاتی ہے یا ان ذمہ داران کے سیاسی سرپرست ان تعبیروں سے من چاہا استفادہ کرتے ہیں تو کسی انسان کو ان پر حرف گیری کی اجازت نہیں۔ سعودی عرب میں ریاست اور مذہب کے اختلاط کا سوال کچھ اور وضاحتوں کا متقاضی بھی ہے۔ اصل بات یہ ہے کہ ریاست کا کنٹرول مذہب کے پاس نہیں، معاملہ اس کے اُلٹ ہو چکا ہے۔ چونکہ تمام تر قوت بادشاہ کے ہاتھ میں ہے، چنانچہ اسے حاصل مراعات لامحدود ہیں۔ نظری اعتبار سے تو شریعت قانون اعلیٰ ہے لیکن بادشاہ کو حاصل اختیارات اتنے زیادہ ہیں کہ وہ نہ صرف علما کے مالیاتی معاملات دیکھتا ہے بلکہ انھیں تعینات بھی کرتا ہے۔ ظاہر ہے کہ وہ اپنے مخالف علما کو تعینات نہیں کر سکتا۔ بادشاہ اپنے مفادات میں علما کو لاتا اور فارغ کرتا رہتا ہے۔ ابورش (Aburish) نے اس نقطۂ نظر کے ثبوت میں خاصے شواہد مہیا کیے ہیں۔ خشوگی اور یمنی ان میں سے دو معروف مثالیں ہیں۔ دیگر ٹیکنوکریٹوں کی طرح مذہبی بیوروکریسی بھی بادشاہ کی رضامندی کا پابند ہے۔ ابھی حال ہی میں شاہی گھرانے نے مسجد الحرام کے امام شیخ صالح بن عبداللہ الحمید کو مجلس شوریٰ کی صدارت دی ہے جو سعودی ریاست میں مذہب اور سیاست کے اختلاط کی ایک اور مثال ہے۔ گیارہ ستمبر کے بعد مذہبی مقتدرہ کو زیردست رکھنے کے حوالے سے سعودی گھرانے کی ضرورت اور بھی بڑھ گئی ہے۔

مذہب اور سیاست کے درمیان کشمکش

دو نکات کی وضاحت قدرے ضروری ہے۔ جب یہ کہا جاتا ہے کہ وہابی قدامت پرستی اور سیاست باہم منسلک ہیں تو اس کا مطلب یہ نہ لیا جائے کہ مذہب اور سیاست کے درمیان کسی طرح کی کشمکش موجود نہیں۔ یہ بھی درست ہے کہ ایسی کشمکش میں بالائی ریاستی مذہبی مقتدرہ ملوث نہیں لیکن عامتہ الناس میں مقبول ایسے علما اور اسلامی کارکنوں کی کمی نہیں جو ریاست اور اس کے ساتھ وابستہ علما کے خلاف ہیں۔ جس طرح ریاست نے وہابی قدامت پسندوں کو اپنی سیاسی قوت کے لیے ساتھ ملا رکھا ہے، اسی طرح ان کی مخالف مذہبی قوتیں بھی اسلام کے اپنے برانڈ کو ریاست کے خلاف استعمال کر رہی ہیں۔ دوسرے الفاظ میں کچھ لوگ موجود ہیں جو ریاست کو مذہبی اجارہ داری اور اپنے مقاصد کے لیے استعمال کی اجازت نہیں دینا چاہتے۔ دوسرے الفاظ میں اگر ریاست مذہب کو اپنی جواز خیزی میں استعمال کر سکتی ہے تو پھر معاشرہ بھی اسے حکمرانوں کے جواز کے خلاف یا کم از کم ان کی ترجیحات اور تشریقات کے خلاف برت سکتا ہے۔ دوسرے نکتے کا تعلق اس رجحان سے ہے کہ مذہب کو ریاست اور اس کے مخالفین قوت کے منبع کے طور پر منتخب کر لیتے ہیں۔ کسی حد تک قرار دیا جا سکتا ہے کہ سعودی معاشرت میں مذہب ایک کارگاہ ہے جسے مذہبی علما اور غیر علما اپنے اعمال کے جواز اور اپنے نقطۂ نظر کے تحفظ کے لیے استعمال کرتے ہیں۔ اگرچہ مذہب سعودی معاشرت اور سیاست کے اندر بہت دور تک سرایت کیے ہوئے ہے لیکن اقتدار کی ماہیت

اقتصاد، فوجی اتحاد اور اخلاقیات بحیثیت مجموعی پر خاصا بحث مباحثہ ہوتا ہے۔ اگر ان مباحث میں شریعت کو حوالہ بنایا جاتا ہے تو اس کی وجہ محض یہ ہے کہ اپنے آغاز سے ہی سعودی ریاست نے اسے اپنے مشن اور وجود کی کارگہ جواز قرار دے رکھا ہے۔ سعودی حکمرانوں کو نچلے طبقات سے لاحق چیلنج انھی بنیادوں پر ہوتے ہیں جنھیں حکمرانوں نے منتخب کیا یعنی اسلام۔ دوسرے الفاظ میں یہ کہ تمام تر مسابقت اور مقابلے کی حدود واضح طور پر مذہبی ہیں، خواہ ان کا تعلق اقتصاد سے ہو، مذہبی معاملات سے ہو یا ملکی سلامتی سے۔ سیاسی مخالفت یا ریاست کو درپیش چیلنج کا اندازہ کرنے لیے جنگ خلیج کا ایک جائزہ ضروری ہے۔ یہاں چیلنج یا سیاسی مخالفت کی اصطلاحیں مخصوص تناظر میں استعمال ہوئی ہیں۔ مخالفت یا حزب مخالف کا تعلق سیاسی روایات سے ہوتا ہے۔ اگر سیاست ثقافت، روایت، علامت یادگار سے مرتب ہوتی ہے تو پھر سعودی عرب میں سیاسی مخالفت جیسی کوئی شے موجود نہیں۔ یہ کہنا مقصود نہیں ہے کہ اختلاف موجود نہیں۔ یہ تو خود سعودی گھرانے کے اندر موجود ہیں، لیکن غالب رجحان یہ ہے کہ ان اختلافات کو قبائلی رنگ دیا جائے۔ انھیں طے کرنے کے لیے بالعموم روایتی طریقے استعمال ہوتے ہیں اور بڑے بوڑھوں کی مداخلت اور رشتوں کے لین دین جیسے طریقے اپنائے جاتے ہیں۔ لیکن متبادل حکمت عملی یا مفادات اور ترجیحات کے متبادل طرز عمل کے حامیوں کی نمائندگی جیسی منظم اور بالاجازت سیاسی سرگرمی جیسی کوئی شے سعودی عرب میں نہیں پائی جاتی۔ اس تعریف کی رو سے سعودی سیاست میں سیاسی حزب اختلاف کبھی کوئی اہم شے نہیں رہی۔ اختلاف کے اظہار اور نمائندگی کو بالعموم نظر انداز نہیں کیا گیا اور قابل سزا ٹھہرایا گیا۔ اسی لیے لفظ چیلنج کو اس کے معمول کے معنوں میں نہیں برتا جا سکتا۔ چیلنج تو سسٹم کے اندر سے اٹھتا ہے اور اس کے ساتھ وفادار رہتے ہوئے تبدیلی کی سفارش کرتا ہے؛ یعنی کہ مقتدرہ کو اس طور عمل کرنے کے لیے کہا جاتا ہے گویا تغیر ان کا اپنا عمل ہے۔ سعودی سیاسی تاریخ میں اس طرح کے واقعات ملتے ہیں اور تغیر کا ارشاد کے تحت برپا ہونا مانا جاتا ہے جو علما کا ایک فریضہ ہے۔ سیاسی جماعتوں سے تہی اس ملک میں علما وقتاً فوقتاً اور عارضی طور پر مفادات کے تحت اکٹھے ہونے والے گروپ کی صورت میں کام کرتے ہیں لیکن ان کا حزب اختلاف کے طور پر سامنے آنا ضروری نہیں۔ اس تناظر میں دیکھا جائے تو چیلنج بالعموم وقتی ہوتے ہیں۔ سعودی عرب میں حزب اختلاف کی بجائے چیلنج زیادہ عام ہیں۔ لیکن اب اختلافی مکتب فکر سامنے آنے لگے ہیں جن کے اپنے اپنے رجحانات اور مفاد ہیں۔ مختصر یہ کہ سعودی عرب میں کچھ چیلنج وہابی علما کی طرف سے ہیں جسے وفاداروں کے چیلنج کہا جاتا ہے اور کچھ چیلنج سوسائٹی کے اندر سے ہیں جنھیں زیادہ خطرناک سمجھا جاتا ہے۔ دوسری خلیجی جنگ نے ان دونوں مخالفتوں کو اجاگر کیا۔ اس جنگ میں کویت پر عراقی حملے کے بعد سعودی عرب کی طرف سے امریکہ نے مداخلت کی۔ سعودی عرب کے ساتھ گلف کو آپریشن کونسل کی ریاستیں بھی شامل تھیں اور اس امریکی مداخلت کو اقوام متحدہ کی منظوری حاصل تھی۔ یہاں سعودی امریکی خارجہ پالیسی کے حسن و قبح پر تفصیلی بحث کی گنجائش موجود نہیں۔ اتنا بتا دینا ہی کافی رہے گا کہ مسجد الحرام پر تسلط کے دس سال کے بعد پہلی بار سعودی عرب میں غیر ملکی افواج موجود تھیں اور چیلنج کرنے والوں اور مخالفوں دونوں کو اس پر اعتراض تھا۔ چونکہ مقابلہ مذہب کے اندر ہو رہا تھا، چنانچہ جمہوریت کی بجائے اصلاح کے نعرے

لگ رہے تھے۔ نہ کوئی چیلنج اور نہ ہی ردعمل ایسا تھا کہ اسے سیکولر زبان یا خیالات میں بیان کیا جاسکے۔ یہ لوگ بھی سعودی سیاسی یا معاشرتی زندگی کے حوالے سے کم مذہبی نہیں تھے۔ یہ لوگ تو محض سیاست، اقتصادیات، معاشرت اور تحفظ کے سلسلے میں اسلام کے طرز اطلاق کی اصلاح چاہتے تھے۔ انھوں نے سعودی حکومت کو بطور کلیت چیلنج کیا۔ ان کا مسئلہ یہ نہیں تھا کہ آیا سعودی گھرانہ حکومت کا اہل ہے یا نہیں، اس لیے انھوں نے سعودی گھرانے کے متبادل کے طور پر کوئی تصور پیش نہیں کیا۔ اس طرح کے چیلنج مسجد الحرام پر ہونے والے تسلط کے خاتمے پر ختم ہو گئے۔ اگر سعودی گھرانے میں اس طور احتجاج رجسٹرڈ کروانے والے کے خیالات پر غور کیا گیا ہوتا تو کئی چیلنج نمٹائے جاسکتے تھے۔ ان لوگوں کو عالموں کی بدعنوانی اور ان کے حکمران آقاؤں کے عمل پر اعتراض تھا۔ انھیں مغرب اور بالخصوص امریکہ کے ساتھ کاروبار کرنے والوں کی بدعنوانیوں پر اعتراض تھا۔ یہ لوگ سمجھتے تھے کہ یوں مسلمانوں کی دولت غلط طریقے سے استعمال کی جارہی ہے۔

> تمام مسلم حکمرانوں کا تعلق قریش سے ہونا ضروری ہے۔ کافروں اور ملحدوں کے ساتھ تعاون کر رہے ہیں۔ شاہی خاندان بدعنوان ہے۔ یہ دولت کا پجاری ہے اور اسے مسجدوں پر نہیں بلکہ محلات پر خرچ کرنا ہے۔ ان کا کہا مانو گے تو تمھیں امیر کردیں گے، بصورت دیگر تمھیں تعزیر و تعذیب سے گزرنا ہوگا۔ علما نے شاہی خاندان کو خبردار کیا تھا لیکن عبدالعزیز ابن جاز اس خاندان کا تنخواہ دار ہے اور ان کے اعمال کو صائب قرار دیتا ہے۔

اس حوالے سے پتہ چلتا ہے کہ خلیج کے علاقے اور سعودی عرب سے لاکھوں امریکی فوجیوں کی آمد نے بہت پرانے مسئلوں کو چھیڑ دیا ہے اور ان کے اندر ردعمل کی خواہش مزید شدید ہوگئی ہے۔ حالیہ درپیش چیلنج اور مخالفت کے تحت آنے والے تقاضے بھی بدعنوانی، بدکرداری، حکومتی بدفعلی اور یورپی قوتوں اور بالخصوص امریکہ کے ساتھ تعلقات کے انھی پرانے تنازعات کے گرد گھومتے ہیں۔ اگر یہ مان لیا جاتا ہے کہ ۹۰ کے عشرے میں سنی اسلام سیاست میں آگے بڑھا ہے اور اس کی وہابی شکل کے ساتھ بھی یہی کچھ ہوا ہے تو پھر ماننا پڑے گا کہ اسلام کے اس تغیر میں سعودی عرب میں آنے والی تبدیلیوں کا ہاتھ بھی ہے۔ ۹۰ کے عشرے کا سعودی عرب زیادہ گنجان آباد، پڑھا لکھا اور بیرونی دنیا کے ساتھ بہتر طور پر منسلک ہے۔ آج یہ زیادہ خود کفیل ملک بھی ہے اور عالمی برادری پر اس کے انحصار میں اضافہ بھی ہوا ہے۔ چونکہ اس کی آبادی بڑھ گئی ہے، چنانچہ اسلامی یونیورسٹیوں کے فارغ التحصیل بھی زیادہ ہو گئے ہیں اور بے روزگاروں میں اضافے کا باعث بھی بنے ہیں۔ مسئلہ صرف یہ نہیں کہ انھیں کھپایا جائے بلکہ غیر ملکی کارکنوں پر انحصار کم کیا جائے اور یوں بے روزگاری پر قابو پایا جائے۔

ایک مسئلہ غیر ملکی کارکنوں کی تعداد کم کرنے کا بھی ہے جو یہاں رویے کے روشن خیال نمونے لاتے ہیں اور سیاسی بے چینی کا سبب بنتے ہیں۔ ممکن ہے کہ بالآخر کئی ملین استادوں اور بیوروکریٹوں کو ان غیر ملکیوں کی جگہ لینے کے لیے تیار کرلیا جائے۔ لیکن اگر ریفائنریوں میں کام کرنے والے ٹیکنیشین اور اس طرح کے دوسرے کاموں میں بھی سعودی شہریوں کو لگانا ہے تو لمبی منصوبہ بندی اور طویل عرصہ درکار ہوگا۔ آبادی کے حوالے سے دیکھا جائے تو

سعودی عرب میں پی ایچ ڈی کے حاملین کی تعداد تمام عرب ملکوں سے زیادہ ہے۔ صرف مجلس شوریٰ اور ہیئت کبار العلما کے ۹۰ ارکان کو دیکھ لیا جائے تو پتہ چلتا ہے کہ سعودی عرب میں اہل افراد کی کمی نہیں۔

سعودی سرمایہ کاروں اور بالخصوص سعودی شاہی گھرانے کے پاس اتنا پیٹروڈالر موجود ہے کہ ذرائع ابلاغ کو اپنے ہاتھوں میں مرتکز رکھنا کوئی مسئلہ نہیں۔ عرب دنیا میں ذرائع ابلاغ بتدریج سعودیوں کے پاس مرتکز ہو رہے ہیں۔ تین سب سے بڑے عرب روزنامے؛ 'الخیاط'، 'العالم الیوم' اور 'الشرق الاوسط' سعودیوں کی ملکیت ہیں۔ ان کے بعد آنے والے تقریباً پینتالیس رسالے اور دیگر ابلاغی وسیلے جو عرب دنیا اور یورپ اور امریکہ سے نکلتے ہیں، سعودیوں کے پاس ہیں۔ علاوہ ازیں تین ٹیلی ویژن نیٹ ورک یعنی 'اے آرٹی' (ART)، 'اور بٹ' اور 'ایم بی سی' سعودیوں کے پاس ہیں ان میں سے موخرالذکر عرب ناظرین کا مقبول ترین چینل ہے۔ انٹرنیٹ کا استعمال بھی بڑھ رہا ہے اور تعلیم، کاروبار اور بیوروکریسی میں عام ہو رہا ہے۔

۹۰ء کے عشرے کا سعودی عرب بیرونی دنیا کے ساتھ فقط غیر ملکی کارکنوں، امریکہ اور یورپ میں موجود اپنے ہزاروں طالب علموں، کمپیوٹروں اور پیٹروڈالروں کے بینک اکاؤنٹوں کے ذریعے ہی منسلک نہیں بلکہ اس حوالے سے دفاعی معاملات بھی بنیادی کردار ادا کر رہے ہیں۔ مغربی صنعت کی خوش حالی کا دارومدار پٹرول پر ہے اور وہ دنیا کے تیل کے ذخائر کے پچیس فی صد کے حامل ملک سے لاتعلق نہیں رہ سکتے۔ خود سلطنت کی خوش حالی کا انحصار اس امر پر ہے کہ مغرب اس کے تیل کی خریداری کرتا رہے۔ چنانچہ تعجب نہیں کہ اسرائیل کے ساتھ ساتھ سعودی عرب بھی مشرق وسطیٰ میں امریکہ کا قریبی حلیف ہے۔ انھی اقتصادی مفادات کے سبب نوے کے عشرے میں ان دونوں ملکوں کے درمیان بے مثال فوجی تعاون ہوا۔ گیارہ ستمبر کے حوالے سے ایک قضیہ یہ ہے کہ امریکہ اور طالبان دونوں سعودی عرب کے حلیف تھے۔ امریکی انھیں ایران اور عراق سے تحفظ فراہم کر رہے تھے، البتہ طالبان کے ساتھ مسئلہ مختلف تھا۔ گیارہ ستمبر کے واقعات کے بعد سفارتی تعلقات منقطع ہونے تک سعودی عرب وہابی ازم کو بھی بڑی سرگرمی سے برآمد کر رہا تھا اور طالبان کی صورت میں انھیں بڑے بااعتبار گاہک میسر آ رہے تھے۔ پیٹروڈالروں کا بہاؤ جاری تھا لیکن اس بار یہ سعودیوں سے ان کے افغان موکلین کو جا رہے تھے۔

ریاست کی چارہ جو معاشرت

یوں دیکھا جائے تو سعودی عرب میں سنی اسلام کو سیاسیانے کے عمل کے مرکز میں سعودی معاشرت کی جدت موجود ہے اور اس کا تعلق پڑھے لکھے طبقے اور کاروباری حضرات کے ساتھ بھی ہے۔ سعودی ریاست کو درپیش چیلنج کاروں اور مخالفین کے اجزائے ترکیبی اور ان کے پیغام کو دیکھ کر بھی اس جدت کی تفہیم ہوتی ہے۔ جدت کا اندازہ یہاں سے بھی کیا جا سکتا ہے کہ چیلنج کرنے والوں میں بعض عالم بھی شامل ہیں جنھیں سعودی حکمران ہمیشہ سے اپنی آخری نظریاتی دفاعی لائن سمجھتے چلے آئے ہیں۔ اگرچہ علما نے ہمیشہ حکمرانوں کے ساتھ بنا رکھی ہے لیکن ان کی وفاداری کو غیر مشروط سمجھ لینا ایک بڑی غلطی ہوگی۔ یہ لوگ شریعت کی حکمرانی اور شاہی خاندان کو حاصل

اختیارات کے درمیان توازنی عامل کے طور پر کام کرتے رہے ہیں۔ اسلامی قانون کے علمبردار ہونے کے ناطے ان کے پاس ایک ہی اعلیٰ قدر موجود ہے؛ وہ یہ کہ مشرق وسطیٰ میں موجود جدت اور مغربیت کے طریقے سلطنت، اسلامی قانون اور اس کی وہابی شکل میں داخل نہ ہوں۔ ریاستی طفیلی ہونے کے ناطے حالت کچھ ایسی قابل رشک نہیں۔ وہ خدا اور انسانوں کے احکام کے درمیان بٹے ہوئے ہیں۔ انسان اپنے احکام میں ریاستی نظام کے استحکام کے طالب ہیں۔ حکمرانوں کے نزدیک اچھے اعمال استحکام اور ریاستی نظم ونسق کے مترادف ہیں۔ توقع کی جاتی ہے کہ علما اپنا طرزِ عمل ان اقدار کی مطابقت میں ڈھالیں۔ دوسری طرف خدا کے احکام ہیں، جن کے تحت علما اپنے فرائض بڑی بے دلی سے سرانجام دیتے ہیں کہ مبادا کوئی عمل دنیاوی حکمرانوں کو ناگوار نہ گزرے۔ اثر ورسوخ کے حامل جلووی قبائل کی طرح ان کے پاس بھی نیم فوجی قوت ہوتی یا ولی عہد کی طرح گارڈز کے دستے ان کے پاس بھی ہوتے تو یہ لوگ بھی بہ احسن اللہ کے احکام کی پابندی کروانے کی کوشش کرتے۔

چنانچہ جب ملک کے جید ترین عالم اور سینئر اسکالرز کونسل کے ایک رکن نے ۱۹۹۱ء کے دو صفحاتی 'خطاب شوال' نامی عرضداشت پر دستخط کیے تو ثابت ہو گیا کہ اصلاح کے لیے اٹھنے والی آواز محض غیر سرکاری عالموں تک محدود نہیں۔ مرحوم شیخ عبدالعزیز ابن باز جنھیں مملکت میں عشروں تک اعلیٰ ترین مذہبی عہدے پر فائز رکھا گیا تھا اور محمد الصالح ابن عثمان نے دیگر پچاس علما کے ساتھ اس عرضداشت پر دستخط کیے، اس عرضداشت نے گھرانے کے ساتھ وفادارانہ چیلنج کی ایک مثال پیش کی۔ وہ یہ ثابت کرنے کی کوشش کر رہے تھے کہ نظام کے اندر سے اٹھنے والی رہنما آواز بھی گھمبیر ہوسکتی ہے اور اس میں بھی آزادانہ رائے کا امکان ہوسکتا ہے۔ ممکن ہے کہ اس عرضداشت پر دستخط کے عمل میں ان دو معروف اور معزز علما نے اپنے سیاسی آقاؤں کی بے مثال خدمت کی ہو۔ ان کے دستخط دو مقاصد کے لیے ہوسکتے ہیں۔ اول تو یہ کہ حکمرانوں کو پھیلتی بے چینی کا احساس دلانا اور دوسرے انقلابی قسم کی سیاسی سرگرمیوں کو دبانا تھا تاکہ عدم استحکام پیدا نہ ہو۔ مسلمان علما نے ماضی اور حال کسی بھی زمانے میں عدم استحکام کو پسند نہیں کیا۔ ان علما کی عرضداشت کا مقصد سعودی حکمرانوں کو بے دخل کرنا نہیں تھا، بلکہ انھیں باور کرانا تھا کہ مفاہمت کے عمل میں چیزوں کی تشکیل نو نسبتاً بہتر کام ہے۔ ابن عثیمین میں سے کوئی بھی سعودی حکمران جماعت یا ان کے اقتدار کو ناجائز نہیں ٹھہرا رہا تھا۔ 'خطاب شوال' پر دستخط کرتے ہوئے بھی ان لوگوں نے یہی خیال کیا ہوگا کہ اس طرح کی رہنمائی فراہم کرنا علما سے متوقع اور ان کے لیے جائز ہے۔

چنانچہ کچھ حیرت کی بات نہیں کہ ابن بعث نے ۱۹۹۲ء کے 'مذاکرات النصیح' پر دستخط نہیں کیے جسے ریفارم میمورنڈم کہا جاسکتا ہے۔ اس میں سعودی نظام کی خامیاں اور کمزوریاں مفصل بیان کی گئیں تھیں اور خاصا جامع تھا۔ لیکن ابن باز نے قرار دیا کہ یہ عدم استحکام کا سبب بن سکتی ہے۔ یقیناً ان کے اپنے خدشات ہوں گے کہیں یہ تفرقہ، فتنہ اور تحذب کا سبب نہ بنے۔ حالاں کہ مذاکرہ میں بھی وہی مطالبات تھے جو 'خطاب شوال' میں کیے گئے تھے۔ ابن باز کے دستخط کرنے کے انداز سے پتہ چلتا ہے کہ انھیں بنیادی طور پر مذاکرہ کے انقلابی انداز سے اختلاف تھا اور وہ سمجھتے تھے کہ یوں معاشرے کا ایک طبقہ ریاست کے خلاف صف آرا ہو جائے گا۔ لیکن اس انکار کی کچھ اور وجوہات بھی ہوسکتی

ہیں۔ اس مذاکرے پر ۱۰۹ افراد کے دستخط موجود تھے۔ ان میں سے بیشتر اور بالخصوص سعودی نظام سے ابن باز کے مقابلے میں بہت کم باخبر تھے۔ ابن باز کچھ زیادہ ہی اچھی طرح جانتے تھے کہ سعودی عرب میں اس طرح کی آواز بلند کرنا ایک سعئ لاحاصل رہے گی۔ سعودی عرب کی تاریخ ایسی تحریکوں سے بھری پڑی ہے، جنھیں بڑی بے رحمی کے ساتھ کچل دیا گیا۔ ایک مثال سلطنت میں ٹی وی کے قیام کے خلاف وہابیوں کا احتجاج تھا جن کی رہنمائی ایک شہزادے کے پاس تھی۔ ابن باز نے تاریخ سے سبق سیکھا ہوگا کہ سعودی عرب میں تغیر قدری ہوسکتا ہے اور بار بار کی عرضداشت سے کچھ حاصل ہونے کا نہیں۔ ابھی ایک سال پہلے انھوں نے 'خطاب شوال' پر دستخط کیے تھے۔ وہ مذاکرے پر دستخط کے عمل میں اپنی چالیس سالہ خدمات کا وزن سعودی حکمرانوں کے خلاف نہیں ڈال سکتے تھے۔ یہ بھی ممکن ہے کہ ابن باز نے مذاکرہ کو اٹھتی حزب اختلاف کا ایک جزو سمجھا ہو جس کے ساتھ وہ متفق نہیں ہوسکتے۔ ہوسکتا ہے کہ انھوں نے بھانپ لیا ہو کہ مذاکرہ دوسری خلیجی جنگ کے تباہ کن نتائج کے تناظر میں پیش ہوا ہے، یعنی اس وقت جب سعودی اقتصادیات تباہی سے دوچار ہے اور یہاں سعودی سرزمین پر غیر ملکی فوجی دستے موجود ہیں اور دوسری طرف سعودی حکمران داخلی مسائل سے زیادہ توجہ خارجہ پالیسی پر مرکوز کیے ہوئے ہیں۔

اس سے بھی زیادہ یہ کہ ابن باز نے تنقید کی کہ مذاکرہ اور اس کے مصنفین معروضیت کی کمی سے دوچار ہیں۔ اپنی مختصر سی تنقید میں انھوں نے مذاکرے میں موجود نصیحت کی اسلامیت پر شک کا اظہار کیا، جب کہ وہ سمجھتے تھے کہ اسلامی نصیحت کو معروضی اور منصفانہ ہونا چاہیے۔ انھوں نے الزام لگایا کہ مذاکرہ کے دستخط کنندگان نے محاصر الدولہ یعنی سلطنت کے مثبت پہلوؤں کو نظرانداز کرتے ہوئے محض حکمرانوں کی ناکامیوں کو اچھالا ہے۔ انھوں نے یہ بھی کہا کہ اگرچہ وہ اور سینئر اسکالرز کونسل میں دیگر لوگ یادداشت کی مذمت کرتے ہیں لیکن یہ دعویٰ نہیں کرتے کہ تازہ ترین صورت حال بے نقص ہے۔ ابن باز اور دیگر سینئر علما نے یادداشت کی مذمت کرتے ہوئے اسے امت کی وحدت کے لیے خطرہ بھی قرار دیا جس سے سوائے ریاست اور امت کے دشمنوں کے علاوہ کسی کو فائدہ نہیں ہوسکتا۔ یہ بیان کرنا بھی ضروری ہے کہ سترہ ارکان کی سینئر اسکالرز کونسل میں سے سات نے اس بیان یعنی ۱۹۹۱ء کی عرضداشت کے اجرا میں حصہ نہیں لیا تھا۔

تب ابن باز کے برعکس نوجوان علما کو امید تھی کہ وہ سعودی گھرانے کو اس مشکل وقت میں گھیر کر اپنے مطالبات منوالیں گے۔ پچھلے بیس سال کی اسلحہ بندی پر ہونے والا بھاری خرچ بے کار جاتا نظر آتا تھا۔ سعودی حکمرانوں کو حفاظت کے لیے اب بھی غیر ممالک پر بھروسہ کرنا پڑ رہا تھا۔ نوے کے عشرے کے دفاعی اخراجات اسی کے عشرے کے مقابلے میں دوگنا تھے۔ لیکن انتہائی ترقی یافتہ اور مہنگے جنگی ہتھیار اور آلات پر خرچ کیے گئے اربوں ڈالر سعودی حکمرانوں کا دفاع کرنے میں ناکام نظر آتے تھے۔ سب سے بڑھ کر یہ کہ کویت اور سعودی عرب کو عراق کے خلاف امریکی جنگی کوششوں کا معاوضہ ادا کرنا پڑا تھا۔ مذاکرے پر دستخط کرنے والے قرار دیتے تھے کہ اس عمل کا کوئی اقتصادی، سیاسی یا مذہبی جواز نہیں ہے۔ اس مذاکرے کا ایک حصہ مکمل طور پر غیر ملکی تعلقات اور ایک دوسرا حصہ فوجی تیاریوں کے لیے وقف تھا جن میں کافر ریاستوں اور اسلام کے خلاف لڑنے والی مسلم

ریاستوں کے ساتھ تعلقات کی مذمت کی گئی تھی۔ اسی مذاکرے میں سعودی عرب میں غیر ملکی اور نا قابل اعتبار فوجی دستوں کی تعیناتی پر نکتہ چینی کی گئی۔ ۱۹۹۱ء سے ۱۹۹۲ء تک امریکیوں نے سعودی سرزمین پر اتنا زیادہ اسلحہ جمع کیا اور اتنے زیادہ فوجی تعینات کیے کہ سعودی عرب کی خودمختاری خطرے میں نظر آنے لگی۔

مذاکرے کے دستخط کنندگان نے قرار دیا کہ سعودی عوام بھاری دفاعی اخراجات اور شاہی لالچ کے درمیان پس رہے ہیں اور شاہی خانوادہ تیل کی فروخت سے حاصل ہونے والی آمدن کے ایک بڑے حصے پر ہاتھ صاف کر رہا ہے۔ مذہبی حوالے سے یہ دستخط کنندگان متفق تھے کہ حکمران طبقہ شریعت کا پابند بھی نہیں ہے۔ اگرچہ مذاکرے کے مطالبات وہی تھے جو ایک سال پہلے 'خطاب شوال' میں پیش کیے جا چکے تھے لیکن اس بار تنقید زیادہ سخت اور زبان زیادہ سیاسی تھی۔ حکمرانوں پر الزام لگایا گیا کہ انھوں نے ریاستی معاملات بگاڑ کر رکھ دیے ہیں اور انھیں اقتصادیات، عدالت، مذہبی معاملات، خارجہ پالیسی اور قومی دفاع میں اصلاحی عمل کو فروغ دینا چاہیے۔ مذاکرے میں تیل کی ملکی دولت اور اس کے انتظام کو خاص طور پر سامنے لایا گیا تھا، یہ قرار دیا گیا تھا کہ یہ دولت لوگوں کی ہے اور بحیثیت مجموعی ان کی فلاح پر خرچ ہونی چاہیے۔ حکمرانوں کے سیاسی جوابدہ ہونے اور شریعت کے ساتھ وابستگی پر ہونے والے مطالبات بھی خاصے واضح تھے۔ اگرچہ اس بار بھی شریعت کو اچھا مقام ملا لیکن صاف پتہ چلتا تھا کہ اس کا مزاج خطاب شوال کے مقابلے میں زیادہ سیاسی ہے۔ مالیات اور اقتصادیات والے حصے میں مالیاتی جوابدہی پر خاصا زور دیا گیا۔ اس میں الجیریا اور اُردن کو دی گئی بلینوں ڈالر امداد کا بھی ذکر تھا، حالاں کہ اول الذکر کی فوجی حکومت نے اپنے لوگوں پر شدید مظالم ڈھائے تھے اور دوسرے اُردن کی شہرت بھی کچھ ایسی بے داغ نہ تھی۔ سابقہ سوویت یونین کو دی گئی مالی مدد کے ساتھ ساتھ امریکی بانڈوں میں سرمایہ کاری کے ذریعے سود کے حصول پر بھی تنقید کی گئی۔ اس یادداشت میں آمدنیوں اور وسائل کے مابین پائے جانے والے تفاوت کا ذکر کرتے ہوئے مسئلہ اٹھایا گیا تھا کہ مملکت کے کئی حصوں میں اسکول اور دیگر کئی سہولتوں کی کمی ہے۔ بہت سے سعودی اپنے حکمرانوں کے برعکس شدید غربت کی زندگی بسر کر رہے ہیں۔ اس یادداشت پر مذہبی علما اور پیشہ ور حضرات سمیت ان اساتذہ نے بھی دستخط کیے جو سعودی اور مغربی تعلیم کے باوجود محض مالی کمزوری کے سبب سیاسی عمل میں پیچھے رہ گئے تھے۔ ان میں سے بہت سے مقامی مساجد سے وابستہ تھے اور پریس میں کام کر رہے تھے۔ ان کا سیاسی وجود بہت معمولی سہی لیکن غیر اہم نہیں تھا۔ کچھ مذہبی علما کی اہمیت محض علاقائی تھی لیکن مدینہ اسلامی یونیورسٹی اور امام محمد بن سعود یونیورسٹی کی بنا پر اہم تھے۔ ان میں سے ایک سفال الحوالی اور دوسرا سلمان الاوٗدہ تھا۔ عرضداشت کی حمایت دو اور مذہبی علما عبداللہ ابن عبداللہ الجبرین اور عبداللہ الحماد الجلالی نے بھی کی تھی۔ اس عرضداشت کا مزاج بھی اسلامی ساخت سے کسی صورت باہر نہ تھا۔ موخر الذکر دونوں عالم مملکت میں امریکی موجودگی کے خلاف تھے اور اپنی رائے کا اظہار کھل کر کرتے تھے۔ ۱۹۹۴ء میں انھیں پانچ سال کے لیے جیل بھیجا گیا کہ انھوں نے ۱۹۹۲ء کی یادداشت میں اٹھائے گئے سوالوں پر سیاسی اور مذہبی رہنماؤں کی متفقہ رائے سے اختلاف کیا تھا۔

سعودی حکمرانوں کا نقطۂ نظر یہ تھا کہ مملکت میں امریکی دستوں کی موجودگی کو سینئر اسکالرز کونسل کے جاری

کردہ فتوے کی حمایت حاصل ہے۔اس مسئلے پر مزید بحث کی گنجائش باقی نہیں رہتی۔لیکن اس فتوے میں بہت کچھ بین السطور بھی شامل تھا۔فتوے کی زیادہ تر ذمہ داری ابن باز پر تھی اور انھوں نے توسیع پسند بعث حکومت کے سربراہ صدام حسین کے ہاتھوں سعودی حکمرانوں کو درپیش خطرے کا مداوا کیا تھا۔فتویٰ دینے والوں نے حنبلی فقہ کے ایک ممتاز عالم تقی الدین احمد ابن تیمیہ سے استنباط کرتے ہوئے قرار دیا تھا کہ حملے کا خطرہ ہو تو مسلم حکمران غیر مسلم حکمران سے معاونت طلب کرسکتا ہے۔اس سلسلے میں بھی دو باتیں پیش نظر رکھنا ضروری ہے۔ایک تو یہ کہ فتویٰ بہت عمومی تھا اور ایک ایسے ماخذ سے استفادہ کیا گیا تھا جو وہابیوں میں بہت مقبول چلا آرہا ہے۔ابن باز نے اسے سعودی تناظر میں بیان نہیں کیا تھا اور نہ ہی اس میں امریکہ کا ذکر موجود تھا۔دوسرے الفاظ میں وہ اس سارے معاملے کی سیاست سے باہر رہا اور اس نے سیاست کو سیاست دانوں کے لیے چھوڑ دیا۔یہ اور بات ہے کہ دینی اور دنیاوی کے درمیان فرق کا فلسفہ وہابیوں نے کبھی واضح الفاظ میں تسلیم نہیں کیا۔اہم تر بات یہ ہے کہ ابن باز نے یہ فتویٰ اس شرط کے ساتھ بیان کیا تھا کہ حکمران کو لاحق خطرے کے ٹلتے ہی غیر مسلم حکمران کی معاونت سے کنارہ کشی اختیار کی جائے۔یوں الحوالی اور الاؤدہ ان کے ساتھی دستخط کنندگان کو تحریک ملی تھی کہ وہ کویت کی آزادی کے فوراً بعد امریکی دستوں کے نکل جانے کا مطالبہ کریں۔حقیقت تو یہ ہے کہ شاہی گھرانے سمیت تمام سعودیوں کے لیے غیر ملکی دستوں کی موجودگی حساس مسئلہ ہے۔

ابھرتی ہوئی حزب اختلاف

مملکت میں امریکی دستوں کی موجودگی پر متوشش لوگوں نے شاہ کو بھیجے گئے مذاکرے کے مندرجات خفیہ نہ رہنے دیے۔مذاکرے کے خلاف اگر کوئی جذبات موجود تھے تو ان کی وجہ مذہب کے متعلق اس کے مندرجات نہیں تھے۔اس کے بالکل برعکس مذاکرہ مذہبی اعتبار سے خاصا مضبوط تھا۔درحقیقت مذاکرے کی زبان، انداز اور پیغام سب اس طرح کا تھا کہ دستخط کنندگان اسلام پسندوں کی صف میں آتے تھے اور بالخصوص اخوان المسلمین اور اصلاح کے متعلق اس کے فلسفے سے متاثر لگتے تھے۔یہ نتیجہ اخذ کرنا بھی درست نہیں کہ یادداشت کا مرکزی محرک سیاسی تھا۔بظاہر تو اس کا محرک مذہبی لگتا ہے۔یہی وجہ تھی کہ دستخط کنندگان نے دعوہ یعنی تبلیغ کو مسلم ریاست کا سب سے بڑا مشن قرار دیا تھا۔اس یادداشت کے ذریعے ریاست کو بتایا گیا تھا کہ اس کا کردار شریعت کی علمبرداری اور دعوہ کی سرپرستی ہے۔اس کی مخالفت تو ان بنیادوں پر ہوئی تھی کہ اس نے حکمرانوں پر کچھ زیادہ ہی تنقید کی تھی جسے مقتدرہ اور مذہب کے بہت سے لوگ فتنے کا پیش خیمہ گردانتے تھے۔بہرکیف، سعودی وام میں مذاکرہ کے لیے خاصی ہمدردی پائی جاتی تھی۔بعض ماہرین کا یہ خیال درست ہے کہ تب نہ صرف سعودی عرب بلکہ پوری عرب دنیا میں انقلابی اسلام اور اسے سیاسیانے کا عمل عروج پر تھا۔اصل مسئلہ یہ تھا کہ لہجہ بدل گیا تھا۔'خطاب شوال' وفاداروں کی عرضداشت تھی اور مذاکرہ کی تنقید خاصی کڑی تھی۔اگرچہ مذاکرے میں بھی انھیں اقتدار سے الگ کرنے کا مطالبہ نہیں تھا لیکن ان کے جوا کو چیلنج ضرور کیا گیا تھا۔اسی طرح کی ایک اور کوشش شہری حقوق کے دفاع

کے لیے بنائی گئی کمیٹی تھی۔ اس کمیٹی کی سربراہی طبیعیات دان محمد المسعری اور وکیل سعد الفقیہ کے پاس تھی۔

پچھلے چند برسوں سے حزب اختلاف والوں نے اپنا لائحہ عمل بدل دیا ہے۔ اس میں تنظیم کی بہتری اور افرادی قوت کو بڑھانے پر توجہ دی گئی ہے۔ برطانیہ اور دیگر یورپی ممالک میں موجود اسلام پسندوں نے اس کی خاصی حمایت کی ہے لیکن بیرونی استعانت کی افادیت محدود رہتی ہے۔ عام سعودیوں سے ان کا رابطہ محدود ہے۔ غیر ممالک سے ملنے والی حمایت کا ملنا بھی غیر موثر نہیں اور سعودی عرب پر زیادہ عوامی شراکت اور حکمرانوں کی جواب دہی کے لیے دباؤ بڑھ رہا ہے۔ اسے مجبور کیا جارہا ہے کہ اپنے مخالفین کے ساتھ نسبتاً بہتر سلوک کرے۔ لیکن ایک اہم بات یہ ہے کہ انسانی حقوق کے حوالے سے سعودی عرب کا ریکارڈ بعض دیگر عرب ممالک سے بہت بہتر ہے۔ مثال کے طور پر 'مذاکرات' پیش کرنے والوں کو کوئی جسمانی ضرب نہیں پہنچائی گئی۔

مختصر یہ کہ سعودی ابھرتی حزب اختلاف حکمرانوں کے جواز کو تو چیلنج کرتی ہے لیکن سیاسی عمل میں اسلام کے جواز کو نہیں۔ یہ اور بات ہے کہ حزب اختلاف کے کچھ لوگوں کو علم ہے کہ حکمران اسلام کو استعمال کرتے ہوئے اپنے اقتدار کو طول دیتے ہیں۔ چنانچہ المسعری نے اپنی کتاب 'Holding the Rulers Accountable' میں اس موضوع کو 'محاسبات الحکم' کے عنوان سے بیان کیا ہے۔ لیکن المسعری بھی اپنے اعتراضات کی بنیاد ابن تیمیہ کی تعلیمات کو قرار دیتا ہے۔ یوں دیکھا جائے تو جدید سعودی عرب میں متنازعہ مسئلہ اسلام میں سیاست کا کردار نہیں، اصل تنازعہ یہ ہے کہ اسلام، اس کی علامات اور اداروں کو اقتصاد، سیاست اور ثقافت میں کس طرح برتا جارہا ہے۔ اسلامی حکومت کے مبادیات 'الامر بالمعروف و نہی عن المنکر' میں طے ہوتے ہیں۔ بطور طبیعیات داں المسعری کے سائنسی انداز نظر کا نتیجہ ہے کہ وہ قانونیت اور اداریت کے ان مغربی تصورات کو اپنانے پر آمادہ ہے، جنھیں اب تک سعودی حکمران وہابیت برانڈ اسلام کے خلاف جانتے ہیں۔ المسعری قرار دیتا ہے کہ سیاسی جماعتوں کی صورت متحد ہونے کے بعد بھی مسلمان خیر میں شرکت اور شر سے مناہی کا خدائی حکم بجالا سکتے ہیں۔ یعنی قرآن میں مسلمانوں کے لیے جماعت سازی کا حکم المسعری کے نزدیک سیاسی جماعت کا حکم ہے اور اسے وہابی اصول کے تحت بدعت سمجھا جائے گا۔ المسعری 'تعدد الاحزاب' یعنی کثیر جماعتی نظام کی حمایت کرتا ہے اور سعودی نظام میں یہ قطعاً نئی شے ہے۔ اسے سعودی حکمرانوں کی اس اسلامی تعبیر پر اعتراض ہے کہ منظم سیاسی زندگی بدعقیدگی کے مترادف ہے۔ اگرچہ المسعری جمہوریت کا نام نہیں لیتا لیکن کئی جمہوری اصطلاحات کی سفارش کرتا ہے۔ وہ سمجھتا ہے کہ ایسی آزاد عدلیہ ضروری ہے جو حکمرانوں کو بھی جوابدہ ٹھہرا سکے۔

مستقبل

گیارہ ستمبر نے ایک پینڈورا بکس کھول دیا۔ اگر سعودی حکمرانوں نے معاشرے میں بڑھتی بے چینی کا خیال رکھا ہوتا اور ریاست اور معاشرے کے درمیان تعلقات کو بہتر بنایا ہوتا تو کیا نیویارک پر ہونے والے حملوں سے بچا جاسکتا تھا؟ اس سوال کا جواب دینا مشکل ہے، لیکن اتنا تو کہا جاسکتا ہے کہ سعودی حکمران معاشرتی و

اقتصادی ترقی اور سیاسی اصلاح کے درمیان موجود خلیج کو محسوس نہ کر سکے۔ درست ہے کہ سعودی آبادی میں اضافہ ہو رہا ہے اور تیل کی قیمت گر رہی ہے اور یہ بھی درست ہے کہ فی نفر آمدن اسی کے عشرے کے اوائل کے بعد نوے کے عشرے کے اواخر تک نصف رہ گئی ہے۔ لیکن یہ بھی اتنا ہی درست ہے کہ سعودی گھروں، تعلیم، صحت، زراعت اور ملکی زیریں ڈھانچے کی جدت کاری پر بھاری خرچ کر رہے ہیں۔ بالآخر سعودیوں کو ٹیکس دینا پڑیں گے اور نتیجتاً وہ نمائندگی اور سیاسی کیک میں حصے کا مطالبہ کریں گے۔ ابھی کوئی بیس سال پہلے ہیلر اور سیفرن نے پیش گوئی کی تھی کہ سیاسی نمائندگی کی جو وبا جدید ہوتی معاشرتوں کو لاحق ہے، جلد ہی سعودی عرب کو بھی لگ جائے گی۔ سعودی عرب میں موجود حالات کو دیکھتے ہوئے ہیلر اور سیفرن کے اس نتیجے سے اتفاق کرنا پڑتا ہے کہ جوں جوں متوسط طبقے میں اضافہ ہوگا اور شہزادے جدید تعلیم پائیں گے، موجودہ سیاسی نظام بحیثیت مجموعی ان کے لیے ناقابل ہونے لگے گا۔ اگر بن لادن کو اپنی سیاسی پوزیشن کی نمائندگی کا موقعہ ملا ہوتا یعنی امریکی دستوں کے ٹھہرنے یا نکل جانے پر بحث کے دروازے بند نہ رہے ہوتے تو گیارہ ستمبر کے واقعات رونما نہ ہوتے۔ کم از کم فریڈ ہالیڈے یہی سمجھتا ہے۔ یہ سوال تو خیر درسگاہی نوعیت کا ہے اور اس کا درست جواب دینا خاصا مشکل ہے لیکن اسے پیش کرنے کا اصل مقصد اس امر پر زور دینا ہے کہ چیلنج اور حزب اختلاف دونوں سے نمٹنے کے لیے سعودی عرب کو اپنی حکمت عملی بدلنا ہوگی۔ ناقدین سے شہریت چھین لینا، انھیں ملک بدر کرنا یا جیل بھجوا دینا ایسے اقدامات ہیں جن پر مکالمے کی ضرورت ہے۔ جب مکالمے، سیاسی اظہار اور تنظیم کے دروازے بند ہوتے ہیں تو بہت سے سیاسی کارکن انتہا پسندی کی راہ اختیار کرتے ہیں۔ اگر ۱۹۹۶ء کے خبر ٹاورز میں بم دھماکوں، ۱۹۹۸ء میں کینیا اور تنزانیہ کی امریکی سفارت خانوں پر بم پھینکنے اور گیارہ ستمبر کے حملے میں بن لادن کو ملوث کرنا ہے تو پھر سیاسی عمل میں شریک نہ کیے جانے والے مذہبی انتہا پسندی کی راہ اختیار کر سکتے ہیں۔ ایک سعودی ترجمان کا کہنا ہے:

۱۹۹۰ء تک بن لادن سعودی عرب واپس آکر اپنے خاندانی کاروبار کو چلانے لگا تھا۔ کویت پر عراق کے حملے کے بعد اس نے شاہی خاندان کو قائل کیا کہ سلطنت کے تحفظ کے لیے ایک عوامی دفاع کا بندوبست کیا جائے اور افغان جنگ میں حصہ لینے والے لڑاکوں پر مشتمل ایک فوج تشکیل دی جائے۔ اس کی بجائے شاہ فہد نے امریکیوں کو دعوت دے دی۔ اس پر بن لادن کو شدید صدمہ ہوا۔ ۵۴۰,۰۰۰ امریکی فوجیوں کی سعودی عرب آمد شروع ہوئی تو بن لادن نے شاہی خاندان پر تنقید شروع کر دی اور سعودی علما کو اپنے ساتھ ملانے لگا کہ وہ ملک میں غیر مسلموں کی موجودگی کے خلاف فتوے دیں۔

> کویت کی آزادی کے بعد بھی کوئی بیس ہزار امریکی فوجی سعودی عرب میں اپنے اڈوں پر جم گئے تو لادن کی تنقید تیز ہوگئی۔ ۱۹۹۲ء میں وزیر داخلہ پرنس نائف کے ساتھ اس کی ایک گرما گرم ملاقات ہوئی اور لادن نے اسے اسلام کا غدار قرار دیا۔ نائف نے شاہ فہد سے شکایت کی اور بن لادن کو ناپسندیدہ شخصیت قرار دے دیا گیا۔ اس کے باوجود بن لادن کے حمایتی شاہی خاندان میں موجود رہے۔ ۱۹۹۲ء میں بن لادن سوڈان چلا گیا۔ شاہی خاندان پر اس کی تنقید جاری رہی

اور بالآخر وہ اتنے دق ہو گئے کہ ۱۹۹۴ء میں اس کی شہریت منسوخ کر دی گئی۔

اس پیراگراف سے بھی پتہ چلتا ہے کہ اگر ادارے اور جمہوری یا کم از کم مشاورتی راستے موجود نہ ہوں تو دباؤ کس طرح اپنے لیے راستہ بناتا ہے۔ ایک بار پھر اس سارے فرسودہ نظام کی ذمہ داری سعودی حکومت پر جاتی ہے۔ معاشرے کو کمزور کرنے کے عمل میں سعودی ریاست نے انجانے میں خود کو کمزور کر لیا ہے۔ سعودی حکمرانوں نے اپنی تاریخ میں داخلی چیلنجوں کا مقابلہ کرنے کے لیے معاشرے مُں عوامی طاقت کی بنیاد تعمیر کرنے کی بجائے سوسائٹی کو ٹکڑوں میں تقسیم کرنے کو ترجیح دیے رکھی۔

شہزادے ملکی اقتصاد کا حصہ ہیں۔ ان کے پاس بلینوں کے شیئر اور سینکڑوں کمپنیوں کی ملکیت ہے۔ انھیں بھی سیاست میں نیچے سے اوپر آنے کا حق ملنا چاہیے۔ یہ بھی پارٹیاں بنائیں اور سعودی معاشرت کی ترقی میں حصہ لیں اور تکثیری سیاست کی ترویج کریں۔ یہ بھی عام شہری یا رہنما کی حیثیت سے ملک کے سیاسی منظرنامے کی تقلیب میں حصہ لے سکتے ہیں۔ کاروباری منافع کی طرح سیاسی سرگرمی کا منافع بھی ہوتا ہے۔ شخصی سیاست پر انحصار کے نتیجے میں سعودی حکمرانوں نے اس امر کو نظر انداز کر دیا ہے کہ باقی دنیا کے ساتھ میل جول نے معاشرے کی ساخت پر انقلابی اثر ڈالا ہے۔ تیل کی دولت کے گرد متحد معاشرت بالآخر اس دولت کی تقسیم پر لڑنے لگتی ہے اور ایسے مسائل اٹھ کھڑے ہوتے ہیں، جنھیں شخصی سیاست حل نہیں کر سکتی۔ سعودی عرب میں اب تک کوئی خود مختار اور نمائندہ تنظیم موجود نہیں جو ادارہ جاتی انداز میں پیچیدہ سیاسی مطالبوں کو پرکھ اور سمجھ سکے۔

ریاست کی طرف سے ردعمل کے طور پر تین طرح کے اقدامات دیکھنے کو ملتے ہیں۔ ان میں سے ایم کو انضباطی کہا جا سکتا ہے۔ کوئی بھی ایسا اقدام جو قانونی اور ادارہ جاتی ڈھانچے کو مضبوط کرتا ہے، وہ انضباط کو بھی تقویت دیتا ہے اور تعزیری اقدامات کی ضرورت کم ہونے لگتی ہے۔ مثبت ردعمل میں شاہ فہد کا یہ فیصلہ بھی شامل تھا کہ ۱۹۹۰ء کے احتجاج میں حصہ لینے والی خواتین کو درس گاہوں سے نکال دیے جانے کا عمل ختم کیا جائے اور انھیں یونیورسٹیوں میں واپس لے لیا جائے۔ علاوہ ازیں اس نے ان کے مالی نقصان کی تلافی بھی کی۔ ۱۹۹۳ء میں مجلس شوریٰ بنائی گئی جو سعودی سیاسی نظام میں اہم ترین اختراع ہے۔ عبیر سمجھتا ہے کہ اس مجلس کی ساخت نوے کے عشرے کے اوائل میں ہونے والی عرضداشت کا نتیجہ ہے۔ چونکہ یہ مجلس منتخب نہیں بلکہ نامزد اراکین پر مشتمل ہے، چنانچہ اس میں اساسی سطح کی کمزوری موجود ہے۔ لیکن اس کے باوجود یہ درست سمت میں ایک اہم اور مثبت قدم ہے۔ ۱۹۹۷ء میں اس مجلس کے اراکین کی تعداد بڑھا کر نوے کر دی گئی اور ۲۰۰۱ء میں ایک سو بیس۔ ناممکن نہیں کہ کوئی دس سالوں کے بعد سعودی حکمرانوں کی ایک نئی جماعت جزواً منتخب کونسل کا راستہ اختیار کرے۔ سیاسی جواز خیزی اور ریاستی معاشرتی تعلقات کے حوالے سے موجود نازک مسائل کے حل کا ایک طریقہ یہ بھی ہے۔ بہتر حکومت کے یہ مطالبات نئے نہیں ہیں۔ ساٹھ کے عشرے میں بھی روشن خیال شہزادوں نے شہزادہ طلال کی سربراہی میں آئینی بادشاہت کا مطالبہ کیا تھا تاکہ شاہی خانوادے کی مراعات کو محدود کیا جا سکے اور جزواً منتخب پارلیمنٹ بنائی جا سکے۔ روایت کی بقا کو جمہوری حکومت کے لیے ضروری انتظامات کے ساتھ متصادم خیال کرنا درست نہیں ہوگا۔ اسی طرح شوریٰ اور جمہوریت کو

باہم الگ خیال کرنا بھی غور طلب مسئلہ ہے۔ امین ساعتی نے شوریٰ کو جمہوریت سے بہتر قرار دیا۔ وہ کہتا ہے کہ شوریٰ خدائی نظام ہے اور تمام زبانوں اور جگہوں کے لیے وضع کیا گیا ہے۔ وہ قرار دیتا ہے کہ سیاسی جماعت مسلمانوں کو تقسیم کرتی ہے، جب کہ مسلمانوں کو اپنی صفیں متحد کرنے کا کہا گیا ہے۔ جمہوریت پر اس کا اعتراض یہی ہے کہ یوں مسلمان تقسیم ہوتے ہیں۔ اس طرح کی علیت مسلم معاشرت میں جمہوریت کے مسئلے کی ضرورت سے زیادہ اور گمراہ کن سادہ معنوں میں دیکھتی ہے۔ نتیجتاً شوریٰ کا نظام اچھی حکومت کے دیگر تصورات کے ساتھ آہنگ پیدا نہیں کر پاتا؛ ساعتی کے نزدیک جمہوریت کے غیر موزوں ہونے کی ایک وجہ یہ بھی ہے۔ اس کا اصرار ہے کہ سعودی عرب میں اچھی حکومت کا قیام شوریٰ اور نامزد شوریٰ کی مدد سے بھی ممکن ہوسکتا ہے۔

تعزیر و تعذیب بھی موجود ہے لیکن عراق وغیرہ کے مقابلے میں سعودی عرب اور گلف کی دیگر ریاستوں نے یہ طریقہ بہت زیادہ نہیں اپنایا۔ لیکن جب ریاست انضباط اور تقسیم کے لیے کام کرتی ہے تو تعذیب کا عمل اہم ہوجاتا ہے۔ اصل چیلنج یہ ہے کہ سیاسی اور اقتصادی تقسیم کو بہتر بنایا جائے۔ جیسا کہ نوے کے عشرے کے اوائل کی عرضداشت سے بھی پتہ چلتا ہے کہ سیاسی نظام اور معاشرے کی کشادگی کی خاصی گنجائش موجود ہے۔ اب وہ زمانے نہیں رہے کہ حکومت لوگوں کو روٹی دے کر یا سیاسی حلیف خرید کر نچنت ہو بیٹھے۔ سیاسی عمل میں شمولیت کا راستہ ہی سیاسی اقدار، استحکام، جواز اور شہریت کے اشتراک کا راستہ ہے۔ اس کے بعد بھی دولت یا دیگر اقتصادی فلاح کی تقسیم میں مساوات کی اہمیت کم نہیں ہوتی۔ سنی حلیفوں اور شیعہ مخالفوں دونوں کو اس عمل میں شریک ہونا ہوگا۔ یادداشت میں مالی بدعنوانی اور دولت کی مساوی تقسیم کی ضرورت دونوں کا نمایاں انداز میں بیان کیا گیا ہے۔ سعودی حکمرانوں نے بین الاقوامی سطح پر فلاح کے کاموں میں دل کھول کر خرچ کیا ہے۔ غریب مسلم ممالک کی مدد کی گئی ہے اور یورپی یونیورسٹیوں میں عربی اور اسلام کے مطالعات کے لیے کئی ادارے قائم کیے گئے ہیں۔ انھوں نے یہ سب کام اسلام کے نام پر کیا۔ انھیں چیلنج کرنے والے بھی اسلام کا نام ہی استعمال کررہے ہیں۔ سعودی عرب میں ریاست اور معاشرت کے درمیان کشاکشن روز افزوں ہے اور سیاسی عمل میں اسلام کو مزید دخیل کیا جارہا ہے۔ اس کشمکش کے نتائج پر قبل از وقت کچھ کہنا مشکل ہے۔ حالاں کہ شاہی گھرانے کے نوجوان اور بردبار شہزادے حکومتی مشینری میں زیادہ سے زیادہ حصہ لینے لگے ہیں۔ کوئی وجہ نہیں کہ مستقبل میں کسی الحوالی یا الاؤدہ کو اپنے جیسے روشن خیال اور سیاسی آزادی کے داعی شہزادے سعودی فیصلہ سازوں میں نہ مل سکیں۔ کچھ آثار تو ابھی نظر آنے لگے ہیں۔ جنوری ۲۰۰۳ء میں شاہی خانوادے نے پہلی بار ہیومن رائٹس واچ کو ملک میں کام کرنے کی اجازت دی۔ ان تمام معلومات کے پیشِ نظر کہا جاسکتا ہے کہ فقط انضباط کے ذریعے ہی سعودی حکومت اور عوام سیاست کو ممکنات کا فن بناسکتے ہیں۔ اسلام کی صورت میں ان کے پاس ایک مشترکہ پلیٹ فارم موجود ہے۔ ان کے لیے اصل چیلنج یہ ہے کہ مکالمے، باہمی رواداری اور بقائے باہمی جیسی اقدار کو اس مشترکہ پلیٹ فارم پر کس طرح تلاش کریں۔

[بشکریہ 'اسلامی ریاست: جواز کی تلاش'، مرتبہ شاہرام اکبرزادے، عبداللہ سعید]

اسلامی جمہوریہ ایران میں اصلاح کی سیاست

فریدہ فرحی

ترجمہ: محمد ارشد رازی

مصنفہ نے ۱۹۸۰ء میں کلوریڈو یونیورسٹی سے ماسٹرز حاصل کی۔ ۱۹۸۶ء میں سیاسیات پڑھاتی رہی ہیں۔ انھوں نے تہران یونیورسٹی اور شہید بہشتی یونیورسٹی میں بھی پڑھایا ہے۔ ۱۹۹۳ء سے ۱۹۹۸ء تک یہ تہران میں پولیٹیکل اینڈ انٹرنیشنل اسٹڈیز سے وابستہ رہیں۔ اب وہ ہونولولو میں مقیم ہیں اور آزادانہ تحقیق کر رہی ہیں۔ ان کی تصنیفات میں 'Statis amd Urban Based Rovolution: Iran and Nicaragua' زیادہ معروف ہے۔ انقلابوں کے تجزیے اور ایرانی سیاست اور خارجہ پالیسی کے حوالے سے ان کے مضامین؛ 'Comparative Political Studies'، 'Theories and Societies'، 'General of Developing Societies'، 'Iranian Journal of Cultural International Affairs'، اور ' International Journal of Politics' میں باقاعدگی سے چھپتے رہے ہیں۔

زیرنظر مضمون میں مترجم نے حوالوں کے ماخذ اپنی ترجمہ شدہ کتاب 'اسلامی ریاست: جواز کی تلاش' میں شامل نہیں کیے ہیں، لیکن قارئین انگریزی زبان میں شائع اصل کتاب 'Islam and Political Legitimacy' میں شامل ان تمام حوالوں کی تفصیلات اور ماخذ سے استفادہ کر سکتے ہیں۔

۱۹۹۹ء کے اواخر میں آیت اللہ حسینی علی منتظری نے حجتہ الاسلام عبداللہ نوری کے باپ کو ٹیلی فون پر اپنی

حمایت کا یقین دلایا اور کہا؛ ''ثابت قدم رہو کیوں کہ تمھارا بیٹا اپنے عقیدے اور مذہب کے باعث قید کیا گیا ہے۔''
نمایاں انقلابی خدمات سرانجام دینے والے عبداللہ نوری کو مختلف طرح کے الزامات لگا کر پانچ سال کے لیے جیل بھجوایا گیا تھا۔ انھوں نے آزادیٔ اظہار کے دفاع، مذہبی رواداری کی ضرورت اور بے ضابطہ طرز حکومت کے استرداد میں علما کی ایک خصوصی عدالت میں بیان دیا تھا۔ ان پر لگنے والے الزامات کا تعلق اس بیان سے تھا۔ صورت حال سے بے خبر شخص یہی سمجھے گا کہ آیت اللہ مذہبی جذبات اور راست بازی سے غافل ایک حکومت اور اس کی اپوزیشن کے تعلقات پر بات کر رہے ہیں۔ لیکن آیت اللہ منتظری اہل تشیع کے نزدیک ایک ممتاز مرجع تقلید ہیں اور کبھی ایران کا طاقتورترین مذہبی رہنما بننے کی راہ پر گامزن تھے۔ لیکن اب انھیں گھر پر نظر بند رکھا گیا ہے کیوں کہ وہ مذہبی حکومت پر جبر کا الزام لگا رہے تھے۔ انھوں نے یہ سارا بیان ایک اسلامی حکومت کے خلاف دیا جس کے برسرِاقتدار آنے میں انھوں نے بڑھ چڑھ کر حصہ لیا تھا۔ ایران میں ہر کسی نے ان کے الفاظ کی قوت اور ان میں چھپی ستم ظریفی کو محسوس کیا۔ ابھی صرف ایک نسل پہلے دیگر بہت سے لوگوں کے ساتھ ساتھ ایک ایسی حکومت کی مخالفت پر عالموں کو بھی قید و بند سے گزرنا پڑا جسے وہ ناجائز اور لادین سمجھتے تھے۔ اسلام پسندوں نے تاثر دیا تھا کہ اقتدار میں آنے کے بعد ہی وہ عوام میں مقبول ایک جائز حکومت تشکیل دے سکتے ہیں۔ بیس برس کے بعد اسی اسلامی حکومت کے اپنے جواز کے چیلنج کا سامنا ہے۔ اسلام کی مختلف شکلوں کے درمیان کھلی مسابقت اور واضح تصادم سے ہی ایرانی سیاسی افکار میں اسلامی سیاسی اقدار کے حوالے سے موجود ہلچل کا پتہ چلتا ہے۔ اس طرح کی ہلچل مسلمانوں کے دیگر ممالک میں ابھی شاید موجود نہیں۔ اسلام کی ان شکلوں میں سے ایک کے علمبردار قرار دیتے ہیں کہ اہل ایمان کی رہنمائی کے لیے مذہبی احکام کی تعبیر اور مختلف مذہبی اور سیاسی اصولوں کی تشکیل و تعبیر ہی مذہبی رہنماؤں کی ذمہ داری ہے، جب کہ دوسرے گروہ کا اصرار ہے کہ جمہوری عمل کی بنیاد پر سیاسی فیصلہ سازی کا حق بھی مذہبی کمیونٹی کے پاس ہونا چاہیے۔ شورش، بدامنی اور سیاسی جمود سے تھکی ہوئی آبادی کے شکوک بڑھتے جا رہے ہیں کہ اس طرح کا اختلاف بذریعہ گفت و شنید حل نہیں ہو پائے گا۔ بعض اوقات ختم نہ ہونے والا اختلافات کا یہ سلسلہ ایرانی ریاست کی تعمیر نو کے منصوبوں کو مشکوک کر دیتا ہے۔ اس کی دعویدا حکومت کو اپنے وجود کے جواز کا سامنا ہونے لگتا ہے۔

عوامی تشکیک، مقابلہ بازی اور کشمکش آج کی ایرانی سیاست کا امتیازی نشان بن چکے ہیں اور اس مضمون میں انھی کا جائزہ لینا مقصود ہے۔ عجب بات یہ ہے کہ اسلام کی مختلف شکلوں کے مابین اس کشمکش کے منابع بیس برس پہلے آنے والے انقلاب کے اسلامی کے ساتھ ساتھ جمہوری پہلوؤں میں بھی دیکھے جا سکتے ہیں۔ شخصیت پرستی پر مبنی ریاست کے خلاف ۱۹۷۹ء کا انقلاب اس لیے کامیاب ہوا تھا کہ اسے قوتوں کے ایک کثیر طبقاتی اتحاد کا سامنا تھا۔ کم از کم ظاہری طور پر اور آغاز میں انقلاب برپا کرنے والی قوتوں نے جمہوریت اور عوامیت پر آمادگی ظاہر کی تھی۔ ظاہر ہے کہ جمہوریت؛ شخصی، تاعمر وراثتی اور بے ضابطگی سے متصف نظام حکومت کے متضاد نظام ہے۔ تاہم جس پیچیدہ گفت و شنید کے نتیجے میں عارضی انقلابی حکومت کی تشکیل کو عوامی حمایت میسر آئی تھی، اسے دو مضبوط

بنیادوں پر مسترد کیا گیا تھا کہ نہ شخصی حکمرانی اور نہ ہی آمریت۔

یہ تو انقلاب کے بعد ہوا کہ شخصی حکومت اور آمریت الگ الگ ہوگئیں لیکن آمریت کو دوبارہ نافذ کردیا گیا۔ اس بار یہ کام اسلامی جمہوریت جیسی عجوبہ روزگار تخلیق کے نام پر کیا گیا۔ اسے، ایرانی انداز کی جمہوریت یوں کہا جاسکتا ہے کہ شخصی، وراثتی اور تاعمر حکمرانی ختم کی گئی اور صدر اور پارلیمنٹ جیسے جمہوری ادارے عام انتخابات کے ذریعے وجود میں آئے۔ ساتھ ہی کھیل کے کلیدی کھلاڑیوں اور منظر عام پر موجود سیاسی طبقات کے درمیان قواعد کا پیچیدہ نظام بھی تشکیل پایا اور اس نے بادشاہت کے تحت چلنے والے نظام کی جگہ لے لی۔ اس کے اسلام ہونے کی حیثیت پر بحث بعد میں آئے گی کہ یہ کس طرح ایک نہایت بارسوخ اور غیر انتخابی سیاسی مذہبی رہبر اور شوریٰ نگہبان جیسے اداروں پر مشتمل تھی جنھیں جمہوری اداروں کے پہلو بہ پہلو قائم کیا گیا اور آئینی طور پر اس طرح کے اختیارات دیے گئے کہ جمہوری آئینی طریقے غیر اسلامی نتائج نہ دینے لگیں۔ چونکہ نیا آنے والا نظام بالائی انقلابی طبقے کے ایک تنگ حلقے پر مشتمل ہونا تھا اور اہل ایمان سے ایک سخت ضابطہ اخلاق کا متقاضی تھا، چنانچہ یہ اپنے اس پہلو میں آمرانہ تھا۔ نوری کے مقدمے اور بیس برس پہلے کے حقیقی یا تصوراتی جمہوری اصولوں پر اس کے ڈٹ جانے کے نتیجے میں ایرانی انقلاب نے اپنا چکر پورا کرلیا ہے۔ ایک بار پھر جمہوری حکومت کا ایک انقلابی مطالبہ سامنے آیا ہے۔ وراثت کے بغیر قانون پر مبنی ریاست کا مطالبہ جس میں آمریت کا استرداد بھی شامل ہے، اس بار مطالبہ کیا گیا ہے کہ مطلوبہ حکومت کسی بھی شکل میں ہوسکتی ہے۔ نوری کو آیت اللہ منتظری کی حمایت حاصل ہوئی۔ اس سے پتہ چلتا ہے کہ نوری کا مطالبہ کسی تنہا سیاسی منحرف کی آواز نہیں تھی۔ یہ آواز اندر کے حلقے سے ایک مذہبی رہنما نے اٹھائی تھی۔ یہ آواز ایک ایسے شخص نے اٹھائی جو بہت سے انتظامی اور قانون سازی کے مناصب پر فائز رہ چکا تھا۔ پھر اسے عالموں کے حلقے سے تعلق رکھنے والے ایک اور اصلاح پسند حکومت کے علمبردار حجتہ الاسلام محمد خاتمی نے وزیر داخلہ بنادیا۔ خود خاتمی غیر متوقع طور پر ۱۹۹۷ء کے انتخابات میں بھاری ووٹ لے کر صدر بنے تھے۔ انھوں نے قانون پر مبنی معاشرے اور حکومت کے وعدے پر یہ کامیابی حاصل کی تھی۔

ایران میں ہونے والے حالیہ واقعات کو بیس سال پہلے شروع ہونے والے انقلابی عملوں کا نقطہ ارتکاز کہا جائے یا یہ محض بے ربط وقوعات ہیں؟ مستقبل کے مؤرخ کو یہ فیصلہ کرنے کے لیے ماضی پر متانت بھری نظر ڈالنا پڑے گی۔ نوری کے مقدمے نے ایک بات بہر حال پوری طرح واضح کردی ہے۔ آمرانہ اسلامی ریاست کے داعی بعض علما اور دیگر بہت سے حامی ہر طرح سے ایران کے مستقبل اور اس کے پُر ہنگام سیاسی نظام کا حصہ رہنا چاہتے تھے؛ اور وہ نہایت شدت کے ساتھ جمہوریت پسند تھے۔ جیسا کہ نیچے بھی واضح کیا جائے گا کہ یہ وابستگی سیاست میں مذہب کی جمہوری شراکت کے ساتھ تھی اور سیاست سے مذہب کی علیحدگی کے ساتھ نہیں تھی۔ اس کے باوجود اس سیاسی کھیل کے جمہوری پہلو اور اسے داخل سے درپیش چیلنج نظر انداز نہیں کیے جاسکتے۔

آگے چل کر میں اسلامی قوتوں کے پیچیدہ باہمی تعاملات اور ان کے ساتھ وابستہ اسلام کی مختلف شکلوں پر

روشنی ڈالوں گی۔ میری کوشش ہوگی کہ ایران میں موجودہ 'جمہوری چیلنج' اور ایران کی مذہبی مقتدرہ کے اندر اس چیلنج کے مقام کی وضاحت کروں گی کہ اگرچہ سیاسی جدوجہد میں مصروف سیاسی گروہ نے اپنی بقا کے لیے پیدا کیا لیکن یہ ان کے ہاتھ سے پھسلا اور وسیع تر جمہوری مضمرات اور امکانات کی حامل کسی شے میں ڈھل گیا۔ ظاہر ہے کہ امکانات محض امکانات ہی ہوتے ہیں۔ اس کے باوجود قوتوں کے مابین مسابقت کے اس سیاسی کھیل کے وجود سے صرف نظر نہیں کیا جاسکتا۔ یہ ساری سیاسی قوتیں خود کو اسلامی اصولوں کی علمبردار قرار دیتی ہیں۔ کوشش کی جائے کہ اس باب میں مابعد ایرانی انقلاب کے تجربے کے خصائص بیان کیے جائیں۔ اس تجربے کے خصائص جسے ابھی تک اپنے جواز کو چیلنج درپیش ہے اور اس ملک کا تجربہ اسلامی ریاست ہے۔

ایک متحدہ اسلامی ریاست، جاگیروں کا مجموعہ یا دونوں؟

ایران میں تکثیری سیاست کے موجودہ رجحان کی جڑیں کہاں تلاش کی جائیں؟ عجب بات ہے کہ یہ جڑیں انقلاب کے بعد کی اسلامی ریاست میں ہی تلاش کرنا ہوں گی، اور یہ جڑیں معاشرے پر ریاستی کنٹرول کی اصطلاحات میں بیان ہونے والی اتحاد خیز اقتدار کے قیام کی کامیابی میں بھی تلاش کی جاسکتی ہیں۔ میں نے لفظ عجب سوچ سمجھ کر برتا ہے، کیوں کہ انقلاب کے بعد کی اسلامی ریاست کو بالعموم آبادی کو دبا کر رکھنے کی صلاحیت کی اصطلاحات میں سمجھا جاتا ہے اور اسے ادارہ جاتی تقصیر کے انداز سے نہیں دیکھا جاتا۔ یقیناً سوسائٹی میں اتحاد کے حصول اور اکائیت کی تشکیل انقلاب کے بعد کا اہم تجربہ تھا لیکن اس کامیابی کے کچھ نتائج وعواقب ان چاہے بھی تھے اور پھر یہ بھی ضروری نہیں تھا کہ اس کامیابی کے ساتھ مربوط اور مرکزیت کے حامل ادارے بھی وجود میں آئیں۔

سیاسی یکجائی کا عمل بڑی تیزی اور بے رحمی سے مکمل ہوا۔ پرانی حکومت کا انہدام ہوا تو اس وقت موجود اداروں اور ایرانی ریاست کے وافر وسائل قبضائے گئے اور انھیں تطہیر کے عمل سے گزارا گیا۔ متوازی حفاظتی اور عسکری ادارے قائم کیے گئے تاکہ پرانی حکومت کے اداروں میں موجود باقیات کسی طرح کا انحرافی عمل شروع نہ کریں۔ قانونی نظام کو مذہبی عملداری میں دے دیا گیا۔ سیال انقلابی تناظر سے معرض وجود میں آنے والی ادارہ جاتی تنظیم وترتیب کو اسلامی جمہوریہ ایران کے آئین کی صورت میں مجسم کیا گیا جو بقول اصغر شیرازی تضادات سے بھرا پڑا تھا اور ایرانی انقلاب میں شامل متضاد سیاسی قوتوں کا علمبردار تھا۔ شیرازی آئین میں موجود دو بنیادی تضادات کی نشاندہی کرتے ہیں، جنھوں نے بعد از انقلاب کے ایران کی پیش رفت پر اہم اثرات مرتب کیے۔ ایک تضاد آئین میں موجود اسلامی قانون اور غیر اسلامی عناصر کے درمیان تھا۔ دوسرے تضاد کا تعلق جمہوری اور غیر جمہوری عناصر سے تھا جن کی بنیاد مقتدرہ کے متعلق تصورات پر تھی۔ ان میں سے ایک تصور عوام کا تھا اور دوسرا سلامی فقہ کے ماہرین کا۔ جمہوری اور غیر مذہبی عناصر کی مثال کے طور پر آئین بنانے کی ضرورت، صدارتی انتخابات میں لوگوں کی شمولیت، پارلیمنٹ، مقامی کونسلوں اور مذہبی رہنماؤں کی کونسل کی صورت دیکھی جاسکتی ہے۔ دیگر اداروں کی برتری کے باوجود جمہوریت اور غیر مذہبی عناصر پارلیمنٹ کو حاصل اختیارات اور انسانی حقوق کو

جزوی طور پر ماننے پر بھی آمادہ نظر آتے ہیں۔ ان انسانی حقوق میں ایرانیوں کے مابین مساوات اور رائے، پریس اور سیاسی جماعتوں کی تشکیل جیسی آزادیاں شامل ہیں۔

آئین کے انسانی قانونی عناصر بھی بڑے واضح ہیں۔ سب سے پہلے تو یہ کہ ریاست کو واضح طور پر اسلامی قرار دیا گیا ہے۔ اس کی قانون سازی کے عمل شریعت کے ماتحت ہیں اور ان پر مسلم قانون کے ماہرین کو فوقیت حاصل ہے۔ علاوہ ازیں آئین میں افراد اور گروپوں کے جمہوری حقوق کو اسلام کی مطابقت میں محدود کیا گیا ہے۔ رہبر یعنی ولی، فقیہہ اور گارڈین کونسل کا قیام اس پر مستزاد ہے جو ریاست کی اسلامی ماہیت کے ذمہ دار ہیں۔

زیادہ وضاحت کے ساتھ بات کی جائے تو یوں کہا جا سکتا ہے کہ آئین کے آرٹیکل ۲ کے تحت اہل فقہ کا مسلسل عمل اجتہاد اسلامی نظام حکومت کا بنیادی اصول ہے۔ اس آئین کے آرٹیکل ۵ سے اخذ ہوتا ہے کہ انصاف اور اہلیت سے متصف فقیہہ کو اہل تشیع کے بارہویں امام کے منصۂ شہود میں آنے تک حکومت کا حق حاصل ہے۔ یہ فقیہہ فرد واحد بھی ہو سکتا ہے اور فقہا کی کونسل بھی۔ فقیہہ یعنی رہبر کے اختیارات آئین میں بیان شدہ ہیں اور یہ اسے محض نگران ہونے سے کہیں برتر مقام دیتی ہیں۔ مثال کے طور پر اسے گارڈین کونسل کے فقہا کے ساتھ ساتھ ملک کی اعلیٰ ترین عدالتی منصب پر تقرری کا حق حاصل ہے۔ وہ ملک کی مسلح افواج کا سپریم کمانڈر ہے۔ اگر سپریم کورٹ قرار دیتا ہے کہ صدر نے اپنے قانونی فرائض کی خلاف ورزی کی ہے یا پارلیمنٹ قرار دیتی ہے کہ وہ سیاسی طور پر نااہل ہے تو رہبر کو صدر کو برطرف کرنے کا اختیار بھی حاصل ہے۔ اس کے باوجود رہبر کے اختیارات کی بھی اپنی حدود ہیں۔ مثال کے طور پر اسے قانون سازی کا اختیار حاصل نہیں اور نہ ہی وہ عدالتی اختیارات براہ راست استعمال کر سکتا ہے۔ ہاں، البتہ مسلم فقہا کی زیر نگرانی چلنے والے دیگر غیر منتخب ادارے موجود ہیں جو قانون سازی اور عدالتی عمل کو کنٹرول کرتے ہیں۔ مثال کے طور پر گارڈین کونسل پارلیمانی قراردادوں کو ویٹو کر سکتی ہے۔ اس کے بارہ ارکان میں سے چھ کا فقیہہ ہونا لازمی ہے اور فقہ انھیں ووٹ دینے کا حق حاصل ہے کہ پارلیمنٹ کی کوئی قرار داد کس حد تک شریعت کے ساتھ موافقت میں ہے یا نہیں۔ آئین کی تعبیر اور صدارتی اور پارلیمانی انتخابات اور ریفرنڈموں کی نگرانی بھی اس کونسل کے پاس ہے۔

انقلاب کے فوراً بعد آئین کے اسلامی رنگ کو مزید گہرا کرنے کے لیے ایک اور طریقہ اختیار کیا گیا۔ بظاہر یہ طریقہ معاشرت اور معاشرتی اداروں کو اسلامیانے کے لیے تھا لیکن اس کے نتیجے میں اسلامی انقلابیوں کی بالا دستی قائم ہوئی۔ یہ انقلابی آیت اللہ خمینی کی مطلق العنان رہنمائی کو تسلیم کر چکے تھے۔ ابتدا میں اس کا مقصد اسلامی جمہوری پارٹی کے ادارہ جاتی واسطے کے فرائض سرانجام دینا تھا اور اسے پارٹی کے اندرونی اختلافات طے کرنے کے ساتھ ساتھ اس کی پیش رفت کو قابو رکھنا تھا۔ عورتوں کے جبری پردے اور انھیں پہلے سے حاصل کچھ حقوق کو معطل کرنے کے عمل جیسی حرکات کے علاوہ تہران کی امریکی سفارت خانے پر قبضہ کیا گیا جس نے مہدی بازرگام کی معتدل عارضی حکومت کو انجام سے دوچار کیا۔ اس کے علاوہ ۱۹۸۰ء میں عراقی حملے سے دفاع کے لیے عوام کو سامنے لانے کی کامیاب تحریک بھی اسی ادارے نے پیش کی تھی۔ ۱۹۸۰ء اور ۱۹۸۸ء کے درمیان اس جنگ میں

بے شمار قربانیاں دی گئیں۔ اس جنگ کی قیادت ایک متوازی فوجی ادارے اسلامک ریپبلک گارڈز کور کے پاس تھی۔ یہ سارا کام مقدس دفاع کے نام پر ہوا۔ مخالفین کو کچلنے اور بعد کی سیاسی جدوجہد میں بطور حوالہ برتنے کے لیے اس جنگ سے بہادرانہ کارناموں کا ایک پورا ذخیرہ تیار کیا گیا۔ درحقیقت ایران عراق جنگ ایک نئے سیاسی عہد کا آغاز ثابت ہوئی جو جنگ کے بعد بھی باقی رہا۔ ہاں، البتہ سیاست کی فہم اور اس کے متعلق تصورات بدل گئے۔ ایران کی جنگی مشینری نے جنگی تمدن کا ماحول پیدا کرنے کے لیے کئی نئے عناصر متعارف کرائے۔ محمد جواد غلام رضا کاشی نے شیعہ اقدار کے حوالے سے جنگ کے ماتم، شہادت، عمل، خلوص اور استقامت سمیت ایسی کئی علامتوں کو شناخت کیا ہے۔ اس میں کوئی شک نہیں کہ جو مثالی کردار مشتہر کیا گیا، وہ اسلامی انقلاب کے دوران سامنے آنے والے انقلاب پسند سے کچھ بہت زیادہ دور نہیں تھا۔ یہ اور بات ہے کہ انقلاب کے نتیجے میں اٹھنے والی آوازوں میں وحدت سے زیادہ کثرت پائی جاتی تھی۔ اسلام اور روحانی رہنما کے ساتھ جمہوریت اور آزادی کے ساتھ وابستگی جیسے متضاد جذبات سب ابھر کر سامنے آ گئے تھے۔ اس جنگ نے ملکی حزب اختلاف کو کچلنے کا راستہ بھی فراہم کیا اور بین الاقوامی جارحیت کے خلاف جہاد کا جذبہ بھی۔ کاشی کا کہنا ہے کہ یہ راستہ مخصوص عملی مضمرات کا حامل تھا جن میں سے اہم ترین جنگ اور حوصلے، عبادت، جذبات کی تہذیب، شہرت اور مادی فوائد سے گریز، قیادت کے غیر مشروط اتباع اور اس حوالے سے سوال کے نہ اٹھانے کو بنیادی اہمیت حاصل تھی۔

معاشرے نے جنگ سے گہرے اثرات قبول کیے۔ اس کے اثرات فقط محاذ جنگ تک محدود نہیں تھے۔ جن شہروں سے رضا کار جنگ کے لیے بھرتی کیے جاتے تھے اور جہاں فوجی دستے تیار کیے جاتے تھے، سب معاشرتی میل ملاپ کے مرکز بن گئے۔ علاوہ ازیں ریڈیو، ٹیلی ویژن، لاؤڈ سپیکروں، تدفین کی تقریروں اور یوم شہادت منانے کے ساتھ ساتھ نصابی کتب از سرنو لکھنے کے عمل میں محاذ جنگ کی اقدار کو ایران کی روزمرہ زندگی میں شامل کرنے کے لیے کام کیا گیا۔

انقلاب کے بعد کے عہد کے دو نمایاں خصائص رفتار اور کارکردگی تھے۔ اپوزیشن کو باضابطہ اور منظم طریقے سے ختم کیا گیا یا مرحلہ وار جلاوطن کر دیا گیا۔ حکومت کو بھی کسی مخالفت یا قابل ذکر انقلاب دشمن قوت سے واسطہ نہ پڑا تھا۔ نتیجتاً حکومت کے لیے اپنے انقلابی ساتھیوں سے چھٹکارا پانا آسان ہو گیا۔ ان ساتھیوں میں وہ سب روشن خیال سوشلسٹ اور اسٹالن اسٹ ذہن کے لوگ تھے جنھوں نے انقلاب لانے کے لیے ابتدا میں کوشش کی تھی۔ زیادہ اہم بات یہ ہے کہ اس طرح کی تطہیر کے ساتھ ساتھ آئیڈیالوجی بھی بے سکت ہوتی چلی گئی۔ مختلف طرح کی حزب اختلاف کی قوتیں غیر معتبر ہو گئیں۔ شاہ مخالف انقلاب کے بعد شاہ کی حزب اختلاف اتنی جلدی موثر قوت نہیں بن سکتی تھی۔ سیکولر حزب اختلاف جلاوطن اور تنقید کا مسلسل نشانہ بننے کے باعث غیر معتبر ہوئی۔ ریاستی اداروں نے ان کے کلیدی رہنما منظم طریقے سے قتل کر دیے۔ حزب اختلاف کے لیے یہ نقصان بھی اہم تھا۔ بائیں بازو کے سیکولر، اسلام پسند اور اسٹالن اسٹ انداز کے حامی بھی غیر موثر ہو گئے کیوں کہ انقلاب کے آغاز میں ہونے والی زیادتیوں کو ان کے ساتھ منسوب کیا گیا۔ منظم ترین حزب اختلاف بائیں بازو کے انقلاب پسندوں یعنی

مجاہدین کی تھی۔ اس نے بھی عراق کے ساتھ جنگ کے دوران مخالفین کی حمایت کرنے کا فیصلہ کیا جو اس کی تباہی کا سبب بنا۔ اس کی کمزوری کی ایک اور بڑی وجہ اس کا غیر جمہوری داخلی ڈھانچہ بھی تھا۔

یوں انقلابی حکومت نے حزب اختلاف کی تحریکوں اور انقلاب کے مخالفین کو بڑی تیزی سے اور موثر طور پر ختم کرنے میں کامیابی حاصل کی۔ اس کے بعد کوئی ایسی قوت نہ رہی جو انقلابی حکومت کے اندر موجود مفاد اور آئیڈیالوجی کے بڑھتے ہوئے بنیادی اختلافات کو قابو میں رکھ سکے۔ ایک اور اہم بات یہ تھی کہ حکمران طبقہ بجائے خود مختلف سماجی قوتوں کا آمیزہ تھا۔ ان میں متوسط طبقے کے تاجر، مذہبی رہنما، سرکاری ملازمین اور معاشرے کی اقتصادی طور پر بدحال جماعت شامل تھی۔ حقیقی زندگی میں یہ سب ریاستی اقتصادی ذرائع سے استفادے کے لیے باہم مسابقت کے عمل میں تھے۔ باہم کشاکش اور مفادات کے اختلاف میں الجھے طبقات پر مشتمل حکومت کا موثر ہونا مشکل ہو جاتا۔ یقیناً ایران عراق جنگ اور آیت اللہ خمینی کی کرشماتی شخصیت کے سبب یہ ڈھیلا ڈھالا اتحاد بھی کچھ عرصہ تک چلتا رہا، لیکن بالآخر اختلافات نے ایسا زور پکڑا کہ انقلابی پارٹی کے اندر ان اختلافات کو مراتبی یا مربوط کنٹرول میں رکھنے کا خیال متروک کرنا پڑا۔ ایرانی انداز کی جمہوری مرکزیت صرف عارضی طور پر قائم رہ سکتی تھی۔ اس قیام کی بنیاد بھی نظریاتی جواز پر نہیں بلکہ آیت اللہ خمینی کے پُرزور شخصیت کے باعث تھی جن کا حکم مرکزی کمانڈر کا حکم سمجھا جاتا تھا۔ ولایت فقیہہ کا اصول بھی تمام سیاسی قوتوں کو متحد نہیں رکھ سکتا تھا۔ وجہ یہ تھی کہ اس ادارے کے قیام کے زمانے سے اس کی تعبیر پر اختلافات موجود تھے۔ اوپر بھی بیان ہو چکا ہے کہ اس قانون کی توثیق آئین میں بھی کی گئی تھی لیکن ولایت فقیہہ اور ایک مطلق ولایت فقیہہ کے درمیان امتیاز کے حوالے سے بحث موجود تھی اور پتہ چلتا تھا کہ آیت اللہ خمینی کی وفات کے بعد کس طرح کے مسائل سامنے آسکتے ہیں۔ دوران حیات بھی آیت اللہ خمینی نے اس تنازعے سے بالاتر رہنے کو ترجیح دی۔ اس کی وجہ ان کا ذاتی مزاج بھی ہو سکتا ہے، مذہبی ایقان بھی اور سیاسی تقاضے بھی۔ بالآخر معاملات پر ان کی گرفت نہ رہی اور 'آئی آر پی' کے نام سے حکومت میں شامل مختلف دھڑے آزاد کر دیے گئے۔ ۱۹۸۶ء میں پارٹی کو باقاعدہ ختم کرنے کا اعلان کر دیا گیا۔

آیت اللہ خمینی کی وفات کے بعد مقابلے کی سیاست اپنے عروج پر پہنچی۔ جیسا کہ اوپر بیان کیا جا چکا ہے کہ اسلامی انقلابیوں میں معاشرے پر گرفت کی اہلیت موجود تھی لیکن اس اہلیت کو بروئے کار لا کر ریاستی اداروں اور ڈھانچوں کو مرکزی شکل نہ دی گئی۔ یقیناً یہ لوگ اہلیت کے حامل ریاست ساز تھے لیکن ان کا انداز انتہائی درجے کے موقعہ پرستوں کا تھا۔ ریاست کا بیوروکریسی ڈھانچہ اپنی روح پر قائم چلا آرہا تھا۔ یہ ابھی تک اقتصادی وسائل پر کنٹرول کا اہم ذریعہ تھا۔ تیل کی پیداوار اور تقسیم کا نظام اس کے پاس تھا۔ انقلابیوں نے ریاست کو انھی وجوہات کی بنیاد پر اور انھی کے طفیل قوت کے حصول اور آمدن کے ذریعے کے طور پر برتا۔ حقیقت تو یہ ہے کہ ریاستی ساخت کو مرکزیت دینے کی بجائے حکومت میں شامل دھڑوں نے ریاست کو توڑنا شروع کر دیا اور بالآخر یہ ایسی کثیر تہی ساخت بن گئی جس کے مختلف پرت متوازی اور اکثر و بیشتر حریفانہ انداز میں دست و گریباں تھے۔ پہلے سے موجود اداروں پر نظر رکھنے کے لیے نئے اور متوازی ادارے بنائے گئے۔ ان کی ضرورت اس لیے پیش آئی کہ

پہلے سے موجود اداروں کو براہ راست قابو میں رکھنا مشکل نظر آنے لگا تھا۔ اس کے علاوہ 'بنیاد مستعضفن' جیسے اداروں پر مشتمل ایک بالائی تہہ بھی تشکیل دی گئی۔ یہ ادارے سیاسی اثر و رسوخ کے حامل اقتصادی ادارے ہیں اور ان کی بنیاد شاہ کے خاندان اور دیگر بہت سے لوگوں کے مالی اثاثوں پر رکھی گئی ہے۔

ضرورت کے مطابق ایرانی اسلامی جمہوریہ کا سیاسی نظام محض ان اداروں پر مشتمل نہیں جنھیں انقلاب کے ابتدائی مراحل میں وسیع تر آئینی ڈھانچے کی مطابقت میں قائم کیا گیا۔ اس سیاسی نظام میں گارڈین کونسل اور پارلیمنٹ اداروں کے علاوہ ہراول کونسل (Expediency Council) جیسے ادارے بھی شامل ہیں جنھیں تاریخ کے کسی خاص موڑ پر نظام کے بحران سے بچ نکلنے یا اسے کم کرنے کے لیے تراشا گیا اور پھر وہ نظام کے مستقل لوازمات میں شامل ہو گئے۔ ایرانی سیاسی نظام اس اعتبار سے بے نظیر ہے کہ دنیا میں کسی اور جگہ اتنے زیادہ متوازی اور باہم مستقل سیاسی ادارے موجود نہیں۔ اس صورت حال پر مستزاد یہ ہے کہ کوئی ایسا شفاف چارٹ موجود نہیں جو آئینی اعتبار سے ایک ادارے کی فوقیت کو دوسروں کی اصطلاح میں بیان کرے، اور نہ ہی کوئی انقلابی جماعت موجود ہے جو عملاً کسی ایک ادارے کی فوقیت دوسرے اداروں پر ثابت کر سکے۔ یہ سب کچھ دیکھتے ہوئے حیرت ہوتی ہے کہ انقلاب کے بعد کی حکومت قائم کس طرح ہو گئی تھی۔

پس انقلابی اتھارٹی اور جواز کے منابع

درحقیقت پس انقلابی ریاستی اتھارٹی ایسے منقسم ریاستی ڈھانچے کی مدد سے قائم کی گئی جس میں مختلف سماجی گروپوں کے درمیان اقتصادی اور سیاسی مسابقت کو اہم مقام حاصل تھا۔ ان گروپوں میں روایتی کاروباری لوگوں سے لے کر جدید پیشہ ور متوسط طبقہ اور نئی ایرانی سیاسی اقتصادیات کے وابستگان سب شامل تھے۔ نئی اسلامی ریاست ان مختلف مفادات کے حامل طبقات کے مسابقت کے عمل کو باقاعدہ بنانے والا ادارہ نہ بنی جسے جدید ریاست کا اہم فریضہ سمجھا جاتا ہے بلکہ ادارہ جاتی مجموعہ بن گئی اور ایک ایسا اکھاڑہ ثابت ہوئی جس میں ریاست کے مختلف حصوں پر آنے والے دعوؤں پر گفت و شنید ہوتی تھی۔ اور جیسا کہ اوپر بیان ہو چکا ہے کہ ریاستی نظریاتی اور استبدادی اداروں کو استعمال کرتے ہوئے ریاستی قوت و اقتدار پر مذہبی رہنماؤں کے حق کو جبراً جائز ثابت کیا جاتا ہے۔ ظاہر ہے کہ ہمیں یہاں مذہبی رہنماؤں کی اصطلاح نہایت محتاط طور پر استعمال کرنا ہوگی۔ آغاز میں ان کی گارڈین شپ کا منشا یہ نہیں تھا کہ تمام مذہبی رہنماؤں کو سیاست میں شامل کر لیا جائے یا یہ کہ مذہبی رہنماؤں کی حکومت میں سبھی کی شمولیت کو ممکن بنایا جائے۔ بات کا مطلب صرف یہ ہے کہ شروع میں حکومت کا عزم موجود تھا اور اس سے کچھ غرض نہ تھی کہ کیا قیمت ادا کرنا پڑتی ہے۔ دوسرے یہ کہ ایک ایسا بین الشخصی اور غیر شفاف نظام بھی رہنماؤں کے درمیان موجود تھا جو سیاسی اختلاف اور بحران کی صورت میں گفت و شنید کو بروئے کار لا سکتا تھا۔ مختصر یہ کہ مذہبی رہنماؤں کی گارڈین شپ سے ایسے انقلابی رہنما جھلکتے تھے جن کے حکومت کے دعوے میں عزم اور لچک دونوں موجود تھے اور جو جنگ اور انقلاب کے بعد کے عہد میں استحکام کے متلاشی معاشرے میں سیاسی جواز کے

اہم ماخذ کے طور پر قائم نہ رہے۔ مذہبی گارڈین شپ کے تصور کی تعمیر بلاشبہ آیت اللہ خمینی کی شخصیت کے گرد ہوئی اور وہ اس اہم طرز فکر کا نمائندہ بھی تھے۔ انھوں نے نہ صرف اس خیال کو ولایت فقیہہ کی شکل میں سیاسی سطح پر متشکل کیا بلکہ اس خیال پر گوشت پوست بھی چڑھایا۔ وہ بجائے خود بھی خاصے لچک دار رویے کے حامل تھے۔ حتمی ثالث کی حیثیت میں وہ اس تمام کشاکش سے اوپر اٹھ سکتے تھے۔ اس کے باوجود اس امر کی ضرورت باقی رہی کہ ان کے وجود کا سایہ مذہبی مقتدرہ کے نظریاتی پہلو کو دبا نہ دے۔ ان کی عدم موجودگی میں بھی ایران کی انقلابی قیادت نے اپنے جواز کے استنباط کے لیے غیر مرئی اتھارٹی پر بھروسہ کیا، خواہ اسے افراد کی صورت دینا پڑے، اداروں کی یا پھر پردے کے پیچھے ہونے والے مذاکراتی عمل کی۔ انھیں ہمیشہ ایسے جواز کی تلاش رہی جسے روزمرہ کی پارٹی بازی سے بالاتر سمجھا جاسکے اور جو سرکاری سطح پر مسلمہ قول وفعل کے لیے معیار بن سکے۔ بنیادی تصور یہ تھا کہ مذہبی رہنماؤں کے درمیان ایک غیر شفاف اور غیر محسوس سطح پر موجودہ لائحہ عمل پالیسی پر عدم اتفاق کو وجود میں نہیں آنے دیا جائے گا اور اس سے بھی زیادہ اہم یہ کہ اقتدار کے لیے ہونے والی جدوجہد کو قابو سے وہ باہر نہیں ہونے دیں گے۔

داخلی اور اندرونی کشاکش سے کھلے مقابلے اور اختلاف رائے تک

مذہبی مقتدرہ کے درمیان اختلاف کا پہلا مظاہرہ ۱۹۹۵ء کے پانچویں پارلیمانی انتخاب کے دوران سامنے آیا۔ ان انتخابات کے دوران امیدواران کی فہرست پر ہونے والے اختلافات کے نتیجے میں ایک نیا سیاسی فرقہ 'کارگزاران سازندگی' یعنی تعمیر کے کارکنان کے نام سے سامنے آیا۔ اس سے پہلے یہ لوگ 'جمیع روحانیت مبارز' کی چھتری تلے کام کر رہے تھے۔ اس واقعے سے حوصلہ پاکر ایک اور گروہ 'مجمع' روحانیات مبارز کے نام سے بنا جو پہلے ہی الگ ہو چکا تھا۔ الیکشنوں کے پہلے راؤنڈ میں اس نئے گروہ کو خاصی اہم کامیابی ملی۔ تاہم رہبر آیت اللہ سید علی خامنہ ای نے مداخلت کی اور روشن خیال اور سیکولر قوتوں کے سرایت کرتے اثر ونفوذ پر انتباہ جاری کیا۔ مسابقت کی کھلی کھڑکی بند ہوگئی اور پہلے راؤنڈ میں ہونے والی کچھ کامیابیاں پلٹ گئیں۔ الیکشن کے نتائج کے اس طور پلٹ جانے پر بھی صورت حال کے اصل کو متاثر نہ کیا۔ یہ امر واضح ہو چکا تھا کہ مسابقت کے عمل میں موجود گروہوں کے درمیان ثالث کی حیثیت سے علما اپنا گارڈین کا کردار کھو بیٹھے ہیں۔

۱۹۹۷ء کے صدارتی انتخابات میں پانچویں پارلیمانی انتخابات کے دوران ہونے والا یہ نقصان کھل کر سامنے آیا؛ واضح ہونے لگا تھا کہ مذہبی گارڈین شپ کے تصور کو جماعتی ریاست نے قیدی کرلیا ہے اور وہ اس سے بالاتر ہو کر عمل پیرا نہیں ہوسکتا۔ دراصل مذہبی گارڈین شپ نے انتخابات کے نتائج کو من مانی تعبیر دینا چاہی تھی۔ تاجروں اور قدامت پسند مذہبی رہنما چاہتے تھے کہ سیاسی نظام پر ان کی گرفت مضبوط رہے اور گروہی جھگڑے اور مسابقت زیر زمین چلی جائے۔ ان کی نمائندہ سیاسی قوتوں نے دلیل دی کہ معروف مذہبی رہنما (یعنی دراصل رہبر) کو فیصلہ کرنا چاہیے کہ مذہبی طور پر کون سے امیدوار اہل ترین ہیں۔

یہ سیاسی چال غیر دانشمندانہ تھی اور اس نے مذہبی گارڈین شپ کے تصور کے جواز کو دو طرح سے متاثر کیا۔ یوں نہایت واضح طور پر کسی ایک امیدوار کی حمایت ہوتی تھی اور اس کا جواز مذہبی اصطلاحات میں لایا جاتا تھا۔ قدامت پسند علما پر اس الزام کی راہ کھلی کہ وہ مذہب کو اپنے مقاصد کے لیے استعمال کر رہے ہیں۔ تب سے ان پر یہ الزام لگتا چلا آ رہا ہے۔ دوسری طرف جب وہ انتخابات کے نتائج پر حاوی نہ ہو سکے تو لوگوں پر عیاں ہو گیا کہ ایران میں کم از کم کچھ چیزوں پر ان کی دسترس نہیں۔ یہ دوسرا نکتہ بالخصوص اہم ہے، اس لیے کہ ایرانی ووٹ دہندگان انتخابی نتائج میں دھاندلی کی توقع کر رہے تھے۔

انتخابات میں دو امیدواروں کے الیکشن پلیٹ فارم بھی ایرانی سیاست میں آنے والے تغیر کے عکاس تھے۔ مقتدرہ کے امیدوار علی اکبر نطق نوری اس جھگڑے میں فقط اعتماد کے بل بوتے پر آ گئے۔ عامتہ الناس کے خیالات کی پرواہ کیے بغیر تحفظ، خوش حالی اور منصفانہ اسلامی حکومت کے نعرے لگائے گئے۔ دوسری طرف مکمل طور پر مٹ جانے کے خوف میں مبتلا قوتوں کی نمائندگی محمد خاتمی کے پاس تھی۔ انھیں بنا بنایا نعرہ مل گیا کہ وہ محض اجارہ داری یعنی انحصار کے خلاف ہیں۔ اپنے اس عمل میں وہ ایک موزوں صدارتی امیدوار بھی سامنے لانے میں کامیاب ہو گئے جس نے اجارہ داری کے خلاف اس نعرے کو قدرے وسیع اور لوگوں کے لیے زیادہ قابل قبول شکل دی کہ سیاسی کھیل کے قواعد کو بدلنے کی ضرورت ہے۔ ان کا دعویٰ تھا کہ وہ سیاست کو زیادہ بردباری اور جمہوری اقدار دینا چاہتے ہیں۔ ظاہر ہے کہ ان کے پاس واپس آنے کا کوئی اور راستہ نہیں تھا۔ انھیں سیاسی طور پر مقتدر اور اعلیٰ حلقوں سے باہر معاونت طلبی کرنا تھی۔

سیاسی اور اقتصادی طور پر باہر رکھے گئے عامتہ الناس کے لیے یہ نعرہ دلکش تھا بعض ایرانی مذہبی گروہ بھی بردباری اور جمہوریت کے لیے اٹھائی گئی اس آواز سے متاثر ہوئے۔ عبدالکریم سروش جیسے عامی مفکر اور محمد مجتہد شبستری اور محسن کادیور جیسے اصلاح پسندوں کے زیر اثر ان حلقوں نے الزام لگایا کہ ایران میں ایمان کی اصل کی بجائے بعض فقہ کو ترویج دی جا رہی ہے۔ یہ سمجھتے تھے کہ درشت اور سخت اسلام کے نفاذ کے عمل میں حکمران علما سوسائٹی کو سیکولرزم کی راہ پر ڈال رہے ہیں۔ وہ قرار دیتے تھے کہ یوں عام بالآخر انھیں مسترد کر دیں گے۔ ان کا خیال تھا کہ اسلام بطور عقیدہ محض فقہ سے کہیں بلند ہے اور ریاست کو نا قابل تغیر مذہبی قوانین بنانے سے گریز کرنا چاہیے۔ تعریف کی رو سے سیاسی اسلام نے اس دنیا اور اس کی تنظیموں کے ساتھ معاملہ کرنے کے لیے اسلام کو سیکولر کر دیا ہے۔ اسلام کی ہمہ تن بدلتی دنیا کے ساتھ ہم قدم رکھنے کے لیے اس کی تعبیر نو ہوتی رہنی چاہیے۔ یہ تبھی ہو سکتا ہے جب اسلام لوگوں پر محض ذمہ داری نہ ڈالے بلکہ انفرادی حقوق کو تسلیم کرے۔

اتنا اہم کام محض لوگوں کے ایک طبقے یعنی مذہبی مقتدرہ پر نہیں چھوڑا جا سکتا، کیوں کہ یہ لوگ اپنی اقتصادی اور سیاسی بقا کے لیے ایک خاص طرح کی تعبیر کرتے رہیں گے۔ اس کام کی ذمہ داری ایسے لوگوں پر ہونی چاہیے جن کے انفرادی حقوق محفوظ ہوں اور وہ مذہبی ترنگ سے مالا مال ہونے کے ساتھ ساتھ اپنی روزمرہ زندگیوں میں بھی روح اسلام پر نظر رکھتے ہوں۔ یوں تعبیر کیے جانے پر مذہبی یا اسلامی جمہوریہ محض ایک حق نہیں رہے گی بلکہ

ایک متقی طبقے کے تحرک کی ضرورت بن جائے گی۔ اگرچہ خاتمی نے علما کی حکومت پر تنقید کے لیے ان دلائل کو اس انداز میں نہیں برتا تھا لیکن مذہبی جمہوریت کے لیے اس کے دلائل میں یہ عناصر موجود تھے۔ جیسا کہ پہلے بھی بیان ہو چکا ہے، سیاسی طور پر ناپید ہونے کے خطرے سے دوچار ایک طبقہ بالا یہی نعرہ بلند کر سکتا تھا کہ قانون کی حکمرانی پر مبنی ایک ایسی حکومت جو مذہب کو زیادہ جمہوری انداز میں سمجھنے کی کوشش کرے، خود خاتمی اور ان کے ساتھیوں کو بھی اندازہ نہیں تھا کہ ان کے اس نعرے میں لوگوں کے لیے کتنی کشش ہے۔ ان لوگوں نے سیاسی اور ثقافتی کشادگی کے لیے فوراً ان کا ساتھ دینے کا فیصلہ کیا۔ کئی پارلیمانی، صدارتی، مقامی اور ٹاؤن کونسل الیکشنوں میں اس نقطۂ نظر کے حامیوں نے بار بار اور کئی طریقوں سے اس خواہش کا اظہار کیا کہ ریاست اپنا حلقۂ اثر سمیٹتے ہوئے معاشرے کو زندہ رہنے کا موقع دے۔ ان کا ایک کام اس سے بھی بنیادی تھا۔ انھوں نے خود کو ایک کھلاڑی بلکہ زیادہ بہتر کہا جائے تو کھلاڑی کے ایک سیٹ کے طور پر منوایا۔ انھوں نے ثابت کر دیا کہ اقتدار کی کشاکش میں حریفوں کو مزید خاموش نہیں رکھا جا سکتا۔ لیکن ظاہر ہے کہ قدامت پسند قوتیں اس صورت حال کو قبول کرنے کے لیے تیار نہ تھیں اور اس کا کچھ اندازہ پہلے سے بھی تھا۔ ۱۹۹۷ء میں ششدر کن شکست کے بعد ان قوتوں نے اپنا انداز مزید دفاعی کر لیا۔ اب بازار کی روایتی قوتیں اور انقلابی گارڈز اور سیکورٹی فورسز کے بعض حصوں سمیت ریاست کے مختلف شعبوں میں موجود ان کے حلیفوں نے رائے دہندگان کے ساتھ تعلقات کو ناقابل اعتبار گردانا۔ انھوں نے جمہوری اداروں میں عوامی شرکت کو کم از کم رکھنے کے لیے مختلف اداروں کو استعمال کرنے کی ٹھانی۔ اس مقصد کے لیے عدالتی نظام، گارڈین کونسل اور ولایت فقیہہ کے ادارے موجود تھے اور ان پر انحصار بھی کیا جا سکتا تھا۔ علاوہ ازیں پانچویں پارلیمنٹ پر ان کی گرفت اب بھی مضبوط تھی۔ ساتھ ساتھ مصلحین نے بھی سیاسی کھیل میں حصہ لینا شروع کیا اور کلیدی اداروں پر اپنی گرفت مضبوط کرنے لگے۔ انھوں نے ۱۹۹۷ء کے صدارتی انتخاب میں عوام کی بھاری شرکت سے سبق سیکھا، وہ جان گئے کہ معاشرہ بدل چکا ہے اور ان کی بقا ایسے ریاستی ڈھانچے میں ہے، جہاں لوگوں کی شراکت کا عمل زیادہ سے زیادہ کیا جا سکے۔

اس تفہیم نے خاتمی کی کابینہ کی تشکیل میں کلیدی کردار ادا کیا۔ مذاکرات اور سوداکاری مزید پیچیدہ ہو گئی۔ خاتمی نے اقتصاد جیسے معاملات میں نرمی دکھائی۔ اس کا رویہ صرف دو وزارتوں کے سلسلے میں سخت تھا جن کا تعلق عوام کی شراکت سے براہ راست بنتا تھا۔ ان میں سے ایک وزارت داخلہ اور دوسری ثقافت اور اسلامی رہنمائی کی وزارت تھی جسے اسلام میں 'ارشاد' کہا جاتا ہے۔ خمینی نے ان وزارتوں پر سمجھوتے سے انکار کر دیا۔ نتیجتاً 'ارشاد' نے جمہوریت پسند اخبارات کو اجازت نامے جاری کیے۔ یہ اور بات ہے کہ ساتھ ساتھ عدالتیں انھیں بند کرتی رہیں۔ وزارت داخلہ نے بھی صوبائی اور مقامی سطح پر اصلاح پسند افسران تعینات کیے۔

اصلاح پسندوں نے وزارت اطلاعات کو بھی نشان زد کیا لیکن اس پر حاوی نہ ہو سکے۔ ریاست اس وزارت کو مخالفین کو کچلنے کے لیے استعمال کرتی چلی آئی تھی۔ اس کے متعلق انکشاف ہوا کہ خاتمی کے منتخب ہونے کے بعد قتل کرنے کا ایک سلسلہ یہیں سے شروع ہوا تھا۔ خاتمی حکومت نے اسے بھی بڑی حد تک اعتدال پر لانے میں

کامیابی حاصل کی۔

ان سارے اقدامات کا نتیجہ یہ نکلا کہ فروری ۲۰۰۰ء کے انتخابات میں اصلاح پسندوں کے وسائل پچھلے تمام انتخابات کی نسبت بہتر تھے۔ سب سے پہلے تو یہ کہ وہ خود انتخابات میں حصہ لینے لگے تھے اور اس ادارہ جاتی عمل میں شریک تھے۔ تمام تر دھاندلی کے باوجود اس ادارے کو نظام کے جواز کا درجہ حاصل تھا۔ علاوہ ازیں ۱۹۹۷ء کے صدارتی انتخابات کے موقع پر ہونے والے اقدامات نے اسے کسی حد تک دھونس دھاندلی سے مبرا کر دیا تھا اور دوبارہ اس طرف لوٹنا مشکل تھا۔ اہم ترین بات یہ تھی کہ غیر متشدد طریقے سے لوگوں کے پاس جانے کا مناسب ترین اور آسان طریقہ الیکشن ثابت ہوا تھا۔ اصلاح پسندوں کو پتہ چل گیا تھا کہ بند کمرے اور تنگ گلی کی سیاست سے کہیں بہتر مقابلے کا میدان بیلٹ بکس ہے۔ اس آگہی کو اصلاح پسندوں کی اہم تزویری فتح سمجھا جا سکتا ہے۔ علاوہ ازیں وزارت داخلہ پر کنٹرول بھی مفید ثابت ہوا۔ اب گارڈین کونسل کے لیے امیدواروں کو اندھا دھند نااہل قرار دینا ممکن نہیں رہا تھا اور نہ ہی وہ کھلم کھلا نچلی سطح پر دھاندلی کر سکتے تھے۔ 'ارشاد' کے تحت چلنے والی حکمت عملی نے آزاد اور اصلاح پسند پریس کو تقویت دی تھی اور اس کا فائدہ بھی بالآخر اصلاح پسندوں کو ہی ہوا تھا۔ عوام نے اجارہ داری ختم کرنے کے ان کے وعدوں پر مثبت ردعمل کا اظہار کیا تھا۔ یہ اور بات ہے کہ پہلے انتخابات میں ان کے اقدامات بہت محدود رہے۔ اب انھوں نے ایک قدم مزید آگے بڑھایا اور آئیڈیالوجی کی قلمرو میں داخل ہوئے۔ انھوں نے 'ایران سب ایرانیوں کے لیے' کا سادہ سا نعرہ اپنایا جو سیاسی مساوات کی ضرورت اور سیاسی کھیل کے منصفانہ قواعد کی طلب گار عوام میں مقبول ثابت ہوا۔ اسلامی جمہوریت پسند قوتوں کا کردار بھی فیصلہ کن ثابت ہوا۔ یہ لوگ خود کو مذہبی دانشور کہتے تھے۔ انھوں نے اپنے زیر تصرف اخبارات کو استعمال کیا اور عوامی رائے کی تشکیل میں مذہبی مبلغین کی جگہ لینے لگے۔ ان لوگوں کا کہنا تھا کہ وہ ریاستی قوت کے لیے اسلام کے نظریاتی استحصال کے خلاف ہیں۔ یہ لوگ قرار دیتے تھے کہ یوں اسلام آلہ کار کے طور پر استعمال کیا جا رہا ہے اور یہ اسلام کی توہین ہے۔ اس پیغام کو بھی ایسی پذیرائی ملی کہ ہر کوئی حیران رہ گیا۔ مئی ۱۹۹۷ء کے انتخابات اسلامی جمہوری قوتوں کے لیے فیصلہ کن موڑ ثابت ہوئے۔ ان انتخابات سے ایک بنیادی حقیقت آشکار ہوئی کہ معاشرے میں مذہبی اور سیکولر ہر دو طرح کے وسائل کا وسیع ذخیرہ موجود ہے۔ ۱۹۷۹ء کے انتخابات سے بہت پہلے موجود اسلامی جمہوری قوتوں کے لیے یہ خاصا اہم انکشاف تھا۔ انھیں اپنے سابقہ تجربے سے سبق ملا تھا کہ روایتی مذہبی مقتدرہ اور بازاریوں کے مقابلے میں سیکولر قوتوں کے ساتھ انتخابی اتحاد ان کے مقاصد کے لیے مناسب قوت فراہم نہیں کرتا۔ اس طرح کا اتحاد کرنے پر وہ انتہا پسندوں کے لیے تنقید کا آزان ہدف بن جاتے۔ ان انتہا پسندوں کو مذہبی مقتدرہ کی حمایت حاصل تھی جو منبر پر سے ان کی مذمت کرنے لگتی۔ جمہوری اسلام پسندوں کے لیے مدت سے چلا آنے والا یہ سوال اب بھی موجود تھا کہ آیا ان میں دباؤ، خدمت اور اپنے خلاف اٹھنے والی تحریک کی برداشت موجود ہے۔ ان کے پیشروؤں نے ایسا حوصلہ ہی نہ کیا یا پھر شکست کھا گئے۔

سیاسی جمود

اس امر میں تو کوئی شک نہیں کہ اصلاح پسند اسلامی قوتوں نے سیاست میں مذہب کے عمل دخل کے حوالے سے ایک نئی فکر متعارف کروائی ہے۔ ان کا کامیاب ہونا یا ناکام ٹھہرنا ایک قطعاً الگ بحث ہے۔ ۲۰۰۰ء کے پارلیمانی انتخابات میں اصلاح پسندوں کو بھاری کامیابی ملی لیکن اس کا یہ مطلب نہیں کہ ایران میں سیاسی گروہ بندی یا گروہی سیاست کا خاتمہ ہوگیا ہے۔ درحقیقت اس نے کچھ قوت ہی پکڑی ہے۔ زیادہ تر لوگوں کو توقع تھی کہ ایگزیکٹیو اور قانون سازی دونوں پر حاوی ہونے کے بعد اصلاح پسند اپنے اہداف کے لیے زیادہ قوت سے کام کر سکیں۔ لیکن ثابت ہوگیا کہ مسترد کیے جانے کے باوجود قدامت پسند قوتوں نے ہار نہیں مانی بلکہ اپنی کوششوں میں زیادہ مستعد ہوگئے۔ ان کی پارلیمنٹ نے جاتے جاتے بھی ایک ڈراکونی قانون منظور کروادیا جس کے تحت عدالتیں اخباری رپورٹروں سے ان کے ذرائع کے متعلق معلومات حاصل کرنے کی مجاز ہوں گی اور انھیں اختیار ہوگا کہ وہ ان میں سے کسی کو بھی ریاست کے خلاف سرگرمیوں کا مرتکب قرار دے کر پریس سے نکلوادے۔ انھوں نے سیاسی مسابقت اور کشادگی اور راستہ روکنے کے لیے ایسے اداروں پر انحصار کرنا شروع کردیا جو ووٹ کے عمل سے آزاد تھے۔ انھوں نے اصلاح پسندوں کی قانون سازی میں رکاوٹ پیدا کی۔ اخبارات بند کیے۔ خاتمی کی کلیدی وزارتوں سے وابستہ افراد کو ختم کیا۔ طالب علموں کے جلسے بزور شمشیر کیے اور حکومتی اور ثقافتی حلقوں سے اصلاح پسند افراد کو چن چن کر نکالا۔ انھوں نے یہ سارے کام آیت اللہ خمینی اور سابق صدر علی اکبر ہاشمی رفسنجانی کی پشت پناہی سے سرانجام دیے۔

اس حکمت عملی کو طبقہ بالا کی رضامندی کے ساتھ لگنے والی ضرب کہا جاسکتا ہے جس نے خاتمی کو نہایت مشکل اور نازک حالات سے دوچار کیے رکھا۔ ہر بار جب کوئی اخبار بند ہوتا، کوئی سیاسی جلسہ منتشر کیا جاتا یا من گھڑت الزامات کے تحت ان کے کسی حامی کو گرفتار کیا جاتا تو خاتمی خود کو مجبور پاتے اور انھیں پتہ چلتا کہ جمہوری اداروں کے اختیارات کتنے محدود ہیں۔ براہ راست تصادم سے محترز خاتمی چاہتے تھے کہ اصلاح کی رفتار کو سست رکھا جائے اور صبر و تحمل کا مظاہرہ کیا جائے۔ خود ان کے اپنے بہت سے ساتھیوں کو اس حکمت عملی سے اختلاف تھا۔ یہ انقلابی اصلاح پسند چاہتے تھے کہ عوامی قوت پر زیادہ انحصار کیا جائے لیکن خاتمی کو علم تھا کہ اس کا نتیجہ قابو سے باہر ہوجانے والے فسادات کی صورت میں نکل سکتا ہے۔ ۱۹۹۸ء میں اسی طرح کے ایک واقعہ میں پولیس اور ملیشیا نے تہران یونیورسٹی میں طالب علموں کے جلوس پر حملہ کیا تھا۔

یہ حالات اس امر کے عکاس ہیں کہ ایرانی سیاست ایک سیاسی جمود کا شکار ہوچکی ہے۔ خاتمی کو اصلاح خلاف ہتھکنڈوں کے مقابلے میں اپنی کمزوری کا اتنا شدید احساس تھا کہ وہ مئی ۲۰۰۱ء میں دوبارہ صدر کا انتخاب نہیں لڑنا چاہتے تھے، حتیٰ کہ انھیں یقین دلایا گیا کہ اب کی بار صدارت کو ویسی مشکلات پیش نہ آئیں گی۔ لیکن ان کے مخالفین کے پاس بھی کوئی موزوں امیدوار موجود نہیں تھا۔ یہ لوگ بھی اپنے عمل کو کسی دوسرے صدر کی راہ میں روڑے اٹکانے تک محدود رکھنا چاہتے تھے۔ یہ لوگ اصلاحی اقدامات کو ملتوی رکھ سکتے تھے لیکن اصلاح کے لیے

تیار ملک پر حکومت کرنے کے کسی بھی لائحہ عمل سے عاری تھے۔

اس تعطل اور جمود کا نتیجہ یہ نکلا کہ رائے دہندگان نے لاتعلقی کا رویہ اختیار کیا اور اسلامی جمہوریہ کو اپنا جواز خطرے میں نظر آنے لگا۔ اگرچہ ۲۰۰۱ء کے صدارتی انتخابات میں ایسی صورت حال نہیں تھی، کیوں کہ ۶۳ فیصد ووٹ پڑے اور ان میں سے ۷۹ فیصد خاتمی کے حق میں تھے۔ لیکن ۲۰۰۱ء کے بعد بھی اصلاح مخالفت طاقتور طبقے کا روڑے اٹکانے کا عمل ایسی شد و مد سے جاری رہا کہ ایران کی سیاسی مشکلات کا دور ختم ہوتا نظر نہیں آتا۔

کچھ مبصرین قرار دیتے ہیں کہ جب تک اصلاح مخالف قوتوں کے مالی مفادات محفوظ ہیں اور وہ مختلف حکومتی اور نیم حکومتی اداروں کی سودا کاری میں شامل ہیں، انھیں جمہوری جواز سے کچھ غرض نہیں۔ بعض تو یہ دلیل دیتے ہیں کہ اس مقتدر مافیا کے لیے انتشار اور ابہام کی سطح زیادہ سازگار ہے۔ اگرچہ اس طرح کی آراء جزواً درست ہوسکتی ہیں لیکن یہ امر یقینی ہے کہ پچھلے کئی سالوں کی سیاسی کشاکش نے ایران کو ایسے مقام پر پہنچا دیا ہے، جہاں کوئی ایک سیاسی قوت ملکی وسائل پر قابو نہیں پاسکتی۔ ملک کو اس صورت حال سے نکالنے کے لیے کلیدی سیاسی کھلاڑیوں کے مابین کسی نہ کسی طرح کا سیاسی سمجھوتہ ضروری ہے۔ کئی سیاسی قوتیں باہم ہم پلہ ہیں اور ان میں سے کوئی بھی ایک دوسرے پر پوری طرح حاوی نہیں ہوسکتی۔ لیکن ان تمام قوتوں میں سے کوئی ایک بھی اپنے طور پر اسلامی حکومت کو مسترد نہیں کرسکتی۔ بہر کیف، حقیقی تشویش کی بات یہ ہے کہ ایرانی رائے دہندگان، جن میں سے ۶۵ فیصد کی عمر پچیس برس سے کم ہے، سمجھتے ہیں کہ اندرونی کشاکش نے ریاست کو مفلوج کر رکھا ہے اور وہ ان کے مطالبوں اور ضروریات پر کسی ردعمل کا اظہار کرنے کی اہل نہیں۔

نتیجہ

ایران کے متعلق جمہوریت کے حوالے سے ہونی والی بحث اس کے اسلامی آئین میں موجود بنیادی تضادات کے حوالے سے اٹھنے والے سوالات کا جواب نہیں دے سکتی۔ اس آئین میں جمہوری اور غیر جمہوری اور سیکولر اور مذہبی ہر طرح کے عنصر موجود ہیں۔ اس بات کا فیصلہ بھی ابھی نہیں کیا جاسکتا کہ آیا اس طرح کا آئین غیر جمہوری رجحانات پر کس طرح قابو پاسکتا ہے۔ ادارہ جاتی عمل میں آنے والا یہ تعطل بے چینی کا سبب بن رہا ہے اور اسلامی حکومت کا جواز متاثر کر رہا ہے۔

موجودہ سیاسی عمل کا سارا ابہام اپنی جگہ لیکن شفافیت کی طرح ہونے والی کچھ پیش رفت خاصی اہم ہے۔ ایرانی تناظر میں اس کے امکانات اپنی جگہ لیکن نسبتاً آزادانہ اور شفاف انتخاب قوت کے توازن کا فیصلہ کرنے کے لیے واحد طریقہ تسلیم کیا جانے لگا ہے۔ ووٹ کی جمہوریت کو فروغ ملا ہے۔ قدامت پسند علما گارڈین کونسل پر اپنے کنٹرول کے ذریعے الیکشن سے بھی پہلے امیدواروں کو ہٹا سکتے ہیں اور اس امر کے آثار موجود ہیں کہ اگلے پارلیمانی اور صدارتی انتخابات میں بھی وہ ایسے امیدواروں کو برداشت نہیں کریں گے جو ان کے مفادات کے لیے خطرہ ثابت ہوسکتے ہیں۔ لیکن اس امر کا خطرہ بھی موجود رہے گا کہ لوگ ووٹ نہ دینے کے عمل میں بھی اس طرز عمل کی

مخالفت کریں گے اور یوں الیکشن کسی ایک امیدوار کے متعلق فیصلہ کرنے کی بجائے خود اسلامی جمہوریہ کے متعلق رائے دینے کا ذریعہ بن جائیں گے۔ اس وقت بھی یہ انتخابات لوگوں کو اجتماعی موڈ جانچنے کا خاص معتبر ذریعہ ہیں۔

ایران میں شفاف سیاست کی طرف سفر کا رجحان بھی موجود ہے۔ ایرانی سیاسی عمل میں طاقتور اور مقتدرہ شخصیتوں کے ساتھ تعلق کی نمائش خاصا عام عمل ہے۔ سیاسی عمل پر ہونے والی بحث کے سبب بھی انتخابی سیاست میں لوگوں کی دلچسپی برقرار ہے۔ عوامی بحث مباحثے کا یہ عمل بجائے خود زیادہ شفافیت کی تحریک ہے۔ اخبارات میں تمام تر پابندیوں کے باوجود سیاست میں مذہب کے کردار، اسلام کی مختلف تعبیروں، اسلامی عدل، انفرادی حقوق کے احترام، ریاستی قوت کی تحدید اور آزادیٔ اظہار پر اکثر بحث ہوتی ہے اور یہ جمہوریت کی طرف ایرانی جھکاؤ کا اہم حصہ ہے۔ آئین میں دی گئی بنیادی آزادیوں اور حقوق پر ہونے والی بحث نے بھی لوگوں کو خاصا شعور دیا ہے اور وہ ان حقوق اور ضمانتوں کے اطلاق کا مطالبہ کرنے لگے ہیں۔

خاتمی کے منتخب ہونے کے نتیجے میں ایران میں ایک اہم تبدیلی کا آغاز ہوا ہے۔ لوگ محسوس کرنے لگے ہیں کہ ریاست اور معاشرت میں موجود کشاکش کو سیاست کی بنیاد نہیں بننا چاہیے اور اس ادارے کو آمرانہ ترغیب کی بجائے جمہوری مزاج اختیار کرنا چاہیے۔ بیشتر سیاسی آمروں اور قوتوں کے درمیان اتفاق رائے وجود میں آچکا ہے کہ ریاست اور معاشرت کے درمیان تعلقات کی تشکیل نو کے لیے جمہوری عمل ہی بہترین بنیاد ہے۔ ایرانی اصلاح پسندوں کا ایک معروف نظریہ ساز سعید حجریاں جمہوریت کی طرف بڑھنے کے اس عمل کو بیان کرتے ہوئے کہتا ہے کہ یہ نیچے سے دباؤ اور اوپر والوں کے ساتھ سودا کاری کا عمل ہے۔

تاہم اس طرح کا نتیجہ اخذ کرنا غلط فہمی کا سبب بھی بن سکتا ہے۔ جمہوریت عملی طور پر لوگوں کی شراکت کا نام ہے اور تعریف کی رو سے عوامی قوتوں کا رخ پہلے سے متعین نہیں کیا جا سکتا۔ ایرانی تناظر میں یہ بات یاد رکھنا ضروری ہے کہ محدود بالائی طبقے کے مابین مسابقت کا تصور شروع میں ہی رکاوٹ سے دوچار ہو گیا تھا۔ بالائی طبقے کے ایک حصے کو اس طبقے میں مناسب معاونت نہ ملی تو وہ لوگ حمایت کے لیے باہر دیکھنے لگے تھے۔ ایرانی معاشرت میں پہلے سے موجود جمہوری اسلامی فکر کی ایک لہر نے اس عمل کو معاونت دی۔ اسلامی جمہوریت کا حامل یہ طبقہ معاشرے میں پہلے سے موجود تھا لیکن مذہبی مقتدرہ کے معاملے میں تنظیمی کمزوری کا شکار تھا۔ عامتہ الناس کی حمایت میسر آنے پر اس مکتب فکر کو نہ صرف منظر عام پر آنے کا موقع ملا بلکہ اسے آمریت کے خاتمے اور معاشرتی اور سیاسی جمود اور تعطل کے خاتمے کا ذریعہ بھی سمجھا جانے لگا۔ نتیجتاً ایک ایسے خطے میں محدود اور منظم سیاسی کھیل کی تحریک شروع ہوئی جس کے متعلق پیشنگوئی نہیں کی جا سکتی۔ یہاں اصل مسئلہ یہ نہیں جمہوریت کے لیے جدوجہد کی حقیقت کیا ہے، کیوں کہ اسے تو ایک موثر اقلیت کی اندھی مخالفت کا سامنا ہے۔ اصل مسئلہ اس جدوجہد کے متلاطم مضمرات کا ہے۔ ایران میں تیزی سے وقوع پذیر ہوتے واقعات کے پیش نظر اس ذیل میں بہت کچھ کہا جا سکتا ہے۔ یہی واقعات طے کریں گے کہ بیس سال پہلے آنے والے ایرانی اسلامی انقلاب کے متعلق کس طرح کا فیصلہ دیا جا سکتا ہے۔

[بشکریہ 'اسلامی ریاست: جواز کی تلاش'، مرتبہ شاہرام اکبرزادے، عبداللہ سعید]

اسلام کی نئی اٹھان اور بنگلہ دیش میں سیاسی جواز خیزی

تاج آئی ہاشمی

ترجمہ: محمد ارشد رازی

۱۹۷۱ء میں بنگلہ دیش بنگالی قومیت کے نام پر بنا۔ یہ وقوعہ ۱۹۴۷ء سے ۱۹۷۱ء تک کے اسلامی آئیڈیالوجی کی بنیاد پر چلے آنے والے پاکستانی دورانیے کا خاتمہ تھا۔ بعض ماہرین نے قرار دیا کہ بنگلہ دیش کی تخلیق نے دوقومی نظریے کو بے جواز کر دیا ہے جس کی بنیاد پر برصغیر ہندوستان کو انڈیا اور پاکستان میں تقسیم کیا گیا تھا۔ وجود میں آنے کے فوراً بعد بنگلہ دیش نے چوشاخہ ریاستی آئیڈیالوجی اپنائی جسے قومیت، جمہوریت، سوشلزم اور سیکولرزم پر مشتمل قرار دیا جا سکتا ہے، تاہم ریاست کو وجود میں آئے زیادہ دیر نہیں گزری تھی کہ ملک میں اسلام ایک بار پھر سماجی اور سیاسی ہر دو طرح سے ایک اہم عامل کے طور پر سامنے آیا۔ ۱۹۷۲ء سے ۱۹۷۵ء تک شیخ مجیب الرحمٰن کی ڈانواڈول جمہوریت چلتی رہی جس نے ساتھ ساتھ ریاستی اصولوں کے طور پر سیکولرزم، سوشلزم اور نیشنلزم کو بھی اپنائے رکھا۔ لیکن اگست ۱۹۷۵ء میں ایک فوجی انقلاب کے نتیجے میں ان کی حکومت الٹی اور وہ قتل ہوئے۔ اب سیکولرزم اور سوشلزم کی قیمت پر اسلام کو ریاستی آئیڈیالوجی میں شامل کیا گیا۔ ۱۹۷۵ء میں جنرل ضیاء الرحمان نئے حکمران بنے۔ انھوں نے سیکولرزم بنگالی قومیت کی جگہ بنگلہ دیشی قومیت کو متعارف کروایا۔ یہاں کہا جا سکتا ہے کہ 'بنگلہ دیشی' میں مختلف غیر بنگالی اقلیتوں کو بھی شامل کیا گیا تھا لیکن یہ حقیقت بھی اپنی جگہ ہے کہ اس اصطلاح کا اصل مقصد مسلم تشخص کو نمایاں کرنا تھا۔ اس کی مدد سے بنگالیوں کی مسلم اکثریت کو ہندوستان کے مغربی بنگال میں بسنے والی ہندو اکثریت سے متمیز و متشخص کیا گیا۔

یہ بات غور طلب ہے کہ زیادہ تر بنگلہ دیشی مسلمان تشخص کے شدید بحران کا شکار ہیں۔ وہ حتمی طور پر فیصلہ نہیں کر پاتے کہ ان کی وفاداری پہلے اسلام کے ساتھ ہے یا بنگلہ دیش کے ساتھ۔ ۱۹۷۵ء میں سوشلسٹ سیکولر بنگالی نیشنلسٹ مجیب حکومت ناکام ہوئی تو اس کے جانشین کو اپنی حکومت کے جواز کے طور پر اسلام کی اہمیت کا احساس ہوا۔ نتیجتاً ریاستی ہیئت کی تیز رفتار اسلامائزیشن کا آغاز ہوا۔ جب اسلام کو اس طور ریاستی سرپرستی میسر آتی

ہے تو صورت حال سِول اور فوجی امراشاہی کی عکاسی ہو جاتی ہے جو سیاسی جواز خیزی کی کوشش میں ہوتی ہے۔ مجیب کی جانشین نے فلاحی ریاست یا معہودہ سوشلسٹ یوٹوپیا کی ناکامی کے بعد اسلام اختیار کرلیا۔

بنگلہ دیشی مسلمانوں میں اسلام کو کئی طرح سے ماننے والے لوگ شامل ہیں۔ فلاحی ریاست کے قیام کے بعد انھوں نے بطور متبادل اسلام کو اپنایا تو وابستگی کے ان مختلف اطوار کے باعث فرار پسند، جبریے، تطہیر پسند (Puritan) اور عسکریت پسند وجود میں آئے۔ ان متغیرات کی بنگلہ دیشی تناظر میں تفہیم کے لیے یہ علم ہونا ضروری ہے کہ بنگلہ دیش میں ساٹھ کے عشرے سے چلی آنے والی علیحدگی کی تحریک کے رہنماؤں نے لوگوں سے کس طرح کے وعدے کیے ان کی ضروریات کیا ہیں۔ اگر ہمیں یہ پتہ چل جائے کہ لبرل ڈیموکریٹ، سوشلسٹ سیکولر اور (بنگالی اور بنگلہ دیشی دونوں) نیشنلسٹ رہنماؤں کے وعدوں اور آزادی کے بعد سے لوگوں کے لیے اس کی برکات میں کتنا فرق ہے تو ہمیں بنگلہ دیشی مسئلے کے حل کی کلید مل جاتی ہے۔

یہ باب بنگلہ دیش میں اسلام کے از سرنو اٹھنے کا ایک مطالعہ ہے جس میں مقامی اور خارجی عوامل کی کھوج لگا کر اسے سماجی اور سیاسی قوت کے طور پر دیکھا جائے گا۔ اپنے اس مطالعے میں ہمیں ریاست، اسلام اور علما کے تعلق کو تاریخی تناظر میں دیکھنا ہوگا تا کہ اس میں آنے والی بتدریج تبدیلی کو سمجھا جاسکے۔ اس مطالعے کی صورت میں سامنے آتا ہے کہ ریاست اور آبادی کا ایک بڑا حصہ دونوں اسلام کو سیاسی مقاصد کے لیے استعمال کرتے رہے۔ اگر چہ سیکولرزم، جمہوریت اور ملکی آزادی سیاسی اکھاڑے کے اہم مسائل ہیں لیکن بنگلہ دیش میں اسلام کے سیاسی اور ثقافتی پہلوؤں کو نظر انداز نہیں کیا جاسکتا۔ قوم پرستوں کے مختلف گروپ، سیاسی وغیر سیاسی تنظیموں کے نمائندہ عالم اور حتیٰ کہ مسلح افواج کے اراکین بھی وقتاً فوقتاً اسلامی مقاصد کی علمبرداری کرتے رہتے ہیں۔ ان میں سے کچھ واضح طور پر ملک کو مبنی بر شریعت ریاست بنانے کا مطالبہ کرتے ہیں، جب کہ بعض اسلام کی علمبرداری میں لبرل، جمہوری اور سیکولر اداروں کی مخالفت پر اکتفا کر لیتے ہیں۔

چونکہ بنگلہ دیش (انڈونیشیا اور پاکستان کے بعد) دنیا میں تیسرا بڑا مسلم ملک ہے، چنانچہ یہ مفروضہ عین فطری ہوگا کہ اس کے سیاسی وثقافتی تغیرات میں اسلام اہم کردار ادا کرے گا، اور خاص طور پر جب یہاں کی نوے فیصد آبادی مسلمان ہے اور اس سے بھی اہم بات یہ کہ بنگلہ دیش دنیا کی غریب ترین اور پسماندہ ترین آبادیوں میں سے ایک ہے۔ اگر عوامی غربت ناخواندگی اور دولت کی غیر مساوی تقسیم کا کوئی بھی انتہائی تعلق نئی اسلامی اٹھان اور عسکریت سے ہوسکتا ہے تو پھر بنگلہ دیش اس رویے کے لیے نہایت زرخیز زمین ہے جسے غلط طور پر اسلامی بنیاد پرستی کہہ دیا جاتا ہے۔ عوامی لیگ، جس نے مشرقی پاکستان کے لیے زیادہ خودمختاری کی جدوجہد اور پھر بالآخر بنگلہ دیش کی آزادی میں کامیابی حاصل کی، اپنے بنگلہ دیش نیشنلسٹ پارٹی (BNP) اور جماعت اسلامی جیسے بڑے سیاسی مخالفین کو بنیاد پرست کہتی چلی آرہی ہے۔ اکتوبر ۲۰۰۱ء کے پارلیمانی انتخابات میں بری طرح ناکامی کے بعد عوامی لیگ نے اپنے اس طرح کے نعرے شدید کردیے۔ تاہم اپنی تمام غربت، پسماندگی اور غالب اسلامی سماجی اخلاقیات کے باوجود اپنی سیاست اور تمدن میں بنگلہ دیش کو اور افغانستان، ایران، سعودی عرب یا حتیٰ کہ

پاکستان بھی قرار نہیں دیا جاسکتا۔ دنیا میں دیگر جگہوں پر چلنے والی اسلامی تحریکوں کے ساتھ مشابہتیں اپنی جگہ لیکن بنگلہ دیشی تحریکیں کئی طرح سے مختلف و منفرد بھی ہیں۔

بنگلہ دیش میں اسلامی تاریخ کی ماہیت

بنگلہ دیش میں اسلامی تحریک کی ایک اور جہت بھی ہے۔ یہ تحریکیں بنیادی طور پر دیہی علاقوں کی تحریکیں ہیں اور کاشتکار تمدن اور رویے کی عکاس ہیں۔ بنگلہ دیش غالب طور پر ایک زرعی ملک ہے۔ اس کی ۸۰ فیصد سے زائد آبادی دیہات میں رہتی ہے۔ یہ کاشتکار زیادہ تر انتہائی غریب ہیں اور بنیادی طور پر کاشتکاری کے انتہائی پسماندہ طریقوں پر انحصار کرتے ہیں۔ ذرائع پیداوار تک ان کی رسائی نامکمل ہے۔ بیشتر صورتوں میں انھیں قوت، دورانیے کے تحفظ اور گزارے کے دیگر ذرائع و روزگار تک رسائی حاصل نہیں۔ بنگالی کاشتکاری روایتی اور اسی لیے خود مکتفی نہیں تو جبریت پسند اور مذہبی ضرور ہے۔ فطرت میں شامل کسی مذہب کے باعث وہ اپنی شناخت کے لیے اس کا سہارا لیتا ہے۔ دیہی سیاسی رویہ اور تمدن بھی مذہب سے خالی نہیں۔ ان کی روزمرہ کی سرگرمیاں، بشمول سیاست، ان کی 'اخلاقی اقتصادیات' سے تحریک پاتی ہیں جو بجائے خود ان کے مذہبی نظام عقائد پر مبنی ہے۔ نتیجتاً کسانوں میں مذہب کے نام پر متشددانہ حرکات اور انتشاری حرکات کا رجحان ملتا ہے، جنھیں 'قبل جدید' کی 'قبل سیاسی سرگرمیوں' کا نام دیا جاتا ہے۔ اگر وہ کاشتکار طبقہ مسلمان ہو تو انھیں پر اسلامی عسکریت، متشدد اور بنیاد پرستی کا لیبل چسپاں کر دیا جاتا ہے۔ چنانچہ بنگلہ دیشی معاشرے اور سیاست میں اسلام کو سمجھنے کے لیے 'کاشتکار عامل' کو نظر انداز نہیں کیا جاسکتا۔

ریڈ فیلڈ نے کاشتکاروں کے اسلام کو روایات صغیر (Little Tradition) کا نام دیا تھا۔ یہ بنگلہ دیش میں اسلام کے مرکزی دھارے کے نمائندہ ہیں۔ شہری مسلم بالائی طبقہ اور ان کے دیہی ہم مقام اسلام کی روایات کبیر کے نمائندہ ہیں اور انھیں ملک میں اسلام کے محافظ اور سرپرست قرار دیا جاسکتا ہے۔ یہ امر خاصی دلچسپی کا باعث ہوگا کہ نہ صرف بنگلہ دیش کی روایات صغیر دنیا میں کسی بھی اور جگہ اپنی ہم مقام روایات سے مختلف ہیں بلکہ رویات کبیر بھی منفرد و متشخص ہیں۔ ان دو روایات کے ملاپ نے ایک طرح کی موافقیت کو جنم دیا اور یہی اسلام بنگلہ دیش میں غالب ہے۔ اپنی سر دھڑ کی بازی لگانے کے باوجود وہابی، فرائضی اور دیگر اسلامی تطہیر پسند انیسویں صدی کے اوائل سے لے کر اب تک اس معاشرے پر کوئی قابل ذکر اثر مرتب نہیں کر سکے۔ اگرچہ مسلمانوں کے انتہائی قدامت پسند حصے روایات کبیر کے ساتھ وابستگی کا دعویٰ کرتے ہیں لیکن ان کی ساخت میں بھی توفیقی قواعد و رسوم موجود ہیں۔ یہ بالکل اسی طرح کا عمل ہے، جیسے ان کے نظریاتی اجداد عرب، وسط ایشیا، ایران اور شمال مغربی ہندوستان اور بنگال کی روایات صغیر سے دامن نہ بچا پائے تھے۔

اسلام کے دعویدار کون ہیں؟

اسلام کی دعویداری دو جماعتوں کو ہے۔ ان میں سے ایک ۱۹۷۵ء کے بعد سے یہ کام حکومت کی طرف سے کر رہی ہے اور دوسری جماعت مختلف اسلامی گروپوں، سیاسی جماعتوں اور افراد پر مشتمل ہے جن میں حکومت کے حمایتی اور مخالف دونوں شامل ہیں۔ موخرالذکر گروپوں، جماعتوں اور افراد کی تقسیم کچھ اس طرح کی جاسکتی ہے:

(۱) مقدر پرست/فراریت پسند (۲) صوفی/پیر (۳) عسکریت پسند مسلم (بنیاد پرست) اور (۴) 'اینگلو محمڈن' (نتائجیت پسند/موقع پرست)۔ مقدر پرست/فراریت پسند گروپوں میں غریب، بے روزگار اور کم آمدن کے ایسے ہی دیگر طبقے شامل ہیں۔ ان کا نقطہ نظر اور فلسفہ اگلے جہان پر بہت کچھ انحصار کرتا ہے۔ ان کا تعلق اکثر تبلیغی جماعت سے ہوتا ہے۔ بہت نچلے طبقے میں جڑوں کی حامل اس جماعت کا آغاز پچھلی صدی کے بیس کے عشرے میں شمالی ہندوستان سے ہوا اور اس کے کروڑوں وابستگان بنگلہ دیش میں موجود ہیں۔ جماعت اسلامی اور دیگر گروپوں کی اصلاحی اکثریت کے برعکس تبلیغی جماعت امن پسند، تطہیری، مشنری تحریک ہے۔ ہر سرما میں ان کا بہت بڑا اجلاس ڈھاکہ کے نزدیک تنگی کے علاقے میں ہوتا ہے۔ بنگلہ دیش اور دیگر ممالک سے لاکھوں مسلمان اس میں شریک ہوتے ہیں۔ صوفی اور پیر متصوفانہ اسلام کی پیروی کرتے ہیں۔ ان کا تعلق کئی ایک صوفیانہ سلسلوں یا طریقوں سے ہے اور بالخصوص کسانوں میں ان کے وابستگان کی بڑی تعداد موجود ہے۔ اپنے مریدین پر ان کا اثر ورسوخ بہت زیادہ ہے۔ چونکہ بہت سے سیاست دان ان کے مرید ہیں، چنانچہ یہ سیاست پر اثرانداز ہوسکتے ہیں۔ جنرل ارشاد بھی مریدین میں شامل تھا۔ اگرچہ صوفی بالعموم جماعت اسلامی اور تبلیغی تحریک کے خلاف ہیں لیکن کچھ جماعتی اور تبلیغی حضرات پیرون کی تعظیم بھی کرتے ہیں۔ اگرچہ جماعت اسلامی سمیت عسکری اصلاح پسند اسلامی ریاست کے حمایتی ہیں اور اسے بنگلہ دیش کے موجودہ نظام حکومت کا متبادل سمجھتے ہیں لیکن مغرب پسند مسلمان یعنی اینگلو محمڈن دنیاوی مفادات کے لیے اسلامی اور مغربی روایات، اقدار کی تالیف کے قائل ہیں۔ ان لوگوں میں اہل ایمان متشکک اور حتیٰ کہ دہریے بھی شامل ہیں لیکن سیاسی جواز خیزی اور سب سے بڑھ کر یہ کہ سماجی قبولیت اور قوت کے لیے اکثر نظریات کے مابین ڈولتے، ڈگمگاتے پائے گئے ہیں۔ یہ اسلام کی ایسی شکل کو فروغ دیتے ہیں جو واضح طور پر انڈیا مخالف اور ہندو مخالف ہے۔ یہ پاکستان کے حکمران طبقے سے مشابہ ہیں جو آزادی کے بعد سے فرقہ وارانہ، انڈیا مخالف/ ہندو مخالف اسلام کو اپنی جواز خیزی میں برت رہا ہے۔ قابل ذکر بات یہ ہے کہ اس گروپ کے لیے اپنی وفاداری تبدیلی کرنا بہت آسان ہے۔ مثال کے طور پر ایک تبلیغی جماعت اسلامی میں جاسکتا ہے (جس طرح جماعت کے رہنما غلام اعظم نے کیا) اور ایک اینگلو محمڈن کسی دن تبلیغی ہوسکتا ہے۔

تاہم اپنے باہمی اختلافات اور معاندت کے باوجود ان گروپوں میں کچھ باتیں مشترکہ ہیں۔ یہ اشتراک بالخصوص قدامت پسند علما/ پیروں اور جماعت اسلامی میں دیکھنے کو ملتا ہے۔ سوائے اینگلو محمڈن کے یہ لوگ عورتوں کی آزادی، مغربی ضابطہ کار (بشمول لباس اور تمدن) قوانین اور اخلاقیات کی مخالفت کرتے ہیں اور اسلامی قانون یعنی شریعت کے نفاذ کے حمایتی ہیں۔ چار گروپوں میں اہم ترین پہلو پاکستان اور ہندوستان کے حوالے سے نقطہ نظر ہے۔ یہ سب بالاستثنا انڈیا کے خلاف اور پاکستان کے حامی ہیں۔ یہاں یہ ذکر کرنا بھی ضروری ہے کہ انتہائی

قدامت پسند نصاب کے حامل سینکڑوں دینی مدرسوں کے روح رواں وہابی جماعت اسلامی اور اس کے بانی مولانا مودودی کے بھی سخت خلاف ہیں۔ پاکستان اور افغانستان میں اس طرح کے مدرسوں کو قومی مدرسے کہا جاتا ہے اور طالبان انھی کی پیداوار تھے، لیکن نظریاتی بنیادوں پر طالبان کی حمایت کرنے والے بنگلہ دیشی گروپ بھی پاکستان کے خلاف ہیں۔ تاہم پاکستان کی طرح، اسلام اور دیگر قوتوں کی تقطیب کی صورت میں، یہ سب گروپ مشترکہ دشمنوں کے خلاف متحد ہو سکتے ہیں۔ بالخصوص ۱۱ ستمبر، افغانستان کی جنگ اور مارچ / اپریل ۲۰۰۲ء میں فلسطینی علاقے میں اسرائیل کی دراندازی کے بعد اس طرح کے امکانات بڑھ گئے ہیں۔

تاریخی جائزہ

مسلمان کاشتکار اور اقتصادی محرومی کے شکار دوسرے لوگ ہندو زمیندار، متوسط طبقے اور تاجروں کے چنگل سے بچ نکلنے کے لیے پاکستان کی تحریک میں شامل ہوئے تھے۔ بعدازاں جب ان دشمنوں کی جگہ نسبتاً کمزور / نئے پھوٹتے مسلم متوسط طبقے اور نسبتاً امیر کاشتکار نے لی تو نتائج وعواقب کے نتیجے میں بنگالی مسلم کے کسان یوٹوپیا نے جنم لیا۔ غالب غیر بنگالی مسلمان بالائی طبقے کو ہٹانے کے بعد بنگلہ دیش وجود میں آیا۔ لیکن اس کے باوجود برصغیر کے مسلمانوں اور ہندوؤں کے درمیان موجود خط تقسیم ختم نہ ہوا۔ بنگلہ دیش کی تخلیق نے بانیان پاکستان کے دوقومی نظریے کو ختم نہیں کیا۔ اس حوالے سے معروف ہندوستانی صحافی بیسنٹ چٹر جی نے یوں استدلال کیا ہے:

> یوں ان منافقوں سے یہ پوچھے کہ دوقومی نظریے کی تباہی کے بعد ان کے پاس بنگلہ دیش کے الگ وجود کی کوئی ایک بھی معقول دلیل موجود ہے۔ اگر یہ نظریہ واقعی ختم ہو چکا ہے اور ان کا دعویٰ درست ہے تو پھر، جیسا کہ بنگلہ دیشی ہندوؤں کا نقطہ نظر ہے، بنگلہ دیش کو ہندوستانی بنگال کے ساتھ دوبارہ مل جانا چاہیے تھا کیوں کہ لوگ جانتے ہیں کہ اگر پاکستان نہ بنا ہوتا تو اب بنگلہ دیش بھی وجود میں نہ آیا ہوتا۔

چٹر جی مزید دلیل دیتا ہے کہ ملک میں ہندو مخالف جذبات کی تقویب کے باعث بنگلہ دیشی ہندو ہندوستان منتقل رہے ہیں اور نتیجتاً بنگلہ دیش بجائے خود مسلم بنگال بن جاتا ہے۔ لگتا ہے کہ برطانوی نوآبادیات کے زمانے سے چلا آنے والا ہندو فوبیا بنگلہ دیش بن جانے کے بعد اور پاکستان کے دورانیے میں انڈوفوبیا بنا اور ایک عام بنگلہ دیشی مسلمان کی نفسیات میں اب تک چلا آ رہا ہے۔ ملک کے اسلامائزیشن کے عمل کو سمجھنے کے لیے کسان عامل کو سمجھنا جتنا ضروری ہے، اتنی ہی ضرورت انڈیا عامل کو سمجھنے کی بھی ہے۔ اسی طرح اس معاشرے پر غالب پیٹی بورژوا اور لمپن ثقافت کو سمجھنا ضروری ہے۔ اپنے انتشاری اور بھڑک اٹھنے والے رویے میں یہ کسانوں سے بڑھ کر نہیں تو ان کے برابر ضرور ہیں۔

انیسویں صدی کے اوائل سے مختلف اسلامی تحریکوں کو حاصل بنگالی کسان معاونت نہ صرف کسان کمیونٹی کے متشدد قبل سیاسی اور ناوابستہ پہلوؤں کو بیان کرتی ہے بلکہ یہ بھی پتہ چلتا ہے کہ یہ لوگ اسلام یا کسی دیگر نظریے

کے نام پر لوگوں کو ابھارنے والے رہنماؤں کے ہاتھوں کس طرح استعمال ہوتے رہے ہیں دیکھنے کی بات یہ ہے کہ انیسویں صدی کے اوائل میں مسلم اصلاحی، عسکری، وہابی اور فرائضی تحریک کے بانیان کے ہاتھوں سیاسی طور پر متحرک ہونے سے پہلے مشرقی بنگالی کاشتکار اور قبائلی ازمنہ وسطیٰ کے اواخر کے جنگجو صوفیا کے زیر اثر آچکے تھے۔ جنگجو صوفیوں نے یہاں کی آبادی کو بڑی تیزی سے مسلمان کیا اور یہاں کے قبائل لوگوں کو بھی کاشتکاری کی طرف مائل کیا۔ جنگلوں کو صاف کروانے اور انھیں کاشتکاری کے لیے زیر استعمال لانے میں بھی ان صوفیا کا بڑا ہاتھ ہے۔ یہاں کے قبائلی باسی کاشتگار اور اس سے وابستہ طرز حیات سے واقف نہ تھے۔ انھوں نے نیا مذہب اسلام ہی متعارف نہ کروایا بلکہ زراعت کے نئے آلات اور ٹیکنالوجی بھی دی۔ اس علاقے میں ہل انھی کے بدولت آیا۔ علاوہ ازیں انھوں نے مشرق کی طرف راستے بدلتے دریاؤں کو حدود میں رکھنے کے ابتدائی طریقے میں بھی مقامی آبادی کو سکھائے۔

وہابی اور فرائضی رہنماؤں میں سے مولانا کرامت علی جونپوری (۱۸۰۰۔۱۸۷۳ء) بالخصوص قابل ذکر ہیں۔ اس سابقہ وہابی اور پھر 'وفادار' ہوجانے والے اسلامی مصلح نے تالیفی مذہب کے پیروکار بنگالی مسلمانوں اور بالخصوص کاشتکاروں کو شریعت پر مبنی قدامت پسند اور تطہیری اسلام سے ہمکنار کیا۔ وہابی اور فرائضی رہنماؤں نے عام بنگالی مسلمانوں کو نہ صرف برطانوی آبادکاروں کے خلاف ابھارا بلکہ انھیں مقامی استحصالی طبقوں مثلاً (ہندو) زمینداروں، بھدر لوگ اور مہاجنوں کے خلاف بھی منظم کیا۔ متحرک کرنے کے اس عمل کا آغاز لوگوں کی اسلامائزیشن سے ہوا۔ ۱۸۵۷۔۵۸ء کی ہندوستانی بغاوت ناکام ہوجانے کے بعد کرامت علی جونپوری اور ان کے سینکڑوں پیروکاروں نے نتائجی فلسفے کے زیر اثر برطانوی وفاداری اختیار کی۔ انھوں نے نہ صرف بنگالی مسلمانوں کو اسلام سے متعلق ہونے کا احساس دیا بلکہ برصغیر میں دیگر جگہوں پر بسنے والے مسلمانوں کے ساتھ وابستہ کر دیا۔ انیسویں صدی کے بنگال میں طاقتور جدید مسلم قیادت موجود نہیں تھی۔ چنانچہ علما سیاست اور مذہب دونوں رہنما کے طور پر سامنے آئے۔ ہندوؤں میں احیا کی تحریکیں چلیں جن کا رویہ مسلم مخالف بھی تھا۔ انیسویں اور بیسویں صدی کے بالائی اور متوسط طبقے کا ہندو سماج، اقتصادی اور سیاسی ہر طرح سے مسلمان کے محاصرے کی قیمت پر اپنا وجود مستحکم کرنا چاہتا تھا۔ اس رویے بھی بنگالی مسلمانوں پر، عالموں اور ان کے سرپرستوں یعنی اشراف کہلانے والے اریسٹوکریٹوں اور بالائی طبقے کی گرفت مضبوط کردی۔ برطانوی حکومت نے بنگالی مسلمانوں کے مفاد میں قانون سازی کے کچھ اقدام کیے جن کی ایک مثال ۱۸۸۵ء کا بنگال قانون لگان داری (Bengal Tenancy Act) ہے۔ ہندوؤں نے اس طرح کی ہر کوشش کی راہ میں روڑے اٹکائے۔ انھیں مفت دیہی پرائمری تعلیم کے بل اور مسلم اکثریت کے مشرقی بنگال میں ڈھاکہ یونیورسٹی کے قیام پر بھی اعتراض تھا۔ یوں مسلم رہنماؤں کا مخاصمانہ رویہ بھی شدید تر ہوتا چلا گیا۔

۱۹۱۹ء میں بنگالی سیاست کے اکھاڑے میں علما دوبارہ نمودار ہوئے۔ تب یہ لوگ برطانیہ مخالف تحریک خلافت کی رہنمائی کر رہے تھے۔ ۱۹۴۷ء میں تقسیم تک اسلام اور علما نے بنگالیوں کو سیاسی طور پر متحرک رکھا۔

مسلمان قیادت کے تین اجزائے ترکیبی اشراف، علما اور جوٹے دار تھے۔ بالترتیب مسلم اشرافیہ، مذہبی مقتدرہ اور امیر زمینداروں اور کاشتکاروں کے نمائندہ ان مسلمانوں نے غالب ہندو زمیندار۔ بھدرلوگ۔ مہاجن تثلیث کے خلاف بنگالی مسلمان کو قیادت مہیا کی۔ الگ مسلم تشخص کے نام پر جاری رہنے والی اس تحریک کے نتیجے میں مشرقی بنگال ۱۹۴۷ء میں پاکستان کا مشرقی بازو بن گیا۔ بنگالی مسلمانوں میں مسلم کمیونٹی کی بنیاد پر اتحاد کے جذبے نے طبقاتی اتحاد کا متبادل مہیا کیا۔ ثابت ہوا کہ اگر یہ صورت حال پیدا ہوجائے تو مذہب اور نسلیں طبقاتی فرق سے زیادہ اہم اور طاقتور ہوجاتے ہیں۔

اسلامی وحدت اور الگ مسلم تشخص کا راگ پاکستان کے حکمران طبقے نے اپنایا اور ۱۹۴۷ء سے ۱۹۷۱ء تک اسے مسلسل الاپتا رہا۔ اس کے باوجود مشرقی بنگال کے مسلمانوں کی ایک بھاری اکثریت نے خود کو اس طرح کے فرقہ وارانہ اسلام سے الگ کرلیا۔ ۱۹۴۷ء کی تقسیم کے فوراً بعد وہ اپنے بنگالی تشخص کے لیے مذہبی کی بجائے سیکولر اداروں پر بھروسہ کرنے لگے۔ اسلامی (پاکستانی) اور سیکولر (بنگالی) تشخص کے درمیان یہ مخاصمت بالآخر بنگلہ دیش کی تخلیق پر منتج ہوئی۔ یہ امر مذکورہ بالا زمیندار۔ بھدرلوگ۔ مہاجن تثلیث کے ہندوستان چلے جانے اور مشرقی بنگال میں تقسیم کے بعد بچ جانے والے ہندو طبقے کے کمزور ہونے کے بعد وقوع پذیر ہوا۔ تقسیم کے فوراً بعد مشرقی بنگال کے مسلم بالائی طبقے پر القا ہوا کہ علیحدگی پسند مسلم رہنماؤں کا پاکستان کا یہ یوٹوپیا محض سراب ہے۔ جنوبی ایشیا کے مسلمانوں کی ارض موعود مشرقی بازو کے لیے ایک استحصالی فریب ثابت ہوا اور مغربی بازو نے اسے اپنی نوآبادی بنائے رکھا۔

اسلام، سیکولرزم اور بنگالی قومیت پرستی (۱۹۷۲-۷۵ء)

بنگالی قوم پرستی بلکہ زیادہ صحیح طور پر، مشرقی بنگالی قوم پرستی شیخ مجیب کی عوامی لیگ کے لیے رہنما اصول کے طور پر کام کرتی رہی۔ حتیٰ کہ اس نے بنگلہ دیش میں پہلی آزاد حکومت بنالی۔ جب ہندوستانی بنگالیوں کو عوامی تعریف کے مطابق بنگالی قومیت سے نکال دیا گیا تو عملاً اس امر کا اظہار کیا گیا کہ اس وقت کے مشرقی پاکستان کی مسلمان اکثریت بنگالی اقتصادی، سیاسی اور ثقافتی فرق کے باعث غالب اور استحصالی غیر بنگالی مغربی پاکستان سے علیحدگی چاہتے ہیں۔ یہاں بنگالی قوم پرستی کی تحریک کے رہنما ثقافت کو فقط لسانی اور بعض دیگر پہلوؤں کے فرق کے طور پر لے رہے تھے اور اس میں مذہب کو شامل نہیں کرتے تھے۔ ان کا مطلب تھا کہ وہ بنگالی تھے (اور ہیں) لیکن اس کے باوجود وہ مسلمان تھے (اور ہیں)۔ انھوں نے کبھی سیکولر/ سوشلسٹ بنگلہ دیش کا تصور نہ کیا اور نہ ہی اس مقصد کے لیے جدوجہد کی گئی۔ اگر ۱۹۷۱ء میں پاکستان کے حکمران طبقے نے اکثریتی جماعت عوامی لیگ کے رہنما شیخ مجیب کو پاکستان کا وزیراعظم مان لیا ہوتا تو بنگالی قوم پرستی نے قطعاً نئے معانی اختیار کرلیے ہوتے۔ تاہم بنگلہ دیش کی نئی قوم کے حکمرانوں نے کئی وجوہات کی بنا پر جن میں زیادہ تر سیاسی تھیں، چوشاخہ ریاستی آئیڈیالوجی اختیار کی یعنی بنگالی قومیت، سوشلزم، سیکولرزم اور جمہوریت۔ اسے ملا کر بنگالی جمہوری سوشلزم کا نام دیا گیا اور اکثر مجیب ازم

کے نام سے متعارف کرایا گیا۔

مجیب ازم غربت کے خاتمے اور امن و امان کی بحالیت میں بری طرح ناکام رہا اور ریاست میں اسلامیت کا مطالبہ فروغ پانے لگا۔ فلاحی ریاست کی ناکامی نے آبادی کے ایک بڑے حصے کو مجبور کر دیا کہ وہ سنگلاخ حقیقت سے فرار کے لیے یا پھر سنہرے بنگال کو بذریعہ تقویٰ حاصل کرنے کے لیے اسلام سے وابستگی اختیار کریں۔ تب تک بنگلہ دیش کی پچاس فیصد سے زیادہ آبادی خط غربت سے نیچے زندگی بسر کر رہی تھی۔ حالات زندگی میں کسی بھی طرح کی تبدیلی کے بغیر دنیا میں سرد جنگ کے بعد اٹھنے والی گلوبلائزیشن کی موج بھی اسلامیت کا جذبہ کم نہ کر سکی۔ نوے کے عشرے کے اوائل میں تیسری دنیا کے باسیوں کو پتہ چل گیا کہ آمریت اور لنگڑی لولی جمہوریت کے متبادل کے طور پر سوشلزم/کمیونزم متروک ہو چکا۔ اس کے بعد احیائے اسلام نے اچانک زور پکڑا جو حالیہ برسوں میں دہشت گردی پر منتج ہوا۔ ان دو عوامل نے بنگلہ دیش میں اسلامیت کو شدید تر کر دیا۔

۱۹۷۱ء میں آزادی کے بعد ملک کے مجموعی صورت حال لوگوں کی اکثریت کے لیے ناقابل برداشت تھی۔ اگرچہ انھیں پاکستانی فوج کے نو ماہ طویل اور دہشت گردی پر مشتمل تسلط سے نجات ملی لیکن آزادی کے ساتھ استحصال اور ابتلا کا خاتمہ نہ ہوا۔ آزادی کے اصلی اور جھوٹے مجاہدوں کے جتھے عوامی لیگ کی چھتر چھایا میں بدعنوانی ، اقربا پروری اور لاقانونیت پر کمر بستہ ہوئے۔ عوامی لیگ کے رہنما سوشلزم کے نام پر قومیائی گئی صنعتوں، بینکوں، انشورنس کمپنیوں اور سابقہ بہاری، اردو دانوں، گجراتیوں، اتر پردیشیوں اور دیگر غیر بنگالیوں کی متروکہ جائداد قبضانے اور سنبھالنے میں مصروف تھے۔ یوں بنگالی بحیثیت مجموعی جلد ہی بھوکے اور ناراض ہجوم میں بدل گئے جن پر اپنی قسمت کی خرابی عیاں ہو چکی تھی۔ ۱۹۷۴ء کے آتے آتے بنگلہ دیش ہنری کسنجر کا باسکٹ کیس بن چکا تھا۔ سیلابوں اور اس کے بعد پڑنے والے ۱۹۷۴ء کے قحط نے ہزاروں بنگلہ دیشی ہلاک کیے اور آبادی کا بیشتر حصہ مزید غریب ہو گیا۔ ستر کے عشرے کے وسط میں اشیائے صرف کی قیمتیں دس سے بیس گنا بڑھ گئیں۔ خوفناک افراط زر، بدعنوانی اور بنیادی ضروری اشیا کی عمومی قلت نے ایک عام بنگلہ دیشی کو انڈیا اور عوامی لیگ دونوں کے خلاف کر دیا۔

لوگ حصول آزادی کے خمار سے جاگے تو حزب اختلاف کی جماعتوں اور گروپوں کے حجم میں اضافہ ہوا جن میں بائیں بازو کی نیشنل سوشلسٹ پارٹی، (JSD) اور زیر زمین سرگرم سراج سکدر کی ماؤسٹ پارٹی بھی شامل تھی۔ حزب اختلاف میں سے ایک بڑی تعداد مولانا بھاشانی کے ساتھ مل گئی جو اسلامی سوشلزم کے علمبردار تھے۔ ان میں وہ لوگ بھی شامل تھے جو پاکستانی قابض افواج کے ساتھی رہے تھے۔ مولانا بھاشانی نے اس گروہ کو ساتھ لے کر عوامی لیگ اور ہندوستان کے خلاف ایک مہم کا آغاز کیا۔ بھاشانی کی مقبولیت اور وزیر اعظم مجیب کی مقبولیت میں آنے والی کمی نے مختلف اسلامی گروپوں کے لیے راہ ہموار کی۔ ۱۹۷۵ء میں قتل ہونے والے شیخ مجیب کا نقطۂ نظر اسلام کے بارے میں بہت پیچیدہ تھا۔ وہ ایک طرف قرار دیتے تھے کہ سیکولرزم کا مطلب مذہب کی عدم موجودگی نہیں۔ اس رو میں شیخ مجیب نے مدرسہ نظام تعلیم کو ریاستی سرپرستی فراہم کی۔ دوسری طرف وہ

مذہب کو ایک سایہ سمجھتے اور ایسی بدروح آسیب جو ماضی میں کبھی زندہ تھی اور جس سے نمٹنا دشوار تھا۔

اوائل ۱۹۷۵ء میں مجیب حکومت نے JSD اور ماؤسٹ پارٹی یعنی سیکولر اور بائیں بازو کے گروپوں کو کچل دیا۔ JSD کے رہنما ابھی جیل میں تھے کہ جنوری ۱۹۷۵ء میں سراج سکدر کو پولیس کی تحویل میں قتل کر دیا گیا۔ شیخ مجیب کے زیر قیادت یک جماعتی حکومت کا آغاز اونٹ کی کمر پر آخری تنکا ثابت ہوا۔ شیخ مجیب نے یہ حکومت بنگلہ دیش کسان مزدور عوامی لیگ (BAKSAL) کے نام سے بنائی تھی۔ اس کے نتیجے میں ایک ایسی حکومت قائم ہوئی جس میں تمام اعلیٰ افسران یونیورسٹی اساتذہ اور حتیٰ کہ افواج کے چیف اور ڈپٹی چیف کو بھی (BAKSAL) میں شامل ہونا پڑا۔ یوں جنوری ۱۹۷۵ء میں رہی سہی جمہوریت بھی قتل کر دی گئی اور دوسری طرف سیکولر اور اسلامی دونوں طرح کی سیاست کو زیرزمین جانا پڑا؛ لوگوں کے پاس یہی ایک چارہ تھا۔

اسلام اور بنگلہ دیشی قومیت پرستی (۱۹۷۵-۸۱ء)

اگست ۱۹۷۵ء میں BAKSAL حکومت کا تختہ الٹ دیا گیا۔ اپنی بہتر تیاری کے باعث اسلامی جماعتیں موقعہ سے فائدہ اٹھانے میں مختلف سیکولر اور بائیں بازو کی جماعتوں پر سبقت لے گئیں۔ اس کے بعد سے ملک کی فوجی اور سول دونوں طرح کی حکومتوں نے عسکریت کو محدود کرنے کے لیے اسلام کو پروان چڑھانا شروع کیا۔ ان میں منظم تر جماعت اسلامی بھی شامل تھی۔ جنرل ضیاء کی (۱۹۷۵ء سے ۱۹۸۱ء تک) کی حکومت نے اسلامی تشریق کی حامل سیاسی جماعتوں پر سے وہ پابندی اٹھالی جو ۱۹۷۱ء میں پاکستانی قابض افواج کے ساتھ تعاون کرنے پر مجیب حکومت نے لگائی تھی۔ ضیاء اور اس کے جانشینوں نے جواز خیزی اور عوامی لیگ کو قابو میں رکھنے کے لیے جماعت اور مسلم لیگ سمیت اسلام اور اسلامی جماعتوں کو فروغ دیا۔ ضیاء کو اپنے خیالات، پروگرام اور سب سے بڑھ کر یہ کہ اپنی حکومت کو مقبول بنانے میں خاصی تیز رفتار کامیابی ہوئی۔ لگتا تھا کہ اسلام اس کے لیے سودمند رہا ہے۔ ضیاء کو لگا کہ ملک ابھی سوشلزم اور سیکولرزم کے لیے تیار نہیں۔ عجب بات ہے کہ جو بات فوجی ضیاء نے بھانپ لی، وہ بات سیاست داں مجیب نہ سمجھ پائے تھے۔ ان کے زیادہ تر ساتھی نیم تعلیم یافتہ، سیاسی شورش پسند اور قصباتی چاپلوس تھے جنھیں حقائق کا دور کا ادراک بھی نہیں تھا۔ مزید برآں انھوں نے قومیائی گئی صنعت اور مالیاتی اداروں سے سوشلزم کے نام پر ہتھیائے گئے اثاثوں کو بھی ہاتھ سے چھوڑنا گوارا نہ کیا۔ عوامی لیگ کی ایک اجتماعی ناکامی یہ بھی تھی کہ وہ ریاستی سیاست میں سے اسلام کے نام کو خارج کرنے کے مضمرات کا ادراک بھی کر پائی۔ مثال کے طور پر مجیب حکومت نے ڈھاکہ یونیورسٹی کے ایمبلم قرآن کی ایک آیت (پڑھ اپنے رب کے نام سے) نکال کر وہاں (علم نور ہے) لکھوا دیا۔ اس طرح کی سطحی کوششیں کرنے اور غیر اسلامی ہونے کی بدنامی کمانے والی جماعت اسی طرح ناکام رہی جس طرح چالیس کی دہائی سے چلی آنے والی کمیونسٹ پارٹی کسانوں اور مزدوروں میں مقبولیت حاصل نہ کر پائی تھی۔ مزدوروں اور کسانوں سمیت بنگالی مسلمانوں کی اکثریت نے پوری دلجمعی کے ساتھ پاکستان کی علیحدگی پسند تحریک کا ساتھ دیا تھا۔ شیخ مجیب اور اس کے ضرورت سے زیادہ جوشیلے ساتھی قطعاً نہ جانتے تھے کہ مسلم اکثریت

کے بنگلہ دیش میں جہاں نجی ملکیت اور مذہب دونوں کو دل وجان سے چاہا جاتا تھا، سیکولرزم اور سوشلزم کا نفاذ کس طرح کریں۔ بنگلہ دیش کی جنگ آزادی کے دوران لوگوں کو کبھی ان اجنبی تصورات کی قبولیت کے لیے تیار نہ کیا گیا تھا، انھوں نے جنگ آزادی کے لیے لڑی تھی نہ کہ سوشلزم وسیکولرزم کے لیے۔

بعد کی حکومتوں نے ترقی کی رفتار برقرار رکھنے اور اپنے جواز کے لیے تیل کی دولت سے مالا مال مشرق وسطیٰ کی مسلم ریاستوں اور مغرب کی طرف رخ کیا۔ بالخصوص سعودی حکومت نے شیخ مجیب کے قتل اور اس کی حکومت کے ختم ہونے کے بعد بنگلہ دیش کو تسلیم کرلیا تھا۔ اس اثنا میں بنگلہ دیش نے سوشلزم اور سیکولرزم کو باقاعدہ مسترد کیا۔ ظاہر ہے کہ ۸۰ء کے عشرے کے شروع میں امریکہ اور مغرب کے لیے مغرب پسند اسلامی حکومتیں کمیونزم پسند سوشل جمہوریت کے مقابلے میں زیادہ قابل قبول تھیں۔ جنرل ضیاء نے آئین میں سے سوشلزم اور سیکولرزم کو نکالا اور اس میں سماجی انصاف اور خدائے مطلق پر مکمل یقین کو شامل کیا۔ علاوہ ازیں انھوں نے آئین کے آغاز میں عربی میں تسمیہ لکھوا دیا۔

اسلام، فوجی حکومت اور جواز خیزی

مئی ۱۹۸۱ء میں جنرل ضیاء ایک ناکام فوجی انقلاب میں مارے گئے۔ مارچ ۱۹۸۲ء میں آرمی چیف جنرل ارشاد نے بننے والی نئی منتخب حکومت کا تختہ الٹ دیا۔ انھیں جنرل ضیاء جیسی مقبولیت حاصل نہ تھی۔ وہ اپنی جنسی بے مہار سرگرمی اور بدعنوانی کے لیے بدنام تھے۔ نتیجتاً اپنی حکومت کو جواز دینے کے لیے انھوں نے ۱۹۸۸ء میں آئین میں ترمیم کی اور اسلام کو ریاستی مذہب کے طور پر متعارف کرایا۔ اس عمل میں انھیں اسلامی گروپوں کے ساتھ ساتھ سیکولر تنظیم بنگلہ دیش ٹیچر فیڈریشن کی حمایت بھی حیران کن طور پر حاصل تھی۔

کوئی یہ بھی کہہ سکتا ہے کہ ارشاد نے اسلامی کارڈ کھیل کر بنیاد پرست قوتوں اور اپنے سیکولر مخالفین کے خلاف بنگلہ دیش عوام سے براہ راست رابطہ کیا جو اسلام کی غیر روایتی شکل کے حامی انگریزی تعلیم یافتہ، ہندوستان مخالف اور اسلامی تشریق کے حامل رہنماؤں کو پسند کرنے لگے تھے۔ ارشاد نے اسلامی تعلیمات کے ساتھ مطابقت کا اظہار کرتے ہوئے زکوۃ فنڈ قائم کیا۔ انھوں نے جمعہ کو چھٹی قرار دی اور مسجدوں اور درگاہوں پر کثرت سے آنے جانے لگے۔ علاوہ ازیں وہ حج بیت اللہ کے لیے بھی گئے۔ ارشاد نے انڈیا کارڈ بڑے اچھے طریقے سے کھیلا۔ ۱۹۸۲ء میں ہندوستان کے ساتھ سفارتی تعلقات میں مشکلات پیش آنے کے بعد انھوں نے گنگا پر ہندوستان کے فرخہ برج کی تعمیر پر تلخ تنقید کرتے ہوئے بنگلہ دیشی عوام کو بتایا: ''آج کہا جا رہا ہے کہ اگر ہمیں فرخہ سے پانی نہیں ملتا تو بنگلہ دیش کے شمالی اور جنوبی حصے صحرا بن جائیں گے۔ میں ہر متعلقہ شخص کو یاد دلا دینا چاہتا ہوں کہ اسلام صحرا میں پیدا ہوا اور زندہ رہا۔ اسلام کو تباہ نہیں کیا جا سکا تھا۔''

ارشاد نے اتر شی، چار مونائی اور سار سینا سلسلے کے پیروں سے بھی دوستانہ تعلقات بنائے اور کچھ محمڈن رہنماؤں نے بھی انھیں ریاستی مذہب کے ایکٹ پر مبارک باد دی۔ لیکن جماعت اسلامی اور ایران کے حمایتی

مولانا محمد اللہ (حافظ جی حضور) نے انھیں اسلام کے ساتھ غیر مخلص قرار دیا۔ عوام میں اثر و رسوخ کے حامل اس مذہبی رہنما نے اسلام کو ریاستی مذہب قرار دینے کے متعلق ان کے نافذ کردہ ایکٹ کو ناکامی اور فریب قرار دیا۔ مزے کی بات یہ ہے کہ مسلم لیگی رہنما یعنی اینگلو محمڈن قاضی قادر کو لگا کہ اس ایکٹ کا مطلب خدا خوفی مسلمانوں کو دبانا ہے۔ انھوں نے مطالبہ کیا بنگلہ دیش کو اسلامی ریاست بنانے کا اعلان فی الفور کیا جائے۔ اگرچہ حقوق نسواں اور انسانی حقوق کے لیے کام کرنے والی کئی این جی اوز نے ریاستی مذہب کے ایکٹ کے نام پر شدید تنقید کی لیکن بنگالی مسلمانوں کی ایک بڑی اکثریت نے اسے قبول کرلیا۔ تا حال بعد میں آنے والی کسی حکومت نے اس میں ترمیم کا حوصلہ نہیں کیا۔ عورتوں کی دو تنظیموں 'ناری پکھیو' اور 'آ کیو بدھو ناری سماج' نے اس ایکٹ کے خلاف احتجاجی مظاہرے کیے۔ ان کی دلیل تھی کہ اس ایکٹ کے نتیجے میں آزاد کے لیے جدوجہد کی روح اور ملکی خود مختاری کو خطرہ لاحق ہوگیا ہے۔ تاہم مردوں کی ایک بڑی تعداد نے اس طرح کی ریلیاں نکالنے پر ان کی حوصلہ شکنی کی اور انھیں پردے کی پابندی کا مشورہ دیا۔ بنگلہ دیش کو اسلامی ریاست قرار دیے جانے کے امکان پر بہت سے مردوں کو خوشی بھی ہوئی کہ یوں انھیں روزگار کی مارکیٹ میں عورتوں سے مقابلے سے نجات مل گی۔

ریاستی مذہب کے ایکٹ کو نافذ ہوئے زیادہ دیر نہیں گزری تھی کہ لبرل ڈیموکریٹوں اور عورتوں کی تنظیموں نے ارشاد کی آمریت کے خلاف اور آزادی کی جنگ کی روح کی بحالی کیے مظاہرے شروع کردیے۔ بیرون ملک سے امداد پانے والی کئی این جی اوز ان مظاہروں کی معاونت کرنے لگیں۔ اس ایکٹ کو ختم کروانے میں ناکامی کے بعد ڈھاکہ یونیورسٹی کے ریٹائرڈ پروفیسر احمد شریف اور آزادی کے مجاہد ریٹائرڈ کرنل نور الزماں کی قیادت میں بائیں بازو کے دانشوروں نے ارشاد حکومت کے خلاف ہونے والے مظاہروں کا ساتھ دینے کا اعلان کیا۔ انھوں نے جنگ آزادی کی روح کو برقرار رکھنے کے لیے بنائے گئے مرکز کے جھنڈے تلے عورتوں کے کئی جلوسوں سے خطاب کیا۔ یہ لوگ جمہوریت، سوشلزم اور سیکولرزم کے حق میں تحریر و تقریر کی پُر زور جدوجہد کر رہے تھے۔ احمد شریف کا اصرار تھا کہ ''اسلام کو ریاستی مذہب کی بجائے خوراک کی فراہمی کا حق آئین کا حصہ بنایا جائے۔''

اگرچہ جماعت اسلامی سمیت مذہبی گروپوں نے بھی ارشاد کو انڈین سوویت ایجنٹ اور اسلام دشمن کہا لیکن انھوں نے عورتوں کے گروپوں، لبرل ڈیموکریٹوں اور سوشلسٹوں کا ساتھ دینے کا فیصلہ نہ کیا۔ سوشلسٹ اور لبرل ڈیموکریٹ جماعت اسلامی کے کھلے مخالف تھے۔ وہ سمجھتے تھے کہ جماعت اسلامی نہ صرف بنیاد پرست ہے بلکہ اس نے ۱۹۷۱ء میں پاکستانی حکمرانوں کا ساتھ دیا تھا۔ ۸۰ء کے عشرے کے اواخر میں ۱۹۷۱ء کے قاتلوں اور سازشیوں کی فہرست پر مشتمل ایک کتاب چھپی۔ تب سے سیاست میں آزادی پسند اور ان قوتوں کے خلاف ہونے کے حوالے سے ایک واضح تفریق پیدا ہوئی ہے۔ اول الذکر میں سیکولر اور روشن خیال کہلانے والی جماعتیں شامل ہیں اور وہ افراد بھی جن کا رویہ پاکستان کے متعلق سخت اور انڈیا کے متعلق نرم ہے۔ موخر الذکر گروپ میں خود کو محبان اسلام کہلانے والے گروپ اور افراد شامل ہیں جو انڈیا کے شدید خلاف ہیں۔ 1991ء کے پارلیمانی الیکشنوں کا اعلان دسمبر ۱۹۹۰ء میں ارشاد حکومت ختم ہونے کے بعد کیا گیا۔ عوامی لیگ کی تمام تر توقعات کے

برعکس صدر ضیاء کی بیوہ خالدہ ضیاء الیکشن جیت کر برسر اقتدار آئی۔

خالدہ ضیاء کی جماعت بنگلہ دیش نیشنلسٹ پارٹی (BNP) جماعت اسلامی کی حمایت سے اقتدار میں آئی۔ دلچسپ بات یہ ہے کہ کمیونسٹ پارٹی سمیت زیادہ تر سیاسی جماعتوں نے انتخابات میں اسلام کے نعرے استعمال کیے۔ اسلامی جماعتوں کو ۵۴ اعشاریہ ۱۳ فیصد ووٹ پڑے۔ عوامی لیگ کی قیادت میں آٹھ پارٹیوں کے اتحاد کو صرف ۴۳ اعشاریہ ۸۱ ووٹ ملے۔ ان میں سے کوئی دس فیصد ووٹ اقلیتی تھے جو روایتاً عوامی لیگ کو پڑتے چلے آرہے ہیں۔ اس کا مطلب یہ تھا کہ ۱۹۹۱ء میں بنگلہ دیشی مسلمانوں کے ۷۵ فیصد ووٹ عوامی لیگ کو نہیں پڑے۔

جماعت اسلامی عامل

جماعت اسلامی چالیس کے عشرے کے اوائل میں شمالی ہندوستان میں قائم کی گئی۔ اس کے بانی مولانا مودودی کو ابتدا میں پاکستان کے تصور سے سخت اختلاف تھا۔ بعد ازاں وہ شمالی ہندوستان سے ہجرت کرتے ہوئے پاکستان پہنچے اور شرعی قانون پر مبنی اسلامی ریاست کے لیے کام کرنے لگے۔ پوری سرد جنگ کے دوران اسلامی جماعت مغرب پسند اور کمیونسٹ مخالف پالیسی پر عمل پیرا رہی۔ اس جماعت نے مشرقی پاکستان میں فوجی تسلط کے ساتھ مل کر کام کیا اور کئی لبرل ڈیموکریٹ ۱۹۷۱ء ۱۹۷۱ء میں اس کے کردار کی وجہ سے اسے ناپسند کرتے ہیں۔ ۱۹۷۵ء میں مجیب حکومت کا تختہ الٹنے کے بعد بنگلہ دیش میں اس جماعت کو قانونی قرار دے دیا گیا۔ ہندوستان اور پاکستان میں اپنی ہم مقام جماعتوں کے برعکس بنگلہ دیش میں اس کی قیادت زیادہ تر اونچے طبقے کے کاشتکار اور نچلے متوسط طبقے کے پاس ہے۔ خیال کیا جاتا ہے کہ بنگلہ دیش کے طول و عرض میں کئی این جی اوز، کلینک اور رفاہی اداروں کی روح رواں جماعت اسلامی مقبولیت حاصل کر رہی ہے اور سیکولر تنظیموں کا متبادل ثابت ہوسکتی ہے۔ بعد ازاں جماعت کے کئی کارکنوں نے امریکہ مخالف طرز عمل اپنایا جو ۲۰۰۱-۲۰۰۲ء کی جنگ افغانستان کے بعد راسخ ہوا۔

جماعت اسلامی پر تین طرف سے سخت حملے ہوئے۔ ایک طرف جنرل ارشاد کی مخالفت تھی۔ دوسری طرف سیکولر/سوشلسٹ/لبرل گروپ تھے اور تیسری طرف دیوبند مکتب فکر پارٹی اپنے قدم مضبوط کرتی چلی گئی۔ سیکولر لبرل گروپوں کا الزام تھا کہ یہ جماعت بنگلہ دیش کے خلاف جنگی جرائم میں ملوث رہی ہے۔ علما کا ایک گروہ مولانا مودودی کو مرتد اور جماعت کو بدعتی سمجھتا ہے۔ اس کے باوجود ۸۰ء کے عشرے کا اواخر اور نوے کے عشرے کا اوائل جماعت کا سنہرا دور کہا جاسکتا ہے۔ اس وقت تک جماعت کے طالب علم ونگ نے اپنے مخالفین کے متحدہ محاذوں کو شکست دے کر چٹاگانگ اور راج شاہی یونیورسٹیوں میں اپنا مقام بنالیا تھا۔ یونیورسٹی یونین ان کے قبضے میں چلی گئی تھی۔ اس دورانیے میں جماعت کو سعودی عرب اور اس سے بھی زیادہ یہ کہ امریکی آشیرواد حاصل تھا۔ ۱۹۹۱ء کے پارلیمانی انتخابات میں جماعت نے ۱۸ نشستیں اور ۱۲ فیصد سے زیادہ ووٹ لیے یعنی اسے چار

90

سیاسی اسلام

ملین سے زیادہ ووٹ پڑے۔ ۱۹۸۶ء میں اسے ۱۰ نشستیں ملیں اور کوئی ایک ملین ووٹ پڑے تھے۔ ۱۹۹۱ء میں جماعت کو حاصل ہونے والے ووٹوں کے اعتبار سے تیسری بڑی جماعت بن گئی تو اس کے حریفوں کو تشویش ہوئی۔ مارچ ۱۹۹۲ء میں جنگ آزادی کی روح کے علمبرداروں نے ریٹائرڈ کرنل نورالزماں کی قیادت اور احمد شریف کی پشت پناہی سے جماعت کے لیڈر غلام اعظم کے خلاف ایک عوامی مقدمہ منظم کیا کہ انھوں نے جنگ آزادی کے دنوں میں پاکستان کا سرگرم ساتھ دیا تھا۔ جوں ہی غلام اعظم بنگلہ دیش میں جماعت کے سربراہ بنے، اس مقدمے کے منتظمین نے گھاتک دلال نرمل کمیٹی بنانے کا اعلان کیا۔ عوامی لیگ نے سیاسی مفاد کے لیے اس خاتمہ کمیٹی کے ساتھ تعاون کیا۔ یہ مقدمہ جماعت اور اس کی حلیف بی این پی کی حکومت کے لیے خفت کا باعث تھا۔ مزے کی بات یہ ہے کہ ۱۹۹۱ء میں ڈھاکہ یونیورسٹی کے بعض طالب علموں نے جماعت کے رہنما مطیع الرحمان نظامی پر قاتلانہ حملہ کیا تھا تو عوامی لیگ نے صلح صفائی کے لیے جماعت کو مشورہ دیا تھا کہ ماضی کو بھول کر مستقبل پر نظر رکھیں۔ ۱۹۹۱ء کے اوائل میں عوامی لیگ نے اپنے صدارتی امیدوار کے لیے جماعت سے حمایت نہ لینے کا فیصلہ کیا۔ تب جماعت کے پاس پارلیمنٹ میں بیس رکن موجود تھے اور غلام اعظم کے ساتھ ان کی وفاداری غیر متزلزل تھی۔ ۱۹۹۱ء کی جنگ خلیج کے بعد بنگلہ دیش میں اسلام پسندوں کو مغرب کی مخالفت کا سامنا بھی کرنا پڑا۔ ظاہر ہے کہ مغرب کو بنگلہ دیشی مسلمانوں کی ایک بڑی تعداد کا صدام کے حق میں نعرے لگانا پسند نہ آیا تھا۔ صدام دوستی کے نعرے بلند کرنے والوں میں بی این پی اور عوامی لیگ جیسی لبرل ڈیموکریٹک پارٹیاں بھی شامل تھیں۔ ۱۹۹۱ء کے پارلیمانی انتخابات کے دوران انھوں نے خود کو صدام کے امیدوار قرار دیا اور اس عراقی آمر کی قدآدم تصاویر کی نمائش کرتے رہے۔ تاہم جماعت کو کویت پر صدام حسین کا حملہ پسند نہیں تھا۔ جماعت کے ایک رہنما نے کہا کہ یہ حملہ جماعت کو بھی بہت مہنگا پڑا ہے، کیوں کہ بنگلہ دیش کے عوام صدام کے حمایتی اور مغرب کے کڑے نقاد ہیں۔ تاہم پچھلے اور اس کے بعد کے انتخابات میں جماعت کی کمزور کارکردگی ان کے اس دعوے کو جھٹلاتی ہے۔ تاہم یہ حقیقت اپنی جگہ موجود ہے کہ نوے کے عشرے تک ۱۹۷۱ء میں اپنے آزادی مخالف کردار کے باوجود جماعت اپنا کھویا ہوا وقار بحال کر چکی تھی لیکن اس نے شاہ ساز کا کردار ادا کرنا شروع کر دیا۔ کم از کم ۱۹۹۱ء کے انتخابات سے یہی پتہ چلتا ہے کہ اس نے دو بڑی سیاسی جماعتوں بی این پی اور عوامی لیگ کے ساتھ مل کر حکومت سازی میں کیا کردار ادا کیا۔

۸۰ء کے عشرے کے اواخر اور نوے کے عشرے کے اوائل میں ہی اسلام پسندوں اور خود کو سیکولر/ آزاد خیال قوتیں کہلوانے والوں کے مابین کھلی چپقلش کا آغاز ہوا۔ موخرالزکر قوتیں بالترتیب انڈیا اور مغرب کی وفادار ہیں اور یہ عوامی لیگ اور این جی اوز کی نمائندگی کرتی ہیں۔ یہ آزاد خیالی، عورتوں کے حقوق، انسانی حقوق، اقلیتوں کے حقوق اور سیکولرزم کی علمبرداری کے نام پر جماعت کی مخالفت کرتی رہی ہیں۔ تسلیمہ نسرین کا واقعہ، این جی او۔ ملا کشمکش اور عوامی ۔ این جی اور لابیوں کی ایک دوسرے پر الزام تراشی کی جنگ سب غلام اعظم کے عوامی مقدمے کا حصہ تھے۔ جہاں ملا عوامی ۔ این جی او لابیوں کی ایک دوسرے پر الزام تراشی کی جنگ سب غلام اعظم کے عوامی

مقدمے کا حصہ تھے۔ جہاں ملا عوامی۔ این جی اولابی کو عوام دشمن، ہندوستانی ایجنٹ اور نو سامراجی ایجنٹ کہہ کر مطعون کرتے ہیں، وہاں جماعت مخالف اسے آزادی دشمن/ پاکستانی ایجنٹ، بنیاد پرست/ طالبان اور فرقہ پرست (ہندو مخالفت اور اقلیت مخالف فاشسٹ) کہتے ہیں۔ جماعت کے خلاف ان الزامات پر مشتمل کئی تحریریں چھپ چکی ہیں۔ ملک میں چلنے والے زیادہ تر بنگالی اور انگریزی روزنامے سیکولر/لبرل گروپوں کی ملکیت ہیں۔ خاصی بڑی اشاعت کا حامل اخبار 'جنا کنتھا' ہندوستان کے ریلائنس گروپ کی ملکیت ہے۔

بنگلہ دیش میں جماعت کو فرقہ پرست اور آزادی دشمن کہنے کا رجحان عام ہے۔ جمی کارٹر کا خیال تھا کہ الیکشنوں پر یقین رکھنے والی اسلامی جماعتیں اپنے بنیاد پرست عقائد اور شرعی قوانین پر مصر ہونے کے باوجود انتہا پسند نہیں سمجھی جاسکتیں۔ اور ان میں سے جنھوں نے بنگلہ دیش کو بطور حقیقت قبول کرلیا ہے، آزادی مخالف نہیں ہو سکتیں۔ اس کے باوجود یہ حقیقت اپنی جگہ موجود ہے کہ جماعت کے بعض طاقتور رہنما جمہوری اقدار کو نہیں مانتے۔ ان میں سے بعض حصول اقتدار کے لیے مسلح جدوجہد یا دیگر ذرائع کا امکان بھی مسترد نہیں کرتے۔ جماعت کے کارکنوں کی عسکریت اور لبرل ڈیموکریٹوں بالخصوص عوامی لیگ کے ساتھ تصادم میں ہتھیاروں کے استعمال نے بہت سے متعلقہ افراد کو متشوش کردیا ہے کہ جماعت بالآخر ملک پر حاوی ہوسکتی ہے۔ بہت سے بنگلہ دیشی دانشوروں کا خیال ہے کہ اکتوبر ۲۰۰۱ء میں حکومت بنانے والا بی این پی جماعت اتحاد جماعت کے لیے ناروا اور ناجائز مراعات کا سبب بنا۔ یہ بھی سمجھا جاتا ہے کہ مدرسہ تعلیمی نظام کو منفی انداز میں پیش کی جانے والی فلم 'Matir Moina' پر مئی ۲۰۰۲ء میں لگائی پابندی بی این پی کو لاحق عوامی لیگ کے دباؤ کے تحت نہیں لگی بلکہ حکومت سے جماعت کے نکل جانے کے خدشے کے پیش نظر لگائی گئی۔

عوامی اسلام، فتویٰ، عورتیں اور این جی اوز: دیہی کمیونٹی

نوے کے عشرے کے اوائل میں پیشے کے اعتبار سے ڈاکٹر تسلیمہ نسرین حقوق نسواں کی علمبردار بنی اور اس نے بنگلہ دیش میں اسلام، پدرسری معاشرت اور سماج میں خواتین کی حالت پر لکھا اور اچانک منظر عام پر آ گئی۔ اپنی تحریروں میں وہ اس گروپ کی رکن ہے جو خود کو سیکولر/لبرل ڈیموکریٹ کہتا ہے اور بڑی شدت کے ساتھ اسلام کے خلاف انڈیا کا حمایتی اور مرد مخالف تعصب کا حامل ہے۔ انھوں نے آزاد جنسی تعلق کا پرچار کیا اور ہندوستانی مغربی بنگال کے بنگلہ دیش کے انضمام کے حق میں دلائل دیے۔ اس حوالے سے وہ بنگلہ دیش میں بدنام، متنازعہ اور غیر مقبول شخصیت بنیں۔ ۱۹۹۳ء میں نسرین نے بنگلہ دیش میں ہندو اقلیت پر ایک ادب پارہ 'لجا' (Lajja) کے نام سے چھپوایا۔ امر متناقض یہ تھا یہ عین انھی دنوں میں چھپا جب ہندوستان میں ہزاروں مسلمان قتل کردیے گئے اور بابری مسجد کو منہدم ہوئے بھی زیادہ وقت نہ گزرا تھا۔ اس تحریر نے نسرین کو ہندوستان کے ہندوستانی عسکریت پسندوں میں مقبول کیا۔ بہت جلد اس کا ترجمہ انگریزی اور کئی ہندوستانی زبانوں میں ہوا۔ نسرین نے بنگلہ دیش میں ہندو اقلیت کی حالت زار بیان کرتے ہوئے بڑی مبالغہ آرائی سے کام لیا اور بالخصوص جماعت اسلامی کے اراکین

کو قتل، زنا بالجبر اور اغوا کے عادی غنڈے کا گروہ بتایا۔ 'لجا' کو چھپے زیادہ دیر نہ ہوئی تھی کہ نواحی علاقوں کے دو گمنام اور غیر معروف ملاؤں نے مصنفہ کے قتل کا فتویٰ دے دیا۔ اگر چہ ہندوستان اور مغربی پریس اس خبر کو لے اڑے، گو یا بنگلہ دیش ایک اور اسلامی ملک بن گیا ہے جس میں اس کے ساتھ مختص تمام منفی خصائص موجود ہیں۔ یوں نسرین کو سلمان رشدی اور ان کے دو ملاؤں کو آیت اللہ خمینی کے جانشین بنا دیا گیا۔ ہندوستانی پریس نے ۱۹۹۴ء میں اس کے ساتھ قرآن کو از سر نو لکھنے کے مترادف کوئی تبصرہ وابستہ کیا۔ بنگلہ دیشی مسلمان مشتعل ہو گئے اور نسرین اور اہل خانہ کو بنگلہ دیش سے نکلنا پڑا۔ تسلیمہ نسرین کے اس واقعے کو ہندوستانی اور مغربی ذرائع ابلاغ نے یوں بیان کیا گو یا بنگلہ دیش اور دیگر اسلامی ممالک کے مابین کوئی فرق موجود نہیں اور سب ایک سی تنگ نظری اور عدم رواداری کے حامل ہیں۔

جن دنوں دنیا کی نظریں نسرین کے واقعے پر لگی تھیں، انھی دنوں اسلامی عدل کے نام پر بنگلہ دیشی دیہی عورتوں پر ظلم و ستم ہو رہا تھا۔ انسانی حقوق کے لیے کام کرنے والے اور دوسرے لوگ روایتی دیہی عدالتوں کے ہاتھوں عورتوں پر ظلم کے غیر قانونی اقدامات پر پریشان تھے۔ گاؤں کے وڈیرے اور ملا غریب عورتوں پر کھلے مقدمے چلا رہے تھے جس کے نتیجے میں کئی اموات واقع ہوئیں۔ اسی اثنا میں مغربی فنڈوں سے چلنے والی این جی اوز ملک میں پھیلنے لگیں۔ انھوں نے دیہی عورتوں کو مائیکرو کریڈٹ کے نام پر قرض دیے (یہ اور بات ہے کہ قرضوں کی شرح بہت زیادہ یعنی کوئی ۳۲ فیصد سالانہ کے قریب تھی۔) انھی این جی اوز نے اسکول کھولے اور روزگار پیدا کیے جو زیادہ تر عورتوں کے لیے تھے۔ یوں ملک کا سیاسی شعور ایک بار پھر این جی اوز کے حق میں اور این جی اوز کے مخالف گروپوں میں بٹ گیا۔ ان میں سے اول الذکر سیکولر لبرل ڈیموکریٹ گروپوں کے نمائندہ تھے اور اکثر این جی اوز سے استفادہ کرنے والوں میں شامل تھے۔ موخر الذکر کا تعلق زیادہ تر اسلامی تشریق کے حامل گروپوں سے تھا جو مغرب مخالف/گلوبلائزیشن مخالف بھی تھے۔ این جی اوز کا طرز کار بھی خاصا متنازعہ تھا۔ خاص طور پر گرامین بینک، بی آر اے سی اور پروشیکا نے عورت کو با اختیار بنانے اور غربت مٹانے کے نام پر قرضے دینے کے معاملے میں عورتوں کو مردوں پر ترجیح دی۔ اس عمل نے بھی دیہات کے وڈیروں اور دوسرے لوگوں کو این جی اوز سے متنفر کر دیا۔ بظاہر یہی لگتا تھا کہ ملا اور گاؤں کے وڈیرے این جی اوز کو ان کی سرگرمیوں کے باعث ناپسند کرتے ہیں، جنھیں وہ غیر اسلامی سمجھتے ہیں۔ ان میں سے اہم ترین عورتوں اور مردوں کے مشترک وقوع کار اور مسیحی سرگرمیوں کا فروغ بتایا جاتا ہے۔ تاہم اس تنازعہ کو غالب شہری اور کمزور دیہی بالائی طبقے کے درمیان موجود زمانوں پرانے اختلاف کی ایک اور جہت بھی بتایا جاتا ہے۔ این جی اوز مردوں پر عورتوں کو ترجیح دیتی ہیں اور یوں مستحکم پدرسری نظام پر ضرب پڑتی ہے۔ ساتھ ہی ساتھ دیہی وڈیروں اور ملاؤں سے ان کے روایتی موکلان بھی چھینے جاتے ہیں۔ این جی اوز کی لابی نے ملاؤں کو بنیاد پرست، عورت مخالف اور تنگ نظر قرار دیا۔ نتیجتاً ان کے خلاف جذبات بھڑکے اور فتوے آنے لگے۔ دیہی علاقوں میں ان کے کارکنوں پر حملے کیے گئے۔ ایک موثر مذہبی رہنما افضال الحق امینی نے ایک جلسہ عام میں ایک این جی او کارکن قاضی فاروق احمد پر غیر اسلامی

سرگرمیوں کا الزام لگاتے ہوئے اسے سزا دینے کا اعلان کیا۔

فتوے کا تنازعہ نوے کی دہائی میں منظرِ عام پر آیا جب این جی اوز اور معطی حضرات نے اسلام کے نام پر دیہاتی عورتوں پر ظلم وستم کا مسئلہ اٹھایا۔ غریب دیہاتی عورتیں جو اپنے علاقوں کے با اثر افراد کے ہاتھوں زنا بالجبر کا شکار ہوتی ہیں یا جن پر طلاق کے بعد اپنے سابقہ خاوندوں کے ساتھ جنسی تعلق کا الزام لگتا ہے، اکثر ناجائز جنسی تعلقات کی سزا پاتی ہیں۔ بعض اوقات بااثر دیہی وڈیرے پنچایت کے ذریعے زنا کے جرم میں انھیں کسی شخص کے ساتھ دوبارہ شادی پر مجبور کرتے ہیں۔ اپنی روٹی کے لیے دیہات کے وڈیروں کے محتاج ملا اس قسم کے فیصلوں کو شریعت کے مطابق قرار دینے میں مرکزی کردار ادا کرتے ہیں۔ ۲۰۰۰ء کے اواخر میں شمالی بنگلہ دیش کے ضلع نو گاؤں کی ایک دیہاتن پنچایت کے فیصلے کا شکار ہوئی اور اسے خودکشی پر مجبور کیا گیا۔ اس واقعے کو بڑی شہرت ملی۔ نتیجتاً ہائی کورٹ نے یکم جنوری ۲۰۰۱ء کو فتویٰ جاری کرنے پر پابندی لگا دی۔ موثر اسلامی جماعت، دیگر اسلامی گروپوں اور سینکڑوں علما نے اس فیصلے کی مذمت میں بیان دیے اور ججوں کو مرتد کہا۔ چار مونائی کے بااثر پیر مولانا فضل الکریم، اسلامی آئین تحریک کے سربراہ نے اس فیصلے کو مذموم سازش کہا اور مفتی امینی نے اسلام دشمنوں کا مقابلہ کرنے کے لیے بنگلہ دیش میں طالبان اسٹائل انقلابی مہم شروع کرنے کا اعلان کر دیا۔ کئی مقامات پر اسلام پسند باہر نکل آئے۔ یہ لوگ حکومت کے خلاف اور طالبان کے حق میں نعرے لگا رہے تھے؛ ''ہم سب طالبان ہیں اور بنگلہ دیش ایک اور افغانستان بنے گا۔'' اگرچہ زیادہ تر لبرل ڈیموکریٹوں نے اس فیصلے کی تائید دی لیکن ردعمل سے خوف زدہ حکومت ۲۰۰۱ء میں اس فیصلے پر نظرثانی کا سوچنے لگی۔

جلد ہی قطبین میں بٹی معاشرت نے فتویٰ پسند مذہبی رہنماؤں اور این جی او پسند 'ناگرک اندولن' یعنی تحریک شہریان کے مابین مقابلے کی فضا کا مشاہدہ کیا۔ دیگر حلقوں میں سے چار مونائی پیر، مفتی امین اور مفتی عزیز الحق نے ۲ فروری ۲۰۰۱ء کو ڈھاکہ میں فتوے کے حق میں مظاہرے منعقد کیے۔ این جی اوز کو اسلام اور بنگلہ دیش کے بدترین دشمن قرار دیا گیا۔ دینی علما نے عوامی لیگ حکومت پر اسلام کے حوالے سے متعصب جج مقرر کرنے کا الزام لگایا۔ این جی او دوست اور فتویٰ مخالف 'ناگرک اندولن' نے مذہب سے تحریک پانے والی سیاسی جماعتوں پر پابندی کا مطالبہ کیا۔

اس دوران حکومت اسلام کے مطابق اور ریاست کی طرف سے فتوے جاری کرنے کے لیے ایک بورڈ بنانے کے لیے غور کرتی رہی۔ لبرل ڈیموکریٹوں اور بائیں بازو کے وابستگان نے ریاستی مشینری کے ذریعے فتوے کو ادارہ جاتی شکل دینے کی ہر کوشش کو قابل مذمت گردانا۔ تاہم فتویٰ جاری کرنے کے حوالے سے ملت کے اختیار پر لبرل ڈیموکریٹوں کے اعتراض کو ایک اقلیتی نقطۂ نظر قرار دے کر مسترد کیا جا سکتا ہے کہ ان میں سے زیادہ تر کا تعلق شہری اور بالائی طبقے سے ہے۔ مسلم کمیونٹی کا نچلا طبقہ فتوے کو انصاف کے حصول کا تیز ترین اور سستا طریقہ خیال کرتا ہے۔ یہ طبقہ این جی اوز سے اتنا ہی متنفر ہے جتنا کہ ملا۔ یہ امر مولانا دلاور حسین سعیدہ، پیر فضل الکریم، مفتی فضل الحق امینی اور مفتی عبیداللہ سمیت سینکڑوں ملاؤں کی مقبولیت سے منعکس ہوتا ہے۔ انتہا پسند نظریات کی

حامل اشتعال انگیز تقریروں پر مشتمل مولانا سعید کی آڈیو اور ویڈیو کیسٹیں ملک بھر میں ہزاروں کی تعداد میں بکتی ہیں۔ فتویٰ مخالف کے فیصلے کے ایک سال کے بعد اس متنازعہ عالم نے اپنا نقطۂ نظر بیان کرتے ہوئے کہا کہ عدلیہ کو فتاویٰ سے رہنمائی حاصل کرنی چاہیے۔

اسلامی عسکریت: حقیقی یا خیالی؟

دیہی پس منظر کے حامل شہری ملا این جی اوز اور ان کے شہری شرکا اور سرپرستوں کے خلاف مہم چلاتے رہے ہیں۔ دانشور اور پیشہ ور حضرات بالخصوص ان کا نشانہ بنے۔ انھیں اکثر مرتد، دشمن اسلام اور نوسامراجی مغرب کے ایجنٹ قرار دیا گیا؛ اور اسلامی قانون کے مطابق مرتد سزائے موت کا مستحق ہے۔ ۱۹۹۱ء اور ۲۰۰۱ء کے دوران اس طرح کے مرتدوں کے خلاف ڈیتھ وارنٹ اور بم حملے کافی عام ہوئے۔ این جی اوز اور 'مہذب معاشرے' کے حامیوں اور این جی او مخالف اسلام پسندوں کے درمیان جاری اختلافات نے ۲۰۰۱ء کے اوائل میں امریکی اسٹیٹ ڈیپارٹمنٹ اور ایشیائی ترقی بینک سمیت کئی معطی ایجنسیوں کو چوکنا کر دیا۔ بنگلہ دیشی معیشت پر اس کے برے اثرات کا حوالہ دیتے ہوئے انھوں نے 'انسانی حقوق کی خلاف ورزی' کی مذمت کی۔

بنگلہ دیش میں بھی اسلامی انقلاب پسندی کے حوالے سے سیاسی تشدد کے مظاہرے ہوئے۔ ۲۰۰۱ء کی دہشت گرد سرگرمیوں میں ایک نسبتاً غیر معروف گروپ حرکت الجہاد الاسلامی کو ملوث بتایا جاتا ہے۔ طالبان کی طرح کے انقلاب اور جہاد کے لیے آوازیں بھی اٹھتی رہتی ہیں جنھیں ذرائع ابلاغ سنسنی خیز انداز میں بیان کرتے ہیں۔ تاہم ایسی کوئی بات نہیں کہ امن وامان کی صورت حال منہدم ہونے کو ہے۔ اپریل ۲۰۰۲ء میں فار ایسٹرن اکنامک ریویو نے اپنی ایک کور اسٹوری میں اس طرح کی صورت حال کی عکاسی کی ہے۔ تھائی لینڈ میں مقیم سویڈش صحافی برٹل لنٹر نے اپنے مضمون میں لکھا ہے:

> بنگلہ دیش میں ایک انقلاب جنم لے رہا ہے جسے روکا نہ گیا تو علاقے میں اس کے باہر بھی مشکل پیدا کر سکتا ہے۔ اسلامی بنیاد پرستی، مذہبی عدم رواداری، بین الاقوامی دہشت گرد گروپوں کے ساتھ متعلق مسلمان عسکری گروپ، عسکریت پسندوں کے ساتھ رابطوں کی حامل طاقتور فوج، انقلاب پسند طالب علم، اگلتے پھوٹتے دینی مدارس، متوسط طبقے کی لاتعلقی، غربت اور قانون کی بے چارگی سب مل کر اس قوم کی تقلیب ہیئت کر رہے ہیں۔

رپورٹ میں بتایا گیا ہے کہ مغربی سفارت کاروں اور معطیوں کا اصل مسئلہ یہاں ترقی اور کارگر حکومت کا ہے۔ بنگلہ دیش میں اسلامی عسکریت کا مسئلہ ان کی نظر میں ثانوی ہے۔ بنگلہ دیش کے متوسط طبقے میں ملک پر منڈلاتے طالبانی خطرے سے لاتعلقی کا ذکر کرتے ہوئے یہ صحافی کہتا ہے کہ سترہ نشستوں کی حامل جماعت اسلامی انتخابی عمل کے ذریعے حکومت میں آ سکتی ہے۔ رپورٹ میں مولانا عبید الحق اور زیر زمین حرکت الجہاد کا تعلق پاکستان، افغانستان، چیچنیا اور جنوب مشرقی ایشیا میں سرگرم ایسے ہی گروپوں کے بارے میں بتایا گیا ہے جنھیں

اسامہ بن لادن کی سرپرستی حاصل ہے۔ ۲۲ جنوری ۲۰۰۲ء کو کلکتہ کے امریکن سنٹر پر حملے میں بھی حرکت کے ایک رکن پر شک کیا جارہا ہے۔ ۲۰۰۱ء کے اواخر میں افغان جنگ کے دوران امریکہ مخالف مظاہروں میں جماعتی عنصر اور عبید الحق کے ملوث ہونے کی طرف بھی خاص اشارہ کیا گیا ہے۔ عبید الحق نے دسمبر ۲۰۰۱ء میں ڈھاکہ میں نماز عید کے خطبے میں صدر سمیت ہزاروں افراد کے سامنے امریکی صدر کو دنیا کا مکروہ ترین دہشت گرد قرار دیا۔ اس نے یہ بھی کہا کہ امریکہ اور بش کا تباہ ہونا لازم ہے۔ اس نے حاضرین کو اکسایا کہ ایک سو بیس ملین مسلمان محض تھوک کر بھی امریکہ کو تباہ کر سکتے ہیں۔

لگتا ہے کہ مذکورہ بالا رپورٹ کا حقیقت سے کوئی تعلق نہیں۔ یقین سے نہیں کہا جا سکتا کہ اگر اس طرح کی رپورٹنگ کے پیچھے انفرادی یا گروہی مقاصد موجود ہیں تو وہ کیا ہیں؟ اس رپورٹ کے انٹرنیٹ اقتباسات چھپنے کی دیر تھی کہ خالدہ ضیا کی بی این پی۔ جماعت مخلوط حکومت نے رپورٹ کو بے بنیاد قرار دیا اور بنگلہ دیش میں اس رسالے کی ۱۴ اپریل کی اشاعت پر پابندی لگادی۔ تاہم جوں ہی حزب اختلاف کی عوامی لیگ کی حسینہ شیخ نے بی این پی۔ جماعت مخلوط حکومت بطور دہشت گرد بنگلہ دیش کی امیج کی ذمہ داری ڈالی، وزیر اعظم خالدہ ضیا نے فوراً عوامی لیگ کی حسینہ واجد پر ایف پی ای آر اسٹوری کو پھیلانے کا الزام لگایا۔ اسی طرح کی سنسنی خیز رپورٹ ۱۲ اپریل ۲۰۰۲ء کے وال اسٹیٹ جنرل میں چھپی۔ رپورٹ میں بتایا گیا تھا کہ پاکستان کی طرح بنگلہ دیش میں بھی اسلامی دہشت گردی کو فروغ مل رہا ہے۔ یہ سب دیکھ کر خیال آتا ہے کہ آیا اس طرح کی سنسنی خیز تحریروں اور حسینہ شیخ کی پارٹی کی سرگرمیوں میں کوئی تعلق موجود ہے جو بی این پی اور اس کی سیاسی حلیف جماعتوں کو اسلامی بنیاد پرست اور اسامہ بن لادن کے مقامی مہرے قرار دے رہی ہے۔ مزے کی بات یہ ہے کہ اس رپورٹ میں عوامی لیگ کو بائیں بازو کی حامل سیکولر جماعت بتایا گیا ہے۔ اس طرح کا مفروضہ اختیار کرتے وقت یہ امر نظر انداز کر دیا گیا ہے کہ نوے کے عشرے کے اوائل میں عوامی لیگ نے خود کو اسلام کی علمبردار ثابت کرنا چاہا تھا اور ۱۹۹۶ء کے پارلیمانی انتخابات میں حسینہ نے حجاب اختیار کیا تھا۔ لگتا ہے کہ رپورٹر حسینہ شیخ کے اس نظریے کا پرچار چاہتا ہے کہ بی این پی کی سربراہی میں چلنے والی مخلوط حکومت نے عوامی لیگ کو انتخابی شکست نہیں دی تھی بلکہ اسے اقتدار سے نکالنے کے بعد اوپر آئی تھی۔ علاوہ ازیں وہ حسینہ شیخ کا ہم خیال ہو کر 'بی این پی' پر الزام لگاتا ہے کہ اس نے ہندو مخالف اور بنیاد پرست دوست رویے کو ہوا دی ہے۔ یہ بھی دلچسپ بات ہے کہ وہ تسلیمہ نسرین کو ملنے والی دھمکیوں اور ۱۹۹۹ء میں مقبول شاعر شمس الرحمان پر ہونے والے قاتلانہ حملے کی ذمہ داری بھی حرکت الجہاد پر ڈالتا ہے، حالاں کہ اصل صورت حال کچھ اور ہے۔ ہفت روزہ ہالیڈے کے ایڈیٹر عنایت اللہ خان کا یہ خیال معقول نظر آتا ہے کہ شاعر پر ہونے والا حملہ محض ڈھونگ تھا اور اسے پروپیگنڈہ کے لیے مزید استعمال نہیں کیا جاسکتا۔ برٹل لنٹر کے بارے میں مشکوک ہے کہ وہ ایک غیر جانبدار تجزیہ نگار ہو سکتا ہے۔ اس نے ہندوستانی انٹلی جینس کے جاری کردہ ایک بیان کو بنیاد بنا کر آئی ایس آئی پر الزام لگایا کہ وہ بنگلہ دیش میں جہادی تنظیموں کو فروغ دے رہی ہے۔

بی این پی کی زیر قیادت چلنے والی حکومت نے ملک کے امیج کو مسخ کرنے پر ایف ای ای آر پر ایک بلین

ڈالر ہر جانے کا دعویٰ کیا۔ ساتھ ہی ساتھ لبرل ڈیموکریٹوں اور ذرائع ابلاغ نے بھی بنگلہ دیش کے خلاف اس طرح کی رپورٹنگ پر ایف ای ای آر کو مذمت کا نشانہ بنایا۔ ایک لبرل ڈیموکریٹ بنگلہ دیشی اخبار 'The Daily Star' نے اپنے ایک ادارتی مضمون میں بنگلہ دیش میں ''باقاعدہ اور معتبر انتخابات، رائے کی آزادی، پرائیوٹ ٹیلی ویژن چینلوں کی موجودگی، الیکشنوں میں خواتین کے سرگرم حصہ لینے، خواندگی میں اضافے اور مسلح افواج میں خواتین کی نمائندگی کا ذکر کرتے ہوئے ملک کے لبرل ڈیموکریٹ امیج کو ابھارا۔ اسی ایڈیٹر نے تبصرہ کیا کہ ایف ای ای آر کا مذکورہ بالا ایڈیٹوریل نہ صرف متعصّبانہ ہے بلکہ اسے یک طرفہ اور غیر ذمہ دارانہ عمل بھی سمجھا جا سکتا ہے۔ اس مضمون کی ملک بھر میں مذمت کی گئی۔ جلد ہی بعد میں غیر ملکی رپورٹروں، سفارت کاروں اور بنگلہ دیش سے آگہی رکھنے والے دیگر افراد نے بھی رپورٹ کے مندرجات کو جھٹلایا۔ 'ایف ای ای آر' کے ایک سابق ایڈیٹر فلپ باورنگ نے قرار دیا کہ اس عمل کو اسلامی اقوام کی شناخت مسخ کرنے کے مترادف سمجھا جائے۔ اس نے اس رسالے کے مالک ڈاؤ جونز پر الزام لگایا کہ وہ ۱۱ ستمبر کے بعد مغرب کے طے شدہ خطوط کی پیروی کر رہا ہے۔ وہ کہتا ہے، ''بلاشبہ تمام دیگر ملکوں کی طرح کچھ انتہا پسند بنگلہ دیش میں بھی موجود ہیں لیکن قوم کی سیکولر سیاست اور اسلامی تشخص پر بنگلہ تشخص کی فوقیت اس ملک کی تاریخ میں شروع سے چلی آ رہی ہے۔'' وہ کہتا ہے کہ بنگلہ دیش جیسے ممالک کو دشمن منوانے کی ایسی کاروائیوں پر توجہ نہیں دینی چاہیے، کیوں کہ دنیا کے سو ملین مسلمانوں میں سے اکثر بش حکومت کے اٹارنی جنرل جان ایش کرافٹ سے زیادہ مذہبی انتہا پسند نہیں ہیں۔ کئی ایک مغربی مبصروں نے رسالے کی تردید اور مذمت کی جن میں سے بنگلہ دیش میں امریکی سفیر میری این پیٹرز کو نمایاں حیثیت حاصل ہے۔ اس نے بنگلہ دیش کے متعلق متعصّبانہ مضامین میں شائع کرنے پر وال اسٹریٹ جنرل اور 'ایف ای ای آر' کی مذمت کرتے ہوئے قرار دیا کہ بنگلہ دیش ایک لبرل مسلم قوم ہے اور اس کہانی کے پیچھے موجود سچائی کو ڈھونڈنا لازم ہے۔

'ایف ای ای آر' کی رپورٹ میں حسینہ شیخ اور عوامی لیگ کے دیگر رہنماؤں کے ان الزامات میں کوئی صداقت نہیں کہ 'بی این پی' کی زیر قیادت چلنے والی مخلوط حکومت میں طالبان عنصر موجود تھا اور نہ ہی ان الزامات میں کوئی معقولیت نظر آتی ہے، کیوں کہ جماعت اسلامی طالبان حکومت کی حمایتی جماعت نہیں۔ حسینہ سمجھتی ہیں کابینہ میں موجود جماعت کے دو وزیر اور الیکشنوں میں اس کے حریف جماعتی رکن طالبان کے نمائندہ ہیں۔ انھوں نے امریکہ میں بی بی سی کے ایک رپورٹر کو یہ بات بتائی تھی۔ عوامی لیگ کے ایک اور رکن سابق وزیر خارجہ عبدالصمد آزاد نے بنگلہ دیشی دورے کے دوران ڈھاکہ میں موجود برطانوی وزیر اعظم ٹونی بلیئر کو بھی یہی یقین دلایا۔ اسی طرح محض جماعت کی سیاسی حلیف ہونے کے ناطے 'بی این پی' پر بھی اس طرح کا الزام نہیں لگ سکتا۔ بالآخر ۱۹۹۱ء سے ۱۹۹۶ء تک کی 'بی این پی' حکومت کے دوران جماعت اور عوامی لیگ دونوں اس کے مخالف تھے۔

نتائج

ان دو جماعتوں کی باہمی الزام تراشی سے پتہ چلتا ہے کہ ملک کس طرح عوامی لیگ کے حمایتیوں اور اس

کے مخالفوں میں بٹا ہوا ہے۔عوامی لیگ کے حمایتی بالعموم لبرل ڈیموکریسی اور آزادی پسند قوتوں کے نمائندے ہیں، جب کہ موخرالذکر اسلام پسند اور ہندوستان مخالف نقطہ نظر کے حامی ہیں۔عوامی لیگ کی کوشش ہے کہ 'بی این پی' کی جماعت کے ساتھ انتخابی وابستگی کو استعمال کرتے ہوئے ثابت کردے کہ وہ آزادی دشمن جماعت ہے۔ ۱۱ ستمبر کے بعد عوامی لیگ کا یہ رویہ اور بھی کھل کر سامنے آیا۔تب اکتوبر ۲۰۰۱ء کے انتخابات شروع ہونے والے تھے۔ عوامی لیگ حکومت نے شہر کی دیواروں پر پوسٹر لگائے جن میں 'بی این پی' رہنماؤں کو طالبان کے حامی اور اسامہ بن لادن کے دوست کے طور پر پیش کیا گیا تھا۔عوامی لیگ کو سیاسی مقاصد کے لیے اسلام کے استعمال پر بھی کوئی عار نہیں۔اسی طرح 'بی این پی' بھی خود کو لبرل ڈیموکریسی اور قومیت پرستی کی علمبردار کے طور پر پیش کرنے سے نہیں ہچکچاتی۔ یہ سب اپنی جگہ لیکن بنگلہ دیش میں اسلام کی اٹھان کو محض ان دو جماعتوں کی کشمکش کے طور پر دیکھنا بڑا بھولپن ہوگا۔

ظاہر ہے کہ اسلامی عسکریت پسندوں، بنیاد پرستوں اور حتیٰ کہ طالبان کے حمایتیوں کی بھی بنگلہ دیش میں موجودگی سے انکار نہیں کیا جاسکتا۔سرد جنگ کے بعد کی دنیا گلوبلائزیشن اور مارکیٹ اکانومی کی دنیا ہے۔اس میں بنگلہ دیش جیسے کم ترقی یافتہ ممالک عالمی بینک اور 'آئی ایم ایف' کی سفارشات کو ماننے پر مجبور ہیں اور انھیں ریاست کے فلاحی اور امدادی منصوبوں سے دست کشی اختیار کرنی پڑی ہے۔ یوں اسلام ایک متبادل کے طور پر سامنے آیا۔پاکستان، افغانستان، الجیریا، مصر اور دیگر مسلم ممالک کی طرح بنگلہ دیشی سیاست بھی مغربی اور دیسی بالا دست طبقے کے درمیان بٹ گئی ہے۔اپنی بقا کے لیے دیسی بالادست طبقے کو متبادل نظریات تلاش کرنا پڑے۔ بالائی طبقات سے تعلق رکھنے والے رہنماؤں نے اسلامی فلاحی ریاست کے نام پر اکثر انقلابی خیالات کو فروغ دیا۔مثال کے طور پر مجیب نے فلاحی ریاست کا خیال نیشنل سوشلزم کے نام سے عوام کے سامنے رکھا۔سرد جنگ کے بعد کی دنیا میں قدرے تبدل وتغیر کے ساتھ اسلامیت نے پرانے خیالات کی جگہ لی اور اس نے اسی عامتہ الناس کو مخاطب کیا۔کسان اور نچلے متوسط طبقے کے دیسی شرفا اسی طرح اسلام کی طرف متوجہ ہوئے۔ایک طرح سے یہ عوامی تحریکوں کے دیہاتوں سے شہر کی طرف منتقل ہونے کا نتیجہ بھی ہے۔دیہات سے آکر شہروں میں بسنے والے اپنے دیہات اور ملا دونوں سے رابطہ رکھنا چاہتے ہیں۔وی ایس نائپال نے بھی اس حقیقت کی طرف اشارہ کرتے ہوئے کہا تھا کہ ''دیہی انداز فکر بدلنے میں ایک سے زیادہ نسلیں لدجاتی ہیں۔''

رسمی فراست کے برعکس اب اسلام پر ملا کی اجارہ داری نہیں۔کم از کم بنگلہ دیش میں جماعت اسلامی کی قیادت میں شامل لوگوں کی اکثریت کا تعلق مدرسوں کے فارغ التحصیل ملاؤں سے نہیں۔ یہ مختلف پیٹی بورژوا طبقات کے لوگ ہیں اور متوسط اور غریب کسان، چھوٹے کاروباری اور دکاندار، اسکول اساتذہ اور دیگر بے روزگار و نیم بے روزگار طبقات کے نمائندہ ہیں۔ان میں سے بہت سوں کو دیسی شرفا میں رکھا جاسکتا ہے جن میں بنگالی میڈیم اداروں کے فارغ التحصیل بھی شامل ہیں اور جو پرائیوٹ جاب مارکیٹ میں کم ترین مطلوب لوگ ہیں۔ان کے ہاں شدید احساس محرومی پایا جاتا ہے اور انھیں بآسانی بھڑکایا اور طوائف الملوکی کی طرف مائل کیا جا

سکتا ہے۔ مدرسوں سے تعلیم پانے والے ان کے ہم مقام غریب تر ہیں اور سوائے مساجد کی قلیل مشاہرہ ملازمتوں کے ان کے پاس کچھ نہیں۔ انھیں بھی سیکولرزم اور جدت پسندی جیسی ہر شے پر شدید غصہ ہے۔ تاریخی اعتبار سے دیکھا جائے تو تقسیم کے وقت املاک اور پیشوں میں ہندوؤں کی جگہ لینے والے، ۱۹۷۱ء کی آزادی کے بعد غیر بنگالیوں کی جگہ لینے والے اور بنگالی قومیت پرستی کے نام پر انگریزی تعلیم یافتہ بالائی طبقے کی جگہ لینے والے نسبتاً کمتر اور غیر ہنر مند لوگ ہی سماجی انتشار، سیاسی افراتفری اور اقتصادی بد انتظامی کے ذمہ دار بنتے ہیں۔ اس وقت جدت پرستوں میں اختلافات کی ایک ٹون گلوبلائزیشن، بنگالی قوم پرستی اور اسلامیت کی تکون کے پہلو بہ پہلو موجود ہے اور ملکی صورت حال کی عکاس ہے۔

بنگلہ دیش کے لوگ فلاحی ریاست کی امید کھو بیٹھے ہیں۔ مقدر پرست کسان اپنی تلخ تقدیر پر شاکر ہو چکا ہے۔ امن و امان کو ان کے ہاتھوں کوئی خطرہ نہیں، کیوں کہ ''کسان کبھی تاریخ ساز نہیں ہوتی''، اور نہ ہی ان میں اپنی قیادت کی صلاحیت ہوتی ہے۔ یہ تو فقط تھوڑی دیر کو ابھرنے والی قبل سیاسی شورش کو جنم دے سکتے ہیں جو اپنے اندر جذب رہنے کی ذہنیت کی عکاس ہوتی ہے۔ اس طرح کا حقیقی خطرہ معاشرے میں موجود زیریں متوسط طبقوں اور مختلف طرح کے لمپن عناصر سے ہے۔ تیزی سے غائب ہوتا متوسط طبقہ لبرل ڈیموکریٹ اور سیکولر کہلانے والی جماعتوں سے مایوس ہو کر بطور متبادل جماعت سے رجوع کرسکتا ہے لیکن اس کا مطلب یہ بھی نہیں کہ اسلامی عسکریت اور ہندو مخالف قوتیں فروغ پائیں گی۔ ظاہر ہے کہ جماعت انتخاب میں آکر بھی ہندوستان کے لیے کسی خطرے کا سبب نہیں بن سکتی۔ مغربی تجزیہ نگار حکومتیں اور بنگلہ دیش میں ان کے نمائندے ہنٹگٹن کی "Clash of Civilizations" کے زیر اثر محتاط ہونے میں حق بجانب ہیں لیکن بنگلہ دیش میں اسلام پرستوں کے اقتدار میں آنے سے بھی خطے کے توازن میں کوئی تبدیلی نہیں آئے گی۔ تاہم دنیا کے مختلف علاقوں مثلاً مشرق وسطیٰ اور ہندوستان کے مسلمانوں پر آنے والی سختیاں بنگلہ دیشی مسلمانوں میں اپنے ہم مذہبوں کے لیے ہمدردی کے جذبات اور ان پر ظلم وستم ڈھانے والوں کے لیے غصے کو جنم دیتی رہیں گی۔

[بشکریہ 'اسلامی ریاست: جواز کی تلاش'، مرتبہ شاہرام اکبرزادے، عبداللہ سعید]

ازبکستان کا اسلامی قضیہ

شاہرام اکبرزادہ

ترجمہ: محمد ارشد رازی

مصنف کا تعارف ان کے گزشتہ مضمون کو پیش کرتے ہوئے کرایا جاچکا ہے جو زیر نظر جلد میں ہی شامل ہے۔ زیر نظر مضمون میں مترجم نے حوالوں کے ماخذ اپنی ترجمہ شدہ کتاب ''اسلامی ریاست : جواز کی تلاش' میں شامل نہیں کیے ہیں، لیکن قارئین انگریزی زبان میں شائع اصل کتاب 'Islam and Political Legitimacy' میں شامل ان تمام حوالوں کی تفصیلات اور ماخذ سے استفادہ کر سکتے ہیں۔

سوویت یونین کے بعد کے زمانے میں ازبکستان کے رہنماؤں کا اسلام کے ساتھ تعلق تناقضے کا رہا ہے۔ انھوں نے ایک طرف اسلام کو اپنایا اور خود کو اس کے سچے پیروکاروں کے طور پر پیش کیا۔ دوسری طرف انھوں نے اس طرح کی ہر تجویز کو مسترد کر دیا کہ ریاست کی سیاسی زندگی میں اسلام کا کوئی کردار ہونا چاہیے۔ ان رہنماؤں نے عملاً ہر طرح کے ایسے اسلامی گروپوں کو سختی سے کچل دیا جنھیں ریاستی منظوری حاصل نہیں تھی۔ بلاشبہ یہ کوئی ایسا قضیہ نہیں ہے جسے فقط ازبکستان کے ساتھ مخصوص کیا جاسکے۔ دنیا کی دیگر مسلم سوسائٹیوں میں بھی اسی طرح کے تضادات موجود ہیں، لیکن اس حقیقت نے ازبک معاملہ قدرے منفرد بنا دیا ہے کہ ابھی حالیہ زمانے تک اس پرا ایک ایسی حکومت کا تسلط تھا جس نے کم از کم حکومتی سطح پر اسلام کو ختم کرنے کی ہر ممکن کوشش کی اور اس کے موجودہ رہنما بھی یہی کچھ کر رہے تھے۔ ازبکستان میں آزادی کا عمل قیادت کی تبدیلی نہیں لایا، اس کی بجائے صدر اسلام کریموف کی زیر قیادت کمیونسٹ پارٹی کے رہنماؤں نے ایسا انتظام کیا کہ ایک نئے نقاب میں عوام کے سامنے آئے اور ایک آزاد ازبکستان کے علمبردار بن گئے۔ اس عمل میں اسلام کریموف کو قائد کی حیثیت حاصل ہے۔ ریاستی منصوبہ بندی کمیٹی (GOSPAN) کی سربراہی کریموف کے پاس تھی، حتیٰ کہ ۱۹۸۳ء میں اسے

ازبکستان کا وزیر مالیات بنایا گیا۔ ۱۹۸۶ء کے اواخر میں وہ وزرا کی کونسل کا ڈپٹی چیئرمین اور 'گوس پان' کا چیئرمین تھا۔ کشکادر علاقے میں کمیونسٹ پارٹی کا فرسٹ سکریٹری بھی وہی تھا۔ ۱۹۸۹ء میں ماسکو کی پشت پناہی کے بل بوتے پر اسلام کریموف ازبکستان کمیونسٹ پارٹی کا فرسٹ سکریٹری بنا اور نتیجتاً اسے ۱۹۹۰ء میں جمہوریہ کی پارلیمنٹ کا صدر مقرر کیا گیا، دسمبر ۱۹۹۱ء میں اس کی صدارت کی توثیق ہوئی اور بعد کے انتخابات میں ایک بار پھر اسے اس عہدے پر رہنے کا حق ملا۔ مارچ ۱۹۹۵ء میں اس کی مدت صدارت پانچ سال کے لیے بڑھائی گئی اور جنوری ۲۰۰۰ء میں وہ ایک بار پھر منتخب ہوئے۔ یوں ماسکو کا مقرر کردہ ایک شخص کامیاب ارتقائی عمل سے گزرتا عوامی ووٹوں (خواہ کیسے ہی متنازعہ تھے) سے منتخب رہنما بن گیا۔ اگرچہ اس عمل کو عوامی سطح پر چلنے والی مہم اور حکومتی مشینری کی پشت پناہی کا نتیجہ بھی کہا جاتا ہے لیکن بہر کیف اسلام کے لیے اہم مضمرات کا آغاز ہو گیا۔

اگرچہ کریموف اور ازبکستان کی جدید قیادت میں شامل زیادہ تر رہنماؤں نے اپنی تربیت سوویت راج میں حاصل کی اور اسلام کی سیاسی قوت کے متعلق ہمیشہ مشکوک رہے لیکن وہ اسلام کی بنت میں موجود اس مخفی قوت سے بھی باخبر تھے جسے معاشرتی استحکام اور حکومت کی جواز خیزی کے لیے برتا جا سکتا تھا۔ ان کے ذہن میں موجود تھا کہ سوویت یونین اسلام کو ختم کرنے اور اسلام کے مختلف طرح کے مظاہر کے بتدریج اضافے کو روکنے میں ناکام رہا، جس کا اظہار سوویت یونین میں مساجد کی موجودگی اور اس کے آخری برسوں میں کھلے عام مذہبی لٹریچر کی دستیابی سے ہونے لگا تھا۔ انھوں نے سوویت حکومت میں اسلام کے اس طور بچ نکلنے کی درست تعبیر کرتے ہوئے اسے ازبکوں اور ازبکستان میں موجود دیگر مسلم اقلیتوں کی ثقافتی شناخت کا ایک ناگزیر جزو مان لیا ہے۔ اس ادراک اور معاشرے کے کنٹرول کے سوویت تجربے کے ملاپ نے اسلام پر ریاستی پالیسی کی تشکیل پر اثر ڈالا۔ بظاہر متضاد نظر آنے والے ان دو مظاہر کو دیکھتے ہوئے سیاسی قیادت نے دو طرح کے اسلاموں کو الگ الگ دیکھنا شروع کر دیا؛ ایک وہ اسلام جسے سرکاری منظوری حاصل ہے اور جس پر سرکاری نگرانی ہو سکتی ہے اور دوسری اسلام کی وہ شکل ہے جو سرکاری ایجنسیوں کی نظر میں معتوب ہے۔ اسلام کی باغیانہ شکل سے مراد شورش پسند اور متشدد اسلام ہے جس کا تعلق بیرونی ذرائع سے ہے اور جسے وہابی کہا جاتا ہے۔ ریاستی سیکورٹی ایجنسیوں اور عدلیہ نے ازبکستان میں اسلام کے سیاسی اظہار کے متعلق کسی طرح کا سمجھوتہ نہ کرنے کی پالیسی اپنائی ہے۔ اس طرح کی حکمت عملی کے تحت آنے والی اسلامی تحریکیں اسلامک موومنٹ آف اسلام (آئی ایم یو) اور حزب التحریر ہیں۔ افغانستان، اسامہ بن لادن اور طالبان کے خلاف فوجی آپریشن اور امریکہ کے اندر دہشت گردی کے حملوں کے بعد ازبکستان کی اس پالیسی کو امریکی حمایت حاصل ہے۔ امریکہ کی اس منظوری اور رضامندی کا نہایت واضح اور بین ثبوت یہ ہے کہ امریکی انتظامیہ نے دہشت گرد تنظیموں کی فہرست میں آئی۔ ایم۔ یو کو شامل کر لیا اور امریکی سربراہی میں چلنے والی دہشت گردی کے خلاف مہم میں ازبکستان کی شمولیت پر اسے چار سو ملین ڈالر کی امریکی امداد دینے کا وعدہ کیا۔ جیسا کہ نیچے بحث ہو گی ازبکستان اور امریکہ کے درمیان بڑھتے ہوئے تعلقات اس وسط ایشیائی ریاست میں اسلام اور حکمران سیاسی طبقے کے لیے سیاسی جواز خیزی کے حوالے سے نہایت اہم ہیں۔

تاہم ازبکستان میں موجودہ قیادت کے جواز کو کمزور کرنے میں سیاسی اسلام کے کردار پر توجہ دینے سے پہلے بہتر ہوگا کہ بطور پس منظر ہم اس ملک میں اسلام کی ماہیت اور سوویت حکومت کے بعد اسلام کے متعلق ریاستی رویے کا جائزہ لیں۔ اس باب کے آغاز میں ہم اسلامی اور ثقافتی شناخت اور اسلام کے متعلق سوویت انتظامیہ کے ردعمل کا ایک جائزہ پیش کریں گے۔ بعدازاں اسلام کے متعلق سوویت ریاست کے بعد اس ریاست کی پالیسی پر نظر ڈالی جائے گی۔ اگلے حصے میں ریاست کی منظور شدہ اسلامی شکل پر ریاستی نگرانی کے اثرات اور اس کے موثر ہونے یعنی سیاسی مضمرات پر بعد میں نظر ڈالی جائے گی۔

ثقافتی اسلام

اسلام ثقافتی شناخت کی بنت میں شامل ہے اور اسی لیے ازبک کمیونٹی کی اپنی تاریخ سے الگ نہیں کیا جا سکتا۔ یہ ایسا سچ ہے جسے دلیل کی ضرورت نہیں لیکن منصوبہ بندی کے سوویت ماہرین کے نزدیک اس بیان میں کوئی صداقت موجود نہیں تھی۔ ماسکو نے ازبک اور وسط ایشیا کے دیگر تمدنوں سے اسلام کو دور کرنے کی ہر ممکن کوشش کی۔ اسلام کے ساتھ ایسا سلوک کیا گیا، گویا یہ توہمات کا مجموعہ، زمانوں کی بات اور ایسے رجعتی اعمال پر مشتمل ہے جن کا سوشلسٹ منصوبے کے ساتھ گزارا ممکن نہیں۔ سوویت منصوبہ ساز اسلام کی جگہ ترقی پسند، رجائیت پسند اور سیکولر تشخص لانے پر تلے ہوئے تھے، جنھیں زبان کی بنیاد پر ایک دوسرے سے الگ رکھا جا سکتا تھا۔ وہ ازبک قوم کو بھی اسی طرح کا ایک منصوبہ خیال کرتے تھے۔ اس طرح کے سوویت اقدامات کو، کم ازکم جزوی سطح پر، ایک نوع کی کامیابی بھی ملی۔ ازبک قوم کے اندر بڑی تیزی سے وفاداری کا ایک جذبہ پیدا ہوا جو ثقافتی، انتظامی اور سیاسی اعتبار سے طبقہ بالا کے اندر زیادہ تھا لیکن سوویت منصوبہ سازوں کو یہ دیکھ کر حیرت ہوئی کہ وفاداری کا یہ نیا محور اسلام کی جگہ نہ لے سکا۔ اس کی بجائے لگتا تھا، گویا ازبک قوم کے معیارات میں ایک ایسی تبدیلی آ رہی ہے جو اسلامی روایات کو اپنے اندر رکھنے کی گنجائش سے متصف ہے اور اسلامی اعمال کی تعبیر نو کرتے ہوئے اسے قومی ورثے کے ایک حصے کی شکل دی جا رہی ہے۔

اسلامی روایات اور جدید ازبک قومیت کے اس انضمام نے ماسکو کو ایک خطرناک چیلنج سے دوچار کر دیا۔ سوویت پالیسی کے نفاذ کے ذمہ داران بھی اسلامی اور قومی روایات کے درمیان واضح خط امتیاز کھینچنے میں ناکام رہے۔ کمیونسٹ پارٹی کے ارکان بھی اسلامی تہواروں میں موجود نظر آتے تھے۔ وہ بھی جنازے اور تدفین میں حصہ لیتے اور اس امر کو یقینی بناتے کہ ان کے نومولود بیٹوں کے ختنے ضرور کیے جائیں۔ عام ازبکوں کے علاوہ قیادت میں شامل کئی لوگوں کے ذہن میں ازبک اور مسلمان کو الگ الگ نہیں کیا جا سکتا تھا۔

اس عام ادراک کو ہی اسلامی رسوم کے ساتھ وابستگی کے تسلسل اور معاشرتی اٹھ کو ان رسوم کی اجتماعی بجا آوری کا ذمہ دار سمجھا جا سکتا ہے۔ وسط ایشیا میں چائے خانوں کو عبادت گھر میں بدلنا ایک غیر قانونی لیکن عام عمل تھا۔ دوسرے مواقع پر بھی عام یا قرآن جاننے والے کسی شخص کو رسوم کی ادائیگی کے لیے مدعو کیا جاتا۔ مثال کے طور

پر سوویت یونین کے نافذ کردہ قوانین کے تحت ہونے والی شادی کے بعد نکاح خوانی لازم تھی اوراس کے بغیر نکاح مکمل نہیں سمجھا جاتا تھا۔شادی کی تقریب میں شامل خاندان نکاح کے بغیر شادی کو جائز تعلق قرار نہیں دیتے تھے۔

اس چیلنج پر ماسکو کا ردعمل قابل پیشن گوئی تھا۔ اسلام کو ختم نہیں کیا جاسکتا تو اسے قابو میں رکھا جائے۔ اس مقصد کے لیے دو ادارے قائم کیے گئے۔ پہلا ادارہ مفتی کا عہدہ تھا جسے سرکاری طور پر مسلم روحانی بورڈ برائے وسط ایشیا و قازقستان کا نام دیا گیا اور یہ باقاعدہ ۱۹۴۳ء میں قائم ہوا۔ تاشقند میں بورڈ کی سربراہی مفتی کے پاس تھی جو وسط ایشیا میں تمام اماموں کو رجسٹرڈ کرتا اور انھیں ہدایات جاری کرتا۔ وہ سوویت یونین میں بچے کھچے مدرسوں کے لیے اماموں کی تربیت کا ذمہ دار تھا اور وہی انھیں سرکاری طور پر رجسٹرڈ مسجدوں میں تعینات کرتا اور ہٹاتا۔ دوسرے الفاظ میں یہ بورڈ اسلامی مذہبی مقتدرہ کو ایک متحدہ تنظیم کے تحت لانے کا ذمہ دار تھا۔ حفظ مراتب پر قائم اس طرح کی تنظیم میں اماموں کا ارتکاز سوویت نگرانی اور کنٹرول کی سہولت کے لیے کیا گیا۔

دوسرا ادارہ کونسل برائے مذہبی امور تھا۔ یہ کونسل پہلی بار ۱۹۴۴ء میں قائم ہوئی اور اسے ماسکو میں موجود وزرا کی کونسل کے ساتھ منسلک کیا گیا۔ البتہ اس کی شاخیں جمہوریہ کی سطح پر موجود تھیں جو مقامی مذہبی معاملات نمٹاتی تھیں۔ یہ کونسل سوویت حکومت اور مفتیات سمیت تمام مذہبی انتظامیہ کے درمیان بطور واسطہ کام کرتی تھی۔ مذہبی سرگرمیوں کی انجام دہی کو ضبط میں رکھنا اس کی ذمہ داری تھی۔ یہ نئی عبادت گاہیں قائم کرنے کے سلسلے میں مذہبی مقتدرہ کے ساتھ بات چیت کی ذمہ دار بھی تھی اور سوویت رعیت اور سوویت سرحدوں سے باہر ان کے ہم مذہبیوں کے ساتھ تعلقات پر بھی نظر رکھتی تھی۔

سوویت یونین کے انہدام نے دونوں اداروں کو متاثر کیا لیکن یہ موجود رہے۔ مفتیات کا احاطہ کار پورے وسط ایشیا میں پھیلا ہوا تھا۔ ۱۹۹۲۔ ۹۳ء میں اسے قومی سرحدوں کے مطابق تقسیم کر دیا گیا اور مفتی کی عملداری از بک علاقے تک محدود ہوگئی۔ ساتھ ہی کونسل برائے مذہبی امور کا مرکز تاشقند بنا۔ یہ ماسکو سے آزاد ہوئی اور ازبکستان کی وزارتی کابینہ کو جوابدہ قرار دی گئی۔ تنظیمی سطح کے اس نئے انتظام کے باوجود اسلام اور ریاست کے مابین تعلقات کا تعین سیاسی ضرورت اور اسلام پر کنٹرول کی جدوجہد کے مطابق ہوتا رہا۔

اسلام آزاد ازبکستان میں

دسمبر ۱۹۹۱ء میں سوویت یونین کا وجود ختم ہوا اور تاشقند میں آزاد ازبکستان کے فیصلے ہونے لگے۔ تاشقند کی سیاسی قیادت اور اسلام کے درمیان سوویت عہد کے بعد کے تعلقات تضادات سے بھرے پڑے ہیں۔ ایک طرف تو قیادت اچھی طرح سے آگاہ ہے کہ اسے حاصل عوامی جواز میں اسلام انتہائی اہم ہے، جب کہ دوسری طرف وہ سیاسی اکھاڑے میں اسلامی عاملوں کو خوش آمدید کہنے کے لیے تیار نہیں۔ ہاں، البتہ سیاسی قیادت اسے اپنی جواز خیزی میں استعمال کرنے کے لیے ہر گھڑی تیار ہے۔ سوویت عہد کے بعد ازبک ریاست اور اسلام کے درمیان موجود تعلقات کی ماہیت میں یہ دو متضاد دھارے بہت اہم ہیں۔

صدر اسلام کریموف نے ثابت کیا ہے کہ اسے ازبک قومی تشخص میں اسلام کی اہمیت سے گہری آگہی ہے۔ خود کو بے داغ ازبک قوم پرست ثابت کرنے کو بے تاب صدر کریموف نے اسلامی علامات پر خاص توجہ دی ہے۔ دسمبر ۱۹۹۱ء میں پہلے براہ راست صدارتی انتخابات کے موقع پر صدر کریموف نے اسلام اور ازبک طرز حیات میں اس کے مقام کا ذکر بڑے احترام سے کیا۔ اس نے ازبکوں کی خاندانی اور معاشرتی زندگی کے انضباط میں اسلام کی مرکزیت پر زور دیا۔ مثال کے طور پر ازبک روزنامے 'خلق سوزی' کو ایک انٹرویو میں اسلام کا حوالہ دیتے ہوئے انھوں نے کہا کہ یہ ''ہمارے ملک کے بہت سے لوگوں کا ضمیر، روح حیات بلکہ خود حیات ہے۔'' ازبک حکومت نے صدر کی پیروی میں مذہبی تقاریب کی سرپرستی میں سرگرمی دکھائی۔ ازبک لیبر کوڈ کے آرٹیکل ۷۷ میں عید قربان اور عید الفطر کو دو بڑے اسلامی تہوار قرار دیتے ہوئے قومی چھٹی قرار دی گئی۔ رجسٹرڈ شدہ اسلامی اداروں کے ساتھ تعاون کو بہتر بنانے اور اسلامی تہواروں کو مناسب طور پر منانے کے انتظامات کی نگرانی کے لیے صدر کریموف باقاعدہ مقامی منتظموں یعنی حاکموں اور دیگر افسران سے ملے۔

اپنی ایک پارلیمانی تقریر میں صدر کریموف نے امام بخاری، ترمذی اور خواجہ بہاؤ الدین نقشبندی کو ازبکوں کے عظیم اجداد قرار دیا۔ ۱۹۹۴ء میں امام بخاری کی الٰہیاتی تحریروں پر ایک سیمینار تاشقند میں منعقد کروایا گیا۔ اگلے سال صدر کریموف نے تاشقند میں بین الاقوامی اسلامی مطالعات کا ایک مرکز قائم کرنے کا اعلان کیا۔ یہ مرکز علوم کی ازبک اکیڈمی کے ساتھ منسلک ہے اور دفتر مفتیات کے اسلامیات کے اساتذہ کے قریبی تعاون سے کام کرتا ہے۔ صدارتی اعلان کے مطابق یہ مرکز اسلامی تعلیمات و فلسفہ کا مطالعہ کرے گا اور ''ازبکستانی لوگوں کے مذہبی، تاریخی اور تمدنی ورثے کی کھوج لگائے گا۔'' اس پالیسی کے تحت ازبک حکومت نے مختلف مسیحی فرقوں کی طرف سے ہونے مشنری کاموں پر پابندی لگا دی کہ یوں ''ازبک روح اور روحانیت مجروح ہوتی ہے۔'' مئی ۲۰۰۲ء میں ازبک حکام نے مسیحی چرچوں میں ازبک زبان کے واعظ نے بند کرنے کا حکم دیا اور ازبک زبان میں مسیحی مواد چھاپنے کے شبہ میں اٹھارہ مسیحیوں کو نظر بند کر دیا۔ روایتاً ازبک سمجھتے ہیں کہ ازبکیت اور مسلمانی ہم معانی ہیں اور قیادت اس مفروضے کو تقویت دینے میں سرگرم نظر آتی ہے۔ ایک تازہ حکومتی سروے کے بعد اعلان کیا گیا کہ ۸۰ فیصد سے زیادہ ازبک مسلمان ہیں۔ اس تعلق کو تقویت دیتے ہوئے قیادت ایک واضح پیغام دینا چاہتی ہے: ''یہ ازبک روایت اور اقدار کا تحفظ ہے۔'' شمالی امریکہ اور یورپ کی این جی اوز نے اس طرز فکر پر تنقید کی۔ ان حکومتوں کا بھی یہی موقف ہے۔ مغرب اسے مذہبی عقائد کی آزادی میں رکاوٹ خیال کرتا ہے لیکن جہاں تک تاشقند کا تعلق ہے تو بین الاقوامی سطح کی یہ ہلکی سے تھیوری اندرون ملک حکومتی مقبولیت میں ہونے والے اضافے کے سامنے بے معنی ہے۔

اسلام کے متعلق اس مربیانہ طرز عمل کے ساتھ ساتھ قیادت نے آزاد اسلامی گروپوں کو ختم کرنے کی حکمت عملی بھی شروع کر دی ہے۔ جہاں تک ازبک قیادت کا تعلق ہے تو سیکولر ازبکستان میں ایسی آزادی کی کوئی جگہ نہیں۔ دسمبر ۱۹۹۲ء میں اختیار کیے گئے ازبک آئین میں مذہب اور ریاست کی آزادی مذکور ہے اور یہ بھی کہ

مذہبی اداروں کی سرگرمی میں ریاست مداخلت نہ کرے گی۔ اس شق کی تکمیل کے لیے ریاستی معاملات میں مذہبی تنظیموں کی مداخلت پر بھی پابندی لگائی گئی ہے اور قرار دیا گیا ہے کہ مذہبی اصولوں پر مبنی سیاسی تنظیم تشکیل نہ دی جا سکے گی۔ یہ شق ریاست اور مذہب کی علیحدگی کے حوالے سے ایک انوکھی تعبیر ہے، کیوں کہ اس کی رو سے لوگوں کی زندگی سے اسلامی تنظیموں کو نکال دیا گیا ہے۔

لگتا ہے کہ ازبکستان میں سیکولرزم کے معانی انوکھے ہیں۔ مذہب اور سیاست کو الگ کرنے سے کہیں زیادہ یہ اسلامی عامل کو عوامی زندگی میں مداخلت کی آزادی سے روکتی ہے، جب کہ ریاست کو اجازت دیتی ہے کہ وہ حکومتی منظور شدہ اسلامی سرگرمیوں کو رواج دے۔ یہ متناقض طرزِ عمل ریاست کے لیے کس طرح کے نتائج وعواقب کا سبب بنے گا، کچھ کہنا مشکل ہے۔ آگے ہم ان نتائج وعواقب کا جائزہ لینے کی کوشش کریں گے۔

مذہبی معاملات میں ریاست کی عدم مداخلت کا اصول خاصا کمزور ہے اور ریاست اس کی خلاف ورزی کرتی رہتی ہے۔ اس کی خواہش ہے کہ انتظامی اقدامات کا سہارا لے کر موجود اسلامی انتظامات یعنی مفتیات کو بے اثر کر دیا جائے۔ مذہبی امور کی ریاستی کمیٹی اور دیگر ریاستی محکمے مفتیات کو مسلسل زیرِ اثر رکھے ہوئے ہیں۔ ۱۹۹۳ء میں ازبکستان نے ضمیر کی آزادی اور مذہبی تنظیموں کا قانون اختیار کیا جس کی رو سے علاقائی گورنروں یعنی حاکموں اور مقامی ایجنسیوں کو اسلامی اداروں کی سرگرمیوں پر نظر رکھنے اور انھیں قابو میں رکھنے کے اختیار دیے گئے۔ قرار پایا کہ جمعہ کے خطبات کا مواد بھی نظر میں رکھا جائے گا۔ یوں اس قانون کے تحت مذہبی سرگرمیوں کو ریاست کی مقررہ حدود میں رکھنے کا عندیہ دیا گیا۔ کسی سال قیادت نے تاشقند کے روز بروز بے باک ہوتے مفتی کو فارغ کروا دیا۔ مفتی محمد یوسف کی جگہ امام مختار جن عبداللہ کا آنا سرکاری اسلامی مقتدرہ کی بڑھتی ہوئی خود اعتمادی پر ایک شدید ضرب سمجھی جاتی ہے۔ ازبکستان کے بہت سے امام مختار جن عبداللہ کو متزلزل ارادے کا مرنجان مرنج شخص سمجھتے ہیں اور بلاشبہ حکومتی حلقوں کو انھی اوصاف کے امام کی ضرورت ہے۔ خود مختار جن عبداللہ کی جگہ بہت جلد عبدالرشید کوری برموف کو لایا گیا جن کے سیاسی نظریات کا طرۂ امتیاز یہ ہے کہ انھوں نے افغانستان میں امریکی مہم پر صاد کیا اور ازبکستان میں امریکی قوتوں کے داخلے کے متعلق تاشقند پالیسی کی حمایت کی۔

ازبک حکومت نے محمد یوسف کو ہٹا کر یہ سگنل دیا ہے کہ اعلیٰ قیادت کو اپنی جواز خیزی کے حوالے سے اسلام کو قوت کی پریشانی ہے۔ ازبک قوم پرستی کو تقویت دینے کی پالیسی پر عمل پیرا تاشقند نے سوویت انہدام کے وقت سماجی اور سیاسی بے چینی سے نمٹنے کے لیے مفتیات کو برتنے کا فیصلہ کیا تھا اور مفتی محمد یوسف بھی یہ کردار ادا کرنے پر تیار تھے۔ مئی ۱۹۹۰ء میں حکومت نے انھیں وادی فرجانہ بھیجا تا کہ وہاں جاری نسلی فسادات کو ختم کرنے کے لیے بردباری اور تحمل سے کام لینے کی تبلیغ کی جا سکے۔ پھر انھوں نے جزک اور نوکوس کا دورہ کیا اور وہاں بھی متشددانہ رویے کے خطرے کے خلاف پیغام دیا۔ بعد ازاں مفتی محمد یوسف نے سوویت اخبار Komsomol, Saayapravda کو اسلام اور سیاست کے موضوع پر ایک انٹرویو بھی دیا۔ اس نے ازبکستان میں احیائے اسلام پارٹی (IRP) کی تشکیل پر تبصرہ کرتے ہوئے کہا کہ مسلمانوں کی ایک جماعت پہلے سے موجود ہے یعنی

اسلام؛ اور اسی لیے اسلام کے تناظر میں ایک اور پارٹی کی تشکیل غلط ہوگی، کیوں کہ یوں مسلمان ناگزیر طور پر تقسیم ہو جائیں گے۔ اس نے یہ دعویٰ بھی کیا کہ اسلام پارٹیوں اور کلبوں جیسی ارضی تقسیموں سے ماورا ہے۔ ریاست کے زیر اہتمام چلنے والے ازبک روزنامے پر 'دودا ووستکا' نے بھی یہی دلیل اختیار کی اور مفتی کے نکات کو آگے بڑھاتے ہوئے اسلامی سیاسی جماعتوں کی تشکیل کو غیر منطقی اور متضادانہ قرار دیا۔ اسی مضمون میں انتباہ کیا گیا تھا کہ اس طرح کے رجحانات اسلام اور سیاست کو جدا کرنے والی سرحدوں کی خلاف ورزی ہے۔

سماجی نفاق کے خلاف مفتی محمد یوسف کی تبلیغ اپنی جگہ، لیکن وہ بھی سیاست میں ملوث ہونے سے باز نہ رہ سکا۔ شاید یہ بھی بدلے حالات کا ایک نشان تھا کہ سوویت تحریک میں پہلی بار مسلم مذہبی مقتدرہ سے متعلق ایک شخص نے پارلیمنٹ کا انتخاب لڑا۔ ۱۹۸۹ء میں مفتی محمد یوسف ازبکستان کی پارلیمنٹ سپریم سوویت کا رکن منتخب ہوا۔ وہ سیاسی معاملات میں بھی گھسیٹا گیا جن میں سے ایک کا تعلق آزاد ملک کی حیثیت سے ازبکستان کے مستقبل سے بھی تھا۔ اگرچہ اس نے کبھی ازبک ریاست کے وجود کے جواز کو کھلے بندوں چیلنج نہ کیا لیکن وہ وسط ایشیا کے مسلمانوں کو لسانی خطوط پر تقسیم کرنے کے سخت خلاف تھا۔ اس تقسیم کے نتیجے میں جہاں وسط ایشیا میں کئی مسلم ریاستیں وجود میں آئیں، وہاں سنٹرل ایشین مسلم بورڈ بھی قومیت کی بنیاد پر قائم مفتیات میں بٹ گیا۔ مفتی محمد یوسف کی دلیل تھی کہ لسانی انا پرستی نے اللہ کے راستے پر چلنے کے حوالے سے مسلمانوں کے عزائم کو کمزور کیا اور ان کی برے بھلے کی شناخت دھندلا گئی ہے۔ مفتیات کا اپنا رسالہ 'مسلمانان ماورالنہر' (Muslims of Mowarounnahr) اس نقطہ نظر کا ترجمان رہا ہے۔ یہ انداز فکر بہت واضح لیکن لطیف انداز میں وسط ایشیا کی پانچ الگ ریاستوں کی قومی آزادی کے لیے ایک چیلنج تھا اور اسی کے باعث مفتی اور صدر کریموف کی قوم پرست حکومت کے درمیان ٹھن گئی۔

مفتی محمد یوسف کی پُرزور قیادت کا ایک اور جزو اس کی صلاحیت تھی جس کے بل بوتے پر اس نے غیر رجسٹرڈ ملاؤں کو مفتیات کی طرف متوجہ کیا۔ چونکہ اس طرح تمام ملا ریاستی نگرانی میں آسکتے تھے۔ چنانچہ حکومت نے اس عمل کی حمایت کی تھی لیکن جیسا ہم آگے چل کر دیکھیں گے کہ اس اقدام کے نتیجے میں تاشقند کی مفتیات کو عددی اور نفسیاتی تقویت ملی۔ ۱۹۸۲ء کے اواخر تک مفتی خود کو ازبکستان میں اسلام کا معتبر نمائندہ قرار دینے کا اہل ہو چکا تھا۔ حکومت اور اس کے اسلامی مخالفین دونوں اس حقیقت کو سمجھتے تھے، حتیٰ کہ آئی آر پی مفتیات کے ساتھ اپنی پہلی مخاصمت کے باوجود بے تاب تھی کہ مفتی اس کے سیاسی اہداف کی منظوری دے دے جس میں سیاسی اصلاحات اور تعلیم کے ذریعے ازبکستان کو اسلامیانہ بھی شامل تھا۔

مفتی محمد یوسف کی زیر قیادت مفتیات کا دباؤ بڑھ رہا تھا اور وادی فرغانہ میں احیائے اسلام جماعت اور کئی چھوٹی دیگر اسلامی تنظیموں کے فروغ نے تاشقند کو پریشان کر رکھا تھا۔ لیکن ایک واقعہ ایسا ہوا کہ قیادت آزادانہ اسلامی سرگرمی پر پابندی لگانے اور اسلام کو ریاستی کنٹرول میں رکھنے کی ضرورت پر قائل ہوگئی۔ یہ واقعہ ہمسایہ ریاست تاجکستان میں سیاسی تناؤ میں ہونے والا اچانک اضافہ تھا جہاں تاجکستان کی احیائے اسلام جماعت کی زیر نگرانی اسلامی ریاست مہم چل نکلی تھی۔ ازبک قیادت ۱۹۹۲ء سے ۱۹۹۷ء کی تاجک خانہ جنگی کو اسلامی عاملوں

کی تباہ کن اہلیت کے حوالوں سے دیکھنے لگی تھی۔

پالیسی کے مضمرات کی جانچ اور اندازہ

اسلامی خودمختاری کے ساتھ نمٹنے کے لیے تاشقند نے جابرانہ رویہ اختیار کیا اور اسلامی منحرفین موثر طور پر خاموش ہو گئے۔ ۱۹۹۷ء کے آتے آتے مفتیات اپنے ۱۹۹۱۔۹۲ء کے متحرک اور طاقتور وجود کا محض سایہ رہ چکا تھا۔ احیائے اسلام جماعت کو عملاً ازبک سیاست سے خارج کیا جا چکا تھا۔ اس کے زیادہ تر اراکین جیل میں تھے یا چھپ چکے تھے۔ کچھ نے ازبکستان چھوڑ جانے میں عافیت جانی تھی۔ ارک (Erk) اور برلک (Birlik) جیسی حزب اختلاف کی جماعتوں نے جو اپنے طرز عمل میں مذہبی نہیں تھی لیکن آئی آر پی کے ساتھ تعاون کے لیے تیار تھیں، ختم کر دی گئیں۔ لگتا تھا کہ حکومت بالآخر کبھی خوف ناک نظر آنے والے اسلامی خطرے کو ختم کر چکی ہے اور اس نے مفتیات کی چھتری تلے ریاستی منظور شدہ مذہبی مقتدرہ کے قیام کی راہ ہموار کر لی ہے جو ریاست اور لوگوں کے درمیان اسلام کے حوالے سے واحد وسطہ ہوگا۔ محسوس ہونے لگا تھا کہ ازبکستان میں آئندہ اسلام کا پیغام حکومتی رہنما خطوط کی مطابقت میں ہی دیا جا سکے گا۔

تاہم یہ ظاہری کامیابی عبوری اور مختصر بھی ہو سکتی ہے۔ الگ الگ ہونے والی دو پیش رفتوں سے اشارہ ملتا ہے کہ اپنے آپ کو حکومت کی مبارک باد قبل از وقت ثابت ہوگی۔ پہلی پیش رفت کا تعلق انقلابی سیاسی نظریات کے پرچارک خفیہ اسلامی نیٹ ورک سے ہے جن کا سراغ لگانا آئی آر پی اور غیر رجسٹرڈ ملاؤں سے زیادہ مشکل ہے۔ ۱۹۹۷ء میں حزب التحریر کے نام سے ایک نیا کھلاڑی منظر عام پر آیا۔ اگرچہ حزب التحریر کا اصل تعلق اردن کی اخوان المسلمین سے ہے اور اصل میں یہ فلسطین کی قومی آزادی کے لیے قائم ہوئی لیکن اس نے اپنے اہداف کو پھیلاتے ہوئے عالمگیر کیا اور اسلامی خلافت کے قیام کے لیے کام کرنے لگی۔ اسلامی ایکتا اور سماجی انصاف حزب التحریر کا نعرہ بن گئے۔ روزگار کی عدم موجودگی اور منڈی کی اقتصادیات کے بد اثرات کے خلاف جامع سماجی تحفظ سے تہی ازبک نوجوانوں کو یہ نعرہ بھا سکتا ہے۔ چونکہ حزب التحریر کی تنظیم خفیہ ہے، چنانچہ حساب لگانا مشکل ہے کہ اسے ازبکستان میں کس قدر پیروکار میسر ہیں۔ اس تنظیم نے اپنا کام خفیہ رکھنے کے لیے اپنے تنظیمی ڈھانچے کو احرامی شکل دی اور اسے چھوٹے چھوٹے خانوں میں بانٹ دیا جن میں سے ایک کے رکن کسی دوسرے کے اراکین کو زیادہ نہیں جانتے۔ لیکن اندیجان اور کوقند میں حزب التحریر کے پمفلٹوں کی بھرمار سے پتہ چلتا ہے کہ پارٹی کو حمایت مل رہی ہے۔ بعض لوگ یہ بھی سمجھتے ہیں کہ حزب التحریر کی مقبولیت کا سبب اس کے عدم تشدد پر مبنی اصول ہیں، کیوں کہ یہ جماعت دہشت گردی کی سرگرمیوں میں ملوث نہیں اور نہ ہی امریکہ نے اسے دہشت گرد ملوں کی اپنی فہرست میں شامل کیا ہے۔

سیاسی اسلام کی علمبردار ایک اور خفیہ جماعت تاجکستان کی تحریک اسلامی (IMU) ہے۔ اس تنظیم کے مقاصد حزب التحریر کے برعکس ورائے قومی نہیں۔ اس کا ارتکاز کریموف کی حکومت ہٹانے اور ازبکستان میں

اسلامی ریاست کے قیام سے ہے۔قومی سطح کے ارتکاز کے باعث آئی ایم یو، کریموف کے لیے خطرناک چیلنج بن گئی ہے جو اسے غیر قانونی قرار دے کر مسترد کر دیتا ہے۔آئی ایم یو نے کبھی سیاسی مقاصد کے حصول میں متشددانہ طریقوں سے احتراز کو اپنا اصول نہیں بتایا۔فروری ۱۹۹۹ء میں تاشقند میں مربوط بم دھماکوں کے ایک سلسلے کو آئی ایم یو کی کاروائی سمجھا جاتا ہے۔یوں یہ تنظیم سیاسی منظر عام پر ابھری۔آئی ایم یو کا عزم سال کے آخر میں ایک بار پھر ظاہر ہوا جب اس نے شمالی افغانستان میں واقع اڈوں سے اپنے لڑاکا اٹھائے اور انھیں تاجکستان کے راستے ازبکستان کی سرحدوں کے نزدیک کرغیز علاقے میں پہنچا دیا۔اسی طرح کے آپریشن اگلے سال بھی کیے گئے۔یوں کرغیزستان کی ریاستی سلامتی پر سوالیہ نشان بنے اور یہ امر واضح ہوا کہ وسط ایشیا کے ممالک کی سرحدیں کتنی آسانی سے عبور کی جا سکتی ہیں۔امریکی قیادت میں دہشت گردی کے خلاف ہونے والی جنگ میں طالبان کا تختہ الٹ گیا۔آئی ایم یو پر کاری ضرب لگی اور خبریں آئیں کہ اس کا رہنما جمعہ نامنگانی مزار شریف کے نزدیک لڑتے ہوئے مارا گیا۔اس اطلاع کے مصدقہ ہونے سے قطع نظر روس کی خفیہ ایجنسیوں نے اپنے ذرائع سے خبر دی ہے کہ افغانستان اور تاجکستان میں اب بھی آئی ایم یو کے پاس خاصی بڑی لڑاکا قوت موجود ہے۔اس طرح کی اطلاعات بھی موجود ہیں کہ آئی ایم یو کا تین ہزار افراد پر مشتمل دستہ وادی فرغانہ میں چھپا ہوا ہے۔یہ وادی ازبکستان، تاجکستان اور کرغیزستان کے مابین تقسیم ہے۔

حکمت عملی پر اختلافات اور تشدد کو اپنانے یا نہ اپنانے سے قطع نظر ان دو اور دیگر چھوٹے گروپوں میں ایک بات پر اتفاق ہے کہ ازبک سیاست میں انقلاب برپا کرنے کی ضرورت ہے۔وہ صدر کریموف کی حکومت کو کافر قرار دے کر مسترد کرتے ہیں اور شریعت پر مبنی ریاست کے دعویدار ہیں۔حکومت ان تنظیموں اور سیاسی اسلام کے چیلنج کے ردعمل میں انھیں عام مجرم قرار دے کر مسترد کر دیتی ہے جو اسلام کو پردے کے طور پر استعمال کرتے ہوئے نشہ آور اشیا کی اسمگلنگ میں ملوث ہیں۔حکومت اپنے ایک اور حربے کے طور پر انھیں بیرونی طاقتوں کا ایجنٹ قرار دیتی ہے اور زور دیتی ہے کہ یہ پاکستان، سعودی عرب، ایران اور تاجکستان وغیرہ کے ہاتھوں میں کھیلنے والی کٹھ پتلیاں ہیں۔غرض یہ کہ حکومت ان گروپوں کو ممکنہ طور پر حاصل عوامی معاونت اور حمایت کو گھٹا کر پیش کرتی ہے اور ان کے خلاف اپنے جابر اقدامات کو جواز دیتی ہے۔ان تنظیموں کی اسلامی ماہیت سے انکار کرتے ہوئے اور ان کے خارجی روابط کے اظہار کو جبر کا بہانہ بنا کر حکومت بجائے خود اسلام کے متعلق اپنے تصور کا اثبات کرتی ہے کہ اس میں اجارہ داری موجود ہے اور اسلام کی بات کرنے کا حق صرف ریاستی سرپرستی میں چلنے والی مقتدرہ کو ہے۔اسی طرح ریاست بتانا چاہتی ہے کہ اسلام کے دیگر دعویدار محض ظاہرداری کرتے ہیں۔

سیاسی قیادت کو درپیش دوسرا تنازعہ اس سے بھی بڑا چیلنج ثابت ہو سکتا ہے۔اسے خطرہ ہے کہ وہ سرکاری اسلامی نظام مراتب پر اپنا کنٹرول نہ کھو بیٹھے۔حکومت مفتیات کی شکل میں اسلام کی ایک مرکز جو مقتدرہ قائم رکھنا چاہتی ہے تاکہ سوویت زوال کے بعد کے نظم ونسق کی جواز خیزی میں اسلام کی تعبیر کو برتا جا سکے۔مقامی نمازیوں اور ملاؤں کو مفتیات کی چھتری تلے لانے کا مقصد بھی ریاستی کنٹرول کو مضبوط کرنا ہے۔لیکن بالآخر یہ عمل بھی اسلام کو

108

سیاسی اسلام

ایک حقیقی سیاسی کھلاڑی بنا سکتا ہے، خواہ اس کا کردار فقط حکومتی پالیسیوں اور صدارتی فرامین کے اثبات کا ہی رہ جائے۔ اسلام کو سیاسی سطح تک اٹھانے اور اسے ریاست کی سرکاری آئیڈیالوجی میں شامل کرنے کے نتیجے میں اسے ایسی اتھارٹی دی جا رہی ہے جو سرکاری سطح پر کبھی حاصل نہ تھی۔ یہ ریاست اسلام اور ثقافتی تشخص کو ہم زیستی کی سطح پر لانا چاہتی ہے۔ یہ ملاپ پہلے بھی موجود تھا اور اہل ایمان کو روزمرہ کی رسوم سے آگاہ کرتا تھا لیکن تب یہ مقامی کمیونٹی کے معاملات تک محدود تھا اور اب اسے ریاستی سطح کے معاملات میں سرایت کروایا جا رہا ہے۔ سخت کنٹرول میں ہونے کے باوجود یہ اپنی ماہیت میں زیادہ سیاسی ہوتا چلا جا رہا ہے۔

اپنی مرتکز شکل میں اسلام قومی معاملات کے ساتھ متعلق رہتا ہے۔ اسلام کی مرکزیت اور اس کی ادارہ جاتی شکل اس صلاحیت میں اضافے کا سبب بنتی ہے اور نہ صرف جغرافیائی بلکہ سیاسی طور پر بھی اس کی کارگری بڑھ جاتی ہے۔ اسلام کی یکساں تعبیر کے لیے الٰہیات میں تربیت یافتہ مذہبی مقتدرہ کو برتا جاتا ہے تو یہ محض رسوماتی ادائیگی کا عمل نہیں رہ جاتا بلکہ مسلمانوں کے لیے مناسب سماجی رویے اور بالآخر مناسب حکومت کا رہنما بن کر سامنے آتا ہے۔ یہ نیا اسلام اپنی قوت اور انگیخت مسلمانوں کے اعمال سے نہیں بلکہ قرآن وحدیث سے حاصل کرتا ہے۔ یہی وجہ ہے کہ اس پر اسلامی تطہیر پسندوں کی ثقافتی روایات کا اثر ورسوخ کم ہو جاتا ہے اور یوں وہابیوں جیسے گروپ بھی اسلام کی من مانی تعبیر نہیں کر پاتے۔ اپنی اس شکل میں اسلام خالص، اصل اور محرک بن جاتا ہے۔

اسی طرح مختلف علاقوں کی روایات پر مبنی اسلام کی مختلف شکلوں کے مقابلے میں مفتیات کا پیش کردہ اور مقدس تحریروں پر مبنی اسلام قومی سیاست میں جائزہ کار کی حیثیت سے سامنے آ سکتا ہے۔ اہلیت اور حیثیت کی یہ تبدیلی دوررس امکانات سے متصف ہے۔ ریاستی حکام یہ بات اچھی طرح جانتے ہیں کہ اب مفتیات کئی طرح کے سیاسی معاملات پر تبصرہ آرائی کر سکتی ہے۔ ظاہر ہے کہ ریاست کو اپنی پالیسیوں کے لیے کسی حد تک علما کی حمایت حاصل کرنا پڑتی ہے۔ علما کو سیاسی جواز خیزی میں شامل کرنے کا عمل دراصل اسلام کو سیاسی بنانے کا عمل ہے لیکن اگر اسلام کو سیاسی بنایا جاتا ہے تو یہ دنیاوی ریاست کو دینی حمایت مہیا کرنے سے انکار کر سکتا ہے۔ اگر ابھی تک مفتیات نے حکومتی پالیسیوں کے حوالے سے کوئی پُرقوت نقطہ نظر اختیار نہیں کیا تو اس کا تعلق علما کی مجہول شخصیت سے ہے۔ یہ بھی کہا جا سکتا ہے کہ تاحال ازبکوں کے درمیان مقدس کتب کے داعی اسلام کو وہ اثر حاصل نہیں۔ اس طرح کا امکان موجود ہے کہ زیادہ مصمم ارادے کے حامل علما اسلام کا نیا وسیع تر محیط دیکھتے ہوئے ریاست سے آزاد ہونے کی ضرورت محسوس کریں۔ مفتی محمد سعید اور تاجکستان کے قاضی کالون اکبر تراجن زادہ ریاست سے آزادی پر اصرار کی ایسی ہی مثالیں ہیں سیاسی رنگ دینے اور اسلام کی تعبیر مقدس کتب میں کرنے کی منطق ایک نئے اسلام کے ظہور پر منتج ہو سکتی ہے جو محض ایک جواز خیز قوت نہیں ہوگا بلکہ دنیادار حکمرانوں کے لیے چیلنج بننے کی صلاحیت سے متصف آزاد سیاسی عامل بھی ہو سکتا ہے۔

اس تناظر میں یہ دیکھنا خاصا چشم کشا ہوگا کہ حکومتی پالیسیوں کی کھلی حمایت کرنے کے باوجود موجودہ مفتی نے اسلامی گروپوں کے متعلق حکومتی مرضی کی زبان استعمال کرنے سے انکار کر دیا ہے۔ جنوری ۲۰۰۰ء میں ٹیلی

ویژن پر مفتی، مذہبی امور کے کابینہ آفس کے چیئر مین اوامور داخلہ کے وزیر کے مابین ایک میٹنگ دکھائی گئی۔اس میں مذہبی رہنماؤں پر تنقید کی گئی کہ وہ اسلامی انقلاب پسندوں کے خلاف جہاد نہیں کرتے اور بزدلی کا مظاہرہ کررہے ہیں۔ مفتی بہرموف کا ردعمل بڑا ہوشیاری کا تھا۔انھوں نے بڑی صفائی سے تنقید کا رخ بدلتے ہوئے کہ اصل ضرورت جہالت اور ناخواندگی سے نمٹنے کی ہے جو اسلام کی اس طرح کی غلط تعبیر کا ماخذ ہے۔ مفتی کے مذکورہ بالا ردعمل میں آزادئ رائے ملتی ہے لیکن یہ مفتیات کو ایک آزاد ادارہ نہیں بناسکتی۔اس ہیئت قلب میں ایک بڑی رکاوٹ یہ ہے کہ اسلامی اصولوں کے متعلق لوگوں کا علم نہایت محدود ہے۔اسلامی دنیا سے ستر برس تک الگ رکھے جانے اور وسط ایشیا میں تعلیم پر مسلسل قدغن کے نتیجے میں اسلام کے ساتھ لوگوں کی شناسائی بہت معمولی رہ گئی ہے۔ بیشتر اوقات انھیں صرف روایتی رسوم میں استعمال ہونے والی نامکمل اور بنیادی دعائیں ہی یاد ہوتی ہیں۔اسلام کے ساتھ یہ سطحی سی واقفیت روایتی اور غیر تحریری یعنی عوامی فروغ دیتی ہے اور اسلام کے سیاسی آئیڈیالوجی بننے کی راہ میں رکاوٹ بن جاتی ہے۔ ۱۹۹۳ء میں دیے گئے ایک عوامی جائزے کے مطابق وسط ایشیا میں اسلام کے بنیادی اصولوں کے متعلق واقفیت نہایت سطحی نکلی۔ پتہ چلا کہ جب کلمہ شہادت عربی میں پڑھا گیا تو بیشتر سننے والے اسے درست طور پر نہ سمجھ سکے۔ازبکستان میں آزاد اسلام کے موجود نہ ہونے کی تیسری اور واضح ترین وجہ یہ ہے کہ ریاست نے ملاؤں کی بے باکی پر شدید قدغن لگائی اور خلاف ورزی کرنے والوں کو انتظامی سختیاں سہنا پڑیں۔ انسانی حقوق کے مقامی گروپوں کے تخمینوں کے مطابق مئی ۲۰۰۲ء میں سات ہزار آزاد خیال مسلمان جیل میں تھے۔حزب التحریر قرار دیتی ہے کہ اس طرح کے پچاس ہزار قیدی مغربی ازبکستان کے عقوبتی کیمپوں میں قید ہیں۔زیادہ نمایاں نظر بندوں میں سے جواب غائب ہیں، اندیجان کی جامع مسجد کے امام شیخ عبدالولی اور ان کے معاون بھی شامل ہیں۔ یہ بات عمومی طور پر درست ہے کہ ازبکستان میں متقی مسلمانوں کو شبہ کی نظر سے دیکھا جاتا ہے۔آئی ایم یو یا حزب التحریر کے ساتھ تعلق ہونے کے شبہ میں باریش اشخاص کو نظر میں رکھا جاتا ہے۔ایسی شکایات بھی سننے میں آئی ہیں کہ ہائی اسکول اور حکومتی دفاتر میں حجاب کی حوصلہ شکنی کی جارہی ہے۔طرفہ تماشا یہ ہے کہ اسلام کو اپنے دوش بدوش دیکھنے کی خواہش مند حکومت اس مذہب سے خوف زدہ ہے۔

نتیجہ

اس امر سے تو کسی کو انکار نہیں کہ بعد از سوویت ازبکستان اہم کردار ادا کرنے کو تھا۔سیاسی اسلام کے داعی اور نئی قوت سے متصف مفتیات اور طرح طرح کے اسلامی گروپوں کے ساتھ ساتھ سوویت تسلط کے بعد اقتدار میں آنے والی قیادت سمیت کسی کو شک نہیں تھا کہ آزاد جمہوریہ ازبکستان کے تشخص سے اسلام کو الگ نہیں کیا جا سکتا۔اسلام سوویت جبر سے بچ نکلا اور اس نے اپنی شناخت قائم رکھنے میں ازبکوں کو مدد دی۔ چنانچہ عین فطری نظر آتا تھا کہ سوویت انہدام کے بعد یہ زیادہ نمایاں ہوکر سامنے آئے گا۔یہی وہ جگہ ہے جہاں اسلامی کارکنوں اور سیاسی مقتدرہ کے درمیان اشتراک ختم ہوجاتا ہے۔اسلامی کارکن ازبکستان کے سیاسی ایجنڈے میں اسلام کے

لیے زیادہ فیصلہ کن کردار کے طالب ہیں اور اس ملک کو اسلامی ریاست دیکھنا چاہتے ہیں۔ یہ اور بات ہے کہ اسلامی ریاست کے متعلق ان کا اپنا تصور بھی کچھ زیادہ واضح نہیں۔ دوسری طرف سیاسی مقتدرہ نے اسلام کو افادی نقطہ نظر سے دیکھا اور اسے اپنی جواز خیزی میں برتنا چاہا۔ ازبکستان کی سیاست میں اسلام کے کردار کے متعلق پائے جانے والے اختلافات سے پتہ چلتا ہے کہ یہاں سیاسی جواز خیزی کے تصورات کے حوالے سے کیسی تقسیم موجود ہے۔ اختلاف کا اصل نکتہ یہ ہے کہ حکومت کے لیے جواز کا اصل منبع کیا ہونا چاہیے۔

'آئی آر پی' اور اس کے 'آئی ایم یو' اور حزب التحریر جیسے جانشینوں کے ساتھ ساتھ مفتی محمد یوسف کے زیر قیادت مفتیات کے وابستگان قرار دیتے ہیں کہ سیاسی اقتدار اور عام زندگی میں شریعت کو منبع ہونا چاہیے۔ یہ سمجھتے ہیں کہ قانون بنانے کا حق صرف خدا کے پاس ہے اور فقط اسی پر مبنی اور اسی کے مفاد میں کوشاں حکومت جائز ہے۔

سیاسی مقتدرہ مذکورہ بالا تناظر کو بنیاد پرستی اور وہابی ازم کے نام سے مطعون کرتی ہے۔ اس کے پاس ایک متبادل نقطہ نظر موجود ہے؛ یعنی ایک ایسی ریاست جو مصدقہ اسلامی روایات اور ازبک لوگوں کی روایات کی محافظ ہے۔ اس کے لیے جواز کا ماخذ بجائے خود اسلام نہیں بلکہ قومی مسلم کمیونٹی ہے۔ اگرچہ قومیت پرستی کی اس تشریق نے بین الاقوامی سطح پر تاشقند کو قدرے خفیف کیا لیکن ملکی معاملات کے حوالے سے یہ صدر کریموف کے پاس نہایت مفید اسطورہ ہے اور اسے چھوڑا نہیں جا سکتا۔ بہر کیف مشترکہ دشمنوں کے خلاف امریکہ اور ازبکستان کے مابین تعلقات کی اس نئی جہت نے تاشقند پر جمہوری اصلاحات کے لیے بین الاقوامی دباؤ کم کر دیا ہے۔ ابھرتے ہوئے بین الاقوامی تناظر میں ازبک قیادت کو آسان نظر آتا ہے کہ وہ ریاستی ایجنسیوں کے ذریعے اسلام پر اجارہ داری قائم کرے اور اس کی متبادل/ انقلابی تعبیر کو دباتے ہوئے سرکاری علما کو آگے بڑھائے۔ آثار نظر آتے ہیں کہ کم از کم مستقبل قریب میں اس طرح کی حکمت عملی کامیاب رہے گی لیکن یہ طرز کار تضادات کا مجموعہ ہے اور بالآخر اسلام کے سیاسی کردار کے بروئے کار آنے پر منتج ہوگا۔

[بشکریہ 'اسلامی ریاست: جواز کی تلاش'، مرتبہ شاہرام اکبرزادے، عبداللہ سعید]

ملیشیا میں اسلام اور سیاسی جواز خیزی

عثمان بکر

ترجمہ: محمد ارشد رازی

مصنف نے فلاڈیلفیا میں واقع 'Temple University' سے اسلام میں ڈاکٹریٹ حاصل کی اور اب جارج ٹاؤن یونیورسٹی کے اسکول آف فارن سروس کے وزیٹنگ پروفیسر اور ملائیشیا اسلام چیئر پر فائز پروفیسر ہیں۔ وہ ملایا یونیورسٹی فلسفۂ سائنس کے پروفیسر اور وائس چانسلر بھی رہے۔ انھوں نے کلاسیکی اور معاصر اسلام میں فکر اور تہذیب کے مختلف پہلوؤں پر ایک درجن کتابیں اور سو سے زیادہ مضامین لکھے۔ ان کی کچھ کتابوں کا عربی، فارسی، ترکی، اردو، انڈونیشین، چینی اور ہسپانوی سمیت مختلف زبانوں میں ترجمہ ہو چکا ہے۔ ان کی تصانیف میں سے 'Classification of Knowldege in Islam'، 'Islam and Civilization Dialogue'، 'System in Malay-Indoesian World' شامل ہیں۔

زیر نظر مضمون میں مترجم نے حوالوں کے ماخذ اپنی ترجمہ شدہ کتاب 'اسلامی ریاست: جواز کی تلاش' میں شامل نہیں کیے ہیں، لیکن قارئین انگریزی زبان میں شائع اصل کتاب 'Islam and Political Legitimacy' میں شامل ان تمام حوالوں کی تفصیلات اور ماخذ سے استفادہ کر سکتے ہیں۔

ملائیشیا کثیر نسلی و کثیر مذہبی ملک ہے اور مسلمان اس کی ۲۲ ملین آبادی میں نصف سے قدرے زیادہ (کوئی ۵۵ فیصد) ہیں لیکن اسے ایک واضح اور غالب اسلامی ملک کی حیثیت سے شہرت حاصل ہے جو سیاسی استحکام کے حصول اور نسلوں کے مابین آہنگ میں کامیاب رہا ہے۔ اس امر سے انکار نہیں کیا جا سکتا کہ ملائشی سماج اور قومی

سیاسی اسلام

زندگی پر اسلام کا اثر روز افزوں ہے اور اکثر غیر مسلموں کو مایوسی ہوتی ہے کہ اس میں ریاست کا بھی سرگرم کردار ہے۔ ملائشی مسلمان ملک کے تمام نسلی گروہوں میں ملتے ہیں تاہم ان کی اکثریت ملاوی ہیں جو اس ملک کے اصل باشندے بھی ہیں۔ نسلاً چینی اور ہندوستانی مسلمانوں کی تعداد بہت تھوڑی ہے۔ ان لوگوں نے یا تو حال ہی میں اسلام قبول کیا ہے یا ان کے مسلم اجداد چین اور ہندوستان سے یہاں پہنچے۔ علاوہ ازیں اورنگ اصلی (اصل لوگ) اور سبا اور ساروَیک کے بہت سے نسلی گروہوں میں غیر ملاوی مسلمان بھی موجود ہیں۔ چونکہ ملائیشیا میں اسلام یہاں کے اصل اور غالب طبقے یعنی ملاوی کا مذہب ہے۔ چنانچہ عین قابل فہم ہے کہ اسے یہاں ایک متمیز ما لے خدوخال ملے ہیں اور دنیا بھر میں اسے ملاوی ثقافتی اقدار کی حیثیت سے دیکھا جاتا ہے۔ کچھ تعجب نہیں کہ کئی غیر ملاوی اسلام کو تمام نسلوں اور لسانی گروہوں کے لیے کھلے عالمی مذہب کی بجائے ملاوی مذہب کی حیثیت سے دیکھتے ہیں۔ چونکہ تمام غیر ملاوی دیکھتے ہیں کہ تمام ملاوی مسلمان ہیں، چنانچہ یہ اسے محض ایک سماجی حقیقت ماننے کی بجائے خیال کرتے ہیں کہ یہ ایک ملاوی مذہب ہے۔

ملاوی سیاست، مذہبی رویے اور کرداروں نے بالعموم فرقہ واریت کے متعلق اس طرح کے ادراک کو تقویت دی ہے۔ تاہم آہستہ آہستہ معاملات بدل رہے ہیں۔ کم از کم تین بڑے شعبے ایسے ہیں جہاں مثبت تبدیلیاں آرہی ہیں اور معاملات زیادہ عالمگیر سطحوں کی طرف بڑھتے نظر آتے ہیں۔ تبدیلی کا پہلا اہم میدان دانشورانہ مکالمے اور بحث و مباحثے کا میدان تھا۔ ستر کے عشرے میں عالمگیر اور ہمہ جہت اسلام کے تصور نے ملاوی دانشوروں اور بالخصوص نوجوانوں پر اہم اثر مرتب کیے۔ اس عشرے کے آغاز میں یہ تصور سیاسی اور مذہبی ماحول میں پھیلا۔ ملائیشیا میں اسلام کی اٹھنے والی نئی تحریک کا ایک بہت اہم پہلو ملاوی تشریق کا اسلام تھا۔ اسلام کے متعلق اس دانشورانہ اور عالمگیر انداز فکر کے پس پردہ کارفرما قوت ملاوی مسلمان نوجوانوں کی تحریک اے پی ایم تھی۔ تبدیلی کا دوسرا اہم میدان جس نے ملاوی اسلام کی حدود کو وسیع کیا، وہ یہ ہے کہ ملاوی بین المذاہب مکالمے میں ملوث ہوئے اور دیگر مذاہب میں ان کی دلچسپی بحیثیت مجموعی بڑھی۔ آج دوسرے مذاہب کے ساتھ اسلام کے ڈائیلاگ میں حقیقی دلچسپی لینے والے ملاوی مسلمانوں کی تعداد پہلے سے کہیں زیادہ ہے اور یہی لوگ غیر ملاویوں کے درمیان اسلام کی اشاعت کر رہے ہیں۔ مارچ ۱۹۹۵ء میں اسلام اور کنفیوشس ازم کے درمیان مکالمے کے حوالے سے پہلا بین الاقوامی سیمینار ملایا یونیورسٹی میں منعقد ہوا۔ بین الاقوامی سطح پر مشہور ہونے والے اس واقعے نے ملائیشیا میں بین المذہبی تفہیم کے ایک نئے دور کا آغاز کیا۔ اس مکالمے کا ایک بڑا مقصد ان دو مذاہب کے مابین مشترک روحانی اور اخلاقی تعلیمات کی کھوج لگانا اور انھیں اجاگر کرنا تھا۔ اس طرح کے اور مکالمے بھی اسلام اور کنفیوشس ازم کے درمیان ہوئے اور نتیجتاً ملائیشیا میں نسلی تعلقات کے حوالے سے ایک نئے اور حوصلہ افزا دور کا آغاز ہوا۔ کم از کم ملائیشیا میں بسنے والے چینیوں اور ملاوی مسلمانوں کے حوالے سے یہ بات درست ہے۔ بہت سی مختلف وجوہات کی بنا پر اس ملک میں آباد چینی مسلمانوں کی چھوٹی سی کمیونٹی نے ان مکالموں میں بھرپور حصہ لیا۔

مثبت تبدیلی کا دوسرا میدان اسلامی سیاسی مباحث اور عمل کا ہے۔ پچھلے کوئی ایک عشرے سے ملاوی مسلمان کمیونٹی کے بعض حصوں میں ایک نئی کشادگی اور کھلا پن دیکھنے کو ملا ہے۔ اپنی موجودہ قیادت کے ساتھ حزب اختلاف کی اسلامی جماعت 'پی اے ایس' سیاسی اسلام کی متلاشی نظر آتی ہے جو نسلی کی بجائے نظریاتی تشریق کا حامی ہونا چاہیے۔ پارٹی کی 'عالمگیر اسلام' طرز فکر کی بدولت غیر ملاوی مسلمان بھی پارٹی کے رکن بن رہے ہیں۔ پچھلے کچھ عام انتخابات میں 'پی اے ایس' نے کچھ چینی مسلمانوں کو بھی اپنے امیدوار کے طور پر نامزد کیا ہے۔ 'پی اے ایس' کی اس کثیر نسلی آزاد خیالی لبرلائزیشن کو کثیر نسلی قومی سیاست کے علمبرداروں نے خوش آمدید کہا ہے۔ اس تبدیلی نے حکمران 'یونائیٹڈ مالیز نیشنل آرگنائزیشن' (یوایم این او) کی نسل پر مبنی سیاست کو ایک نفسیاتی چیلنج سے دو چار کر دیا ہے۔ لیکن 'یوایم این او' کو درپیش زیادہ بڑا چیلنج 'پی اے ایس' کا انداز فکر ہے جو اس نے ملاویوں کو حاصل مراعات کے حوالے سے اختیار کیا ہے۔ 'پی اے ایس' کے رہنماؤں نے اکثر اس خیال کا اظہار کیا ہے کہ ملاوی مراعات کی بنیاد خالصتاً نسل پرستی پر ہے اور یہ اسلامی تعلیمات کی خلاف ورزی ہے جو مذہب اور نسل کا لحاظ رکھے بغیر سب کے لیے انصاف کی ضمانت دیتا ہے۔ ملاوی باشندوں کو آئینی اعتبار سے کچھ اضافی مراعات حاصل ہیں۔ 'پی اے ایس' اسلامی اصولوں کی بنیادوں پر ان مراعات کو ختم کرنے میں 'یوایم این او' کے مقابلے میں زیادہ دلچسپی رکھتی ہے۔ 'پی اے ایس' تو اسے بھی ماننے کے لیے تیار نہیں ہے کہ وزیر اعظم غیر ملاوی بھی ہو سکتا ہے، بشرطیکہ وہ مسلمان ہو۔ اگرچہ وفاقی آئین کسی غیر ملاوی، بلکہ غیر مسلم کو بھی وزیر اعظم بننے سے نہیں روکتا لیکن سیاسی نظام میں ملاوی غلبہ اتنا زیادہ ہے کہ ملک کا اہم ترین اور طاقتور ترین عہدہ ہمیشہ کسی ملاوی کے پاس جاتا ہے۔ ملاوی برتری کی علمبردار 'یوایم این او' کو اب غیر ملاوی وزیر اعظم کے خیال کی صورت سامنے آنے والے چیلنج کا سامنا ہے۔ اس مسئلے پر 'پی اے ایس' کے نقطۂ نظر نے وزیر اعظم مہاتیر محمد کو اپنے ردعمل میں یہ کہنے پر مجبور کر دیا کہ قومی سیاسی رہنما کی اس نشست پر غیر ملاوی کا تقرر ابھی دور کی بات ہے۔ ان کے سیاسی محرکات سے قطع نظر سیاسی طیف کے دونوں طرف کھڑے بڑے سیاسی رہنماؤں کی طرف سے اس طرح کے بیانات ملاوی سیاسی ذہن کی کشادگی اور روشن خیالی پر اہم اثر ڈالیں گے۔

اسلامی ریاست اور اسلام کی تعبیر کا حق بھی ہمیشہ سے متنازعہ مسائل چلے آ رہے ہیں۔ ان پر ہونے والی حالیہ کھلی بحث بھی اہم پیش رفت کہی جا سکتی ہے۔ ملائیشیا میں اسلامی ریاست کا مسئلہ ہرگز نیا نہیں ہے۔ کئی عشروں سے 'پی اے ایس' مسلسل اس مسئلے کو اٹھائے ہوئے ہے۔ 'یوایم این او' نے 'پی اے ایس' کی اسلامی ریاست کو ہمیشہ ملائیشیا کے لیے نامناسب اور ناقابل عمل قرار دیا ہے کہ یہ ایک کثیر نسلی اور کثیر مذہبی معاشرہ ہے۔ اگرچہ حال ہی میں مہاتیر نے ملائیشیا کو اسلامی ریاست کہا لیکن اس پر ایک تازہ اور زیادہ گرما گرم بحث شروع ہو گئی۔ غیر مسلموں کے لیے اس طرح کے قومی اہمیت کے معاملات میں ملوث نہ ہونا بہت مشکل ہوتا ہے۔ جب وہ اسلامی ریاست کے مسئلے پر اپنی رائے کا اظہار کرتے ہیں تو خواہ وہ اس کی حمایت کریں یا مخالفت، کسی نہ کسی نقطہ نظر پر اگر ساری امت مسلمہ سے نہیں تو کچھ گروہوں سے اختلاف ناگزیر ہے۔ کچھ حالیہ واقعات سے پتہ چلتا ہے کہ ابھی

ملاوی مسلمانوں میں اتنی رواداری نہیں آئی کہ وہ اسلام پر ہونے والی عام بحث میں غیر مسلموں کی شرکت کو برداشت کرلیں۔ جن چند غیر مسلموں نے اسلام پر بحث کی، اس نئی کشادگی کا حصہ بننے کی کوشش ہے، انھیں اس سنگلاخ صداقت کا ادراک ہوا ہے کہ ملائیشیا میں اسلام پر کھلی اور آزاد بحث ابھی بہت دور کی بات ہے۔ عمومی طور پر بات کی جائے تو کہا جاسکتا ہے کہ مذہبی معاملات میں قدامت پسند ملاویوں نے صدیوں جس اسلام کے ساتھ وابستگی رکھی ہے، اس کی ماہیت اور خاصیت سے ان کا رشتہ بہت مضبوط ہے۔ اپنی تاریخ کے آغاز سے ہی ملاوی اسلام متجانس ہے۔ الٰہیات کی زبان میں کہا جائے گا کہ ملاوی مسلمان صرف ایک مکتب فکر کے ساتھ منسلک ہوئے جسے سنی عشری کہا جاتا ہے۔ اس مکتب فکر کی بھی وہی تعبیر ان کے ہاں مقبول ہوئی جسے گیارہویں بارہویں صدی کے صوفی ماہر الٰہیات الغزالی نے متعین کیا۔ اسلامی قوانین کی تعبیر اور ان پر عملدرآمد کے حوالے سے تقریباً سب ملاوی شافعی مکتب فکر کے ساتھ وابستہ ہیں، چنانچہ خود مذہب کے نادر تکثیر کا عمل ان کے لیے قطعاً اجنبی خیال ہے۔
ابھی حالیہ زمانوں تک جب چینی نسل اور ہندوستان سے تعلق رکھنے والے مسلمان ملائیشیا میں آنے شروع ہوئے، یہاں تمام ملاوی مسلمان اور تمام مسلمان ملاوی ہوا کرتے تھے۔ اس لیے ملاویوں کو خود اسلام کے اندر کسی طرح کے نسلی تنوع کا تجربہ نہیں۔ اسی لیے پتہ چلتا ہے کہ جب ملاوی مذہبی ذہن کو وسیع تر اسلامی تقصیر کی طرف مائل کرنے کی کوشش کی جاتی ہے تو وہ مشکوک کیوں ہوجاتا ہے۔ بالخصوص جب یہ کوشش ان کی اپنی کمیونٹی کے بیرون سے ہوتی ہے تو وہ اور بھی چوکنے ہوجاتے ہیں۔ علاوہ ازیں ملایا کی سیاسی مقتدرہ کی ماہیت اور بادشاہت جیسے اداروں کے باعث ملائیشی اسلام ریاستی انضباط کے تحت آرہا ہے۔ اسلام سے متعلقہ تمام سرگرمیوں پر ریاست کا کنٹرول اتنا سخت ہے کہ عالمگیر اسلام کے تصور کو آگے بڑھانے میں خاصی مشکلات کا سامنا کرنا پڑتا ہے۔

ریاست کے اسلام اور علما سے تعلقات

اسلام کے ساتھ ملائیشی ریاست کے تعلقات پوری اسلامی دنیا میں منفرد ممتیز ہیں۔ ان ارتقا پذیر اور متحرک تعلقات کا آغاز ملائیشیا کی آزادی کے وقت ہوا جب اس نے اپنے اختیار کردہ آئین میں بعض دفعات کی رو سے اسلام کے لیے ایک مقام کا تعین کیا۔ آئین میں اسلام کو فیڈریشن کا مذہب قرار دیا گیا ہے۔ یوں اسلام ریاست کا لازمی جزو ٹھہرتا ہے۔ آئین کے ان حصوں کے باعث ملائیشیا میں ایک ایسا اسلامی کردار موجود ہے کہ اسے لامذہبی ریاست نہیں کہا جاسکتا۔ اس دفعہ کے تحت ہی قرار پاتا ہے کہ اسلام کے حوالے سے ریاست کی کچھ ذمہ داریاں بھی ہیں لیکن چونکہ آئین کی اسی دفعہ میں یہ بھی درج ہے کہ فیڈریشن کے کسی بھی حصے میں دیگر مذاہب پر بھی پورے امن وسلامتی سے عمل کیا جاسکتا ہے۔ چنانچہ دیگر مذاہب کے لیے مذہبی عبادات کی آزادی کو یقینی بنانا بھی ریاستی ذمہ داری ہے۔

اسلام کو ریاستی مذہب قرار دینے اور ریاستی خصائص کے تعین میں اس عمل کے مضمر اثرات پر برطانوی راج سے آزادی کے دنوں میں بہت بحث ہوئی۔ نئی قوم کے لیے آئین کی منظوری سے پہلے اسلام کے مقام اور

کردار پر تین طرح کی آراء موجود تھیں۔ ان میں سے اہم ترین نقطۂ نظر تنکو عبدالرحمٰن کی الائنس پارٹی کا تھا۔ اس کثیر نسلی اور کثیر مذہبی جماعت کو ۱۹۵۵ء کے پہلے عام انتخابات میں واضح فتح کے بعد ملک کو آزادی سے متعارف کروانے کے لیے چنا گیا تھا۔ اس پارٹی نے ریڈ کانسٹی ٹیوشنل کمیشن (RCC) کو تجویز پیش کی تھی کہ ''ملائیشیا کا مذہب اسلام ہوگا۔'' لیکن ''اس اصول کا مطلب یہ نہیں ہوگا کہ یہاں کا رہنے والا کوئی غیر مسلم اپنے مذہب کا اظہار یا اس پر عمل نہیں کر سکے گا اور نہ ہی اس میں یہ مضمر ہوگا کہ ریاست لادینی نہیں ہے۔''

اگلا اہم نقطۂ نظر سلطانوں اور حکمرانوں کا تھا جو نوآبادیاتی دور میں اپنی اپنی ریاستوں میں روایتاً اسلام کے صدر الصدور چلے آرہے تھے۔ پہلے پہل ان سلطانوں اور حکمرانوں نے اسلام کو فیڈریشن کا مذہب بنانے کی مخالفت کی۔ ''ان کے آئینی مشیروں نے انھیں بتایا تھا کہ اگر فیڈریشن کا کوئی سرکاری مذہب ہوتا ہے تو اس کا مجوزہ سربراہ فیڈریشن کی وساطت سے از خود اور منطقی طور پر سرکاری مذہب کا سربراہ بھی ہوگا'' اور نتیجتاً ''یہ امر ان کی اپنی ریاستوں میں بطور ریاستی مذہب کے سربراہ کے حکمرانوں کی حیثیت کے ساتھ متصادم ہوگا۔ ان لوگوں کی ابتدائی مخالفت قابل فہم ہے، کیوں کہ فیڈریشن کی صورت میں ان کے پاس بچ جانے والے واحد حقیقی اختیارات اور مراعات مذہبی معاملات کے حوالے سے تھے۔ اس کے باوجود ریاستی بادشاہت کی سربراہی میں ریاستی اسلامی مقتدرہ کا بچ نکلنے والا حصہ بھی مسلم کمیونٹی کے نزدیک بڑی اہمیت کا حامل رہائشی ادارہ ہے۔ یہی ریاستی ملاوی اسلامی ادارہ اور اس کے ریاستی علما و مذہبی منتظمین ریاست کو اس کا اسلامی کردار دیتے ہیں۔''

دوسری طرف ڈاکٹر برہان الدین الحلمی کی قیادت میں کام کرنے والی ای اے ایس واضح طور پر ایک اسلامی ریاست قائم کرنا چاہتی تھی۔ اس لیے اس نے اسلام کو ایک ریاستی مذہب قرار دینے والی شق پر اصرار کیا۔ لیکن انھوں نے یہ بھی کہا کہ ''اسلام لفظ کے حقیقی معنوں میں اور قرآنی تعلیمات اور حدیث کی مطابقت میں سرکاری مذہب ہوگا۔'' آزادی سے صرف ایک ہفتہ پہلے اپنی ایک تقریر میں زور دیا کہ ''آزادی اس وقت تک بے معنی ہے جب تک فرد، معاشرے اور ریاست پر اسلامی قانون کا اطلاق نہیں ہوتا۔'' اس وقت قوم کے لیے ٹی اے ایس کا انداز فکر کم اہم نہیں تھا۔ حالاں کہ یہ پارٹی ۱۹۵۵ء کے عمومی انتخابات میں صرف ایک نشست نے پائی تھی اور یہ حزب اختلاف کے لیے واحد سیٹ تھی۔ ملاوی کمیونٹی کے بعض حصوں میں پارٹی کے اس مطالبے کی بڑی پذیرائی ہوئی کہ ملائیشیا کو اسلامی ریاست بنایا جائے۔ بعد کے عمومی انتخابات سے پتہ چلتا ہے کہ پی اے ایس کی قوت اور اثر و رسوخ میں بتدریج اضافہ ہوا اور بالآخر یہ یو ایم این او کی متبادل جماعت بن گئی۔ مطالبات کے نتیجے میں بالآخر آئین میں مشہور آرٹیکل ۳ کا اضافہ کیا گیا۔ فیڈریشن کے سیکولر کردار کے متعلق الائنس پارٹی کی تجویز خارج کر دی گئی۔ تاہم اسلام بطور سرکاری مذہب کی معنوی تعبیر کرتے ہوئے پہلے وزیر اعظم کی حیثیت سے تنکو نے ہمیشہ ملائیشی ریاست کے سیکولر کردار پر زور دیا۔ اسلام کو سرکاری مذہب بنانے کے حوالے سے الائنس پارٹی کا بنیادی مقصد اسے تقریباتی حیثیت دینا تھا۔ مثال کے طور پر حکومتی اور سرکاری تقاریب کے موقع پر نمازیوں کو درست طور پر نماز پڑھنے دی جائے۔ اس وضاحت سے مطمئن ہونے کے بعد سلطانوں اور حاکموں نے فیڈریشن

میں سرکاری مذہب کے طور پر اسلام کی شمولیت کی مخالفت ترک کردی۔ انھیں آئینی ضمانت ملی کہ ''اپنی اپنی ریاستوں میں اسلام کے سربراہان کی حیثیت سے انھیں حاصل حقوق، مراعات، ترجیحات اور اختیارات غیر متاثر اور صحیح سالم رہیں گے۔''

'پی اے ایس' جو آزادی سے پہلے دعویٰ کرتی تھی کہ آزادی اور آئین دونوں برطانوی اقدامات ہیں، اس امر سے مایوس ہوگئی کہ آئینی کمیشن قرآن وسنت پر مبنی اسلامی ریاست کے قیام پر مشتمل ان کا مطالبہ مان لے گی۔ پارٹی نے وعدہ کیا تھا کہ وہ اس کی تعبیر 'اسلام ریاستی مذہب' کے ساتھ وابستہ رہے گی۔ اس کا اصرار تھا کہ ریاست کو قرآن وسنت کی تعلیمات کا پابند ہونا چاہیے۔

اسلام اور ریاست تنکو اور رزاق کے عہد حکومت میں

اسلامی پروگراموں کی ترویج اور تعمیل کے حوالے سے ریاستی کردار مسلسل اور مستقل پھیلتا چلا گیا۔ ملائیشیا کے پہلے وزیر اعظم تنکو عبدالرحمان نے مسلسل کہا کہ ملائیشیا ایک سیکولر ملک ہے لیکن ساتھ ہی ساتھ انھوں نے مسلم غلبے کی حامل اپنی انتظامیہ کو سرکاری خزانے کی بڑی مقدار مساجد اور مدارس پر صرف کرنے کی اجازت دی۔ پہلی قومی مسجد سمیت ملائیشیا کے طول وعرض میں نئی مساجد بنیں اور اسلام کی ترقی کے نام پر بے شمار نئے دینی مدرسے قائم کیے گئے۔ اسلام پر تنکو کی پالیسی کے مسلم ناقدین نے قرار دیا کہ وہ اسلام کی بجائے محض اس کی علامات کے فروغ کو کافی سمجھتے ہیں۔ ممکن ہے کہ انھوں نے اسلام کے لیے کافی کوشش نہ کی ہو اور یقیناً وہ بہت سے مسلمانوں کی توقعات پر پورے نہ اترے ہوں لیکن اپنے زمانے کے اعتبار سے انھوں نے اہم کام کیے۔ ملائیشی اسلامی فلاحی تنظیم (پی ای آر کے آئی ایم)، قرأت کے سالانہ مقابلے اور حج فنڈ تنکو کا ورثہ ہیں جو ملائیشی اسلام کے طاقتور عنصر بھی ہیں۔ یہ تمام مذہبی کام ان کارہائے نمایاں میں سرفہرست ہیں جن کی بدولت ملائیشیا مسلم دنیا میں مصروف ہوا۔ 'پرکم' کو آج بھی قوم کا ممتاز ترین مشنری ادارہ کہا جاسکتا ہے جو ملاوی شہریوں میں کام کرتا ہے۔ قرآنی قرأت مقابلہ ایک ایسا مذہبی تہوار ہے جو دنیا بھر کے مسلمانوں کو متوجہ کرلیتا ہے۔ حج فنڈ ملائیشیا میں اس امر کا بہترین ثبوت ہے کہ قرآن پر مبنی اسلامی اقتصادی اصول جدید دنیا میں بڑی کامیابی کے ساتھ نافذ کیے جاسکتے ہیں۔ اسلام کے لیے تنکو حکومت کی اسلامی خدمات اس سے کہیں زیادہ اہم ہیں جتنی عام مسلمان تسلیم کرنے کو تیار ہوتے ہیں دراصل عامتہ المسلمین اسے اسلامی قانون کا مخالف سیکولر سمجھتے ہیں۔ اس امیج نے اس کی کامیابیوں پر پردہ ڈالے رکھا۔

ان کے جانشین رزاق کے عہد میں اسلامی ترقی کے لیے ریاستی کوششوں کا دائرہ وسیع ہوا اور ان میں شدت آئی۔ پورے ملک میں نئی مساجد، عوامی جگہوں پر نماز کے کمرے اور ہر سطح کے دینی مدارس قائم ہوئے۔ بالخصوص دیہات میں جہاں مسلمانوں کی اکثریت تھی، یہ کام زیادہ ہوا۔ حکومتی معاونت سے چلنے والے مدرسوں میں مطالعہ اسلام لازمی قرار دیا گیا۔ زیادہ اہم بات یہ ہے کہ وزارت تعلیم نے اعلیٰ تعلیم کے اداروں میں بھی اسلامی تعلیمات

کا پروگرام متعارف کروایا۔ رزاق نے مذہبی معاملات کی انتظامیہ سے متعلق عمارتیں مکمل کروائیں۔

تاہم اسلام اور ریاست کے درمیان مستقبل کے تعلقات کے حوالے سے دیکھا جائے تو رزاق انتظامیہ کے کام کی اصل اہمیت ملاوی مسلم اور دیگر بومی پتر کمیونٹیوں کو پیش نظر رکھتے ہوئے بنائی گئی سیاسی اور ثقافتی اقتصادی پالیسیاں ہیں۔ اس حوالے سے ہم چار اہم وقوعوں کی طرف اشارہ کرسکتے ہیں؛ اول تو یہ کہ ملائیشیا کے مذہبی اور نسلی تکثیری معاشرے کو نئی ملائیشی شناخت دینے کے لیے رزاق نے قومی آئیڈیالوجی کا دعویٰ کرتے ہوئے اسے سب کے لیے قابل قبول عالمگیر اصطلاحات میں بیان کیا۔ اس آئیڈیالوجی پر کچھ مسلمانوں نے تنقید بھی کی۔ ان کا خیال تھا کہ اسے اسلامی اصطلاحات میں وضع نہیں کیا گیا اور یہ ریاست کو معاشرے کی لامذہبی بنیاد کی توثیق نو ہے لیکن حکومتی رہنماؤں اور دیگر رہنماؤں کا استدلال تھا کہ یہ آئیڈیالوجی اسلام کے عالمگیر اصولوں کے عین مطابق ہے۔ دوسرے یہ کہ انھوں نے مختلف نسلی گروپوں کے درمیان موجود سماجی اقتصادی عدم توازن کو دور کرنے کے لیے کام کیا۔ بالخصوص ملاویوں میں پایا جانے والا غم وغصہ دور کرنے کے لیے نئی اقتصادی پالیسی این ای پی چلائی۔ اس بار بھی بعض مسلم نقادوں نے 'این ای پی' کو اسلام کے ساتھ متصادم قرار دیا۔ اس کے ردعمل میں رزاق نے دلیل دی کہ 'این ای پی' کا مقصد مذہب اور نسل سے قطع نظر تمام ملائیشی لوگوں کی غربت کو ختم کرنا ہے اور اس طرح کا سماج تشکیل دینا ہے کہ کسی نسل کی شناخت اقتصادیات کے بل بوتے پر نہ ہو۔ انھوں نے قرار دیا کہ ان میں سے کوئی عمل بھی خلاف اسلام نہیں۔

تیسرا یہ کہ سیاسی استحکام کو یقینی بنانے کے لیے رزاق نے ملک پر حکومت کے لیے نیشنل فرنٹ تخلیق کیا جو نسل پر مبنی سیاسی جماعتوں کا وسیع تر اتحاد تھا۔ ۱۹۷۴ء میں وہ پی اے ایس کو بھی اپنے اتحاد میں لے آئے اور یوں ملاوی کمیونٹی میں موجود سیاسی تناؤ اور عناد ختم ہوا۔ اتحاد میں 'پی اے ایس' کی شمولیت کے بعد رزاق انتظامیہ اپنے اسلامی اعتبار کی بات کرسکتی تھی لیکن رزاق نے نہ صرف اس جماعت کو بہت سے ریاستی پروگراموں پر اسلامی مہر لگانے کے لیے استعمال کیا بلکہ ملاوی کمیونٹی میں بھی وہ اپنا اثر بڑھانے میں کامیاب ہوئے۔ رزاق کے چوتھے کام کا تعلق اسلام کو مناسب جگہ دینے کی بڑھتی ہوئی ضرورت سے تھا۔ تب غیر حکومتی اور غیر سیاسی تنظیموں سے اٹھنے والی ایک متبادل اسلامی حزب اختلاف پی اے ایس کی جگہ لینے کے لیے پیدا ہو چکی تھی۔ اسلامی دنیا کے باقی حصوں کی طرح ملائیشی اسلامی اٹھان بھی آغاز سے ہی جزواً سیاسی نوعیت کی تھی۔ یہ لوگ نعرہ لگا رہے تھے کہ اسلام ایک مکمل ضابطۂ حیات ہے۔ اس نعرے کا مقصد یہ پیغام دینا تھا کہ اسلام فقط فرد کا نجی مسئلہ یا اس کی رسوم نہیں بلکہ باقاعدہ ایک عوامی مذہب جو بتاتا ہے کہ معاشرے اور مذہب کو کس طرح منظم کرنا چاہیے۔ مختصر یہ کہ سیاسی اسلام ہی اسلام کے احیا کی اصل غرض وغایت تھا۔ قومی آئیڈیالوجی اور 'این ای پی' جیسے پروگراموں کی تشکیل ونفاذ کا سرکاری سطح پر اس اصول پر نہیں ہوسکتا کہ مذہب اور سیاست دو الگ الگ میدان عمل ہیں۔ چنانچہ ریاست اور اسلامی احیا کی تحریک کے درمیان تعاملات نے عوام میں سیاسی اسلام کے لیے جگہ پیدا کی۔ ملائیشیا کی وسیع تر اسلامی تقلیب کے لیے ایک سیاسی پروگرام چلایا گیا جس کا ایک مقصد اسلام اور ریاست کے درمیان زیادہ قریبی تعلقات کو جنم دینا بھی تھا۔

ریاست اور اسلام مہاتیر کے عہد میں

جولائی ۱۹۸۱ء میں وزیر اعظم بننے والے مہاتیر کی حکومت میں ملک کی اسلامی ہیئت قلبی کا سب سے بڑا مظاہرہ دیکھنے میں آیا۔ انھوں نے ملائیشیا کی تقلیب کے لیے اپنی اسلامیانے کی حکمت عملی وضع کی۔ اسلامیانے کے حوالے سے ان کا تصور خاصا جامع نظر آتا ہے جو اسلام کے احیا کے لیے سرگرم گروپوں کے لیے خاصا پُرکشش تھا لیکن غیر مسلموں نے اس کی سختی سے مخالفت کی۔ مہاتیر نے اپنے اس جامع خیال کو ملائیشیا کی عوامی زندگی کے ہر پہلو پر لاگو کرنے کے لیے کام کیا۔ ان کا یہ پروگرام طویل اور مختصر دونوں معیاروں کے لیے ہے۔ یہ ملاوی ذہن کو اسلام اور جدت دونوں کی مطابقت میں لانا چاہتے ہیں، اقتصادی ترقی اور حکومتی مشینری میں اسلامی اقدار کی نفوذ پذیری کے لیے کوشاں ہیں اور اسلام کی رہنمائی میں ایک نئی قومی انتظامیہ تخلیق کرنے میں دلچسپی رکھتے ہیں۔ وہ پی اے ایس جیسی جماعتوں کے یہ الزامات بھی ختم کرنا چاہتے ہیں کہ ان کی جماعت 'یو ایم این او' لادینی ہے اور اس کا تشخص غیر اسلامی ہے۔ ہاں، البتہ قوانین کے حوالے سے وہ سمجھتے ہیں کہ اسلامی قوانین مسلمانوں کے لیے ہیں اور ان کی نجی زندگیوں تک محدود ہیں۔ البتہ قومی قوانین بھی اگر اسلامی اصولوں کے ساتھ متصادم نہیں تو انھیں استعمال میں رکھا جاسکتا ہے۔

اپنے اسلامیانے کی پالیسی اور اسلامی قانون کے متعلق اپنی رائے کی مطابقت میں مہاتیر نے شرعی عدالتوں کا درجہ بلند کرنے اور ملک کے تمام قوانین کو اسلام کی مطابقت میں لانے کے لیے شریعہ اینڈ سول ٹیکنیکل کمیٹی قائم کی۔ تاہم مہاتیر کا چہیتا پروگرام اقتصادی ترقی ہے۔ ان کا سیاسی مقصد یہ ہے کہ ''ملائیشیا میں اسلام کو اقتصادی ترقی اور جدت کاری کے ہم معنی کر دیا جائے۔'' وہ قوم کی اقتصادی ترقی اور جدت کاری کے سحر میں یوں گرفتار ہے کہ ان کی اسلامیانے کی پالیسی بھی اسی مقصد کے حصول کا ایک ذریعہ خیال کی جاسکتی ہے۔ ان کے نزدیک صرف اسلام یعنی ان کی اسلامیانے کی پالیسی کے ذریعے ہی ملاوی اقتصادی ترقی اور جدت کاری کے چیلنج کا جواب کامیابی سے دے سکتے ہیں۔ بحیثیت مجموعی گزشتہ دو عشروں میں ملاویوں کا سماجی اقتصادی درجہ بلند کرنے اور انھیں مسابقت کار نسل میں بدلنے کے لیے مہاتیر حکومت نے بے شمار مالی اور تجارتی قوانین، ادارے، اسکیمیں اور منصوبے متعارف کروائے ہیں۔

اس امر سے انکار مشکل ہے کہ پچھلی چار دہائیوں کے دوران ملائیشیا خاصی اہم اسلامی تقلیب کے عمل سے گزرا ہے لیکن کیا یہ تقلیب مناسب حد تک اتنی زیادہ ہے کہ ملائیشیا کو ایک اسلامی ریاست سمجھا جانے لگے؟ اس سوال کا جواب اس امر پر ہے کہ ہم اسلامی ریاست کسے کہتے ہیں؟ بظاہر تو مہاتیر محمد سمجھتے ہیں کہ ملائیشیا میں اسلامی تقلیب کا عمل اس قدر ضرور ہو چکا ہے کہ اگر کلاسیکل اسلامی سیاسی نظریات کے معیار پر بھی دیکھا جائے تو اسے اسلامی ریاست کہا جاسکتا ہے۔ ستمبر ۲۰۰۱ء میں مہاتیر نے ملائیشیا کو ایک اسلامی ریاست قرار دے دیا۔ لوگوں نے اس اعلان پر ملے جلے ردعمل کا اظہار کیا۔ فی الوقت کوئی بھی ملائیشی سیاست پر اس کا اثر اور اسلام کے مستقبل کی ترقی پر اس کے مضمرات کے متعلق کچھ نہیں کہہ سکتا۔ کچھ اس طرح کے اشارے ملتے ہیں کہ عشرے کا بقیہ حصہ

اسلامی ریاست کی بحث قومی سیاسی منظر پر حاوی نظر آتی رہے گی۔

ریاست اور علما

باقی اسلامی دنیا کی طرح آزادی سے پہلے اور آزادی کے بعد ملاوی مسلم کمیونٹی میں علما موثر قوت رہے ہیں۔ آزادی سے پہلے علما نے ملک کو نو آبادکار حکومت سے چھڑوانے کی قومی جدوجہد میں مرکزی کردار ادا کیا۔ آزادی کے بعد بھی انھوں نے اپنا اہم اور بامعنی معاشرتی کردار جاری رکھا۔ ان میں سے کچھ سیاسی زندگی میں سرگرم ہوئے اور کچھ سیاست سے باہر اپنا آپ منواتے رہے۔ چونکہ سماجی زندگی مذہبی اصولوں کے تحت چلتی ہے، چنانچہ زندگی کے مختلف شعبوں میں مذہب کی تعبیر کرنے والوں کی ضرورت ہمیشہ موجود رہتی ہے۔ یوں دیکھا جائے تو علما کی خدمات مسلسل جاری رہیں گی۔ بالعموم معاشرے میں علما کے مقام اور اثر و رسوخ میں مذہبی آگہی اور اس پر عملدرآمد کے تناظر میں تبدیلی آتی رہتی ہے۔ صاف نظر آتا ہے کہ اسلامی احیا کی بدولت گزشتہ تین عشروں میں علما کے اثر و رسوخ اور ان کے مقام کو ایک نیا عروج ملا ہے۔ بالعموم سیاست دان انھیں صرف اپنی تباہی کی قیمت پر نظر انداز کر سکتے ہیں۔

ریاست علما کی اہمیت اور ان کی سیاسی حمایت کو بخوبی پہچانتی ہے اور اسے پیش نظر رکھتے ہوئے ایسی پالیسیاں اور پروگرام بناتی ہے کہ ان کے مفاد میں استعمال کیا جا سکے۔ ریاستی ملازمت میں موجود علما زیادہ تر فیڈریشن میں شامل تیرہ ریاستوں اور وفاقی علاقے کی مذہبی مقتدرہ میں شامل ہیں۔ یہ مفتی، قاضی اور دیگر مذہبی حکام اپنی اپنی ریاستوں میں ایسی پالیسیاں، پروگرام اور سرگرمیاں وضع کرتے اور چلاتے ہیں جن کا تعلق مختلف مذہبی احکام، قواعد، ضروریات اور مسلم کمیونٹی کی فلاح سے ہے۔ ان میں مذہبی تعلیم کو خاصی اہمیت حاصل ہے۔ وفاق کی سطح پر مذہبی بیوروکریسی میں بتدریج وسعت آئی ہے۔ نظری اعتبار سے ریاست کے ملازم یہ علما پارٹیوں کی سیاست سے برتر فرض کیے جا سکتے ہیں، تاہم عملاً ان علما کی اکثریت رضا کارانہ طور پر یا بصورت دیگر حکمران جماعت کے ساتھ تعاون کرتی نظر آتی ہے۔

۱۹۵۵ء میں جمہوری قومی انتخابات کے بعد سے 'یوایم این او' اور 'پی اے ایس' علما کی حمایت حاصل کرنے کی کوشش میں مسلسل مسابقت میں ہیں۔ اس مقابلے میں 'پی اے ایس' کو 'یوایم این او' پر واضح برتری حاصل ہے۔ اگر یہ دیکھا جائے کہ پارٹی نے ہمیشہ نفاذ شریعت کو اپنا سیاسی مطمع نظر بتایا ہے تو پھر اسے حاصل 'پی اے ایس' کی حمایت ناقابل فہم نہیں رہتی۔ مزید برآں ۱۹۵۱ء میں علما نے اس پارٹی کی تشکیل میں بھی کلیدی کردار ادا کیا تھا۔

پارٹی کی پوری تاریخ میں اس کے علما نے قیادت کے ماخذ اور سیاسی قوت کے طور پر کام کیا ہے۔ اس کے ساتھ وابستہ علما میں سے بہت سے استاد ہیں جنھیں دیہی کمیونٹی میں اثر و رسوخ حاصل ہے۔ وجہ یہ ہے کہ عملاً تمام مدرسے ان کی ملکیت ہیں اور ان کی زیر نگرانی چلتے ہیں۔ تاہم ۱۹۷۹ء میں ایران کا اسلامی انقلاب آیا تو علما کے ساتھ پارٹی کے تعلقات کی تاریخ بھی ایک اہم موڑ پر آ کھڑی ہوئی۔ بہت سے پارٹی کے اراکین علما قیادت کے

تحت اسلامی سیاسی حکومت کے تصور میں دلچسپی لینے لگے۔ پارٹی کے یوتھ ونگ نے اسلامی ریاست کے قیام کو ممکن بنانے کے لیے 'یو ایم این او' کی زیر قیادت چلنے والی حکومت کے مدمقابل روز افزوں انقلابی طرز عمل اختیار کیا۔ ۱۹۸۲ء میں علما قیادت کی حمایت میں چلنے والی تحریک نے اتنا زور پکڑا کہ پارٹی کے صدر اثری جمود کو استعفیٰ دینا پڑا۔ کارکن سمجھتے تھے کہ وہ اپنے رویے میں مناسب طور پر اسلامی نہیں اور نہ ہی اس میں علما کے حلقوں میں اعتماد حاصل کرنے کی صلاحیت ہے کہ پارٹی کو فتح سے ہمکنار کر سکے۔

پارٹی میں اثری کی جگہ ان کے ڈپٹی حاجی یوسف روا کو لانے کا فیصلہ کیا گیا۔ یہ اسلامی اصلاح پسند علما کی صفوں میں رکھا جاتا تھا۔ حاجی یوسف کو کم از کم یہ اعزاز ضرور ملنا چاہیے کہ انھوں نے اپنی چھ سالہ قیادت کے دوران علما قیادت کے متنازعہ مسئلے کی تقلیب کرتے ہوئے اسے 'ای اے ایس' کی نئی سیاسی آئیڈیالوجی کا اہم عنصر بنا دیا۔ یوں نہ صرف یہ خیال عملی شکل اختیار کر گیا بلکہ انھیں مسلم کمیونٹی اور اس کے باہر بھی مقبولیت ملی۔ ان کی زیر قیادت علما مشاورتی کونسل (یو سی سی) قائم کی گئی تاکہ امت کے اندر رہنما کے طور پر علما کے کردار کو زیادہ بامعنی بنایا جا سکے اور ان کی رہنمائی میں پارٹی کی تمام پالیسیوں اور فیصلوں کو اسلامی تعلیمات کی رہنمائی اور مطابقت میسر رہے۔ انھوں نے علما کے تصور کو بھی وقعت دی اور مذہبی تعلیم یافتہ ایسے مسلمانوں کو بھی ان میں شامل کر دیا جن کا ابتدائی تعلیمی پس منظر مذہبی نہیں تھا۔ کچھ عرصے تک پارٹی کی قیادت علما کے پاس رہی۔ یہ بات آج بھی درست ہے لیکن پارٹی میں پیشہ ور اور دانشور طبقے کا تناسب بڑھ رہا ہے۔ اس مظہر سے پتہ چلتا ہے کہ جدید تعلیم کے حامل اور زیادہ تر مغربی یونیورسٹیوں کے فارغ التحصیل مسلمان دانشور سیاسی اسلام سے خاصی امیدیں لگائے ہوئے ہیں۔ ریاستی اور مرکزی ہر دو سطح پر ان میں سے بہت سوں کو پارٹی قیادت میں لایا گیا۔ اگرچہ یہ عین ممکن ہے کہ قیادت میں دانشور پیشہ ور حضرات کی شمولیت پارٹی کے مزاج پر اثر ڈالے اور روایتی تعلیم کے حامل علما کا انداز فکر زیادہ معتدل ہو جائے لیکن فی الحال دانشورانہ کشادگی کا یہ عمل علما قیادت کی فوقیت کے نام پر اور ان کے فریم ورک کے اندر رہتے ہوئے کہا جا رہا ہے۔ پی اے ایس میں علما دانشوروں اور پیشہ وروں کے درمیان جاری اس طرح کے تعاملات کا نتیجہ وہ بھی ہو سکتا ہے جسے علما کو دانشور کو علما بنانے کا عمل کہا جا تا رہا ہے۔

مختلف تعلیمی پس منظروں کے حامل گروپوں کے مابین خیالات کا اس طرح کا تبادلہ ملک میں احیائے اسلام کی تاریخ میں نیا نہیں۔ ستر کے عشرے میں جب 'اے بی آئی ایم' اپنے اثر و رسوخ کی معراج پر تھی تو اس نے ملائیشی سوسائٹی کو کئی طرح سے متاثر کیا تھا۔ اس کی ایک اہم کامیابی یہ تھی کہ اس علما اور اس کے دانشوروں کے درمیان تبادلہ خیالات کا اہتمام ہونے لگا تھا۔ اپنی ترقی پسند قیادت اور جامع اسلامی پروگراموں کے باعث 'اے بی آئی ایم' نے جماعتوں سے دور رہنے والے کئی علما کو اپنی صفوں میں شامل کیا۔ تب 'پی اے ایس' نے حکومتی اتحاد میں شامل ہونے کا فیصلہ کیا تھا۔ اس فیصلے سے 'اے بی ایس' کے مایوس عالم بھی 'اے بی آئی ایم' کی طرف لپکے تھے۔ دانشوروں اور علما کی متحدہ قوت اور اسلام کے متعلق ان کے مشترک انداز فکر کا نتیجہ تھا کہ 'اے بی آئی ایم' ایک غالب قوت بن کر ابھری اور اس عشرے کی معروف ترین غیر سیاسی مسلمان تنظیم بن گئی۔

'اے بی آئی ایم' کے علاوہ بھی علما کچھ اور مذہبی تنظیموں کے ساتھ وابستہ ہوئے۔ بالخصوص ہم علما کی ملائیشی ایسوسی ایشن دارالارقام اور جماعت تبلیغ کا ذکر کر سکتے ہیں جو سب کی سب غیر حکومتی تنظیمیں ہیں۔ علما ایسوسی ایشن میں وہ قوت موجود ہے کہ سیاسی وفاداریوں سے برتر رہتے ہوئے بھی ایک موثر قوت بن سکتی ہے لیکن عملاً متحرک قیادت نہ ہونے کے باعث معاشرے اور حکومت پر اس کے اثرات محدود ہیں۔ حالیہ برسوں میں اسی ایسوسی ایشن کے ارکان نے 'پی اے ایس' کی حمایت کی ہے اور یوں حکومت انھیں اپنا مخالف خیال کرنے لگی ہے۔ دارالارقام ایک روحانی برادری ہے جس کا تعلق استاد عشری محمود سے ہے۔ ان کی قیادت میں بہت سے علما شامل ہیں۔ یہ تنظیم یونیورسٹی طالب علموں میں سرکاری ملازموں اور حتیٰ کہ 'یو ایم این او' اراکین سمیت ملاوی برادری میں مقبول ہو رہی تھی کہ ۱۹۹۱ء میں اس پر منحرفانہ تعلیمات کا الزام لگا اور حکام نے اس پر پابندی لگا دی۔ لیکن بہت سے لوگ سمجھتے ہیں کہ تعلیم پر پابندی کے اصل محرکات کچھ اور تھے۔ یہ لوگ سمجھتے تھے کہ اسلام کے ایک ایسے انداز کی ضرورت ہے جس میں مرد لمبی عبائیں اور پگڑیاں پہنیں، عورتیں نقاب اپنائیں اور امت کے مسائل کے لیے سادہ انداز فکر اختیار کیا جائے۔ ظاہر ہے کہ ملائیشیا کو ایک ترقی پسند، جدید اور طاقتور اسلامی ریاست کی شکل میں دیکھنے کے خواہاں مہاتیر کو اس طرح کی کسی تنظیم کا پھلنا پھولنا پسند نہیں آ سکتا تھا۔ یہی حال تبلیغی جماعت کا تھا۔ یہ تنظیم اسی نام کی ایک عالمی تنظیم کا حصہ ہے جس کا روحانی صدر مقام ہندوستان میں ہے۔ حکام نے ستر کے عشرے میں اس تنظیم پر تنقید کی اور قرار دیا کہ یہ مسلمانوں کی ترقی کی راہ کا روڑا ہے۔

جیسا کہ پہلے بھی بیان ہو چکا ہے کہ انڈونیشیا کے مقابلے میں ملائیشیا کے اندر ریاست مذہبی سرگرمیوں پر خاصا کنٹرول رکھتی ہے۔ حکومت نے مذہبی اور سیاسی ہر دو ضروریات کے پیش نظر مذہبی سرگرمیوں پر مختلف طرح کی پابندیاں لگا دی ہیں۔ حکومت چاہتی ہے کہ الٰہیاتی اور فقہی قدامت پرستی برقرار رہے اور معاملے کے سرکاری اسلام میں بھی رخنہ نہ پڑے۔ اسی لیے ملک شیعہ اصول کی تبلیغ کی اجازت نہیں اور مذہبی حکام مسلسل چوری چھپے ہونے والی شیعہ سرگرمیوں پر نظر رکھ رہے ہیں۔ ایرانی اسلامی انقلاب کے بعد اس طرح کی نگرانی اپنے زوروں پر تھی۔ شریعت کی تبلیغ کرنے پر انٹرنل سیکورٹی ایکٹ کے تحت یونیورسٹی لیکچراروں تک کو نظر بند کرنے کی مثالیں موجود ہیں۔ مزے کی بات یہ ہے کہ ملک کے سالانہ بین الاقوامی قرأت قرآن کے مقابلوں میں شیعہ ایران باقاعدگی سے شریک ہوتا ہے اور کئی بار چمپیئن شپ جیت چکا ہے۔ علاوہ ازیں ریاست اسلام کی بعض انحرافی تعبیری کوششوں کی نگرانی اور سدباب میں بھی خاصی سرگرم رہی ہے۔ اس ذیل میں تصوف اور متصوفانہ حلقوں پر خاص نظر رکھی جاتی ہے۔ درحقیقت حکومتی حلقوں میں تصوف کو بڑی شک کی نظر سے دیکھا جاتا ہے اور عملاً تمام صوفی طریقے خفیہ رہ کر کام کرتے ہیں۔

سیاسی طور پر حکومت مذہب کو سیاسی رنگ دینے اور اسے فرقہ وارانہ سیاسی اہداف کے لیے استعمال کرنے کے خلاف ہے۔ بالخصوص حکومت کو بجا طور پر پریشانی ہے کہ مذہبی اظہار کی زیادہ آزادی کا نتیجہ حکومت پر زیادہ تنقید کی صورت نکلے گا اور 'یو ایم این او' کی قیمت پر 'پی اے ایس' کا سیاسی اثر و رسوخ بڑھے گا۔ اسلام پر انضباطی

حکومتی طرزِ عمل کا مرکزی ہدف وہ افراد اور گروپ ہیں جو اس پر تنقید کرتے ہیں۔ اسلام کے نام پر ہونے والا کوئی بھی پروگرام خواہ جلسہ عام ہو یا مذہبی تعلیم، اسٹڈی سرکل ہو یا ذرائع ابلاغ پر ہونے والی بحث حکومتی مذہبی اداروں کی اجازت کے بغیر نہیں ہوسکتا۔ 'یوایم این او' کو سب سے زیادہ خطرہ پی اے ایس کی تنقید سے ہے۔ اس تنظیم کو اپنی تحریکوں، پروگراموں اور عوام تک رسائی میں ریاستی قواعد وضوابط کا سامنا سب سے زیادہ کرنا پڑتا ہے۔ اس کے برعکس ذرائع ابلاغ اور مسجدوں کی صورت حکومت کے پاس اسلام کی اپنی تعبیر کی اشاعت کا وسیع انتظام موجود ہے۔ لیکن یہ اپنی جگہ ایک حقیقت ہے کہ سرکاری قواعد وضوابط جیسی رکاوٹوں کے باوجود اسلامی حزب اختلاف کی آواز حیران کن حد تک بلند ہو چکی ہے۔

اسلام اور سیاسی جواز خیزی کے تنازعے

ملائیشیا کی سیاست میں بہت پہلے سے تسلیم کیا جا چکا ہے کہ ریاست کے لیے سیاسی جواز خیزی کا اہم ترین منبع اور ماخذ اسلام ہے۔ جب برطانوی نوآبادکار حکمران ملایا کو سیاسی آزادی دینے والے تھے تو انھیں بھی خبر تھی کہ نوزائیدہ قوم کو درپیش اسلامی جواز خیزی کے مسئلے سے نمٹنا پڑے گا اور اسے اہل ملایا کی تسلی کے مطابق حل کرنا پڑے گا۔ اہل برطانیہ پوری طرح جانتے تھے کہ ملاویوں کے نزدیک اسلام انتہائی اہم ہے اور یہ ان کی نسلی شناخت کا جزو ناگزیر ہے۔ ملاوی کسی ایسے ملک کو آزاد اور جائز ملایا نہیں مانیں گے جہاں اسلام کے لیے کوئی قابل احترام جگہ نہیں رکھی جاتی اور ان کے سیاسی غلبے کی ضمانت فراہم نہیں کی جاتی۔ ظاہر ہے کہ برطانیہ اسلامی ملایا کے قیام کا خواہاں نہیں تھا اور اس سلسلے میں 'پی اے ایس' اور اس سے بھی پہلے حزب المسلمین کا دعویٰ غلط ہے۔ درحقیقت انگریزوں نے ملایا کو اسلامی آزاد ریاست بنانے کی جدوجہد کرنے والے اسلامی تشریف کے حامل گروپوں کے خلاف سخت جابرانہ اقدامات کیے تھے۔ ان کی ترجیحات کا ملایا سیکولر اور جمہوری ملک تھا جس میں اسلام کو بھی جگہ دی جاسکتی تھی۔ نوآبادکاروں کو 'یوایم این او' اور اس کی زیر قیادت سرگرم الائنس میں ایسی قابل قبول سیاسی قیادت میسر آئی جو ان کی حسب منشا آزاد ملایا کے قیام میں معاونت کرسکتی تھی۔ جیسا کہ پہلے بھی بات ہو چکی ہے الائنس نے ریڈ کمیشن کے سامنے یہ نہایت اہم تجویز رکھی کہ اسلام کو ملک کا سرکاری مذہب بنایا جائے اور ساتھ ساتھ اس کا سیکولر کردار یقینی بنایا جائے۔ دونوں نکات بظاہر متضاد نظر آتے ہیں اور ان سے جھلکتا ہے کہ الائنس سیاسی مفاہمت کے ایسے راستے پر گامزن تھی جس میں اسلام بھی مطمئن رہے اور وہ سیکولرزم سے بھی وفادار رہیں۔ اسلامی جواز خیزی کے حوالے سے مسلم حزب اختلاف کا تصور مختلف تھا۔ اس کا مطالبہ تھا کہ اسلام کو قرآن اور سنت کی مطابقت میں سرکاری مذہب بنایا جائے۔ اس سے کمتر کا حصول اسلام کو نئی ریاست میں محترم مقام دلوانے میں ناکامی کے برابر سمجھا جاتا ہے۔ جب ہم دیکھتے ہیں کہ اہل ملایا میں اس مطالبے کو کیسی پذیرائی حاصل تھی اور اس کے حمایتی 'یوایم این او' کی اپنی صفوں میں بھی شامل تھے تو سمجھ آتی ہے کہ تنکو کا الائنس اسلام کو سرکاری مذہب بنانے پر کیوں تلا ہوا تھا۔ اگر وفاقی آئین سے نئی قوم کو سیکولر شناخت دینے والا کوئی حوالہ بھی خارج کردیا جاتا تو بھی

مسلمانوں کی نظروں میں نئی ریاست کی اسلامی جواز خیزی بڑھ جاتی۔

اگر ریاست کی اسلامی جواز خیزی کے مسئلے سے نمٹنے کے لیے آزادی کا معاملہ طے کرنے والی جماعتیں اسلام کے متعلق آئینی دفعات کے حصول پر اور اپنی اپنی ریاستوں کے سربراہان کو مذہبی سربراہان قرار دیے جانے پر تیار ہو جاتیں تو قومی حکومت کی سیاسی جواز خیزی کا مسئلہ ووٹوں کے ذریعے بھی حل ہو سکتا تھا۔ قوم کو آزادی دلوانے کے سلسلے میں الائنس کی جواز خیزی فیصلہ کن طور پر طے ہو گئی۔ پارٹی نے آزادی سے پہلے کے یعنی ۱۹۵۵ء کے عام انتخابات تقریباً مکمل طور پر جیت لیے۔ مزید برآں اسے ملاوی مسلم انتخابی حلقوں نے عسکری معاونت مہیا کی۔ اس کے باوجود الائنس کی فتح تنقید سے کلی طور پر خالی نہیں تھی۔ حزب اختلاف کو شکایت تھی کہ الیکشن کسی طرح بھی جمہوری اور منصفانہ نہیں تھے اور یہ کہ نو آبادکار حکام نے ڈراکونی انٹرنول سیکورٹی ایکٹ جیسے ریاستی ہتھکنڈے الائنس کی حمایت میں استعمال کیے تھے۔

کثیر جماعتی جمہوریت متعارف کروانے کے بعد سے جمہوریت کا عمل بجائے خود یو ایم این او اور پی اے ایس کے درمیان امر متنازعہ بنا ہوا ہے۔ اس معاملے میں دونوں جماعتیں اپنے نقطہ نظر کو جواز دینے کے لیے اسلام سے رجوع کرتی ہیں۔ پی اے ایس ہمیشہ تنقید کرتی رہی ہے کہ 'یو ایم این او' کی زیر قیادت چلنے والی حکومت کی پالیسیاں غیر جمہوری ہیں۔ ان کا اعتراض ہوتا ہے کہ انٹرنل سیکورٹی ایکٹ کے تحت مقدمہ چلائے بغیر اس کے رہنماؤں کی گرفتاری آزادی اور انصاف کی اسلامی تعلیمات کے خلاف ہے۔ 'یو ایم این او' کی زیر قیادت حکومت اپنے جمہوری اعمال کو منصفانہ قرار دینے کے لیے مختلف جواز پیش کرتی رہی۔ اسے اعتراف ہوتا کہ مغربی جمہوریت کے مقابلے میں اس کی جمہوریت محدود ہے لیکن اسے عامی مفاد کا خیال رکھنا پڑتا ہے جسے اسلام میں ترجیح حاصل ہے۔ اس جماعت نے ملائیشیا کی کثیر نسلی اور مذہبی معاشرت کے اپنے مسائل کو جواز بنا کر اپنے طرز حکومت کو ہمیشہ جائز قرار دیا۔

حزب اختلاف کی تمام تر تنقید کے باوجود لائنس کو جس طرح کی انتخابی کامیابی ملی وہ نہ صرف مغربی جمہوریت کے نزدیک اس کا مسکت سیاسی جواز تھا بلکہ اسلامی جمہوریت بھی اسے جائز سمجھتی رہی۔ روایتی اسلامی سیاسی فکر میں کسی حکمران کا حق حکومت دیگر چیزوں کے علاوہ اس امر پر بھی منحصر ہے کہ آیا اسے لوگوں کی اکثریت کی معاونت حاصل ہے یا نہیں۔ تاہم عامتہ الناس کی معاونت محض برتر ریاستی فرائض کا ایک ذریعہ ہے یعنی یہ قوت اسلامی الوہی قانون، شریعت کے نفاذ میں استعمال ہونی چاہیے۔ جہاں تک الائنس کا تعلق ہے تو اس نے پی اے ایس کے لیے قابل قبول اصطلاحات میں اسلام کو سرکاری مذہب قرار نہ دیا اور نہ ہی اس نے حکومت کی جواز خیزی کو شریعت کے حوالے سے اس کی ذمہ داریوں کی اصطلاح میں بیان کیا۔ لیکن الائنس حکومت اچھی طرح جانتی تھی کہ اسے اسلام اور ملاوی مسلم کمیونٹی کے لیے بتدریج کارگر نظر آنا پڑے گا۔ بصورت دیگر اس کا اقتدار میں رہنا ممکن نہ ہوگا۔ اسلام کے حق میں پالیسیاں اپنا کر ہی اسے ملاوی مسلمانوں کی وسیع تر حمایت کی ضمانت مل سکتی تھی۔ پی اے ایس نے بھی 'یو ایم این او' پر سیاسی دباؤ ڈالنے کا کوئی موقعہ ہاتھ سے نہ جانے دیا اور اسے اسلام اور ملاوی

مسلم کمیونٹی کے لیے مسلسل کوشاں رہنا پڑا۔ ملاوی اسلام کے نقطۂ نظر سے دیکھا جائے تو ملائیشیا کی قومی آزادی کو اسلام کے لیے زیادہ سے زیادہ گنجائش پیدا کرنے اور ریاست کے لیے اسلامی جواز خیزی کو بڑھانے اور اسے استقرار دینے کی کوششوں کی تاریخ کہا جاسکتا ہے۔ عملاً ریاست اور اسے چلانے والی حکومت کے مفادات اس کی حکومتی جماعت یوایم این او کے مفادات کے ساتھ ہم آہنگ رہے ہیں۔ آزاد کے بعد سے ملائیشیا پر حکمران چلی آنے والی اس جماعت نے اس رویے کا مظاہرہ کیا ہے، گویا فقط یہی ریاست کے اسلامی ملاوی مفاد کو تحفظ دے سکتی ہے۔ بہت سے ملاوی سوچتے ہیں کہ آیا اگر کسی عام انتخاب میں وفاقی سطح پر اس جماعت کو شکست ہوجاتی ہے تو کیا یہ جمہوری فیصلے کا احترام کرے گی۔ بعض لوگوں کو شک ہے کہ یوایم این اوقوم کی سیاسی جمہوریت میں حزب اختلاف کے کردار پر آمادہ نہیں ہوگی۔ یہ لوگ پارٹی کے ایسے اقدامات کی نشاندہی کرتے ہیں جو اس امر کے غماز ہیں کہ یہ ہر قیمت پر اقتدار میں رہنے پر تلی ہوئی ہے۔

اگرچہ 'یوایم این او' حکومت ریاستی قوت کے استعمال میں بھی غیر محتاط رہی ہے لیکن مخلوط حکومت میں ایک غالب جماعت کے طور پر اپنا مقام برقرار رکھنے میں اس کی کامیابی قابل ذکر ہے اور اس کی وجہ یہ ہے کہ اس میں خود کو نئے حقائق اور لوگوں کی سیاسی سوچ کے نئے انداز بھانپنے اور ان کے مقابل ڈھلنے کی صلاحیت موجود ہے۔ اس جماعت نے کئی بار ثابت کیا ہے کہ اس میں نئے سیاسی اقدامات اور دلیرانہ سیاسی مہم جوئی کی اہلیت اور رضامندی دونوں موجود ہیں۔ اس کے یہ دو خصائص بالخصوص اس وقت اپنے عروج پر ہوتے ہیں جب اس کی حکومت کے جواز کو چیلنج درپیش ہوتے ہیں۔ 'یوایم این او' کی زیر قیادت چلنے والی حکومت کو پہلا بڑا جھٹکا ۱۹۵۹ء کے انتخابات میں لگا تھا۔ 'یوایم این او' کو قومی آزادی کا فاتحانہ جشن منائے ابھی صرف دو برس گزرے تھے کہ پی اے ایس نے اس جماعت سے کیلنتان اور ٹیرن گانو کی حکومت چھین لی۔ اتنے تھوڑے عرصے میں 'پی اے ایس' کی تیزی سے بڑھتی مقبولیت نے ثابت کر دیا تھا کہ اسلام اور ملاوی قومیت کو بنیاد بنا کر ملاویوں کو متوجہ کیا جاسکتا ہے۔ 'یوایم این او' نے دیکھا کہ اس کی مقبولیت کی ملاوی بنیاد کھسک رہی ہے اور اس کی حکومت کا ملاوی اور اسلامی مفادات کا جواز خطرے میں ہے تو اس نے مختلف تصحیحی اقدامات کے ذریعے پی اے ایس کی طرف چلے جانے والے ملاویوں کی حمایت دوبارہ حاصل کر لی۔

اسلامی سیاسی جواز خیزی پر اس بحث کے تناظر میں بھی دیکھیں تو ستمبر ۱۹۶۳ء میں ملائیشیا کی تشکیل بڑی سیاسی اہمیت کا وقوعہ تھا۔ اس نے نئے سیاسی حقائق کو جنم دیا۔ ملاوی مجبور ہوگئے کہ وہ اپنے سیاسی غلبے کا ادراک ایک نئی روشنی میں کریں اور اسے 'یوایم این او' اور 'پی اے ایس' کی مخالفت کی روشنی میں دیکھیں۔ 'پی اے ایس' اور بائیں بازو کے گروپوں نے آئینی بنیادوں پر ملائیشیا کے بننے کی مخالفت کی تھی۔ ان کا خیال تھا کہ یہ متعلقہ علاقوں میں لوگوں کی مرضی پر برطانوی سامراجیت ٹھونسنے کے مترادف ہے۔ ہمسایہ ممالک انڈونیشیا اور فلپائن نے بھی اس نئے سیاسی وجود کی مخالفت کی۔ انڈونیشیا اسے نوسامراجی سازش سمجھتا تھا، جب کہ فلپائن نے سبا (Saba) کی ریاست پر دعویٰ کر دیا۔ انڈونیشیا کے سوئیکارنو نے مسلح مداخلت کی دھمکی دی اور یوں دو برادر ممالک کے درمیان

جنگ کا خطرہ پیدا ہو گیا۔ 'یو ایم این او' حکومت نے اس موقع کو وطن پرستانہ جذبات کو ہوا دینے اور اپنے سیاسی مفاد کی پیش رفت میں برتا۔ یوں اس نے قوم پر اپنی گرفت مضبوط کر لی۔ اگرچہ 'پی اے ایس' نے بھی ملائیشیا کے قیام کی مخالفت کی لیکن اس نے ایک امر واقع کے طور پر اسے قبول کر لیا اور اس کے ساتھ وفاداری کا حلف اٹھایا۔ اس کے برعکس پیپلز پارٹی جیسے بائیں بازو کے گروپوں نے نئی فیڈریشن کو جائز ماننے سے انکار کر دیا اور یہ تنازعہ ستر کے عشرے تک حل نہ ہو پایا۔ پی اے ایس اور پیپلز پارٹی دونوں پر نئی فیڈریشن کو تباہ کرنے کے لیے فیڈریشن سے ساز باز کا الزام لگا اور ان کے کئی اہم رہنما انٹرنل سیکورٹی ایکٹ کے تحت نظر بند کر دیے گئے۔ دونوں جماعتوں کو اس الزام کی صحت سے انکار تھا۔ کئی ممتاز حزب اختلاف رہنماؤں کی نظر بندی اور ملک پر طاری حب الوطنی کے موڈ سے فائدہ اٹھاتے ہوئے 'یو ایم این او' نے ۱۹۶۴ء کے انتخابات میں تاریخ ساز کامیابی حاصل کی۔

ایک طرح سے نئی ریاست کی تشکیل کو بھی سیاسی جواز خیزی کے متعلق دو نظریات کے درمیان فساد کا بیج بونے کے مترادف خیال کیا گیا۔ اسے نسلی فسادات کا نقطۂ آغاز بھی قرار دیا گیا جو فی الواقع ۱۹۷۸ء میں پھوٹ پڑے۔ اس میں سنگاپور، سبا اور ساروک کی شمولیت نے نسلی ہیئت ترکیبی کو ڈرامائی طور پر بدل دیا تھا اور آبادی میں آنے والے عدم توازن نے ملاویوں کو نقصان اور نسلی چینیوں کو فائدہ دیا تھا۔ اس امر کو تقویت دینے میں چینی کمیونٹی کو سنگاپور کے رہنمالی کوآن یو کی صورت میں ملنے والی طاقتور قیادت تھی۔ وہ نہ صرف اپنے جزیرے میں موثر تھے بلکہ فیڈریشن میں موجود دیگر چینی باشندوں کے لیے بھی باعث تقویت تھے۔ وہ قرار دیتے تھے کہ ملائیشیا پر اس علاقے کے تمام باشندوں کو یکساں حق ہے اور نوزائیدہ ملک کے ملاوی اسلامی رنگ کے لیے خطرہ تھے۔ لی کی پیپلز ایکشن پارٹی (PAP) نے جلد ہی ملائیشیا کے شہروں اور قصبوں میں اپنے پنجے گاڑ لیے جہاں چینیوں کی اکثریت آباد تھی۔

چینی کمیونٹی کے اندر بھی قومی حکومت میں سیاسی نمائندگی اور 'یو ایم این او' کے زیر قیادت چلنے والی حکومت کے ساتھ تعلقات پر اختلافات موجود تھے۔ چینی کمیونٹی کو لی کے نعرے، ملائیشیوں کا ملائیشیا، پر اپنا ردعمل مذکورہ بالا اختلافات کی روشنی میں دینا پڑا۔ لی کی کرشماتی شخصیت اپنی جگہ لیکن کچھ زیادہ گہری وجوہات کی بنا پر چینی نسل کے لوگوں نے ملائیشیوں کے ملائیشیا پر ایسے جوش و خروش کا مظاہرہ کیا تھا۔ تنکو نے پوری قوم کو بار بار یاد دلایا تھا کہ جہاں تک 'یو ایم این او' کا تعلق ہے تو جس طرح 'ایم آئی سی' نسلی ہندوستانی کمیونٹی کی واحد جائز نمائندہ جماعت ہے، اسی طرح 'ایم سی اے' بھی نسلی چینیوں کی واحد جائز نمائندہ جماعت ہے۔ ان دونوں جماعتوں کو 'یو ایم این او' کے اعتباری دوست اور اقتدار میں مستقل شریک سمجھا جاتا تھا۔ مسئلہ یہ تھا کہ بہت سے چینی 'ایم سی اے' کو ایک ایسی جماعت سمجھتے تھے جس کا مقصد صرف اور صرف زیادہ مال دار چینیوں کے کاروبار اور مالی مفادات کا تحفظ تھا اور جو ان مقاصد کے پورا ہونے کی صورت میں 'یو ایم این او کی معاون تھی۔ ایم سی اے کو اس طور دیکھنے والے چینی یا تو حزب اختلاف کو ووٹ دیتے تھے یا اس عمل میں شامل نہیں ہوتے تھے۔ چینیوں کو لی کے نعرے کی شکل میں اپنے نسلی خیالات کو بیان کرنے اور اپنے مفادات کے لیے لڑنے کی ایک صورت نظر آتی تھی۔

ملاویوں کی طرف سے 'یو ایم این او' اور 'پی اے ایس' دونوں لی کے 'ملائیشیوں کا ملائیشیا' تصور کے سخت خلاف تھے۔ 'لی' اور 'پی اے پی' کے دیگر رہنماؤں اور 'یو ایم این او' رہنماؤں کے درمیان لفظوں کی جنگ چھڑی۔ نتیجتاً نسلی تناؤ اور سیاسی تقطیب بڑھ گئی، حتیٰ کہ سنگاپور میں بھی ملاوی چینی تصادم ہوئے۔ جب تنکو عبدالرحمان نے دیکھا کہ 'ٹی اے پی' الائنس کے لیے خطرہ بن رہی ہے اور ملائیشیوں کے لیے ملائیشیا کا تصور ملک میں پھوٹ کا سبب بن رہا ہے اور اس کے بین الاقوامی امیج پر 'لی' غالب آ رہا ہے تو اس نے ۱۹۶۵ء میں سنگاپور کو فیڈریشن سے نکال دیا۔ لیکن الائنس کے خلاف غیر ملاویوں کی مخاصمت زور پکڑ چکی تھی۔ فیڈریشن میں 'پی اے پی' کی جانشین جماعت 'ڈیموکریٹک ایکشن پارٹی' (DAP) نے 'ملائیشیوں کے ملائیشیا' کی جدوجہد جاری رکھی۔ اس اثنا میں تنکو ملاویوں اور چینیوں کے مابین ملاوی خوش حالی کا فرق دور کرنے میں ناکام رہا تو ملاوی اس کی قیادت اور پالیسیوں کے سحر سے نکل گئے۔ اپنی اس بے چینی کا اظہار کرنے کے لیے انھوں نے اپنی حمایت 'پی اے ایس' کے پلڑے میں ڈال دی۔ ملاویوں اور غیر ملاویوں کا الائنس مخالف رویہ مختلف وجوہات لیے ہوئے تھا جس کا اظہار ۱۹۶۹ء کے عام انتخابات میں ہوا۔ 'یو ایم این او' کی کئی نشستیں 'پی اے ایس' کے پاس چلی گئیں۔ اس کے غیر ملاوی حلیفوں کو بھی 'ڈی اے پی' اور پیپلز پارٹی کے ہاتھوں کئی نشستوں کا نقصان اٹھانا پڑا۔ اس طرح کی انتخابی اتھل پتھل نے کمیونٹیوں کو مشتعل کیا اور ۱۳ مئی کو نسلی فسادات پھوٹ پڑے۔

۱۳ مئی کے المیے نے 'یو ایم این او' کو مجبور کر دیا کہ وہ ملائیشیا جیسے کثیر نسلی اور کثیر مذہبی ملک پر حکومت کے لیے درکار سیاسی جواز کو وسیع تر تناظر میں تلاش کرے۔ ملاوی 'یو ایم این او' کے پاس موجود حکومت کے جواز پر حرف گیری کر رہے تھے اور غیر ملاویوں کو حکومت میں اپنی نمائندگی کے حوالے سے شکایت تھی۔ رزاق انتظامیہ کو دونوں کی طرح کی شکایات سے نمٹنا تھا۔ یوں جمہوری نسلی تکثیر میں اقتدار میں جائز شراکت کے معانی کا سوال اٹھا۔ 'این ای پی' اور 'نیشنل فرنٹ' کے بارے میں کہا گیا کہ یہ مختلف سیاسی اور سماجی اقتصادی مسائل کے حل کے لیے مناسب ترین لائحہ عمل سامنے لا سکتے ہیں۔ جزیرہ نما میں موجود چینی اپنی نمائندگی کے لیے پہلے 'ایم سی اے' پر انحصار کر رہے تھے، اب صورت حال بدلی اور زیادہ مقبول پیپلز پارٹی بھی ان کی نمائندگی میں حصہ دار بنی۔ مشرقی ملائیشیا میں موجود چینیوں نے دیگر جماعتوں پر انحصار کیا۔ 'پی اے ایس' نیشنل فرنٹ میں شامل ہوئی تو رزاق حکومت اپنے جواز کے لیے ملاوی تشخص اور اسلام پر انحصار کرنے لگی۔ اگر ہم دیکھیں کہ 'یو ایم این او' کی زیر قیادت چلنے والی حکومت کو جواز خیزی کے لیے نسلی، مذہبی اور سیاسی تینوں بنیادیں میسر آ چکی تھیں تو کہا جا سکتا ہے کہ ملائیشیا کی تاریخ میں یہ وسیع تر بنیادوں کی حامل نمائندہ ترین حکومت تھی۔ اہل ملائیشیا نے اقتدار کی اس نئی شراکت کو قبول کیا اور 'باریسان نیشنل' کو ووٹ دے کر اسے جواز بھی مہیا کیا۔ یوں اس پارٹی نے قوم کی انتخابی تاریخ میں بہترین کارکردگی کا مظاہرہ کیا۔ ۱۳ مئی کے بعد ہونے والی نئی صف بندی نے کئی سیاسی گروپوں کو فائدہ پہنچایا لیکن سب سے زیادہ استفادہ 'یو ایم این او' نے کیا۔

تاہم حق حکومت کا جواز کوئی مستقل اور مطلق شے نہیں۔ کئی امور پر منحصر ہونے کے باعث اس میں بھی وقت

گزرنے کے ساتھ کئی تبدیلیاں آتی ہیں۔ اسلام بطور مذہب بجائے خود خاصا متحرک رہا ہے۔ اگر اسے حکومتی جواز کے طور پر استعمال کیا جاتا ہے تو مسلمانوں کے مابین موجود حکومتی جواز کا بدلنا عین فطری ہے۔ قرآن وحدیث کی تعلیمات کو وقت کی ضروریات کے مطابق نئی تعبیر دی جاسکتی ہے۔ بدلتے سیاسی اور سماجی اقتصادی حالات اسلام کی تازہ تفہیم اور تعبیر کے محرک ثابت ہوسکتے ہیں۔ ستر کے عشرے کے اوائل میں اسلام کے ایک نئی طرح کے احیا کا آغاز ہوا۔ مسلمانوں اور بالخصوص نوجوانوں میں احیا کی یہ تحریک اندرونی اور بین الاقوامی تغیرات پر ردعمل قرار دیا جاسکتا ہے جس نے ثقافتی شناخت اور سماجی انصاف جیسے کئی مسائل نئے سرے سے اٹھائے تھے۔ ملک پر دیگر اثرات کے علاوہ اس نے بعض ایسے معاشرتی مسائل اٹھائے کہ ان کے نتیجے میں، کم از کم اسلامی نقطۂ نظر سے، حکومت کے سیاسی جواز کے معانی کو نئی جہت ملی۔ تب ریاست اس نتیجے پر پہنچی کہ اہمیت کے حامل تمام سماجی مسائل پر ایک وسیع البنیاد اتفاق رائے قائم ہو چکا ہے اور تنقید اور مخالفت کی گنجائش باقی نہیں بچی، حتیٰ کہ 'پی اے ایس' بھی اس اتفاق رائے کا ایک ساختیاتی جزو تھی۔ یہ اور بات ہے کہ اس جماعت کو دعویٰ رہا کہ اس کے پاس 'باریسان نیشنل' کی حدود میں رہتے ہوئے حکومتی سیاست اور منصوبوں میں اسلامی اقدار کے نفوذ کا مشن موجود ہے، لیکن ستر کے عشرے میں اٹھنے والی اسلامی تحریک پر 'اے بی آئی ایم' غلبے سے متاثرہ شعور نے اس اتفاق رائے کو یوں غلط ثابت کردیا کہ اسلام اور سوسائٹی کے مابین موجود تعلق ایسا ترقی پسند اور انقلابی تھا کہ 'پی اے ایس' میں بھی نہیں سما سکتا تھا۔ 'این ای پی' پر 'اے بی آئی ایم' کی تنقید اور دانشوروں، عالموں اور طالب علموں کے مابین اس کی بڑھتی ہوئی مقبولیت سے سامنے آیا کہ غور وفکر کے نتیجے میں منضبط اور متشکل ہونے کے باوجود 'این ای پی' کی کچھ خامیاں ہیں جسے نظر انداز نہیں کیا جاسکتا۔ 'اے بی آئی ایم' کا خیال تھا کہ یہ خامیاں معمولی نہیں بلکہ بڑی اور بنیادی ہیں اور ان کا مطلب اقتصادی ترقی سے روحانی اور اخلاقی پہلو ختم کرنا ہوگا۔ ترقی کی ان جہات کو پیش نظر رکھنا محض اس لیے ضروری نہیں کہ اسلام ان پر زور دیتا ہے بلکہ اس لیے بھی ضروری ہے کہ یہی مسلمانوں کی سماجی اقتصادی ترقی کی ضامن ہیں۔ اقتصادی ترقی پر اسلامی نقطۂ نظر اور انداز فکر کے ساتھ وابستگی کی دعویدار 'اے بی آئی ایم' نے نہ صرف 'ای اے ایس' کی اسلامی اقدار کے نفوذ کی پالیسی کو اپنایا بلکہ قرآن کی تعلیمات پر مبنی اسلامی اقتصادی اداروں کے قیام کے لیے حکومت پر دباؤ بھی ڈالا۔ 'اے بی آئی ایم' نے نہ صرف تعلیم، قانون، تمدن اور اقتصادی ترقی جیسی حکومتی پالیسیوں کے اسلامی جواز کا سوال اٹھایا بلکہ اس نے مسلم ذہن میں اسلامی سماج کے اندر سیاسی جواز کے معانی اور ان کی تحسین پر نیا شعور بھی دیا۔ عمومی انداز میں بات کی جائے تو کہا جائے گا کہ اسلام کے احیائے نو کی تحریک نے ایک ایسا سماجی اور دانشورانہ ماحول پیدا کیا کہ زیادہ سے زیادہ مسلمانوں نے مذہب کے ساتھ وابستگی اختیار کی اور فقط وہی حکومت مسلم معاونت کی مستحق ٹھہری جس کی پالیسیوں اور منصوبوں کو اسلام سے جواز حاصل تھا۔

اسلامی بیداری کی تحریکوں کے ایک عشرے کے بعد مہاتیر ملک کے سربراہ بنے۔ تب تک 'یو ایم این او' کو ایسی تحریکوں کے سیاسی اثرات پر دباؤ محسوس ہونے لگا۔ مہاتیر بخوبی جانتے تھے کہ 'یو ایم این او' پر اسلامی تحریکوں کے طویل المیعاد مضمرات کیا ہوں گے۔ انھیں یہ بھی خبر تھی کہ ابھرتے ہوئے اسلامی شعور سے متصف ملاوی

مسلمان کی نظر میں ان کی حکومت کے لیے مناسب جواز کیا ہوسکتا ہے۔ حکومت میں آنے کے جلد بعد اس نے ۱۹۸۲ء میں اپنے ایک انٹرویو میں بتایا کہ ملائیشیا میں اسلامی حکومت کے قیام کا امکان مسترد نہیں کیا جا سکتا۔ مہاتیر جب یہ کہہ رہے تھے تو محض پیشنگوئی نہیں کر رہے تھے کہ کیا ہونے والا ہے بلکہ لگتا ہے کہ وہ اس سیاسی مقصد کے حصول کے لیے سرگرم ہو چکے تھے۔ اسلام کے لیے ان کی کوششوں کو اپنے حلقۂ انتخاب کے مسلم رائے دہندگان کے دباؤ کا ردعمل قرار دینا غلط ہوگا۔ شاید یہی امر انھیں دیگر مسلم رہنماؤں سے متمیز و متشخص کرتا ہے۔ ان کی یہ کوشش اسلام کے ساتھ ذاتی وابستگی کا نتیجہ تھی اور انھیں اسلام کے متعلق حاصل ہونے والے نئے نئے علم کی پشت پناہی میسر تھی۔ مطالعے کے شوقین اور مفکر طبع مہاتیر کے اندر یہ دانشورانہ جھکاؤ نائب وزیر اعظم بننے کے بعد ہی سے نظر آنے لگا تھا۔ اسلام کے احیائے نو کی تحریک کے بعد وہ اس نتیجے پر پہنچے تھے کہ اگلے کئی سالوں تک ملاوی سیاست کے اسٹیج پر سیکولرزم، نفاذ شریعت اور مسلم شکوہ کا احیا ہی بنیادی کردار رہیں گے۔ ان مسائل کے حوالے سے ان کا انداز فکر اور رویہ خاصا جدید اور فلسفیانہ ہے۔ اسلام اور اسلامیانے کے متعلق ان کے طرز فکر سے پتہ چلتا ہے کہ وہ ان مسائل سے نمٹنے کا تہیہ کیے ہوئے ہیں اور اس مقصد کے لیے اپنے مخصوص ذہنی رجحانات کو بروئے کار لائیں گے۔ انور ابراہیم اور 'اے بی آئی ایم' کی حمایت خواہی کا عمل ان کی سوچی سمجھی حکمت عملی تھی تاکہ ایک طرف اپنی حکومت کے اسلامی رنگ کو تقویت دیں اور دوسری طرف 'پی اے ایس' اسلام خواہی میں شکست کھا جائیں۔ انور کی مدد سے مہاتیر نے دونوں مقاصد حاصل کر لیے لیکن اسلام کے متعلق انور کا ایک اپنا انداز فکر، اور اسی لیے ایک اپنا سیاسی ایجنڈا ہے۔ ان کے اسلامی سیاسی ایجنڈے میں سماجی انصاف کلیدی حیثیت رکھتا ہے۔ وہ سمجھتے ہیں کہ سماجی انصاف اسلام کی سیاسی تعلیمات کا محور ہے۔ سماجی انصاف کے ساتھ ان کی یہ وابستگی طالب علمی کے دنوں سے چلی آ رہی ہے اور ابھی تک اس میں کوئی تبدیلی نہیں آئی۔ ملک کے سیاسی نظام مراتب میں دوسرا طاقتور ترین شخص ہونے کے ناطے انھیں اعلیٰ عہدیداروں کی بدعنوانیوں کی خبر ہے۔ شاید کرپشن ہی وہ مسئلہ تھا جس پر مہاتیر اور انور کے درمیان سیاسی اختلافات نے جنم لیا۔ ۱۹۹۷ء کے ایشیائی مالیاتی بحران اور ایسے ہی دیگر کئی مسائل نے ان اختلافات کو شدید تر کیا۔ مہاتیر نے انور کو حکومت اور 'یو ایم این او' دونوں سے فارغ کر دیا۔ اس اقدام کے لیے اخلاقی بنیادوں پر لگائے گئے الزامات برتے گئے تھے۔ اکثر لوگ سمجھتے ہیں کہ یہ فیصلہ سیاسی محرکات کے باعث ہوا اور اس نے حکومت کے اسلامی جواز اور 'یو ایم این او' کے اسلامی جواز پر منفی اثرات ڈالے۔ 'یو ایم این او' کے اسلامی ووٹ بینک میں شامل انور کے حمایتیوں نے پارٹی چھوڑی اور 'پی اے ایس' میں شامل ہو گئے یا نو تشکیل جسٹس پارٹی میں چلے گئے۔ لیکن مہاتیر کی قیادت کو اصل نقصان یہ پہنچا کہ ملاویوں نے اس قیادت کے اخلاقی کردار پر تنقیدی نظر ڈالی اور ریاست کے ہاتھوں انور کے ساتھ ہونے والے سلوک کے جواز کا سوال اٹھانے لگے۔ مقتدرہ نے انور کی اخلاقی حالت کے زوال کو جس طرح اچھالا، مہاتیر کی قیادت کے اخلاقی امیج کو اتنا ہی زیادہ نقصان پہنچا۔ ۱۹۹۹ء کے انتخابات پر انور کا مسئلہ چھایا رہا۔ 'پی اے ایس نے' بھی 'یو ایم این او' پر کاری ضرب لگائی۔ تاہم ہماری اس بحث کے تناظر میں انور کے تنازعہ سے زیادہ اہم، وسیع تر اور بنیادی مسائل کا تعلق

اسلامی سیاسی جواز سے ہوگا جو اس کے نتیجے میں سامنے آئے گا۔ ملائیشیا کی سیاست میں اسلامی قیادت، اسلامی حکومت اور اسلامی قانونی نظام کو نئی اہمیت ملنے کو ہے اور ممکن ہے کہ 'پی اے ایس' ان حوالوں سے ملاوی مسلمان پر اہم اثرات مرتب کرے۔ مہاتیر کو درپیش فوری مسئلہ یہ ہے کہ وہ 'پی اے ایس' کے ابھرتے چیلنج کا سامنا کرنے کے لیے اپنی اور اپنی جماعت کی اسلامی حیثیت بحال کرے۔ لگتا ہے کہ اس نے اسلامی ریاست کا اعلامیہ اسی مقصد کے پیش نظر دیا ہے۔

اس اعلان کے نتیجے میں کئی ایک مسائل اٹھیں گے اور بہت سے افراد اور گروپ تنقیدی ردعمل کا اظہار خیال کریں گے۔ پہلا مسئلہ یہ ہے کہ آیا آئین سیکولر ہے یا اسلامی۔ اس صورت حال کا آغاز 'ڈی اے پی' نے کیا ہے۔ اس کا استدلال ہے چونکہ آئین بنیادی طور پر سیکولر ہے، چنانچہ مہاتیر کے اعلان کی آئینی حیثیت مشکوک ہے۔ 'پی اے ایس' کے رہنماؤں کا خیال ہے کہ آئین بنیادی طور پر اسلامی ہے۔ اگرچہ انھیں اس دعوے پر اعتراض ہے کہ ملائیشیا اب بھی اسلامی ریاست ہے۔ اگر ایک ہی آئین کو کچھ گروپ سیکولر اور کچھ اسلامی سمجھتے ہیں تو پھر اس امر کی شدید ضرورت ہے کہ سیکولر اور اسلامی کے معنوں پر قومی مکالمے کا اہتمام کیا جائے گا کہ دیکھا جا سکے کہ آیا یہ معانی باہم منطبق ہیں یا نہیں۔ دوسرے یہ کہ شریعت کا مسئلہ اپنی جگہ موجود ہے۔ جس کسی کو بھی اسلامی ریاست کے قیام کی امید ہے، اسے اس روایتی اسلامی نقطۂ نظر کو بہرحال پیش نظر رکھنا ہوگا کہ اس طرح کی ریاست کے وجود میں شریعت کا نفاذ بجائے خود مضمر ہے۔ 'یوایم این او' اور 'پی اے ایس' دونوں کو اس حوالے سے اپنا نقطۂ نظر زیادہ ٹھوس انداز میں پیش کرنا ہوگا اور اس کے نفاذ کے ساتھ وابستہ غیر مسلموں کے خوف پر بھی بات کرنا ہوگی۔ تیسرے یہ کہ اعلامیے نے ایک بات سمجھا دی ہے کہ اہل ملائیشیا کے نزدیک اسلامی ریاست کے ایک سے زیادہ ماڈل بھی ہو سکتے ہیں۔ بعض غیر مسلم محسوس کرتے ہیں کہ ملک میں اسلامی غلبے کے نتیجے میں اسلامی ریاست قائم ہوتی ہے اور یہ کہ ملائیشیا جمہوریت ہے تو انھیں اپنی آزادیٔ انتخاب باریسان نیشنل اسلامی ریاست یا 'پی اے ایس' اسلامی ریاست میں سے کسی ایک کے انتخاب پر لگانا ہوگی۔ چوتھے یہ کہ ایک اسلامی ریاست میں مذہبی تقصیر اور جمہوریت کے کردار اور مقام پر خاصی بھاری بھرکم بحث اور مکالمے متوقع ہیں۔ اس امر پر تو بحث پہلے سے ہو رہی ہے کہ اس طرح کی ریاست میں اسلام کے علاوہ دیگر مذہب سے متعلق ریاستی ذمہ داری کی نوعیت کیا ہوگی۔ کیلنتان اور ٹیرنگانو کی 'پی اے ایس' حکومتیں اپنی غیر مسلم آبادی کی مذہبی ضروریات پر کچھ زیادہ توجہ دینے لگی ہیں۔ غیر مسلم شہری بھی یہ سوال اٹھا رہے ہیں کہ انھیں بطور شہری اسلامی ریاست پر ہونے والی قومی بحث میں حصہ لینے کا کتنا حق حاصل ہے۔

نتیجہ

اس امر کی توثیق کی جا سکتی ہے کہ اسلام اور سیاسی جواز خیزی کے درمیان موجود تعلق کو ملائیشیا کے تناظر میں دیکھا جائے تو آزادی کے بعد سے کوئی ساڑھے چار عشروں میں اس کے اندر عمیق ہیئت قلبی نظر آتی ہے۔ اس طرح

کے تغیرات ملکی اور بین الاقوامی اثرات کا نتیجہ ہیں جنھوں نے انڈونیشی معاشرت کو متاثر کیا۔ اسلام کی فہم میں وسعت اور عمق کے ساتھ ساتھ مذکورہ بالا تعلقات میں وسعت پیدا ہوتی چلی جائے گی۔ ستر کے عشرے تک اسلام کی سیاسی جواز خیزی کی تعریف بنیادی طور پر نسلی ملاوی اور بومی پترا صطلاح میں کی جاتی تھی۔ لیکن اسلام کے متعلق نئی تحریکوں کے باعث ایسی صورت حال پیدا ہوئی کہ عالمگیر اصطلاحات میں تعبیر پانے والا اسلام ملک کی سیاسی جواز خیزی کے مسائل میں مرکزی حیثیت اختیار کر گیا۔ معاصر ملائیشیا میں اسلامی ریاست کے جواز کے معانی پر یو ایم این او اور پی اے ایس کے درمیان جاری تنازعہ اہم ترین ہے اور اس امر میں دونوں فریقین کی کوشش ہے کہ قوم کے اصل آئین اور جمہوری ڈھانچے کے ساتھ وفاداری بھی قائم رہے۔

[بشکریہ اسلامی ریاست: جواز کی تلاش، مرتبہ شاہرام اکبر زادے، عبداللہ سعید]

انڈونیشیا: منقسم اکثریت

گریگ فیلی

ترجمہ: محمد ارشد رازی

مصنف آسٹریلین نیشنل یونیورسٹی شعبۂ ایشین اسٹڈیز اور ریسرچ اسکول آف پیسفک اینڈ ایشین اسٹڈیز کے مشترکہ منصوبے کے تحت انڈونیشی سیاست کی لیکچرر ہیں۔ انھوں نے 'ٹریڈیشنل اسلام اینڈ موڈیرنٹی اِن انڈونیشیا' نامی کتاب مرتب کی۔ علاوہ ازیں انھوں نے انڈونیشیا کی اسلامی سیاست، دہشت گردی اور جمہوریت سازی جیسے موضوعات پر بھی مضامین لکھے۔ انڈونیشیا کی یونیورسٹیوں میں نو احیائی طریقوں پر انھوں نے کافی مبسوط کام کیا ہے۔

زیر نظر مضمون میں مترجم نے حوالوں کے ماخذ اپنی ترجمہ شدہ کتاب 'اسلامی ریاست: جواز کی تلاش' میں شامل نہیں کیے ہیں، لیکن قارئین انگریزی زبان میں شائع اصل کتاب 'Islam and Political Legitimacy' میں شامل ان تمام حوالوں کی تفصیلات اور ماخذ سے استفادہ کر سکتے ہیں۔

انڈونیشیا کے سیاسی اسلام کی حدود

۲۰ اکتوبر ۱۹۹۹ء کو انڈونیشیا کا سب سے بڑا سیاسی ادارہ 'Peoples Consultative Assembly' یعنی عوامی مجلس مشاورت اللہ اکبر کے نعروں سے گونج اٹھی۔ قوم کے چوتھے صدارتی انتخابات کے نتائج ایک بڑے وائٹ بورڈ پر دکھائے گئے تو میگاوتی سوئیکارنو پتری پر عبدالرحمان واحد کی فتح یقینی نظر آنے لگی۔ فاتح مسلم سیاست دانوں نے خوشی سے بے قابو ہو کر ہوا میں مکے لہرائے اور باہم بغلگیر ہو گئے۔ بالکونیوں میں کھڑے ہجوم نے روایتی مسلم ترانہ صلوٰۃ بدر گانا شروع کر دیا۔ انڈونیشیا کی چون سالہ تاریخ میں پہلے کبھی ایم پی

آر پر ایسا واضح اسلامی رنگ نہ چڑھا تھا۔ مسلم سیاست دانوں اور ان کے حمایتیوں کی مسرت کی ایک وجہ یہ خیال تھا کہ اسلام کو لادین قومیت پرستی اور تعلیمی غلبے کی سیاست پر واضح فتح حاصل ہوئی ہے۔ عبدالرحمان کے انتخاب نے انڈونیشیا کی سیاست میں اسلام کو ایک جواز خیز قوت ثابت کر دیا۔ وہ صدارت سنبھالنے والے پہلے حقیقی رہنما تھے۔ یہ مذہبی عالم انڈونیشیا کی سب سے بڑی اسلامی تنظیم 'نہضتہ الاسلام' کے چیئرمین اور ملک کے معتبر ترین علما میں سے ایک حسیم اسیری کے پوتے تھے۔ اگرچہ اس سے پہلے تمام صدر بھی مسلمان تھے لیکن کوئی بھی مصدقہ رہنما نہ تھا۔ علاوہ ازیں عبدالرحمان کی صدارتی نامزدگی کو تمام بڑی اسلامی جماعتوں کی معاونت حاصل تھی۔ ان کی حریف میگاوتی جو خود بھی مسلمان ہیں، ملک کی بڑی لامذہبی وطن پرست جماعت کی رہنما ہیں۔ مسلم حریفوں نے انھیں اسلام سے متنفر شخص کے طور پر پیش کیا ہے۔ کئی اسلامی گروپوں نے صدارت کے لیے ان کی نامزدگی کی مخالفت ان بنیادوں پر بھی کی تھی کہ اسلامی قانون کے تحت عورت ریاست کی سربراہ نہیں بن سکتی۔

۱۹۹۹ء کے صدارتی انتخاب کے موقع پر مسلم سیاست دانوں کا جوش و خروش ہمیں اسلامی سیاست کی قومی تاریخ پر بہت کچھ بتاتا ہے۔ دنیا کی سب سے بڑی اسلامی کمیونٹی ہونے کے باوجود یہاں سیاسی اسلام کی شکستیں، اس کی فتوحات سے بہت زیادہ ہیں اگرچہ اہل انڈونیشیا کی خاصی بڑی اکثریت اسلام کو اپنا مذہب قرار دیتی ہے لیکن شاذ ہی کبھی یہ قومی سیاست کا غالب عنصر رہا ہو۔ اواخر پچاس سے لے کر نوے کے عشرے کے وسط تک اسلام کو دبا کر رکھا گیا اور سوئیکارنو کی گائیڈڈ جمہوریت اور سوہارتو کی نیو آرڈر حکومتوں میں اسے ریاستی جبر کا سامنا بھی کرنا پڑا۔ اسی لیے عبدالرحمان کا انتخاب محض اسلامی سیاست کے احیا کا نشان نہیں تھا بلکہ نیا نقطۂ عروج بھی سمجھا گیا۔ بعض مسلم سیاست دان اور مبصر یہاں تک چلے گئے کہ انڈونیشیا کی سیاست پر مسلم جماعتوں کے اتحاد کے غلبے کی بات کرنے لگے لیکن جیسا کہ ابھی سامنے آئے گا کہ اس طرح کی امیدیں جلد ہی دم توڑ گئیں۔

آگے آنے والی بحث میں، میں انڈونیشیا میں سیاسی جواز خیزی کے حوالے سے اسلام کے کردار پر بات کروں گا۔ لپ سیٹ (Lipset) کے کام کی بنیاد پر جواز خیزی کسی سیاسی نظام کی وہ صلاحیت ہے جو اس یقین کو پیدا کرتی ہے کہ کوئی موجودہ سیاسی ادارہ یا رہنما معاشرے کے لیے موزوں ترین ہے۔ جب کسی حکومت کے تحت آنے والے لوگ اس کے فیصلہ سازی کے حق کو قبول کریں تو حکومت جائز ہوتی ہے۔ حکومتی جواز کسی کمیونٹی اور شہریوں کی بعض اقدار سے اخذ ہوتا ہے۔ اگر کسی حکومت کے فیصلے یا سیاسی نظام کے چلن کے نتائج عوام کے لیے قابل قبول ہیں تو لوگ اسے جائز سمجھتے ہیں۔ اسلامی جواز خیزی کا تعلق ریاست کی ماہیت اور اس کے سیاسی کلچر کی تشکیل میں اسلامی اقدار، تصورات اور علامات کے کردار سے ہے۔ چنانچہ ہماری اس بحث کے حوالے سے بنیادی سوال یہ ہے: ''اسلامی معیارات نے انڈونیشیا کے سیاسی نظام کو کس حد تک بدلا ہے اور اس کے رہنماؤں، تحریکوں اور حکومتوں کو کس حد تک جواز فراہم کیا ہے؟''

اس غور و فکر میں دو بڑے نکات کو پیش نظر رکھنے کی ضرورت ہے۔ اول تو یہ کہ سیاست اور ریاست کے متعلق انڈونیشی مسلمانوں کا انداز فکر ایک سا نہیں ہے۔ قومی زندگی میں اسلام کے کردار کے متعلق خیالات و

تصورات کا ایک پورا سلسلہ موجود ہے۔ اس طیف کے ایک سرے پر مسلمانوں میں مسلح بغاوت اور الگ اسلامی ریاست کے قیام کے جواز میں اسلامی اصول استعمال کیے ہیں، دوسری طرف ریاست میں اسلام کے کردار کے حوالے سے انھوں نے تقصیری اور حتیٰ کہ لادینی طرزِ عمل اختیار کرنے کے لیے بھی اپنے عقائد کے اصولوں پر انحصار کیا ہے۔ چنانچہ کہا جاسکتا ہے کہ انڈونیشی مسلمانوں نے اقدار و علامتوں کے کسی ایک سیٹ کو حرزِ جاں نہیں بنایا۔ عزائم اور اظہار کا یہ تنوع نہ صرف انڈونیشی اسلام کے ثقافتی عمق کی تفہیم میں مفید ہے بلکہ اسے بطور سیاسی قوت اسلام پسندوں میں اتحاد کی کمی اور وحدتِ فکر کے فقدان کی تعبیر میں بھی برتا جاسکتا ہے۔ دوسرا نکتہ یہ ہے کہ قومی معاملات میں شاذ و نادر ہی ایک فیصلہ کن قوت کے طور پر کارفرمائی کے باوجود اسلام بہرحال مسلسل اہم جواز خیز قوت کی شکل میں چلا آرہا ہے۔ اسلامی جماعتوں پر سختی کرنے والی حکومتوں سمیت تمام انڈونیشی حکومتوں نے مسلم کمیونٹی کو ساتھ رکھنے اور مسلمانوں کی ہمدردیاں حاصل کرنے کے لیے کام کیا ہے۔ سوئیکارنو اور سوہارتو؛ دونوں نے اپنے مقاصد کے لیے مسلم رہنماؤں کی حمایت حاصل کرنے کے لیے خاصا کام کیا یا کم از کم خیال رکھا کہ حکومتی پالیسیوں کو مسلمانوں کی معاونت حاصل رہے۔

انڈونیشیا میں اسلامی جواز خیزی کی بحث کا ایک حصہ یہ ہے کہ انڈونیشی اسلام میں موجود مختلف شکلوں کو جائزہ لیا جائے اور دیکھا جائے کہ انھوں نے سیاست میں اپنا اظہار کس طرح کیا۔ اسلام اور ریاست کے باہمی تعلق اور سوئیکارنو اور سوہارتو عہد میں اسلامی جماعتوں کے کردار پر بحث سے پہلے یہ جائزہ لینا ضروری ہے۔ نتیجہ خیز مرحلے پر میں سوہارتو عہد کے بعد کی تشکیلات پر بات کروں گا۔

انڈونیشی اسلام کے خدوخال کا تعین

۱۹۹۰ء کی مردم شماری کے مطابق انڈونیشیا کی ۸۷ فیصد آبادی مسلمان ہے۔ ۲۰۰۲ء میں لگائے گئے آبادی کے تخمینے کے مطابق یہ امتِ مسلمہ کوئی ۱۸۵ ملین پر مشتمل ہے اور اس وقت تک دنیا کی کسی بھی دوسری مسلمان قوم سے زیادہ ہے، لیکن ان اعداد و شمار پر شک و شبہ کی کئی وجوہات موجود ہیں۔ اول تو تمام انڈونیشی شہریوں کو سرکاری طور پر تسلیم شدہ پانچ مذاہب میں سے کسی ایک کے ساتھ وابستگی کا اظہار کرنا پڑتا ہے۔ یہ مذاہب اسلام، کیتھولک ازم، پروٹسٹنٹ ازم، ہندو ازم اور بدھ ازم ہیں۔ خود کو مسلمان کہنے والوں میں سے کافی زیادہ لوگ باقاعدہ مسلمان نہیں ہیں اور ہوسکتا ہے کہ وہ سرے سے ہی مسلمان نہ ہوں۔ انڈونیشیا میں کئی مذہبی اقلیتوں کا وجود تسلیم ہی نہیں کیا جاتا۔ ان کے وابستگان سرکاری طور پر اقلیتی قرار دیے گئے عقائد کی بجائے مسلم خیال کیا جانا زیادہ آسان سمجھتے ہیں۔

اگر انڈونیشی اسلام کے اندر موجود بڑے بڑے ذیلی تمدنوں کو بھی پیشِ نظر رکھا جائے تو صورتِ حال پیچیدہ تر ہو جاتی ہے۔ تاریخی طور پر علما نے راسخ اور کم متقی مسلمانوں کے درمیان ہمیشہ ایک خطِ امتیاز کھینچا ہے۔ اس طرح کی تقسیم بندی میں دو اصطلاحیں سانتری اور اباگن بہت استعمال ہوئی ہیں۔ ساٹھ کے عشرے کے اوائل میں

امریکی ماہر بشریات گلفورڈ گلٹز (Gilford Glitz) نے جاوی اسلام کو بیان کرنے کے لیے انھیں متعارف کروایا تھا۔ سانتری متقی مسلمانوں کو کہا گیا کہ جو اصول دین پر سختی سے عمل پیرا ہیں؛ یعنی نماز پنجگانہ، صوم رمضان اور زکوٰۃ وصدقات کی ادائیگی کے ساتھ ساتھ شراب اور جوئے سے گریز کرتے رہے۔ اباگن میں مسلمانوں کا ایک بہت بڑا طبقہ آتا تھا جن میں عام مسلمانوں سے لے کر توفیقیت پر عمل پیرا تک سب شامل تھے۔ اباگن کی صفت متمیزہ یہ تھی کہ یہ یا تو عقیدے پر عمل میں بے قاعدہ تھے یا مذہب کے باقاعدہ اصولوں سے رسوم کی ادائیگی میں انحراف کرتے تھے۔ اگرچہ یہ لوگ ایمان کے بنیادی اصولوں سے آگاہ تھے لیکن ارادتاً نماز یا روزے کی ادائیگی نہ کرے یا امتناع خنزیر وخمر وغیرہ کا لحاظ نہ رکھتے۔ اباگن میں سے جو زیادہ توفیقی تھے، ان کے مذہبی عمل میں ہندوؤں اور بدھوں کے علاوہ خود ایجادی رسوم بھی شامل تھیں۔ اگرچہ اسلام پر زیادہ تر عالمانہ ادب انھیں گمراہ خیال کرتا لیکن ضروری نہیں تھا کہ یہ بھی خود کو کسی سے کم متقی سمجھیں۔ اہم بات یہ ہے کہ پچاس اور ستر کے عشرے کے انتخابات میں جب سانتری اسلامی جماعتوں کو ووٹ دے رہے تھے اور اسلامی ایجنڈے کی کھل کر حمایت کررہے تھے، تب اباگنوں نے اپنا وزن قوم پرست سوشلسٹ اور کمیونسٹ پارٹیوں کے پلڑے میں ڈال رکھا تھا اور وہ اسلامی ریاست کے تصور کی مخالفت کررہے تھے۔ انڈونیشیا کے ۱۹۵۵ء کے پہلے عام انتخاب میں سانتری کمیونٹی کا پہلا تاریخی اشاریہ سامنے آیا۔ ان انتخابات میں اسلامی پارٹیوں نے ۱۶ اعشاریہ ۶ ملین یعنی پڑنے والے ووٹوں کا ۴۳ اعشاریہ ۹ فیصد حاصل کیا تھا۔

سانتری اسلام میں بھی دو بڑی ذیلی شکلیں موجود ہیں؛ روایت پسند اور جدت پسند (یا اصلاح پسند)۔ اصولاً روایت پسندوں اور جدت پسندوں میں بڑا فرق یہ ہے کہ اول الذکر اہل سنت کے چار بڑے فقہی مسالک یعنی مذاہب میں سے کسی ایک کے ساتھ وابستہ ہیں۔ ان کی اکثریت امام شافعی کی ماننے والی ہے۔ ایک اور فرق یہ ہے کہ روایت پسند غیر اسلامی مذہبی اور تمدنی رسوم ورواج کے متعلق بے لچک رویے کے حامل ہیں۔ روایت پرست علما خود کو صدیوں پر محیط عالمانہ کام کا امین سمجھتے ہیں اور نوع بہ نوع مقامی مذہبی زندگی کی روایت کے معاملے میں خاصے حساس ہیں۔ یہ لوگ غیر اسلامی رسوم ورواج کے حوالے سے زیادہ روادار ہیں اور اسلامی قانون میں واضع ممانعت نہ ہو تو انھیں اپنا بھی لیتے ہیں۔ جدت پسند سانتریوں کے نزدیک اسلامی قانون پر عمل کے لیے قرآن و سنت کو بنیاد بنانا ضروری ہے۔ یہ غیر اسلامی مذہبی اور تمدنی رسوم ورواج مسترد کرتے ہیں۔ ان کا کسی ایک مذہبی مکتب کا مقلب ہونا ضروری نہیں۔ ان کے نزدیک کسی بھی فقہی مکتب فکر کی تعلیمات کو پوری طرح جزواً اختیار کیا یا چھوڑا جاسکتا ہے۔ روایت پرستوں اور جدت پرستوں کے مابین سماجی، اقتصادی اور آبادی کی تقسیم کی بنیاد پر فرق موجود ہے۔ دیہی علاقوں میں روایت پسندوں کا غلبہ ہے۔ یہ نسبتاً کم تعلیم یافتہ اور غریب ہیں۔ زیادہ تر روایت پسند بطور ایک چھوٹے تاجر یا مزدور کے کام کرتے ہیں۔ شہری علاقوں پر جدت پسند حاوی ہیں۔ یہ نسبتاً بہتر تعلیم یافتہ ہیں۔ مختلف پیشے، سرکاری ملازمت اور بڑے کاروبار ان کے پاس ہیں۔ روایت پرست تنظیم 'نضھۃ الاسلام' (NU) ۱۹۲۶ء میں قائم ہوئی۔ اسے دعویٰ ہے کہ اس کی رکنیت ۳۵ ملین سے زیادہ ہے۔ مشرقی اور وسطی جاوا پر

اس کا غلبہ ہے۔ جیسا کہ نام سے بھی ظاہر ہے، اس تنظیم میں مرکزی کردار علما کا ہے۔ اسلامی اقامتی مدرسوں، جنھیں پیسنترن کہا جاتا ہے، میں نمایاں ترین عالم ہیں۔ انھیں اپنے پسنتری پیروکاروں کی تعظیم و توقیر حاصل ہے۔ NU میں قومی و علاقائی سطح پر فیصلہ سازی ان کے ساتھ وابستہ ہے۔ NU کی حتمی طاقت شوریٰ کے پاس ہے جس کی رکنیت معزز علما تک محدود رکھی جاتی ہے۔ تنظیم کو ایک ایگزیکٹیو بورڈ چلاتا ہے جس میں علما اور عام لوگ یا عوام دونوں شامل ہو سکتے ہیں۔ کچھ اور چھوٹی روایتی جماعتیں الجمعیۃ الوسائلیہ اور نضہۃ الوتھان جیسی کچھ جماعتوں کو علاقائی مقبولیت حاصل ہے لیکن قومی سطح کی مقبولیت NU کے پاس ہے۔

جدت پسندوں کی سب سے بڑی جماعت محمدیہ ہے۔ انھیں دعویٰ ہے کہ یہ جماعت پچیس ملین اراکین پر مشتمل ہے۔ ۱۹۱۲ء میں قائم ہونے والی محمدیہ کی رکنیت NU کے مقابلے میں زیادہ پھیلی ہوئی ہے۔ اس کی شاخیں جاوا کے شہروں اور قصبوں کے علاوہ سماترا، کالی مستان اور سلاویسی جیسے بیرونی جزائر میں بھی موجود ہیں۔ محمدیہ کی مجلس ترجیح میں اسلامی قانون کے ماہرین شامل ہیں جو شرعی معاملات میں اپنے اراکین کی رہنمائی کے فتاویٰ جاری کرتے ہیں، تاہم این یو کے مقابلے میں علما کا غلبہ یہاں کمزور ہے۔ اس تنظیم پر درسگاہ کے وابستگان، پیشہ ور اشخاص اور سرکاری ملازمین کا غلبہ روایتاً مضبوط چلا آ رہا ہے۔ کچھ اور جدت پسند تحریکیں بھی موجود ہیں جن میں پرساتون اسلام اور الارشاد شامل ہیں۔ سانتری۔ اباگنن اور روایت پسند۔ جدت پسند کی ذونوعی قدر پر ابھی حالیہ برسوں میں انڈونیشی اسلام کے ماہرین نے خاص بحث کی۔ بالعموم تسلیم کیا جاتا ہے کہ ستر کے عشرے کے اواخر سے شہری علاقوں میں سانتری مسلمانوں کا تناسب خاصا بڑا ہے۔ اس عمل کو بالعموم سانتریت کہا جاتا ہے۔ اس کا مظہر مردوں کے لیے سر کا مخصوص لباس اور عورتوں کے ڈھیلے ڈھالے گاؤن نما لبادے ہیں۔ علاوہ ازیں مساجد میں عبادت کے لیے جانے والے مسلمانوں کی تعداد بڑھی ہے۔ حج پر جانے والوں کی تعداد میں اضافہ ہوا ہے۔ اسلامی ادب زیادہ چھپنے لگا ہے اور ریڈیو ٹیلی ویژن پر اسلامی پروگراموں کے لیے مخصوص وقت بھی زیادہ کر دیا گیا ہے۔ نتیجتاً پہلے کسی بھی زمانے کے مقابلے میں مسلمانوں کی زیادہ بڑی تعداد اپنے عقائد پر عمل اور اسلامی علامات کے استعمال اور اظہار میں راسخ نظر آتی ہے اور اپنے اس عقیدے کا سیاسی اور سماجی اظہار زیادہ شدت کے ساتھ کرنی لگی ہے۔ ساتھ ہی ساتھ اباگنن کی تعداد تیزی سے کم ہوئی ہے۔ بعض مبصر تو سوال اٹھانے لگے ہیں کہ آیا اب اس کا ذکر بطور کیٹگری کیا جا سکتا ہے۔ حالیہ عشروں میں روایت پرستوں اور جدت پرستوں کا انضمام ہوتا بھی دیکھا جا سکتا ہے۔ اصولی اور عبادتی رسومی اختلافات جو کبھی انھیں واضح تقسیم کرتا تھا، اب کوئی مسئلہ نہیں رہا۔ درحقیقت اب روایت پسند اب بھی قبروں پر دعائیں مانگتے، جنت آشیانی مرحومین کو خدا کے پاس وسیلہ بناتے نظر آتے ہیں، اس کے برعکس جدت پسند اس رویے کو اب بھی ناپسند کرتے ہیں۔ اصولی تنازعات کم ہونے کے باوجود ان دو مرکزی دھاروں کے درمیان سیاسی اور ثقافتی فرق اب بھی تناؤ کا سبب ہے۔ مثال کے طور پر ۲۰۰۰ء اور ۲۰۰۱ء میں 'این یو' گروپوں نے مشرقی جاوا کے کئی علاقوں میں محمدیہ کی عمارتوں اور رہنماؤں پر حملے کیے۔ انھیں لگا تھا کہ عبدالرحمان کو ناکام بنانے میں جدت پسندوں کا بڑا ہاتھ ہے۔

روایت پسندوں اور جدت پسندوں کو دو الگ الگ دھاروں کے طور پر متشخص کروانے والے اصولی، ثقافتی اور ارتکاز آبادی جیسے خطوط نے سیاست میں بھی یہ کام کیا۔ روایت پسند اور جدت پسند سیاست میں کوئی اچھے اتحادی ثابت نہیں ہوتے اور بالعموم حریف بن جاتے ہیں۔ درحقیقت سیاست کے معاملے میں ہر فریق کی آئیڈیا لوجی، پالیسی اور قیادت کا اپنا انداز ہے اور یہ اسلامی فکر اور روایت کے الگ الگ پہلو استعمال کرتے ہوئے سیاست کے متعلق اپنے انداز فکر کو جواز فراہم کرتے ہیں۔

اسلام اور ریاست

اکثر انڈونیشیا کو ایک لادین ریاست سمجھا جاتا ہے لیکن یہ ریاست باضابطہ طور پر مذہب پر مبنی ہے۔ پانچ اصولوں پر مبنی قومی آئیڈیا لوجی یعنی پنچ شیلا کا پہلا اصول خدا پر ایمان کو بیان کرتا ہے۔ اپنی اصل میں یہ لامذہبی ریاست اور اسلامی ریاست کا مطالبہ کرنے والوں کے درمیان ایک مفاہمت ہے۔ اگرچہ سرکاری مذہب موجود نہیں اور نہ ہی آئین میں مذہبی قانون کی بالادستی مانی گئی ہے لیکن خدائے قادر مطلق کی اصطلاح میں وحدانیت مضمر ہے اور اس میں مسلمانوں کے جذبات کا خیال رکھا گیا ہے۔

انڈونیشیا کی سیاسی اور آئینی تاریخ میں متنازعہ ترین مسئلہ ریاست میں اسلام کے باقاعدہ کردار کا تھا۔ آئین میں شریعت کو تسلیم کرنے کے سوال پر بالخصوص تلخ بحث ہوئی۔ اس مسئلے نے ملک کے مقتدر سیاسی حلقوں میں پیچیدہ دراڑیں ڈالیں۔ ملک کے زیادہ تر غیر مسلم اور اابانگن قوم پرست اس کے شدید مخالف تھے اور خود سانتریوں کے مابین اختلاف موجود تھا۔ اگرچہ اکثریت نے شیعت کی آئینی عملداری کی حمایت کی لیکن بعض ممتاز سانتری ایک غیر جانب دار ریاست کے حمایتی تھے۔ اس بحث کا ارتکاز جکارتہ چارٹر کی صورت میں سامنے آیا۔ اس منشور پر مسلم اور قوم پرست رہنماؤں کے درمیان انڈونیشیا کی آزادی کی تیاری کے سلسلے میں ۲۲ جون ۱۹۴۵ء کو دستخط ہوئے۔ اس چارٹر کا متنازعہ ترین حصہ سات الفاظ پر مشتمل ایک شق ہے: 'اسلامی قانون پر عملداری کے لیے اسلام کے وابستگان کی ذمہ داری۔' اس شق کے قانونی مضمرات میں ابہام رکھا گیا تھا۔ اعتدال پسند تعبیر یہ تھی کہ اسلامی قانون کا اتباع فرد کی ذمہ داری ہے، ریاست کی نہیں۔ اس کے برعکس مکتب فکر کے حامی قرار دیتے تھے کہ ریاست کے لیے شریعت کی عملداری قائم کرنا لازم ہے اور یہ کہ چارٹر میں اسلامی قوانین کے نفاذ کے لیے آئینی بنیاد فراہم کی جائے گی۔ اگرچہ اس شق کو اکثر انڈونیشیا کو اسلامی ریاست بنانے کی ایک کوشش قرار دیا گیا لیکن آئین میں ان سات الفاظ کی شمولیت بجائے خود اسلام کو سرکاری ریاستی مذہب بنانے کی تجویز نہیں تھی۔ اصل میں سات الفاظ پنچ شیلا کے متبادل کے بجائے اس کا متصلہ تھے۔ مزید برآں ابھی یہ دیکھنا باقی تھا کہ آیا پارلیمنٹ میں اسلامی جماعتوں کے پاس اتنی تعداد اور ایسا عزم موجود ہے کہ وہ اسلامی قوانین کے نفاذ کے لیے شریعت پر مبنی قانون سازی کرواسکیں۔ شریعت کے مسئلے کے علاوہ اسلامی رہنماؤں نے آئین کے مسودے میں ایک شق ضرور شامل کروادی کہ صدر مسلمان ہوگا۔

آئین کو حتمی شکل دینے کی ذمہ دار کمیٹی شروع میں راضی ہوگئی کہ جکارتہ چارٹر کے نکات کو آئین کا ابتدائیہ مان لیا جائے لیکن آزادی کے ایک دن بعد ۱۸ اگست ۱۹۴۵ء کو چارٹر کے حامی مسلمان رہنما لادین مسلمانوں، قوم پرستوں اور مذہبی اقلیتوں کے دباؤ میں آگئے کہ سات الفاظ کو رہنے دیا جائے۔ سب سے بڑی دلیل یہ دی گئی تھی کہ مشرقی انڈونیشیا کا غالب غیر مسلم آبادی کا علاقہ جمہوریہ سے الگ ہوسکتا ہے۔ متذبذب مسلم اراکین نے چارٹر کو قومی وحدت کے لیے ترک کردیا۔ انھوں نے صدر کے مسلمان ہونے کی شق بھی ترک کردی۔ چارٹر کو یوں نکال دینے پر اسلامی آبادی کے ایک بڑے حصے نے تلخ ردعمل کا اظہار کیا۔ انھیں لگا کہ چارٹر کے مخالف خواہ مخواہ کا واویلا کررہے تھے اور یوں غیر مسلموں کے مقابلے میں مسلمانوں کو نئی ریاست کے قیام میں زیادہ قربانیاں دینا پڑی ہیں۔ اسلامی سیاسی رہنماؤں نے خود کو ان توقعات سے تسلی دے لی کہ بعد ازاں ان کے پاس پارلیمنٹ اور آئین ساز اسمبلی میں اکثریت آئے گی اور وہ قانون سازی اور آئینی ترامیم کے ذریعے شریعت نافذ کرلیں گے۔

پچاس کی دہائی کے اواخر میں جکارتہ چارٹر ایک بار پھر سامنے آیا اور اس نے کئی لوگوں کو اپنے گرد اکٹھا کرلیا۔ عام انتخابات کے ذریعے بننے والی آئین ساز اسمبلی نے ۱۹۵۶ء میں نئی آئین سازی کا آغاز کیا لیکن ۱۹۵۹ء میں چارٹر کو آئین میں شامل کرنے یا شامل نہ کرنے پر تعطل کا شکار ہوئی۔ قوم پرست اور غیر مسلم جماعتوں نے صدر سوئیکارنو اور موثر ہوتی فوجی قیادت کی پشت پناہی کا سہارا لے کر چارٹر کی شمولیت کی مخالفت کی۔ مسلم پارٹیوں نے مئی اور جون ۱۹۵۹ء میں تحریکوں کا ایک سلسلہ شروع کیا اور اسمبلی میں ووٹ ڈلوائے لیکن ضروری دو تہائی اکثریت سے کافی دور رہیں۔ ۵ جولائی کو سوئیکارنو نے اسمبلی تحلیل کردی اور اپنے ایک حکم کی رو سے ۱۹۴۵ء کا اساسی آئین بغیر چارٹر کے بحال کردیا۔ مسلمانوں کے جذبات کی رعایت سے ایک مبہم سی شق اس بیان کے ساتھ شامل کی گئی کہ چارٹر نے آئین کو روح اور انسلاکی کلیت دی۔ اس امر کو فقط اعتراف سے کچھ ہی زیادہ سمجھا جاسکتا تھا۔ آئین میں لفظ شریعت شامل نہیں کیا گیا تھا اور چارٹر کا مبہم ذکر بھی کسی قانونی قوت کا حامل نہیں تھا۔ اگلے چالیس برس تک بطور قابل ذکر سیاسی مسئلے کے چارٹر کو دفن رکھا گیا۔ سوئیکارنو نے اس مسئلے پر ہر طرح کی مزید بحث کی حوصلہ شکنی کی۔ نیو آرڈر میں نفاذ شریعت کی کوششوں کو پنچ شیلا سے متصادم اور قومی استحکام کا دشمن قرار دیا گیا۔

جکارتہ چارٹر خارج ہوگیا لیکن ریاست قوم کی مذہبی زندگی میں فعال کردار ادا کرتی رہی۔ شعبہ مذہبی امور کا وجود اور اس کی سرگرمیاں اس امر کا واضح ثبوت تھیں۔ ملک کے کئی علاقوں میں مسلمانوں سے متعلقہ کئی امور پر قانون میں شیعت کو جگہ دی گئی اور واضح اسلامی مقاصد کے لیے ریاستی فنڈ مخصوص کیے گئے۔

جنوری ۱۹۴۶ء سے انڈونیشیا میں مذہبی قانون، رسوم اور تعلیم کا انتظام چلانے کے لیے مذہبی امور کا شعبہ موجود چلا آرہا ہے۔ اس شعبے کا قیام جزواً جکارتہ چارٹر کو نکالنے پر مسلمانوں کے بھڑکے جذبات کو ٹھنڈا کرتا تھا۔ اگرچہ باضابطہ طور پر یہ انڈونیشیا کے پانچ مسلمہ مذاہب کے لیے قائم کیا گیا ہے لیکن اس کا زیادہ تر واسطہ اسلامی معاملات کے ساتھ ہے۔ اس کی اسلامی تشریق محکمے کے سرکاری نشان سے جھلکتی ہے جس میں رحل پر رکھا ہوا قرآن دکھایا گیا ہے اور اس کا موٹو اخلاص بر اعمال بھی عربی میں درج ہے۔ یہ شعبہ اس وقت چالیس ہزار سے زیادہ

اسلامی تعلیمی اداروں کا ذمہ دار ہے۔ مسلمانوں کے عائلی قوانین چلاتا ہے، حج مکہ کے انتظام کی نگرانی کرتا ہے اور مسلم کیلنڈر میں مذکور عید الفطر اور ایسے ہی دیگر تہواروں کا انتظام کرتا ہے۔ اس شعبے میں دو لاکھ افراد شامل ہیں اور یہ تیسرا سب سے بڑا حکومتی شعبہ ہے۔ تاریخی اعتبار سے یہ اسلامی سرپرستی کا ہراول چلا آرہا ہے اور بیوروکریسی میں علما کا سب سے بڑا آجر ہے۔ پچاس اور ساٹھ کے عشروں میں اس شعبے پر زیادہ تر این یو کا قبضہ تھا اور اس کی فنڈنگ اور بھرتی سے زیادہ تر روایت پرستوں کو فائدہ ہوتا تھا۔ تاہم ۱۹۷۱ء کے بعد سے سوہارتو حکومت نے یکے بعد دیگرے کئی جدت پسند دانشور اور جدت پسند رجحان کے حامل ریٹائرڈ فوجی افسر بطور سربراہ اس وزارت میں تعینات کیے اور یوں عملاً این یو کی اجارہ داری ختم ہوئی۔ کہیں ۱۹۹۹ء میں یہ وزارت دوبارہ این یو کے پاس گئی۔

اس محکمے کی سرگرمیوں کے کئی علاقے خصوصی ذکر کے طالب ہیں۔ اس کے تعلیمی پروگرام کا ایک بڑا اہم حصہ ریاستی اسلامی اداروں IAIN کے جال کا انتظام ہے۔ یہ جال ۱۹۶۰ء میں قائم کیا گیا۔ سماترا، جاوا، کلی منتان اور سولا ویسی میں اس کی زیر نگرانی چودہ سلسلے کام کررہے ہیں۔ یہ تیس ہزار سے زیادہ طالب علموں کو اسلام سے متعلقہ علوم میں انڈر گریجویٹ اور پوسٹ گریجویٹ کرواتے ہیں۔ دیگر چار سرکاری طور پر مسلمہ مذاہب کا کوئی ایک ادارہ بھی اس سطح کا موجود نہیں۔ اگرچہ IAIN کا تعلیمی معیار بالعموم ریاستی یونیورسٹیوں کے مقابلے میں ہلکا ہے، لیکن حالیہ برسوں میں ان اداروں نے بھی خاصے جدت پسند عالم پیدا کیے ہیں جنھوں نے اسلام کی روشن خیال تعبیر کے حوالے سے شہرت حاصل کی ہے۔ عائلی قوانین پر اتھارٹی کے حامل اس ادارے نے مسلمانوں کی نجی زندگیوں پر بھی اثر ڈالا ہے۔ اس محکمے کے اہلکاران شادی اور اس سے متعلق تنازعات کو رجسٹرڈ کرتے ہیں جن میں طلاق بھی شامل ہے۔ وراثت اور مسلمانوں کے وقف کے معاملات بھی اس کی عدالت میں لائے جاسکتے ہیں۔ ۸۰ء کے عشرے کے اواخر تک ان عدالتوں کے اختیارات محدود تھے۔ سائلان ان کے فیصلوں کے پابند نہ تھے، اور دیوانی اور فوجداری عدالتیں بھی انھیں تسلیم نہ کرتی تھیں۔

انڈونیشی علما نسل (MUI) بھی اسلامی اداروں کی حکومتی سرپرستی کی ایک مثال ہے۔ یہ ادارہ ۱۹۷۵ء میں محکمہ مذہبی امور کی زیر سرپرستی قائم ہوا اور بظاہر اس کا مقصد اسلامی معاملات پر فتاویٰ اور حکومت کو مشاورت دینا اور اسلامی گروپوں کے درمیان اچھے تعلقات قائم کرنا تھا۔ اس میں تمام بڑی اسلامی تنظیموں کے نمائندے شامل کیے گئے۔ ادارے کا دعویٰ ہے کہ اس کے فیصلے امت میں موجود وسیع تر تنوع کے عکاس ہیں، لیکن اصل معاملہ مختلف ہے۔ وسیع تر اسلامی کمیونٹی پر ایم یو آئی کے اثرات محدود ہیں۔ زیادہ تر مسلمان خود اپنے علما یا اپنے مسلک کی تنظیم کے جاری کردہ فتاویٰ پر زیادہ توجہ دیں گے۔ بہت سے روایت پسند علما کو شکایت ہے کہ ایم وی آئی پر کٹر جدت پسندوں کا غلبہ ہے اور پھر سوہارتو عہد میں ایم یو آئی کو حکومتی کارندہ ادارہ خیال کیا جانے لگا۔ فیصلوں کے ایک پورے سلسلے کو اصول قانون کی تعبیر کی بجائے حکومتی خواہشات کا آئینہ دار سمجھا گیا۔ اس کی ایک مثال ریاستی سرپرستی میں چلنے والی لاٹری ہے جس نے مقتدر ہستیوں کو خاصا نوازا ہے۔ اس کے متعلق ایم یو آئی کا یہ فیصلہ بہت بدنام ہوا کہ اس طرح کی لاٹری اسلام میں جائز ہے۔ علاوہ ازیں ایم یو آئی کے حکام سوہارتو عہد کے انتخابی انتظامی

ادارے میں کام کرتے رہے اور اس کے لیے انتخابی مہم بھی چلاتے رہے۔

شکست، استبداد اور تطبیق: ۱۹۴۵ء سے ۸۰ء کے عشرے تک کی سیاست

پچاس اور ساٹھ کے عشروں کے سیاسی مسلم رہنماؤں نے دیکھا کہ اسلامی جماعتیں کثیر پہلو ناکامیوں سے دوچار ہوئی ہیں۔ وہ سوچنے پر مجبور ہو گئے کہ انڈونیشیا کی امت مسلمہ اقلیتی ذہن کی اکثریت ہیں۔ جیسا کہ اوپر بھی بات ہو چکی ہے کہ یہ مفروضہ سخت غلط فہمی پیدا کرتا تھا کہ ایک سے اسلامی عقیدے کے حامل انڈونیشی مسلمانوں کے سیاسی نظریات بھی ایک سے ہوں گے۔ درحقیقت انڈونیشی اسلام میں سیاسی طور پر متحد امت کے آئیڈیل کو ابھارنے کی کئی بار ناکام کوشش کی گئی۔ اس امر کو سمجھنے کے لیے اسلام بطور آزاد جواز خیز قوت کے طور پر کیوں سامنے نہ آ سکا، ہمیں اس کے اندرونی اختلافات اور مناقشات کا جائزہ لینا ہوگا جس نے پچھلی ایک صدی میں امت کو منقسم رکھا ہے۔ جواز خیزی کے حوالے سے حقیقی سیاسی اتحاد کا صرف ایک ہی دور انڈونیشیا کی آزادی کے ابتدائی سالوں میں سامنے آیا تھا۔ ۱۹۴۵ء میں اتحاد کی اسلامی تنظیموں نے ایک پارٹی Indonesian Muslim Advisory Council کے نام سے بنائی تھی۔ تاہم چالیس کے عشرے کے اواخر میں جدت پسندوں اور این یو کے درمیان تناؤ کا آغاز ہوا اور نتیجتاً ۱۹۵۲ء میں این یو نے الگ ہو کر اپنی پارٹی بنا لی۔ تب سے این یو اور میسی اومی (Masyumi) سیاسی حریف چلے آ رہے ہیں اور ان کے درمیان تعلقات اکثر و بیشتر معاندانہ رہے۔

روایت پسندوں اور جدت پسندوں کے اس متضاد سیاسی رویے کی زیریں سطح پر کئی وجوہات موجود ہیں؛ اول تو یہ کہ دونوں جماعتوں میں ایک دوسرے کو سانتری حلقہ ہائے انتخاب میں براہ راست حریف دیکھنے کا رجحان پایا جاتا ہے۔ دوسرے یہ کہ محکمہ مذہبی امور پر کنٹرول رکھنے کے لیے بھی دونوں کے درمیان کشمکش جاری رہتی ہے تاکہ نچلی سطح تک کی اسلامی سرگرمیوں پر اثر انداز ہوا جا سکے اور اس کے وسائل سے استفادہ ہو سکے۔ محکمہ مذہبی امور این یو کے لیے خاص طور پر اہمیت کا حامل تھا، کیوں کہ یہ بیوروکریسی کا واحد حصہ تھا جو علما کے لیے کھلا تھا۔ جدت پسندوں میں ریاستی یا جدید اسلامی تعلیمی پس منظر حاصل کرنے کا رجحان موجود تھا۔ چنانچہ انھیں سرکاری مقابلوں میں حصہ لینے کی اہلیت پیدا کرنے میں زیادہ مشکل پیش نہ آئی۔ نظریاتی اعتبار سے بھی جدت پسندوں کا طرز فکر زیادہ معقول تھا۔ یہ لوگ سمجھتے تھے کہ پیشہ ورانہ مہارت اور معقولیت کی مدد سے مسائل حل ہو سکتے ہیں۔ دوسری طرف روایت پسند اپنی تشریق میں زیادہ عوامی تھے۔ وہ خود کو عام مسلمان اور اس کے اقدار و مفادات کے نمائندے خیال کرتے۔ ان کے نزدیک کمیونٹی کے پاس قومی مسائل حل کرنے کے لیے ضروری جذبہ اور جبلت موجود تھے۔ یہ لوگ حکومتی پالیسیوں کو تکنیکی بنیادوں پر پرکھنے کی بجائے نچلی سطح پر مرتب ہونے والے اثرات کی روشنی میں دیکھتے۔ آخر میں یہ کہ جدت پسندوں کے مقابلے میں سیاست کے متعلق روایت پسندوں کا انداز فکر تجربیت کا تھا اور وہ بدلتے حالات کے مطابق ڈھلنے کو تیار تھے۔ این یو نے سیاست کو گروہی مفادات کے حصول اور اس کے تحفظ میں برتا۔ حکومتی سرپرستی اور مذہبی بیوروکریسی میں نفوذ کے حوالے سے یہ بات خاص طور پر درست

تھی۔ ان مفادات کی دوڑ میں این یو کے رویے میں لچک، اعتدال اور سمجھوتے نے نمایاں حیثیت حاصل کر لی۔ روایت پسند علما نے اس طرز فکر کی حمایت میں سیاسی سکوت کے کلاسیکی سنی اصولوں سے استنباط کیا اور اکثر اس طرح کے مقولوں کا حوالہ دیتے رہے کہ خطرے سے تحفظ کو مفاد کے حصول پر مقدم جانو اور ایک خطرہ مٹانے کے لیے دوسرے سے رجوع نہیں کیا جاسکتا۔ اس طرز عمل کے زیریں سطح یہ خیال کارفرما تھا کہ (روایت پسند) علما کے استناد اور مکتب فقہ کے ساتھ ساتھ امت میں تنظیم اور تقوے کے تعین کو برتر حیثیت حاصل ہے۔ اس کے برعکس جدت پسند سیاست کے متعلق اپنے طرز فکر میں استقلال اور استقامت پر زور دیتے تھے۔ یہ پالیسی کے بنیادی معاملات پر سمجھوتے میں متذبذب رہتے اور اکثر و بیشتر قرآن و حدیث سے ان معانی کے حوالے لاتے کہ حق کے لیے عزم و استقلال ہی درست راستہ ہے۔

عملی سیاست میں ان اختلافات کے نتیجے میں این یو اور میسی اومی نے ایک دوسرے کی بجائے غیر اسلامی جماعتوں کے ساتھ اتحاد کیے۔ این یو نے عوام پسند جاوا تشریق کی حامل انڈونیشی نیشنل پارٹی (PNI) کے ساتھ اتحاد کر لیا۔ میسی اومی نے ٹیکنوکریٹ مزاج کی سوشلسٹ پارٹی (PSI) کے ساتھ اتحاد کیا۔ اہم بات یہ ہے کہ ان دونوں پارٹیوں کے غیر مسلم ساتھیوں میں سے کسی نے محکمہ مذہبی امور پر ان کی اجارہ داری کا راستہ روکنے کی کوشش نہ کی۔ صرف جکارتہ چارٹر جیسے واضح اسلامی نوعیت کے مسائل ایسے تھے جہاں میسی اومی اور این یو نے باہمی تعاون سے کام لیا۔

پچاس کے عشرے کے اواخر میں جب سوئیکارنو اور فوج مل کر انڈونیشیا کو آمرانہ گائیڈڈ جمہوریت کی طرف دھکیل رہے تھے تو این یو اور میسی اومی کے درمیان وحدت کی کمی نے صورت حال پر گہرا اثر مرتب کیا۔ میسی اومی نے واضح طور پر پارلیمانی جمہوریت کے مسمار کرنے کی اس کوشش کو غلط قرار دیا۔ اس کی دلیل تھی کہ یہ نہ صرف کمیونٹی کے جمہوری حقوق پر ڈاکہ تھا بلکہ حکمران اور عوام کے درمیان شوریٰ کے اصول کی خلاف ورزی بھی ہے۔ بڑے تذبذب کے ساتھ این یو گائیڈڈ جمہوریت پر راضی ہوگئی۔ اسے خطرہ تھا کہ عدم شرکت کی صورت میں اس کے اپنے اور امت کے وسیع تر مفادات کو زد پہنچے گی۔ 'این یو' کی شمولیت نے گائیڈڈ جمہوریت کی کامیابی میں فیصلہ کن کردار ادا کیا۔ سوئیکارنو نے اپنے نئے عہد حکومت کو انڈونیشی سیاست کے متضاد عناصر کا اتحاد قرار دیا۔ اس کے دعوے کا اعتبار ملک کی سب سے بڑی اسلامی جماعت کی شمولیت سے بنا۔ باہم مخالف عناصر کے اس مفروضہ اجتماع کو بیان کرنے کے لیے سوئیکارنو نے نیساکوم (Nasakom) کا مخفف وضع کیا جو مختلف سیاسی مکاتب فکر کی نمائندہ جماعتوں کے انڈونیشی ناموں پر مشتمل تھا۔ 'این یو' معاشرے کے مذہبی عنصر کی بڑی نمائندہ تھی۔ اس نے اس حکومت کو اسلامی جواز فراہم کرنے کے عوض محکمہ مذہبی امور پر کنٹرول حاصل کر لیا۔ 'این یو' کے رہنماؤں نے اس طرح کا عندیہ دیا کہ گائیڈڈ جمہوریت اسلامی اصولوں کی مطابقت میں ہے، کیوں کہ اس میں مضبوط قیادت اور مشاورت دونوں شامل ہیں۔ سوئیکارنو نے اپنی حکومت کے جواز میں اسلام کو استعمال کیا لیکن اس نے جواز خیزی کے عمل میں انقلاب کو مرکزی تصور بنایا۔ اسلام کو زیادہ سے زیادہ صرف ایک ثانوی عنصر کہا جاسکتا ہے۔

انڈونیشیا کی سیاست نے آمرانہ رخ اختیار کیا اور سیاسی اسلام پر ریاستی جبر کے ایک دور کا آغاز ہوا جو تیس سے زیادہ سالوں پر محیط تھا۔ ۱۹۶۰ء میں سوئیکارنو نے میسی اومی پر پابندی لگا دی۔ دو سال بعد اس کے ممتاز رہنما گرفتار کر لیے گئے اور ۱۹۶۷ء تک قید رکھے گئے۔ تشکیل نو کے تحت وجود میں آنے والی پارلیمنٹ میں اسلامی جماعتوں کی نمائندگی ۲۵ فیصد رہ گئی، جب کہ جمہوریت کے تحت بننے والی پارلیمنٹ میں یہ نمائندگی ۴۵ فیصد تھی۔ حکومتی پالیسیوں پر این ایو کے اثرات قابل ذکر حد تک کم ہوئے، اسی طرح گائیڈڈ جمہوریت کے خطرے کے سامنے اسلامی جماعتوں کے متحد نہ ہونے نے اسلام کو بطور سیاسی قوت کمزور کر دیا۔

۱۹۶۶ء میں نیو آرڈر حکومت قائم ہوئی۔ اسلام بطور سیاسی قوت اس کے لیے پسندیدہ نہیں تھا۔ حکومت میں شامل دیگر کلیدی افراد کی طرح خود سوہارتو بھی ابانگن تھا اور اس کی ذہنی ساخت میں سانتری کے متعلق شکوک موجود تھے۔ اس عہد حکومت میں بہت کم سانتری اعلیٰ عہدوں پر فائز رہ پائے۔ ابانگن اور عیسائیوں کی حکومت میں غیر متناسب اثر ورسوخ حاصل ہوا۔ اپنے والین سالوں میں بھی حکومت نے اسلام کو غیر سیاسی کرنے کا تہیہ کر لیا تھا۔ ۱۹۶۷ء میں اس حکومت نے میسی اومی کو بحال کرنے سے انکار کر دیا لیکن اسی جماعت پر مبنی ایک اور جماعت پارموسی (Parmusi) قائم کرنے کی اجازت دے دی۔ پارموسی انڈونیشی مسلم پارٹی کے لیے استعمال ہونے والا مخفف نام ہے۔ پارموسی کے قیام کی اجازت اس شرط پر دی گئی تھی کہ میسی اومی کے اعلیٰ عہدیداران نئی جماعت میں کلیدی عہدوں پر فائز نہیں ہوں گے۔ ۱۹۷۳ء میں اس حکومت نے چار اسلامی جماعتوں کو ایک نئی جماعت یونائیٹڈ ڈویلپمنٹ پارٹی لو میں ضم ہونے پر مجبور کر دیا۔ اس نئی پارٹی کے آغاز سے ہی حکومت نے پارٹی کا زور توڑنے کے لیے اس کے این یو اور پارموسی اجزا کے مابین موجود اختلافات کو استعمال کیا۔ حکومت نے انتخابات کے دوران عربی زبان اور اسلامی علامات کے استعمال پر پابندی لگا دی، پی پی پی کے عوام کے ساتھ رابطے کی اہلیت اور محدود کر دی۔ اس کے باوجود ۱۹۷۷ء اور ۱۹۸۲ء کے انتخابات میں یہ پارٹی ۳۰ فیصد ووٹ لینے میں کامیاب رہی جو حکمران پارٹی گولکر (Golkar) کے نصف سے بھی کم تھی۔ نیو آرڈر کے جس حکم کی سب سے زیادہ مزاحمت ہوئی، وہ ۱۹۸۴-۹۵ء میں سامنے آیا جس کے تحت تمام سماجی اور سیاسی تنظیموں کو پابند کیا گیا کہ وہ پنچ شیلا کو اپنی واحد نظریاتی اساس قرار دینے کا اعلان کریں۔ اگرچہ زیادہ تر اسلامی تنظیمیں بالآخر اس پر راضی ہو گئیں لیکن حکومت کو اس پر خاصا دباؤ ڈالنا پڑا اور دھمکیوں پر مبنی رویہ اختیار کرنا پڑا۔

اگرچہ حکومت نے آزاد سیاسی قوت کی حیثیت سے اسلام کو خاصا دبایا لیکن مذہبی اسلام کی سرپرستی میں اس نے خاصی فراخدلی کا مظاہرہ کیا۔ مثال کے طور پر ۸۰ء کے عشرے کے وسط سے آخر تک مسجدوں کی تعمیر کے لیے ۳۰ ملین امریکی ڈالر سے زیادہ رقم مختص کی گئی، نتیجتاً مسجدوں کی تعداد جو ۱۹۸۵ء میں پانچ لاکھ سات ہزار پچھتر تھی، ۱۹۹۰ء میں بڑھ کر پانچ لاکھ پچاس ہزار چھ سو چھہتر ہو گئی۔ خود سوہارتو نے ۱۹۸۲ء میں پنچ شیلا مسلم سروس فاؤنڈیشن (YAMP) قائم کی جس کا بیانیہ مقصد امت کے سماجی مذہبی وسائل کو ترقی دینا تھا۔ ۱۹۹۱ء تک YAMP نے ۸۰ ملین ڈالر کے فنڈ اکٹھے کیے اور چار سو سے زیادہ مساجد تعمیر کی گئیں۔ اس میں کوئی شک نہیں

کہ ان سرگرمیوں کے بھی سیاسی مقاصد تھے۔ اس طرح حکومت انسان دشمن ہونے کا تاثر ختم کرنا چاہتی تھی۔

نیو آرڈر حکومت گولکر کی حمایت کرنے والے مسلم گروپوں اور رہنماؤں کو بالخصوص فراخدلی سے نوازتی رہی۔ گولکر سے وابستہ کئی تنظیمیں قائم کی گئیں تاکہ پارٹی کے لیے اسلامی حمایت حاصل کی جا سکے۔ ان میں اسلامی تعلیم کا ایک ونگ GUPPI، ایک تبلیغی کونسل MDI، ایک علما کور اور ایک صوفیانہ سلسلہ PTI شامل تھے۔ اس طرح کی مہمات کے نتیجے میں جہاں اقتدار تک رسائی اور اس کی سرپرستی حاصل ہوئی، وہاں الیکشنوں میں گولکر کے لیے مہم چلانا پڑی اور حکومتی پالیسیوں کو منظور بھی کرنا پڑا۔ سوہارتو کے اس کارپوریٹ ایجنڈے نے گولکر کے ساتھ وابستہ مسلم حلقوں کو طاقتور کیا اور وہ حکومتی فیصلوں پر اثر انداز ہونے کے قابل ہو گئے۔ سوہارتو حکومت اپنے لیے اسلامی جواز کی طالب تھی اور مسلم سیاسی جذبات کو نام کی مراعات تک محدود رکھنا چاہتی تھی۔ گائیڈڈ جمہوریت کی طرح نیو آرڈر نے بھی اسلام کو جواز مہیا کرنے والے ایک ثانوی آلہ کار کے طور پر برتا۔ اس نے اپنے بنیادی جواز کے لیے ترقی اور تنظیم پر انحصار کیا۔

اسلامی اصلاح اور سیاسی احیا (۱۹۸۰ء سے ۲۰۰۱ء تک)

نیو آرڈر اسلام کے سیاسی استبداد کے معاملے میں اپنے پورے عروج پر تھا کہ ۷۰ء کے عشرے کے اواخر اور ۸۰ء کے عشرے کے آغاز میں امت میں فکر کے نئے سانچے سامنے آنے لگے۔ یہ عمل نوجوان دانشوروں میں زیادہ تیزی سے ہوا۔ اس تحریک کو آغاز میں اصلاحی تحریک کا نام دیا گیا اور حالیہ زمانے میں اسے ثقافتی اسلام کے نام سے یاد کیا جاتا ہے۔ اس سے وابستہ دانشوروں نے آزادی کے بعد سے اسلامی جماعتوں کے ساتھ چلے آنے والے سیاسی ایجنڈے کو مسترد کر دیا۔ یہ لوگ اس کوشش میں تھے کہ ریاست کے ساتھ اسلام کے تعلق اور ریاست میں اسلام کے کردار کا تعین از سر نو کریں۔ اس تحریک میں عبدالرحمان واحد اور نور چولش ماجد کو کلیدی حیثیت حاصل تھی۔

سیاسی اسلام پر ثقافتی اسلام کی تنقید کئی اہم نکات پر مشتمل تھی۔ ان میں سے پہلا یہ ہے کہ اسلامی جماعتوں نے اپنے بہت کم اہداف حاصل کیے ہیں۔ یہ آئین میں جکارتہ چارٹر شامل کروانے میں ناکام رہیں، مسلمانوں کو سیاسی طور پر متحد نہ کر سکیں۔ سیاست میں انھیں اکثریتی ووٹ نہ ملے اور شاذ ہی کبھی آئین میں اسلامی قوانین شامل کروا پائیں۔ انھوں نے دلیل دی کہ اسی لیے مسلمانوں کو اپنی امنگوں کی تعبیر کے لیے کوئی اور راستہ ڈھونڈنے کی شدید ضرورت ہے۔ اس سارے تجزیے کو نور چولش ماجد نے ۱۹۷۲ء میں یوں بیان کیا؛ اسلام ہاں، سیاسی جماعتیں ناں، نیو آرڈر کے ساتھ سیاسی اسلام کا دوسرا قضیہ مگر ان کن طریقے سے پیش کیا گیا ہے اور نتیجتاً مسلم کمیونٹی کو شک و شبہ کی نظر سے دیکھا جانے لگا۔ سوہارتو کی استبدادی قوت بہرحال اسلامی جماعتوں سے بہت زیادہ تھی۔ چنانچہ تصادم کی صورت میں اسلام کا نقصان ناگزیر تھا۔ تیسرے یہ کہ سیاست نے غرقاب اسلامی رہنماؤں میں مذہبی زندگی کے دانشورانہ اور ثقافتی پہلوؤں کو قطعاً نظر انداز کر دیا تھا، بیشتر مسلمان سیاست دانوں نے اپنی توانائی نشستیں جیتنے پر لگا دی تھی اور وہ عقیدے کے حوالے سے نئی سوچ اور طرز فکر پر کام نہیں کر پائے تھے۔

ثقافتی اسلام کے علمبردار سمجھتے تھے کہ اس طرح کے مسائل کے حل کے لیے عقیدے کو حیات نو دینے کے لیے خالص ذرائع کی بجائے تمدنی، علمی اور سماجی ذرائع زیادہ موثر ہوں گے۔ وہ سمجھتے تھے کہ خدا ترس اور پرہیز گار معاشرت ریاست کے تحت نافذ ہونے والے اسلامی قوانین میں نہیں بن سکتی۔ اس کی بجائے اسلام کے ساتھ وابستگی کو قومی بنانے سے اور اسلامی فکر کی فہم بہتر بنا کر یہ کام کیا جاسکتا ہے۔ دوسرے الفاظ میں ان کا کہنا تھا کہ خارجی، سیاسی اور قانونی حالات کے ساتھ نمٹنے کی بجائے باطنی مذہبی زندگی پر توجہ دینا بہتر رہے گا۔ ثقافتی اسلام کی تحریک کے علمبردار کہتے تھے کہ مسلمانوں کو اپنے ایمان کو عملی رنگ دینا چاہیے اور اسلام پر مبنی روشن خیال ایجنڈا پیش کرنا چاہیے۔ یہ مسلمانوں کو زیادہ تنقیدی اور تخلیقی دیکھنا چاہتی تھی جو پرانے عقائد کا سوال اٹھائیں اور معاصر معاشرے پر عقیدے اور ایمان کے متعلق نیا طرز عمل پیدا کریں۔ اس تحریک کے تحت ہونے والے عملی کام میں اسلام پر ماحولیات انسانی، حقوق صنفی، مساوات، جمہوریانے کے عمل اور سائنسی ترقی جیسے مسائل پر فکری بنیاد کی حیثیت سے غور کیا۔ ان میں سے بہت سے مفکرین نے ثابت کرنا چاہا کہ اسلام اپنی اصل میں قدامت پسند مذہب نہیں بلکہ ترقی پسند اور تقلیبی بھی ہوسکتا ہے۔ ریاست میں شریعت کے باقاعدہ کردار پر ثقافتی اسلام کے رویے کا معاملہ خاص طور پر متنازعہ تھا۔ بہت سے نوجوان دانشوروں نے اسلامی ریاست کا تصور مسترد کرتے ہوئے دلیل دی کہ قرآن میں ریاستی ساخت کا کوئی ہدایت نامہ موجود نہیں۔ مثال کے طور پر نور چولش ماجد اور عبدالرحمان احد کی دلیل تھی کہ اسلامی ریاست ایک غلط تصور پر مبنی ہے جسے مسلم ریاست کی یکے بعد دیگر آنے والی نسلوں نے متشکل کیا ہے۔ انھوں نے انڈونیشی ریاست کی بنیاد کے طور پر مذہبی اعتبار سے غیر جانب دار پنچ شیلا کی حمایت کی اور کہا کہ اس میں موجود تقصیر اور مذہبی مساوات انسانی اصولوں کے عین مطابق ہے۔ انھوں نے اسلامی حلقوں میں عام پائے جانے والے اس مفروضے پر بھی سوال اٹھائے کہ اچھے مسلمان پر اسلامی جماعتوں کی حمایت لازم ہے۔ ان کا دعویٰ تھا کہ تقصیری جماعتوں کا اسلامی جماعت کے مقابلے میں عام مسلمانوں کے لیے کم موزوں ہونا ضروری نہیں۔

اس اصلاحی تحریک کے نتیجے میں جنم لینے والی اقدار کئی صورتوں میں سامنے آئیں۔ ہراول دستے میں نور چولش کی 'پرامدینہ' (Para Madina) فاؤنڈیشن بھی تھی جو ستر کی دہائی کے اوائل میں بنی۔ اس کا مقصد اسلام کی عام اور روادارانہ اقدار کا فروغ تھا۔ اس مقصد کے لیے تحقیقی منصوبے نشر و اشاعت اور سیمیناروں سے کام لیا گیا۔ دیگر اسلامی تنظیموں کے برعکس اس نے پُرتعیش ہوٹلوں میں سیمیناروں کے انعقاد اور اچھی تعلیمی اہمیت کے اسکولوں میں مذہبی تربیتی کورسوں کے اہتمام کے ذریعے خوشحال شہروں میں بسنے والے تعلیم یافتہ مسلمانوں کو خطاب کیا۔ اس تنظیم کو حکومت وقت کے اعلیٰ فوجی و غیر فوجی عہدیداران کی سرپرستی بھی ملی۔ روایتی کمیونٹی میں عبدالرحمان کی قیادت میں کام کرتے ہوئے 'این یو' نے بھی ثقافتی اسلام کا ایجنڈا مقبول بنانے کے لیے کام کیا۔ ۱۹۸۴ء میں 'این یو' نے جماعتی سیاست چھوڑ کر اپنے اصل یعنی سماجی مذہبی شکل کی طرف لوٹنے کا فیصلہ کیا۔ یہ جماعت 'پی پی پی' سے نکل گئی اور اس نے اپنے اراکین کو آزادی دی کہ وہ اپنی پسند کی جماعت میں شامل ہوسکتے

ہیں۔ 'این یو' کے بہت سے دانشور سماجی سرگرمیوں میں لگ گئے۔ انھوں نے عقیدوں کے مابین مکالمے، اختلافات مٹانے اور صنفی بیداری جیسے سماجی کاموں کے لیے این جی اوز بنالیں۔

۸۰ء کے عشرے کے اواخر میں اسلام کے متعلق نیو آرڈر کا اپنا انداز فکر بھی بدلنے لگا۔ اس بدلے ہوئے رویے کی آئینہ دار کئی قانونی اور ادارہ جاتی مراعات اسلامی جذبات کی پاسداری میں دی گئیں۔ مثال کے طور پر ۱۹۸۹ء میں مذہبی عدالتوں کی عملداری وسیع کی گئی، ۱۹۹۰ء میں انڈونیشی مسلمانوں کے دانشوروں کی ایسوسی ایشن (ICMI) قائم ہوئی۔ ۱۹۹۱ء میں سرکاری اسکول میں زیر تعلیم طالبات پر سے جلباب نہ پہننے کی پابندی اٹھالی گئی۔ زکوٰۃ اور صدقات اکٹھے اور انھیں تقسیم کرنے کے کام میں حکومتی عمل دخل بڑھایا گیا، ۱۹۹۲ء میں ایک اسلامی بینک (پی ایم آئی) قائم کیا گیا اور ۱۹۹۳ء میں ریاستی لاٹری 'ایس ڈی ایس بی' ختم کردی گئی۔ 'آئی سی ایم آئی' خاص طور پر اہم ثابت ہوئی۔ اس نے سوہارتو کے چہیتے اور اس وقت کے ریسرچ وٹیکنالوجی کے وزیر بی جے جیبی کی زیر قیادت سینئر مسلمان بیوروکریٹوں، دانشوروں اور پیشہ وروں کی سرپرستی اور تیز تر ملازمتی ترقی کے لیے کام کیا۔ پچھلے دوعشروں کے برعکس واضح لگتا تھا کہ سوہارتو متناسبی پالیسی کے متلاشی ہیں تاکہ کابینہ اور سینئر سول وملٹری بیوروکریسی میں مسلمانوں کی تعداد ان کی آبادی کی عکاس نظر آئے۔ ذاتی حیثیت میں بھی سوہارتو اسلام کی سانتری شکل اپناتے نظر آتے تھے۔ انھوں نے ۱۹۹۱ء میں حج کیا اور اس کے بعد سے اسلامی تہواروں کے مواقع پر باقاعدہ نظر آنے لگے۔ ابلاغ عامہ کے ذرائع نے بھی قرآن میں صدر کی دلچسپی کے احوال عام کیے اور صدارتی محل میں ممتاز علما کی آمدورفت بڑھ گئی۔

اس قلبی تغیر کی وجوہات قدرے متنازعہ ہیں۔ اس طرز فکر سے فائدہ اٹھانے والے بہت سے مسلمانوں کا خیال ہے کہ سوہارتو کو اسلام کے متعلق اپنی سابقہ پالیسی کے غلط ہونے کا احساس ہوا ہے۔ بعض دیگر سمجھتے ہیں کہ بڑھتی ہوئی عمر کے ساتھ صدر میں واقعی اسلام میں دلچسپی پیدا ہوئی ہے۔ تاہم سیاسی تجزیہ کاروں کا خیال تھا کہ مسلح افواج کے ساتھ سوہارتو کے تعلقات بگڑ گئے تھے اور وہ فوج کی انحطاط پذیر وفاداری کا مداوا کرنے کے لیے اسلامی معاونت حاصل کرنے کی کوشش میں تھا۔ اکثر مسلمانوں کو سوہارتو کے غیر متعین سیاسی ایجنڈے کا علم تھا لیکن وہ اس شرط پر لاتعلق رہنے کو تیار تھے کہ اسلامی کمیونٹی کو ملکی قوت کے ڈھانچے میں اپنی جگہ بنانے کا موقعہ دیا جائے۔

مئی ۱۹۸۸ء میں سوہارتو کو زوال آیا تو نیو آرڈر کے تحت لاگو کئی استبدادی نظام منہدم ہوگئے۔ سیاسی پارٹیوں پر سے پابندی اٹھالی گئی۔ آزادئ تقریر اور انجمن سازی بحال ہوئی اور جون ۱۹۹۹ء میں انتخابات کا ٹائم ٹیبل دیا گیا۔ تقریباً چار عشروں کے بعد پہلی بار مسلمانوں کو اپنی سیاسی امنگیں اور خواہشات بیان کرنے کا موقعہ ملا۔ اس آزادی کے بعد اور اس کے نتیجے میں سامنے آنے والے بعض اشاریے خاصے چشم کشا ہیں اور ان کے بدلتے رویوں اور ترجیحات کا پتہ دیتے ہیں۔ وہ تبدیلیاں خاص توجہ کی مستحق ہیں: اسلامی سیاست کا انتشار اور تکثیری اسلام کا ظہور۔

جب حکومت نے نئی جماعتیں رجسٹرڈ کروانے کی اجازت دی تو چالیس سے زیادہ اسلامی جماعتوں نے

درخواستیں داخل کیں۔ بالآخران میں سے اکیس نے ۱۹۹۹ء کے انتخابات میں حصہ لیا، جب کہ جماعتوں کی کل تعداد اڑتالیس تھی۔ جماعتوں کے اس طرح پھوٹ پڑنے سے امت کے اندر پیچیدہ دراڑیں پڑنے کا اظہار ہوتا ہے۔ کوئی بھی بڑی تنظیم اور دھارا اس ٹوٹ پھوٹ سے محفوظ نہیں رہا۔ 'این یو' کی بنیاد پر چار نئی جماعتیں سامنے آئیں اور 'محمدیہ جماعت' کے حمایتیوں کی ایک بڑی تعداد کم از کم پانچ جماعتوں میں بٹ گئی۔ چار دیگر جماعتوں نے میسی اومی کے ہلال اور ستارے کی مختلف شکلوں کو اختیار کیا۔ اس سے قبل سیاسی اسلام کبھی ایسے انتشار کا شکار نہ ہوا تھا۔

علاوہ ازیں انتخابی اعداد وشمار کے تجزیے سے پتہ چلتا ہے کہ ۱۹۹۹ء کے انتخابات میں دو تہائی مسلم ووٹروں نے یا تو گولکر اور میگاوتی کی 'پی ڈی آئی پی' جیسی غیر اسلامی جماعتوں کو ووٹ دیا یا پھر اسلامی جماعتوں کی بجائے تکثیری اسلامی جماعتوں کو۔ تکثیری اسلامی جماعتیں وہ تھیں، جنھوں نے پنچ شیلا کو اپنی نظریاتی بنیاد بنایا لیکن اس کے باوجود ووٹوں کے لیے اسلامی تشخص یا قیادت پر زور دیتے رہے۔ اس بنیاد پر نظر آتا ہے کہ اسلام پر مبنی ریاست کی بجائے کثیر مذہبی ریاست کے لیے مسلم حمایت پہلے کبھی اتنی مضبوط نہ رہی تھی۔ دلیل دی جا سکتی ہے کہ تکثیریت کی طرف اس طرح کی وابستگی میں ثقافتی اسلام نے بھی حصہ ڈالا ہے لیکن اس میں بھی سچائی ہو سکتی ہے کہ نیو آرڈر کی طرف سے اسلامی ریاست کی مسلسل مذمت نے بھی کوئی کردار ادا کیا ہو۔

انتخابی مشکلات کے باوجود اسلام پسند جماعتیں جکارتہ چارٹر کو اپنائے ہوئے ہیں۔ ۲۰۰۰ء، ۲۰۰۱ء اور ۲۰۰۲ء کے اپنے سالانہ اجلاسوں میں 'ایم آر پی'، 'پی پی پی' اور ہزار ستارہ پارٹی (پی بی بی) نے آئین میں 'سات الفاظ' کو از سر نو شامل کرنے کی تجویز پیش کی ہے لیکن اس طرح کی تحریکیں مسلمانوں کے صرف ایک چھوٹے سے گروہ کی حمایت حاصل کر پائیں اور 'این یو' اور 'محمدیہ' جیسی بڑی تحریکوں نے اسے مسترد کر دیا۔ مستقبل میں جہاں تک نظر آتا ہے، بہت کم امکان ہیں کہ چارٹر کو 'ایم پی آر' میں ضروری دو تہائی اکثریت حاصل ہو جائے۔

تاہم علاقائی سطح پر شریعت کے نفاذ کی مہم کچھ کامیابی حاصل کر رہی ہے۔ اس کی ٹھوس مثال شمالی سماترا کا صوبہ آچے ہے۔ ۲۰۰۲ء کے اوائل میں خود مختاری کے خصوصی قوانین کے تحت شریعت کا نفاذ کیا گیا تھا لیکن مقامی اسلامی کمیونٹی کے اندر بھی ان قوانین کے لیے گنجائش اور ان کے نفاذ پر خاصی بحث ہو رہی ہے۔ شریعت کے مسئلے کو جنوبی سلاویسی، مغربی سماترا اور بانتن کے مسلم گروپوں کی طرف سے حمایت ملی ہے لیکن ابھی اکثریتی حمایت دور نظر آتی ہے۔ مغربی جاوا میں مقامی مسلمان گروپوں نے بعض اضلاع میں فی الواقع شریعت نافذ کی ہے اور انھیں حکومتی حکام اور علما کی حمایت حاصل ہے۔ ان علاقوں میں بالعموم مسلم نوجوانوں کے گروہ گلیوں میں گشت کرتے، عورتوں کو اسلامی حجاب کی پابندی کرواتے اور نماز جمعہ کے اوقات میں دکانیں اور دفاتر بند کرواتے نظر آتے ہیں۔ تا دم تحریر کہنا مشکل ہے کہ شریعت کی حمایتی یہ تحریکیں کتنا زور پکڑتی ہیں۔ تا حال زیادہ تر اسلامی جماعتیں شریعت کے فروغ کو اپنے انتخابی مفاد میں استعمال کر رہی ہیں اور مستقبل میں بھی اس طرح کی مہم جاری رکھیں گی، لیکن امت کے کئی حصوں میں شریعت کے ریاستی نفاذ کے خلاف مزاحمت پائی جاتی ہے۔ یہ شریعت کے نفاذ کے لیے کام کرنے والی جماعتوں کو اشد ضروری حمایت نہیں دیں گی، چنانچہ عوامی سطح پر مطالبوں کے باوجود بہت سے

صوبوں میں شریعت کا نفاذ نہ ہو پائے گا۔

۱۹۹۹ء کے بعد سے اسلامی سیاست میں ہونے والی پیش رفت سے پتہ چلتا ہے کہ عبدالرحمان واحد کے صدارتی انتخاب جیتنے جیسے چند عارضی اُبالوں کے باوجود اسلامی سیاست داخلی کشمکش اور عدم اتحاد کا شکار ہے۔ عبدالرحمان ایک نااہل اور ڈانوڈول رہنما ثابت ہوئے جنھیں ۲۳ جولائی ۲۰۰۱ء کو ایم پی آر نے معطل کردیا اور وائس پریذیڈنٹ میگاوتی نے ان کی جگہ لی۔ ان کے اتحادی چلے آنے والے مسلم گروہوں نے بھی ان پر الزام لگائے اور ان کی لادین وطن پرستی اور صنف کو بہ سہولت ایک طرف رکھتے ہوئے میگاوتی کے حمایتی ہوگئے۔ میگاوتی نے بھی کوشش کی کہ مسلمانوں کی حمایت حاصل کرنے کے لیے اسلامی تہواروں میں باقاعدہ نظر آئے۔ غالباً اسی رو میں میگاوتی نے مکہ جا کر حج بھی کیا۔ انھوں نے خود کو اسلامی تعلیمی نظام کی سرپرست اور پیداوار کے طور پر سامنے لانے کی کوشش کی۔ اپنے لادینی قومیت پرستانہ خیالات کے تمام تر عمق کے باوجود سوئیکارنو اور سوہارتو کی طرح میگاوتی بھی اسلام کی جواز خیز قوت کو سمجھ گئی۔

نتیجہ

اس پوری بحث میں مرکزی خیالات یوں سامنے آتے ہیں: اول تو یہ کہ اسلام نے انڈونیشی ریاست اور سیاسی نظام کی ماہیت کس حد تک متشکل کی ہے اور دوسرے یہ کہ اسلام نے قومی سیاسی رہنماؤں اور حکومتوں کی جواز خیزی میں کیا کردار ادا کیا ہے۔ پہلے سوال کا جواب تو یہ ہے کہ اگرچہ اسلام نے ریاستی تشکیل میں حصہ لیا لیکن فیصلہ کن عامل نہیں رہا۔ اہم بات یہ ہے کہ انڈونیشیا کے زیادہ تر اسلامی گروپوں نے کبھی پاکستان یا سعودی عرب کی طرح مکمل اسلامی ریاست کے قیام کی بات نہیں کی۔ مسلم رہنماؤں کی بڑی اکثریت نے تسلیم کیا کہ انڈونیشیا پنچ شیلا پر مبنی مذہبی اعتبار سے ایک غیر جانب دار ریاست ہوگی۔ اگرچہ تاریخی اعتبار سے ہمیں یہ رائے بھی ملتی ہے کہ شریعت کی علمبرداری کے متعلق مسلم شہری کی ذمہ داری کو آئین میں تسلیم کیا جائے۔ چالیس اور پچاس کے عشرے میں اسلامی جماعتیں شریعت تسلیم کروانے میں ناکام رہیں اور یہ ریاست میں اسلام کے باقاعدہ کردار کا مطالبہ کرنے والوں کے لیے خاصی بڑی ضرب تھی۔ اسی طرح اسلامی جماعتیں کسی بھی عام انتخاب میں ۴۴ فیصد سے زیادہ ووٹ حاصل نہ کرسکیں۔ اس طرح وہ اسلامی اقدار کی حامل قانون سازی کے لیے ضروری اکثریت حاصل کرنے میں ناکام رہیں۔ انڈونیشیا کے بہت تھوڑے سے قوانین شریعت کے عکاس ہیں۔

یہ آئینی اور انتخابی اکائیاں دراصل اسلامی کمیونٹی کے اندر موجود نقطہ نظر کے بڑے بڑے اختلافات کی پیداوار ہیں۔ امت کی ابانگن اور روایت پرست اور جدت پرست سانتری گروپوں میں تقسیم نے واضح طور پر مختلف سیاسی مفادات اور ایجنڈوں کو جنم دیا ہے۔ اگرچہ مسلم رہنما اکثر اسلامی اتحاد کی نعرہ بازی استعمال کرتے ہیں لیکن درحقیقت وہ صرف مشترک شدید خطرے کی صورت میں ہی متحد ہو پائے ہیں۔ بالعموم کوئی بڑا مذہبی گروپ ایسا نہیں جسے یقین ہو کہ کوئی دوسرا گروپ اس کے مذہبی و سیاسی مفادات کا نمائندہ ہوسکتا ہے۔ یہی وجہ ہے کہ

اسلامی جدو جہد کا تشخص بھائی چارہ نہیں بلکہ امت کے اپنے اندر موجود مسابقت ہے۔

بلاشبہ ریاست میں اسلام کے کردار کے حوالے سے سیاسی اسلام نے اہم مراعات حاصل کی ہیں۔ محکمہ مذہبی امور کے ذریعے ایک خاصی بڑی مذہبی بیوروکریسی چلائی جا رہی ہے جو زیادہ تر اسلامی کمیونٹی کی خدمت کر رہی ہے۔ یکے بعد دیگرے آنے والی حکومتوں نے بھی اسلامی گروپوں کو وسیع تر وسائل دیے ہیں۔ عملی اعتبار سے اعلیٰ ترین سیاسی حلقے میں اسلامی جذبے کو احترام دینے کی ضرورت کا احساس موجود ہے۔ مثال کے طور پر آئین میں ایسی کوئی پابندی موجود نہیں کہ صدر کا مسلمان ہونا لازم ہے لیکن عملاً کسی غیر مسلم کے لیے صدر بننا کم و بیش ناممکن ہے۔

دوسرے سوال کے حوالے سے کہا جا سکتا ہے کہ اسلام عملاً قومی رہنماؤں اور حکومتوں کے لیے ہمیشہ سے جواز خیزی کرتا رہا ہے۔ سوئیکارنو اور سوہارتو حکومت کے چار عشروں کے دوران اس طرح کی جواز خیزی کے لیے مالی وسائل مہیا کیے گئے اور اسے حکومت کے اندر سیاسی اثر و رسوخ کی بجائے خود حکومتی حلقوں کے اندر رسائی کے مواقع فراہم کیے گئے۔ پچاس کے عشرے کے اوائل اور سوہارتو زوال کے بعد حالیہ برسوں میں اسلامی جماعتوں نے حکومتی اختیارات میں سے خاصا اہم حصہ لے لیا ہے۔ یہ اور بات ہے کہ پالیسی اختلافات کے باعث حکومتی فیصلہ سازی پر ان کا اثر محدود رہا ہے۔ چنانچہ کہا جا سکتا ہے کہ اسلام نے انڈونیشی سیاست میں شاید ہی کبھی آزادانہ مربوط یا قوت معینہ کی حیثیت سے اثر ڈالا ہو۔

[بشکریہ 'اسلامی ریاست: جواز کی تلاش'، مرتبہ شاہرام اکبرزادے، عبداللہ سعید]

ایردگان کی کامیابی، صالحین کی خوشیاں اور سیاسی اسلام

فرنود عالم

طیب ایردگان جیت گئے۔ یہ عوام کا فیصلہ ہے اور عوام نے یہ فیصلہ ناقابل یقین رفتار سے ہونے والی معاشی واقتصادی ترقیوں کی بنیاد پر کیا ہے۔ پاکستان میں ایک بڑا طبقہ ایردگان کی جیت پر خوش ہے۔(ہندوستانی مسلمانوں کے وہ طبقہ بھی اس خوشی میں شریک رہا جو سیاسی اسلام کا مداح رہا ہی: مدیر) اپنے اپنے دائرے میں سب کی خوشی سمجھ آ رہی ہے، مگر صلحائے پاکستان کی خوشی اب تک میری سمجھ سے باہر ہے۔ یہ خوشی تب اور بھی سمجھ سے باہر ہو جاتی ہے جب صالحین کہتے ہیں کہ یہ پولیٹیکل اسلام کی کامیابی ہے اور یہ کہ ایردگان کے مقابلے میں سیکولر ہار گئے ہیں۔ اسی تناظر میں بہت سادگی کے ساتھ نقشہ دیکھتے ہیں، کچھ سوالات اٹھاتے ہیں، پھر صلحائے پاکستان کی خوشیوں کا تجزیہ کیجیے!

طیب رجب ایردگان ماضی میں ترکی کی 'جماعت اسلامی' یعنی سعادت پارٹی میں تھے۔ اس جماعت کا پہلا نام نیشنل وائس پارٹی تھا جس کا منشور 'غلبۂ اسلام' تھا۔ یہ وہی غلبۂ اسلام ہے جس کا تصور سید مودودی اور سید قطب نے دیا۔ جماعت اسلامی نے سید مودودی و حضرت اقبال کے تصور سے جنم لیا اور اخوان المسلمون نے امام حسن البنا و سید قطب کے تصور سے۔ انھی تصورات پر ترکی میں ڈاکٹر نجم الدین اربکان نے نیشنل وائس پارٹی قائم کی۔ ۱۹۷۱ء میں اس جماعت نے اڑتالیس نشستیں حاصل کیں۔ ۱۹۷۴ء میں ڈاکٹر نجم الدین اربکان نائب وزیر اعظم بن گئے۔

سیاسی ردوکد میں اس جماعت پر کئی بار پابندیاں عائد ہوئیں۔ بلاشبہ یہ پابندی ریاست کے استبدادی طرز عمل کا نتیجہ تھیں۔ تب ترکی میں ریاست کا مطلب فوج اور فوج کا مطلب ریاست تھا۔ اس جماعت کا احیا ہوا تو نام 'رفحا پارٹی' پڑ گیا۔ ۱۹۹۴ء کے انتخابات میں رفحا پارٹی نے تقریباً بائیس فیصد ووٹ حاصل کیے۔ مخلوط حکومت قائم ہوئی اور رفحا پارٹی کے سربراہ نجم الدین اربکان وزیر اعظم منتخب ہوئے۔ طیب ایردگان رفحا پارٹی کے ٹکٹ سے

استنبول کے میئر منتخب ہو گئے۔ بے مثال ترقیاتی کارکردگی کے نتیجے میں وہ دنیا کے بہترین میئرز میں سے ایک قرار پائے۔ اٹھانوے میں فوج نے منتخب عوامی حکومت کا دھڑن تختہ کر دیا۔ باقی قیادت کے ساتھ طیب ایردگان کو بھی حراست میں لے لیا گیا۔ ننانوے میں ایردگان پر دہشت اور خوف پھیلانے کا مقدمہ قائم ہوا جس کی بنیاد ایک نظم بنا۔ اس مقدمے میں ایردگان کو انتخابات کے لیے نااہل قرار دے دیا گیا۔ جیل میں ایردگان کو اپنے سیاسی تجربے سے کچھ نتائج اخذ کرنے کا موقع ملا:

- ہمارا رویہ دینی نہیں سیاسی ہونا چاہیے۔
- ہمارا منشور مذہبی نہیں معاشی ہونا چاہیے۔
- ووٹر کو نیک اور بد کی بنیاد پر نہیں دیکھنا چاہیے۔
- ووٹ مذہب کے نام پر نہیں سیاسی کارکردگی کی بنیاد پر لینا چاہیے۔

ایردگان نے اپنے ان خیالات کا اظہار کیا تو نجم الدین اربکان نے اتفاق نہیں کیا۔ ڈاکٹر اربکان کا موقف تھا کہ غلبۂ اسلام ہمارا مقصد ہے اور یہ بات ہمارے منشور میں بغیر کسی سمجھوتے کے درج ہونی چاہیے۔ ایردگان نے اپنی راہ بدل لی اور جسٹس اینڈ ڈیولپمنٹ پارٹی کی بنیاد رکھ دی گئی۔ نہ صرف یہ کہ سعادت پارٹی (سابقہ رفاہ پارٹی) کا زرخیز ذہن ایردگان کے ساتھ ہو لیا بلکہ دیگر سیاسی دھڑوں سے بھی لوگ جوق در جوق جسٹس اینڈ ڈیولپمنٹ پارٹی میں پہنچے۔ اب چونکہ ایردگان 'غلبۂ اسلام' کے روایتی خبط سے باہر نکل آئے تھے، اس لیے تقریباً سبھی طبقات کو ایردگان پر اعتماد کرنے کا حوصلہ ہوا۔

یہ اعتماد حاصل کرنے کے لیے ایردگان نے ایک طرف اپنے منشور سے غلبۂ اسلام کے ہر تاثر کو ختم کر کے معیشت کی بنیاد بنایا، دوسری طرف انھوں نے ترک اخبارات میں ایک اشتہار شائع کروایا جس پر درج ہوتا تھا "اب میں وہ ایردگان نہیں ہوں۔" یہ اشتہار استنبول یونیورسٹی کے سابق پروفیسر اور اسلامی یونیورسٹی اسلام آباد میں شعبہ بین الاقوامی تعلقات عامہ کے سربراہ ڈاکٹر منصور کنڈی نے مجھے دکھایا۔

سوچنے والوں کو سوچنا ہو گا کہ 'وہ' کون سا ایردگان تھا جس سے 'یہ' والا ایردگان برأت کا اعلان کر رہا تھا؟ دونوں ایردگانوں میں فرق سیاسی اسلام اور جمہوری طرز سیاست کا تھا۔ یہ غلبۂ اسلام کا تصور ہی ہے جسے سیاسی اسلام سے تعبیر کیا جاتا ہے۔ یار لوگ غلبۂ اسلام کی تعبیر ایردگان کو ان بیانات کو سمجھ بیٹھے ہیں جو انھوں نے اسرائیل کے خلاف دیے۔ ان سہولیات سے وہ نظر پھیر لیتے ہیں جو ترکی نے اسرائیل کو سب سے زیادہ ایردگان کے دور میں دیں اور اسی بنیاد پر ترکی کے صالحین یعنی سعادت پارٹی کے رہنما و کارکنان ایردگان کو استعمار کا ایجنٹ کہتے ہیں۔

سیاسی اسلام اور جمہوری طرز سیاست میں فرق عقیدے اور موقف کا ہوتا ہے۔ سیاسی اسلام میں آپ کے سامنے عقیدہ رکھ کر کہہ دیا جاتا ہے یہ میرا سیاسی نظریہ ہے۔ جمہوری طرز حکومت میں آپ کو ایک سیاسی موقف سامنے رکھ کر بات کرنی ہوتی ہے۔ سیاسی اسلام میں فیصلے کے لیے جائز ناجائز اور حلال و حرام جیسی بنیادیں ہوتی ہیں۔ جمہوری طرز سیاست میں بات ٹھیک یا غلط اور جمہوری یا غیر جمہوری ہوتی ہے۔

سیاسی اسلام میں گناہ اور ثواب کی بنیاد پر قانون سازی ہوتی ہے۔ جمہوری طرز سیاست میں قانون سازی کی بنیاد منکرات اور جرائم ہوتے ہیں۔ یعنی سیاسی اسلام فرد کی زندگی میں مداخلت چاہتا ہے، جب کہ جمہوری طرز سیاست محض اجتماعی امور کی نگہبانی اور انتظام کاری چاہتی ہے۔ یہی دوسری بنیاد ہے جس کی طرف ایردگان نے سفر کیا۔ یہی وہ سفر ہے جس کے لیے تیونس کی جماعت اسلامی یعنی 'النہضہ پارٹی' نے دو برس قبل پہلا قدم اٹھایا۔

اس پارٹی کے سربراہ راشد الغنوشی ہیں جو عرب اسپرنگ کے بعد تیونس لوٹے ہیں۔ بیس برس سے زائد کا عرصہ ان کی جلاوطنی کا ہے۔ جو بات ایردگان کو جیل کی تنہائی میں سمجھ آئی، وہی بات جلاوطنی کی راتوں میں راشد الغنوشی کو بھی سمجھ آگئی۔ کچھ برس قبل وہ اپنی جماعت کو لے کر بیٹھے۔ النہضہ پارٹی کی تاریخ کا یہ طویل ترین اجلاس تھا جو کئی دنوں پر مشتمل تھا۔ اجلاس کے اختتام پر جماعت کے نمائندے نے اعلان کیا "النہضہ پارٹی نے فیصلہ کیا ہے کہ آج کے بعد مسجد اور پارلیمنٹ کا آپس میں کوئی تعلق نہیں ہوگا۔" اس کا سادہ ترجمہ یہ بنتا ہے کہ ریاست کا کوئی مذہب نہیں ہوگا۔

راشد الغنوشی نے عالمی میڈیا سے گفتگو میں کہا، میں خلافت پر یا حزب التحریر جیسی جماعتوں کے تصورِ غلبۂ اسلام پر یقین نہیں رکھتا۔ انھوں نے کہا کہ میں کسی بھی غیر مسلم شہری کو کسی بھی ریاستی منصب سے دور رکھنے کو انسانی حقوق کے خلاف سمجھتا ہوں۔ یہی وجہ ہے کہ ۲۰۱۱ء کے عام انتخابات میں راشد الغنوشی نے نہ صرف یہ کہ یہودی آبادی کو اپنی جماعت میں شمولیت کا پیغام بھیجا بلکہ انھیں گرانقدر تحائف بھیجے۔

آسان الفاظ میں یوں کہیے کہ یہ تیونس کی اخوان المسلمون/ جماعت اسلامی کا سیاسی اسلام سے جمہوری طرز سیاست کی طرف ہجرت تھی۔ یہ ہجرت مصر کی اخوان المسلمون میں بھی جاری ہے جس کا مکالماتی اظہار شدومد سے جاری ہے اور عملی طور پر سیاسی اظہار جلد یا بدیر ہو جائے گا۔ یہی فکری ہجرت پاکستان میں جماعت اسلامی سے دوسری جماعتوں طرف جاری ہے۔ پاکستان تحریک انصاف دراصل غلبہ اسلام کے اسی تصور سے غیر شعوری انکار ہے۔

پاکستان اور ترکی مختلف شعوری سطح رکھنے والے دو ممالک ہیں۔ اس حقیقت کو تسلیم کرتے ہوئے دونوں ممالک کی دائیں بازو کی ان جماعتوں کا ایک موازنہ کر کے دیکھ لیں۔ پاکستان کی جماعت اسلامی کا ترکی کی کسی جماعت سے اگر تقابل کیا جا سکتا ہے تو وہ ترکی کی سعادت پارٹی ہے، کیوں کہ دونوں جماعتیں سیاسی اسلام پر یقین رکھتی ہیں۔ ایردگان کی جماعت کا پاکستان میں کسی سیاسی جماعت سے اگر موازنہ ہو سکتا ہے تو وہ تحریک انصاف ہے یا پھر مسلم لیگ ہے، کیوں کہ دونوں جماعتوں میں مذہبی رجحانات رکھنے والے قائدین اور کارکن موجود ہیں، مگر دونوں جماعتوں کے کارکن شعوری یا غیر شعوری طور پر جمال الدین افغانی، سید مودودی اور سید قطب کے غلبۂ اسلام والے سیاسی تصور پر یقین نہیں رکھتے۔

ایردگان کی طرح مسلم لیگ اور تحریک انصاف کی طرف جن اذہان نے ہجرت کی ہے ان میں بڑی تعداد ان کی رہی ہے جو کبھی 'سیاسی اسلام' سے وابستہ تھے۔ سوال یہ ہے کہ پاکستان میں اگر مسلم لیگ یا تحریک انصاف اقتدار میں آجاتی ہے تو کیا صلحائے پاکستان پازیب توڑ رقص کرتے ہوئے یہ کہہ پائیں گے کہ سیاسی اسلام جیت

گیا؟ نہ پہلے کبھی انھوں نے ایسا کچھ کہا، نہ انشااللہ آئندہ کہیں گے۔ تو پھر یہ ایردگان کو سیاسی اسلام کا نمائندہ کہہ کر ترقی پسندوں پر طعن ارزاں کرنا چہ معنی دارد؟

صلحائے پاکستان کو اس بات کی خوشی ہے کہ سیکولر دھڑے ایردگان سے ہار گئے ہیں۔ حالانکہ انھیں غم یہ ہونا چاہیے تھا کہ ایردگان نے اربکان کا نام ونشان مٹا کر رکھ دیا ہے۔ وہ اربکان، جن کی جماعت سیاسی اسلام کی نمائندہ جماعت ہے۔ وہ جماعت جو ترکی کی جماعت اسلامی ہے۔ وہ جماعت اسلامی جو پاکستان میں ترکی کی سعادت پارٹی کی طرح سمٹتی چلی جا رہی ہے۔ کس قدر قابل رحم صورت حال ہے کہ آپ ترکی میں ترکیوں کے لیے جو پسند کرتے ہیں، وہ آپ یہاں اپنے لیے پسند کرنے سے یکسر محروم ہیں۔ قسم ہے نئے زمانے کی! وقت کے قافلے گزرتے چلے جائیں گے اور تم تپتے صحرا میں برف کے مینار بناتے رہ جاؤ گے۔

[بشکریہ 'ہم سب'، ۲۵ جون ۲۰۱۸ء]

حزب التحریر: خلافت کے احیا کی جدوجہد

احمد رشید

ترجمہ: تنویر اقبال

وسط ایشیا میں موجودہ اسلامی تحریکوں کے بارے میں سوچتے ہوئے یہ سوال بری طرح ذہن میں چبھنے لگتا ہے کہ مشرق وسطیٰ سے جنم لینے والی، انتہائی خفیہ پین اسلامک تحریک جو عموماً وسط ایشیا کے روزمرہ کے مسائل سے غیر متعلق لگتی ہے، کس طرح ازبکستان، تاجکستان اور کرغیزستان کی انتہائی مقبول زیر زمین تحریک بن گئی ہے؟ حزب التحریر اس علاقے کی حکمرانوں کے لیے کتنا بڑا چیلنج بن گئی ہے، اس کا اندازہ اس حقیقت سے لگایا جا سکتا ہے کہ ازبک اسلامی تحریک سمیت کسی بھی تحریک کی نسبت، حزب التحریر کے قیدیوں کے تعداد وسط ایشیا کی جیلوں میں بہت زیادہ ہے۔ حزب التحریر کے خلاف حکومتوں نے زبردست اور وسیع پیمانے پر کریک ڈاؤن شروع کر رکھا ہے مگر اس تحریک کی تیز رفتار مقبولیت ان کی سمجھ سے بھی بالاتر ہے۔

یہ تصور اس لیے بھی زیادہ دلچسپ ہے، کیوں کہ حزب التحریر کے مقاصد موجودہ دور کی کسی بھی اسلامی انقلابی تحریک کی نسبت انتہائی دقیق اور بے وقت کی راگنی محسوس ہوتے ہیں۔ حزت التحریر وسط ایشیا چینی صوبے زن جیانگ اور بالآخر تمام امت (بین الاقوامی اسلامی برادری) کو اسلامی خلافت کے تحت متحد کرنے کی خواہاں ہے، جس کی مثال رسولؐ اللہ کے انتقال کے بعد ۶۳۲ء میں خلافت راشدہ کے قیام سے ملتی ہے۔ یہ خلافت ۶۶۱ء تک قائم رہی تھی اور اس دوران مشرق وسطیٰ اور افریقہ کے ممالک میں فتوحات اور تبدیلیٔ مذہب کے ذریعے اسلام انتہائی طوفانی رفتار سے پھیلتا گیا۔ بہت سی اسلامی انقلابی تحریکوں کے مطابق (طالبان سمیت) دراصل اسی دور میں حقیقی اسلامی معاشرہ موجود تھا۔ تاہم حزب التحریر خلافت کے قیام کے سلسلے میں انتہائی بے مثال جرأت کا مظاہرہ کر رہی ہے۔ اس کے تصورات کے مطابق، ایک دو مسلمان جوں ہی حزب کے کنٹرول میں آجائیں گے تو باقی اسلامی دنیا کو جیتنا اس کے لیے آسان ہو جائے گا۔ حزب التحریر کے رہنماؤں کے خیال میں وسط ایشیا 'نقطۂ اُبال' پر آ گیا ہے اور وہاں خلافت کا آغاز ہو سکتا ہے۔ حزب کے موجودہ رہنما اور انتہائی بالغ النظر مصنف شیخ عبدالقدیم ظلوم کا صورت

حال کے بارے میں خیال ہے؛ ''اس سرزمین کو اسلام کا گہوارہ بنانے اور باقی اسلام ممالک کے ساتھ متحد کرنے کا عظیم مقصد بہر حال مسلمانوں کو حاصل کرنا ہے اور اس مقصد کا حصول خلافت کے ازسرنو قیام کے بغیر ممکن نہیں۔''

ابتدا، ڈھانچہ اور نظریات

حزب التحریر ۱۹۵۳ء میں شیخ تقی الدین النبہانی فلسطینی کی زیر قیادت، بے خانماں فلسطینیوں کے ہاتھوں سعودی عرب اور اردن میں تشکیل پذیر ہوئی۔ شیخ تقی الازہر یونیورسٹی قاہرہ کے گریجویٹ تھے۔ وہ فلسطین میں ایک اسکول کے استاد اور مقامی قاضی بھی تھے لیکن اسرائیل کی نئی مملکت کے قیام کا راستہ صاف کرنے کے لیے انھیں بھی جلاوطنی کا شکار ہونا پڑا۔ وہ ۱۹۵۳ء میں اردن میں مقیم ہو گئے اور وہیں انھوں نے اس تحریک کا آغاز کیا۔ دوران زندگی انھوں نے بہت سی کتابیں اور مضامین لکھے۔ حزب التحریر کا بنیادی فلسفہ انھی کی تحریروں سے ماخوذ ہے: ''عصر حاضر کی صورت حال نے مسلمانوں کے ذہنوں کو شدید پراگندگی کا شکار کر دیا ہے۔ بدچلن جمہوریت کے سوا، کوئی اور طرز حکمرانی ان کے تصور میں ہی نہیں آتا، کیوں کہ ان کے حکمرانوں نے اپنی اپنی ضرورت کے مطابق اسے بگاڑ یا سنوار کر اپنے عوام پر مسلط کیا ہوا ہے...... زیر نظر نکتہ یہ نہیں کہ بہت سی اسلامی ریاستیں قائم کی جائیں بلکہ ساری اسلامی دنیا میں ایک ریاست کا قیام مقصود نظر ہے۔'' یہ بات انھوں نے ۱۹۶۲ء میں ایک معروف کتاب 'اسلامی ریاست' میں کہی تھی۔ اس کتاب میں انھوں نے رسول اکرمؐ کی زندگی کا تجزیاتی جائزہ لیا ہے کہ انھوں نے ابتدا میں کس طرح اسلام کی اشاعت خفیہ طور پر کی، پھر اپنے مقاصد کی تبلیغ کے لیے کھل کر سامنے آگئے اور بالآخر جہاد کا حکم فرمادیا۔ رسول اکرمؐ کی زندگی کی جدید تعبیر اور ان کی رہنمائی میں اشاعت اسلام کے تین مراحل کا تذکرہ کر کے النبہانی حزب التحریر کے پیغام کو وسعت دینے اور اسلام کی ابتدائی تبلیغ کے سلسلے میں سیاسی ڈھانچہ تیار کرنے کے لیے اپنی جماعت کو ایک واضح لائحہ عمل دیتے ہیں۔

چنانچہ نبی اکرمؐ اور ان کے پیروکاروں کی مکہ سے مدینہ ہجرت، اسلامی تاریخ کا ایک تاریخی سفر؛ ان کے مطابق وہ وقت ہے جب 'دعوت اسلام کا ابتدائی مرحلہ' اسلامی معاشرے اور ریاست کے قیام کے مرحلے کی جانب بڑھا، اور اس کے بعد کا مرحلہ 'جہاد کے ذریعہ توسیع کا مرحلہ' تھا۔ یہی وہ عمل ہے جسے حزب التحریر وسط ایشیا میں دہرانا چاہتی ہے۔ ابتدائی دور کے مسلمانوں نے اپنے غیر مسلم مخالفین کے ہاتھوں جو تشدد اور ظلم برداشت کیا، اسے شیخ تقی 'ٹارچر، داخلی اور بیرونی پروپیگنڈہ اور پابندیوں' سے تعبیر کرتے ہیں۔ اور یہی وہ حقیقی ردعمل ہے جس کا وسط ایشیا کے حکمرانوں کے ہاتھوں حزب التحریر کو آج سامنا کرنا پڑ رہا ہے۔ شیخ تقی، ابتدائی سلام کی تاریخ اور پیغام کو انتہائی، چابک دستی سے اپنی تحریروں میں جدید دور کے تقاضوں کے مطابق جہاد کے انقلابی پیغام کی شکل دے دیتے ہیں۔

اگرچہ حزب التحریر جہاد کو غیر مسلموں کے خلاف مسلمانوں کو متحرک کرنے کا ذریعہ سمجھتی ہے، تاہم دوسری انتہا پسند تنظیموں مثلاً اُسامہ بن لادن کے 'القاعدہ گروپ' وغیرہ کی طرح حزب مسلمان حکومتوں کی تشدد اور ہنگامہ

آرائی کے ذریعے ہٹانے کی قطعی حمایت نہیں کرتی۔ وہ عوامی مقبولیت جیتنا چاہتی ہے اور اسے یقین ہے کہ ایک نہ ایک دن پُرامن احتجاج کے ذریعے اس کے حمایت کار وسط ایشیا کی حکومتوں کا تختہ الٹ دیں گے۔ وسط ایشیا کے جابرانہ ماحول میں یہ خوف اور حزب التحریر کی بڑھتی ہوئی مقبولیت؛ دونوں مل کر حکمرانوں کو تحریک کے خلاف مسلسل کریک ڈاؤن کرنے پر مجبور کیے ہوئے ہیں۔ خصوصاً اسلام کریموف نے ازبکستان میں حددرجہ ناروا تشدد کا سہارا لیا ہوا ہے۔

اسلامی ریاست کے آئینی ڈرافٹ میں شیخ تقی بڑے اعتماد سے یہ پیش گوئی کرتے ہیں کہ بالآخر پارٹی اسلامی دنیا میں مکمل غلبہ حاصل کرلے گی اور غیر مسلم دنیا میں اسلام کی اشاعت شروع ہوجائے گی۔ شیخ کے 'مستقبل کی اسلامی ریاست' کے تصور میں ایک مکمل سیاسی ڈھانچہ کارفرما ہے جس میں اسلامی شوریٰ کا منتخب کردہ خلیفہ انتہائی مرتکز نظام میں مکمل اختیارات کا حامل ہوگا۔ اسے افواج، سیاسی نظام، معیشت اور خارجہ امور پر مکمل کنٹرول حاصل ہوگا۔ شریعت کی بالادستی ہوگی۔ عربی ریاستی زبان ہوگی اور خواتین کا کردار خاصا محدود ہوجائے گا۔ وزیر دفاع؛ جیسے امیر جہاد کا لقب دیا جائے گا...... عوام کو غیر مسلم دنیا کے خلاف جہاد کے لیے تیار کرے گا۔ اس جہاد کی غرض سے ضروری فوجی تعلیم وتربیت پندرہ سال سے زیادہ عمر کے ہر مسلمان کے لیے لازمی ہوگا۔

وسط ایشیا میں تحریک کے لیڈروں نے مجھے بتایا کہ وہابی تحریک کے احیا کے دوران ہی سعودی عرب میں حزب التحریر کی ابتدا ہوئی تھی لیکن بعض ایشوز میں اختلاف کی وجہ سے حزب وہابی تحریک سے علیحدہ ہوگئی تھی۔ ''وہابیوں کے ساتھ ہمارا ایک مشترکہ منصوبہ تھا مگر جلد ہی ہم میں اختلافات پیدا ہوگئے اور یوں ہم علیحدہ ہوگئے۔ حزب التحریر ہر ملک میں لوگوں کے ساتھ علیحدہ علیحدہ کام کرنا اور پُرامن ذرائع سے نفاذ شریعت چاہتی تھی۔ لیکن وہابی انتہا پسند تھے اور وہ گوریلا جنگ اور اسلامی فوج تشکیل دینا چاہتے تھے۔'' یہ بات مجھے ازبکستان میں تحریک کے ایک رہنما؛ جسے میں علی کا فرضی نام دیتا ہوں، اس نے ۲۰۰۰ء کے موسم خزاں میں بتائی۔ اگرچہ حزب کے نظریات اب بھی وہابیوں کے بہت قریب ہیں، تاہم وسط ایشیا کی تمام اسلامی تحریکوں کو ازبکستان اور دوسری وسط ایشیائی ریاستیں کندہ ناتراش وہابی کا نام ہی دیتی ہیں۔ ایک زمانے میں حزب التحریر اخوان المسلمین کے بھی خاصا قریب تھی۔ اخوان نے سب سے پہلے ۱۹۳۰ء میں مصر میں سامراج کے خلاف اسلامی جدوجہد اور جدید اسلامی ریاستوں کی تشکیل کی اہمیت کو محسوس کرلیا تھا۔ اخوان کے پیغام کو پاکستان کی جماعت اسلامی، افغانستان کے احمد شاہ مسعود اور گلبدین حکمت یار اور تاجکستان کی جماعت احیائے اسلام نے مزید پروان چڑھایا۔

مشرق وسطیٰ میں پابندی لگنے کے بعد، اس کے بعض رہنماؤں نے مغرب کا رخ کیا اور یورپ میں، خصوصاً جرمنی اور برطانیہ میں اپنے دفاتر قائم کرلیے۔ کہا جاتا ہے کہ لندن حزب التحریر کا اہم تنظیمی مرکز ہے۔ حزب یہاں فنڈز کی فراہمی اور کارکنوں کی تربیت کا انتظام کرتی ہے تاکہ وسط ایشیا میں تحریک کو تقویت دی جاسکے۔ حزب التحریر، برطانوی یونیورسٹیوں میں موجود مسلمان طلبا میں بے پناہ مقبول ہورہی ہے۔ جب ۲۶ اگست ۲۰۰۱ء کو لندن کے علاقے ڈاک لینڈ میں حزب نے پاکستان کے سیاسی بحران پر بحث کے لیے کانفرنس بلائی تو تمام برطانیہ

سے اس کے ہزار ہا حمایتی وہاں اکٹھے ہو گئے۔ اس کانفرنس میں موجود سہولتوں کی وجہ سے حزب التحریر کی اعلیٰ انتظامی صلاحیتوں اور مالی وسائل کا اندازہ ہوا۔ معذور لوگوں کو بچوں کے لیے موقع پر طبی سہولتیں موجود تھیں۔ بک اسٹال لگائے گئے تھے۔ نماز کے لیے جگہ مخصوص کی گئی تھی اور انٹرنیٹ پر براہ راست ویب سائٹ کا سلسلہ جاری تھا۔ حزب التحریر کی مقبولیت کا دائرہ ترکی، مصر اور شمالی افریقہ تک پھیلا ہوا ہے اور اب یہ پاکستان میں بھی اپنی جڑیں پھیلا رہی ہے۔

حزب کے موجودہ رہنما شیخ ظلوم نسلاً فلسطینی ہیں اور جامعہ ازہر میں پروفیسر رہ چکے ہیں۔ انھوں نے بھی تحریک کے فلسفے اور طریق کار پر کافی کتابیں اور پمفلٹ شائع کیے ہیں۔ ان کا موجودہ ٹھکانہ غالباً یورپ میں ہے تاہم وہ بھی سربستہ راز ہے۔ وسط ایشیا میں حزب کے رہنماؤں کی تصاویر تک منظر عام پر آئیں اور نہ ہی یہ پتہ ہے کہ وہ لوگ ہیں، ان کی رہنمائی کا طریق کار کیا ہے اور کہاں انھوں نے اپنے مراکز قائم کیے ہوئے ہیں۔ ازبکستان میں 'علی' سے میرا طویل انٹرویو غالباً وسط ایشیا کی حزب التحریر کے رہنما سے میرا پہلا پبلک انٹرویو تھا۔ انتہائی خفیہ طریقے سے اس کا انتظام کیا گیا اور یہ شرط عائد کی گئی کہ میں ان کا نام اور ان کے ٹھکانے کا راز قطعاً ظاہر نہیں کروں گا۔ مجھے یقین دلایا گیا کہ مشرع شکل وصورت کا نوجوان علی روایتی ازبک لباس میں ملبوس ازبکستان کے بعض صوبوں میں قائم حزب کے مراکز میں ایک سینئر رہنما ہے۔ دوسری اسلامی انقلابی تحریکوں کے موازے حزب کی تاریخ، فلسفے، حکمت عملی اور سیاسی اٹھان پر اس کا حقیقی عبور ان کے دعوے کی واضح تصدیق ہے۔

علی نے حزب کی خفیہ اور غیر مرتکز کارروائیوں کی وضاحت کی۔ پورے وسط ایشیا میں پانچ سے سات افراد پر مشتمل چھوٹے چھوٹے گروہ تشکیل دیے گئے ہیں تاکہ حکمرانوں کے لیے جماعت تک رسائی کے امکانات کم سے کم رہیں۔ ان گروہوں کو 'دائرہ' کا نام دیا گیا ہے اور یہ اسلام اور حزب کے پیغام کی توسیع کے لیے وقت اسٹڈی گروپس ہیں۔ دائرے کا سربراہ ہی پارٹی تنظیم کی اگلی سطح سے واقف ہوتا ہے۔ وہ اراکین کے ذمے ہفتہ وار فرائض سونپتا ہے اور وہ لوگوں میں گھل مل کر نئے 'دائروں' کی تشکیل کا کام کرتے ہیں۔ ازبک پولیس نے کچھ عرصہ پہلے اپنے بعض ایجنٹ حزب کی ابتدائی صفوں میں شامل کر دیے تھے اور اس طرح 'دائروں' کے کئی اراکین کو گرفتار بھی کرلیا، تاہم وہ رہنماؤں کے سلسلوں تک نہیں پہنچ پائی۔ ۲۹ مئی ۲۰۰۱ء کو ماسکو میں روسی پولیس کے ہاتھوں نادر علی یوف کی گرفتاری آج تک کی سب سے اہم کامیابی سمجھی جاتی ہے۔ نادر علی کے بارے میں شبہ ہے کہ وہ ازبک حزب التحریر کے اہم رہنما ہیں۔ انھیں ازبکستان کی تحویل میں دے دیا گیا ہے۔

لیکن حزب التحریر ایک تصور کے طور پر ابھری۔ سوویت یونین کے خاتمے کے وقت یہ تحریک وسط ایشیا میں سرے سے موجود ہی نہیں تھی۔ پہلے پہل آنے والے ایشیائی اور عرب مشنریوں میں حزب شامل نہیں تھی۔ ازبک حکام کے مطابق ۱۹۹۵ء تک کسی کو حزب کے نام کا بھی پتہ نہیں تھا۔ انھی دنوں صلاح الدین نامی ایک اردنی باشندہ تاشقند آیا اور اس نے دو ازبک ساتھیوں کی مدد سے حزبی دائرے کی بنیاد رکھی۔ حزب کے پمفلٹ پہلی بار ۱۹۹۵-۹۶ء میں ازبکستان میں خفیہ سرگرمی کے طور پر سامنے آئے۔ حکمرانوں نے انھیں بے ضرر سمجھ کر نظر انداز

کردیا۔ (ایک وجہ یہ بھی تھی کہ یہ عربی زبان میں تھے اور بہت کم لوگ انھیں سمجھ سکتے تھے) لیکن جیسے ہی اس تحریک کے مراکز تاشقند اور فرغانہ کی وادیوں میں قائم ہوئے اور وہاں سے پورے ازبکستان، تاجکستان اور کرغیزستان میں ان کا حلقہ وسیع ہونے لگا، علاقائی حکمرانوں نے ان کے خلاف کریک ڈاؤن شروع کردیا۔ علی کے دعوے کے مطابق صرف تاشقند میں حزب کے ساٹھ ہزار حامی موجود ہیں، دوسرے شہروں میں بھی ان کے ہزارہا حامی ہیں ۱۹۹۹-۲۰۰۰ء کے درمیان حزب کے حامیوں کی بڑے پیمانے پر پورے وسط ایشیا میں گرفتاریاں ان کے دعوے کی سچائی کا ثبوت ہیں۔ حزب التحریر کا لٹریچر اب ازبک، تاجک اور کرغیز زبانوں میں باقاعدہ ترجمہ ہورہا ہے۔ پارٹی میگزین الوائی (ضمیر) اور اسلامی ریاست، اسلام کا معاشی نظام، خلافت کو کس طرح تباہ کیا گیا (النبہانی اور ظلوم کی تصانیف) جیسی ساری کتابوں کے ان تینوں زبانوں اور روسی زبان میں ترجمے موجود ہیں۔

جزوی طور پر حزب التحریر کا غیر معمولی پھیلاؤ ٹیکنالوجی کے ذریعے واضح کیا جاسکتا ہے۔ اگرچہ حزب چودہ سو سال پہلے کے دور سے روحانی تقویت حاصل کرتی ہے لیکن وہ ازمنہ وسطیٰ کی ریاست کی تشکیل نو کی ہرگز خواہاں نہیں۔ ازبک اسلامی تحریک کے برعکس، حزب غیر مسلم معاشروں اور ثقافتوں کی کامیابیوں کو تسلیم کرتی ہے اور مستقبل کی خلافت کے لیے انھیں اپنانا بھی چاہتی ہے۔ درحقیقت حزب اپنے پیغام کو پھیلانے کے لیے جدید ٹیکنالوجی کے بھرپور استعمال پر یقین رکھتی ہے۔ حزبی 'دائروں' کے اراکین کی گرفتاری سے یہ راز فاش ہوا کہ وہ کمپیوٹر ڈسک، ویڈیوز، جدید پرنٹنگ اور فوٹو کاپی مشینیں اور ایمیل کا بے اندازہ استعمال کرتے ہیں۔ حالاں کہ یہ سب ایشا وسط ایشیا میں ابھی عام مروج نہیں اور عام لوگوں کی اس ٹیکنالوجی تک قطعی رسائی نہیں۔ حزب کا زیادہ تر سامان بیرونی ممالک سے ہی لایا گیا تھا۔ غالباً بعض سینئر کسٹم حکام کی خفیہ معاونت بھی اس میں شامل تھی۔ شب نامہ، حزب التحریر کا سب سے پسندیدہ انداز پروپیگنڈہ ہے۔ راتوں رات اسے چھاپ کر اخبار کی طرح لوگوں کے گھروں میں ڈال دیا جاتا ہے۔ ۱۹۸۰ء کے عشرے میں سوویت قبضے کے دوران سب سے پہلے یہ طریق کار افغان مجاہدین نے اپنایا تھا۔ رات کے وقت گاؤں کی دیواروں پر پوسٹر بھی چسپاں کردیے جاتے ہیں۔ بعض اوقات تو یہ پوسٹرز پولیس تھانوں کی دیواروں پر بھی آویزاں نظر آتے ہیں۔

حزب التحریر گلوبلائزیشن کے تمام تر طریقوں اور ٹیکنالوجی سے بھرپور استفادہ کرتی ہے۔ دراصل ایک عالم گیر اسلامی حکومت کی تشکیل کے حزبی مقصد کو گلوبلائزیشن کے مغربی تصور سے ملتے جلتے اسلامی انقلابیت پسند تخیل سے تعبیر کیا جاسکتا ہے۔ تاہم حزب جدید سیاسی ریاست؛ جس کی بنیادیں قوم پرستی، جمہوریت، سرمایہ داری یا سوشلزم جیسے مغربی نظریات پر استوار ہیں، کو مکمل طور پر مسترد کرتی ہیں۔ وہ ثقافت کی مختلف شکلوں اور لہوولعب کی بھی مخالف ہے۔ عورتوں کی تعلیم کی حامی ہونے کے باوجود انھیں گھروں تک محدود کرنے کی قائل ہے۔ طالبان اور وہابیوں کے استدلال کی طرح ان کا بھی کہنا ہے کہ شریعت کا نفاذ لوگوں کے تمام نسلی، سماجی اور معاشی مسائل کو حل کردے گا۔ فرانسیسی اسکالر اولیور رائے ایسی تحریکوں کو 'نوبنیاد پرست' کا نام دیتا ہے، کیوں کہ یہ پہلی قسم کی تحریکوں

کی نسبت کم سیاسی ذہن کی مالک ہوتی ہیں۔ اولین قسم کی تحریکیں شریعت کے نفاذ پر زور دیتی ہیں اور انھیں ایک حقیقی اسلامی ریاست کی تعریف سے کوئی خاص تعلق نہیں ہوتا۔''

جہاں اخوان سے متاثر تحریکیں ریاستی اقتدار پر قبضہ کرنے اور پھر ہر ملک کو اسلامی ریاست کی شکل دینے کی کوششیں کرتی ہیں، وہاں طالبان، حزب التحریر اور اسلامی ازبک تحریک نئی دیوبندی وہابی روایت کا حصہ ہیں جو اقتدار پر قبضے کو شریعت کے نفاذ اور سماجی رویوں کی تبدیلی کا محض ایک راستہ تصور کرتی ہیں۔ انھیں یقین ہے کہ اقتدار پر کنٹرول کے بعد اسلامی سیاسی ریاست خود بخود تشکیل پا جائے گی۔ خلافت کی تشکیل کے بعد وسط ایشیا کے خطرناک معاشی اور سماجی مسائل سے کس طرح عہد برآ ہوا جائے گا، اس موضوع پر حزب کے حلقوں میں کوئی خاص بحث و مباحثہ نظر نہیں آتا۔ حزب کا لٹریچر جہادی فوج کے قیام کو بے پناہ اہمیت دیتا ہے، لیکن اس کی تنخواہوں کی ادائیگی یا معاشی اور سماجی خدمات کی انجام دہی کے پہلوؤں کو سرے سے نظر انداز کر دیتا ہے۔ عام لوگ عثمانی خلافت سے اپنی عقیدت کی وجہ سے بھی حزب میں کشش محسوس کرتے ہیں۔ ان کا خیال ہے کہ حزب التحریر ایسی عظیم خلافت کا احیا چاہتی ہے۔ عثمانی خلافت کا دار الخلافہ استنبول تھا اور ازمنہ وسطیٰ کی ساری اسلامی دنیا بشمول مشرق وسطیٰ اور بلقان پر اس کی حکمرانی تھی۔ وہ عثمانی حکومت کے تحت مسلمان قوموں کے اتحاد کی داعی تھی اور ترک نسل ازبکوں کو یہ نظریہ بہت پُرکشش لگتا ہے۔ ترکی افواج کے مصلح اور جدت پسند کمال اتاترک نے ۱۹۲۵ء میں خلافت کا خاتمہ کر دیا تھا۔ حزب کو یقین ہے کہ خلافت کے خاتمے میں عالمی صیہونی تحریک کے ساتھ مغربی سازش پوری طرح کارفرما تھی۔ وسط اور جنوبی ایشیا میں اسی وقت سے بشمول حزب التحریر بہت سی تحریکیں خلافت کے احیا کے لیے جدوجہد کرتی رہی ہیں۔ دلچسپ بات یہ ہے کہ حزب اس حقیقت کو نظر انداز کر دیتی ہے کہ عثمانی خلافت نے نہ صرف مختلف اسلامی مکاتب فکر کو پھلنے پھولنے کا پورا موقع دیا تھا بلکہ بلقان جیسے علاقوں میں غیر مسلم قومیتوں کو بھی خاصا برداشت کیا تھا۔ یہ حقیقت حزب کے نظریات کے بالکل برعکس ہے۔

حزب التحریر نے اسلامی حکومت کا نظریہ تو بے شک اختیار کر لیا ہے مگر اس کے تصورات انتہائی سادہ اور تاریخی تناظر سے بالکل عاری ہیں۔ انھیں وسط ایشیا کی اسلامی روایات کو اجاگر کرنے سے بھی کوئی خاص دلچسپی نہیں۔ حزب تصوف یا اس کے کسی قسم کے اظہار کی بھی شدید مخالف ہے۔ مثلاً وسط ایشیا میں مزاروں اور وہاں پر عبادات کا اہتمام صدیوں پرانی روایت ہے اور حزب اسے پسند نہیں کرتی۔ اگرچہ اس کے رہنماؤں کا دعویٰ ہے کہ وہ جدت پسندوں کی فکر سے خاصے متاثر ہیں لیکن ان کے تصورات میں جدت پسندی کا ذرا سا اثر دکھائی نہیں دیتا۔ جدید ٹیکنالوجی کو اپنا لینے کا یہ مفہوم نہیں کہ اسلام کے متعلق جدید تصورات کو بھی تسلیم کر لیا جائے۔ وہابیوں کی طرح، حزب التحریر بھی یہودیوں اور اسرائیل کی کھلم کھلا مخالف ہے۔ حزب کے لٹریچر میں کریموف کو ایک یہودی 'اسرائیل کا پٹھو' اور 'عالمی صیہونی سازش' کے طور پر پیش کیا جاتا ہے۔ حزب کے رہنما یہ بھول جاتے ہیں کہ خاصی بڑی یہودی کمیونٹی پچھلے دو ہزار سال سے وہاں آباد ہے۔ بیسویں صدی کی ابتدا میں وسط ایشیا میں دو لاکھ یہودی موجود تھے۔ انھیں آج بھی بخاران کے نام سے پکارا جاتا ہے۔ ''ہم یہودیوں کو جان سے نہیں مارنا چاہتے لیکن

انھیں وسط ایشیا سے نکل جانا چاہیے، کیوں کہ ان کا اس سرزمین سے کوئی تعلق نہیں۔'' علی بصد اصرار کہتے ہیں۔

وہابیوں ہی کی طرح حزب بھی شدید شیعہ مخالف جذبات رکھتی ہے۔ اگر وہ اقتدار میں آ گئی تو وسط ایشیا سے سارے شیعہ مسلمانوں کو نکال دے گی۔ اس کا مطلب ہے کہ جنوبی ازبکستان اور مشرقی تاجکستان میں شیعہ برادری کو نہیں رہنے دیا جائے گا۔ بقول علی ''ہم شیعوں اور شیعہ عقیدے کے سخت مخالف ہیں کیوں کہ یہ اسلامی مسلک نہیں ہے۔'' وہابیت سے مماثل ان انتہا پسند نظریات کا وسط ایشیائی اسلام کے مرکزی دھارے سے کوئی تعلق نہیں۔ یہاں کے لوگ دوسرے نظریات وعقائد اور مذہبی اقلیتوں کے متعلق ہمیشہ سے خاصے وسیع القلب اور روادار رہے ہیں۔ حزب نے عرب دنیا کے نظریات کی درآمد کے ساتھ ساتھ مقامی اسلامی انقلابی کیمپ میں بھی بحث ومباحثے اور تنازعات کو خاصی ہوا دی ہے۔ وسط ایشیا میں ان نظریات کی پذیرائی مشکل نظر آتی ہے۔ حزب کے رسالے مقامی دباؤ یا عوامی مسائل کا سرے سے کوئی تذکرہ ہی نہیں کرتے۔ لگتا ہے کہ یہ تحریریں مقامی طور پر تقسیم کیے جانے کے بجائے بین الاقوامی تناظر کو مدنظر رکھ کر بیرون ملک ہی لکھی جاتی ہیں۔ وہ اسرائیل فلسطینی تنازعے یا 'اسلام کے خلاف نام نہاد یہودی سازش' جیسے اسلامی دنیا کے بین الاقوامی مسائل کی طرف بھرپور توجہ دے رہے ہوتے ہیں اور وسط ایشیا کے لوگوں کی حقیقی تکالیف؛ آسمان سے باتیں کرتی قیمتیں، بے روزگاری اور تعلیمی سہولتوں کے فقدان کے بارے میں ایک اچٹتی نگاہ بھی نہیں ڈالتے۔

حزب کا بظاہر عجیب وغریب مگر انتہائی قوی عقیدہ ہے کہ ماضی میں سرگرم اسلامی انقلابی تحریکیں یا حزب کی ہم عصر تحریکیں بالآخر 'غلط' ثابت ہو جائیں گی اور حزب ہی حقیقی اسلامی تحریک کے طور پر نمودار ہوگی۔ ''قرآن اور حدیث کے مطابق دنیا کے خاتمے کے وقت تہتر اسلامی تحریکیں موجود ہوں گی، جن میں صرف ایک جماعت حق پر ہوگی۔ یہ بات صرف اللہ کے علم میں ہے کہ کون سی جماعت حق پر ہوگی۔'' علی نے وضاحت کی۔ حزب کے دعوے کی بنیاد قرآن کی یہ آیت ہے: ''تم میں سے ایک گروہ ایسا ہونا چاہیے جو لوگوں کو نیکی کی دعوت دے۔ اچھے کاموں کا حکم دے اور برائیوں سے روکے۔ اور یہی لوگ بلاشبہ کامیاب ہونے والے ہیں۔''

وسط ایشیائی ریاستوں میں حزب التحریر

عمومی علاقائی مفادات سے لاتعلقی اور دوسرے اسلامی عقائد کے خلاف عدم رواداری کے باوجود حزب التحریر وسط ایشیا میں تیزی سے مقبول ہوتی جا رہی ہے۔ اس کی ایک وجہ یہ بھی ہو سکتی ہے کہ حزب ایک پُرامن تحریک ہے۔ ازبک اسلامی تحریک سے اظہار ہمدردی کرنے کے باوجود وہ گوریلا کارروائیوں پر یقین نہیں رکھتی۔ اس کے بجائے حزب اس لمحے کی منتظر ہے جب اس کے لاکھوں حامی اٹھ کھڑے ہوں گے اور عوامی اکثریت کے بل پر وسط ایشیا کے حکمرانوں کا تختہ الٹ دیں گے؛ خصوصاً کریموف کی حکومت کا۔ اس طرح کے تصورات ماضی کی عیسائی تحریکوں سے خاصے مماثل نظر آتے ہیں۔ حزب کے مقاصد کی دھندلاہٹ کو اس کی اعلیٰ تنظیمی صلاحیتیں صاف اور واضح کر دیتی ہیں۔ حزب کے لیڈر پوری طرح پُراعتماد ہیں کہ وہ کریموف کے انتہائی قریبی حلقے تک میں

اپنا اثر پیدا کر رہے ہیں۔ فوج، خفیہ اداروں اور نوکر شاہی کے اعلیٰ طبقے میں بھی ان کے حامی خاصی تعداد میں ہیں؛ مثلاً کسٹمز کا محکمہ ان کے پروگرام کو بڑھانے میں خاصا معاون ہے۔ جماعت احیائے اسلام اور ازبک اسلامی تحریک کے برعکس؛ جنھیں حقیقی حمایت دیہاتی علاقوں اور زراعت پیشہ لوگوں سے ملتی ہے، حزب کے اکثر کارکن اور حامی شہری، دانشوروں، کالج کے طلبا، تعلیم یافتہ مگر بے روزگار نوجوانوں، فیکٹری مزدوروں اور اساتذہ پر مشتمل ہیں۔ وسط ایشیا میں حزب التحریر کے گرفتار کارکنوں میں زیادہ تر تعلیم یافتہ نوجوان؛ جن کی عمریں بمشکل بیس سال کے اردگرد ہیں، شہری باشندے ہیں۔

درحقیقت حزب کے سائز اور انتظامی ڈھانچے کے متعلق معلومات کا ایک بہترین ذریعہ ان کی گرفتاریوں کا ریکارڈ ہے۔ وادی فرغانہ سے ملحق خوہند میں تاجک طلبا اور ازبک نسل کے لوگوں کی بے پناہ گرفتاریاں ہوئی ہیں۔ تاہم خوہند سے چند میل دور واقع دیہاتوں میں کسی کو بھی نہیں پکڑا گیا۔ زراعت پیشہ کسانوں نے حزب التحریر کا نام تک نہیں سنا، حالاں کہ ازبک اسلامی تحریک سے سبھی واقف ہیں۔ اسی طرح کرغیزستان کے شہر اوش میں، جہاں ۴۰ فیصد آبادی ازبک ہے، حزب کے لاتعداد سرگرم حامیوں کو گرفتار کیا گیا لیکن اس کے برعکس ازبک اسلامی تحریک کے ایک اہم مرکز باتکن میں کوئی گرفتاری نہیں ہوئی، کیوں کہ اس دیہاتی علاقے میں حزب التحریر سے مکمل لاعلمی نظر آتی ہے۔ یہ واضح رہے کہ ازبکستان میں ازبک اور وسط ایشیا میں ازبک نسل کے افراد کی ایک بہت بڑی تعداد حزب التحریر کی سرگرم حامی ہے۔ تاہم یہ بھی حقیقت ہے کہ حزب وسط ایشیا کے تمام علاقوں میں تیزی سے مقبولیت حاصل کر رہی ہے۔

کریموف کی پارلیمنٹ نے مئی ۱۹۹۸ء میں آزادیٔ رائے اور مذہبی تنظیموں کا قانون منظور کیا اور ساتھ ہی ازبکستان میں حزب کے خلاف وسیع پیمانے پر کریک ڈاؤن شروع کر دیا۔ اس قانون کے تحت عبادت کی آزادی کو بہت محدود کر دیا گیا۔ پولیس ہر اس آدمی کے پیچھے لگ جاتی جس نے داڑھی رکھی ہوتی یا جس کی ایک سے زیادہ بیویاں ہوتیں۔ پاکستان یا افغانستان جانے والے کسی بھی آدمی کو پولیس کی تفتیش کا سامنا کرنا پڑتا۔ پرہیزگار مسلمانوں کو عبادت کرنے کی اجازت نہیں دی جاتی تھی۔ اپنے بچوں کے مفروضہ جرائم پر والد کو جیل بھیجا جا سکتا تھا۔ تمام مسلمان جماعتوں کو حکومت سے رجسٹریشن کرانا لازمی تھی اور اسلام کی تبلیغ غیر قانونی قرار دے دی گئی۔ برقع یا حجاب کے استعمال پر عورتوں کو گرفتار کیا جا سکتا تھا۔ وسط ایشیا میں ہیومن رائٹس واچ کے ڈائریکٹر ہولی کارٹر نے اس قانون کو دنیا کے انتہائی مانع مذہب قانون سے تعبیر کیا۔ ''حکومت سارے مسلمانوں کو ایک ہی انداز میں دیکھ رہی ہے، چاہے وہ مجرمانہ ذہن کے مالک ہوں یا سیدھے سادے داڑھی والے مسلمان جو مسجدوں میں نماز پڑھنے جاتے ہیں۔'' انھوں نے یہ بات زور دے کر کہی۔

قانون پاس کیے جاتے وقت کریموف نے پارلیمنٹ میں اسلامی بنیاد پرستوں کے خلاف بے پناہ زہر اگلا۔ ایمنسٹی انٹرنیشنل کے مطابق ۱۹۹۹ء کے پہلے چھ ماہ میں عدالتوں نے پچپن افراد کو سزائے موت سنائی جن میں سے پندرہ پر عمل درآمد بھی ہو گیا۔ ان میں سے کئی افراد حزب التحریر کے رکن تھے۔

حزب التحریر کا دعویٰ ہے کہ ازبکستان کی جیلوں میں اس وقت ایک لاکھ سے زیادہ سیاسی قیدی موجود ہیں۔ یہ تعداد یقیناً انتہائی حیران کن ہے اور مبالغہ آمیز بھی۔ امریکی محکمہ خارجہ کی انسانی حقوق کی رپورٹ میں اندازہ لگایا گیا ہے کہ جنوری ۱۹۹۹ء اور اپریل ۲۰۰۰ء کے درمیان ازبکستان میں تقریباً پانچ ہزار افراد کو گرفتار کیا گیا۔ ازبکستان کی انسانی حقوق کی تنظیم نے سیاسی قیدیوں کی انتہائی صحیح تعداد چھاپی ہے جس کے مطابق ۲۰۰۱ء کے موسم گرما میں وہاں ۶۰۰ ۷ سیاسی قیدی تھے جن میں سے غالباً ۵۱۵۰ قیدیوں کا تعلق حزب التحریر سے تھا، باقی ۱۶۰۰ قیدی ازبک اسلامی تحریک یا دوسری وہابی جماعتوں کے تھے۔ سیاسی قیدیوں کے طوفان کو تھامنے کے لیے کاراکلپکستان میں جسلیک کے فوجی کیمپ میں ایک انتہائی محفوظ جیل تعمیر کی گئی ہے۔ وزارت داخلہ نے اس جیل کو سزا یافتگان کی کالونی نمبر کے آئی این ۶۴ / ۷۱ کا نام دیا ہے اور مقامی طور پر اسے ایک ایسی جگہ سمجھا جاتا ہے ''جہاں سے کوئی واپس نہیں آتا۔'' باہر کے لوگوں بشمول قیدیوں کے اہل خانہ کے لیے یہاں آنے کی مکمل ممانعت ہے، ضرورت سے زیادہ قیدیوں کی بھرمار (آج کل اس میں آٹھ سو قیدی رکھے گئے ہیں)، گرمی، سہولتوں کی کمی اور گندا پانی (جس سے ہیپٹائٹس کے ذریعے کئی اموات بھی واقع ہوئیں) کی وجہ سے جیل کے حالات انتہائی ناگفتہ بہ ہیں۔ مسلمانوں کو نماز ادا کرنے یا قرآن کی تلاوت کی ممانعت ہے اور تمام قیدیوں سے جبری مشقت لی جاتی ہے۔ جسلیک جیل کی ناگفتہ بہ صورت حال یا شدید ٹارچر کے ہاتھوں کئی درجن افراد کی ہلاکت کی رپورٹیں ملی ہیں۔ انسانی حقوق سوسائٹی ازبکستان کے اندازے کے مطابق یہاں ۲۰۰۰ء اور ۲۰۰۱ء کے دوران پچاس افراد ہلاک ہوگئے۔

ہیومن رائٹس واچ کی ایکیشیا شیلڈز نے ازبکستان میں انسانی حقوق کی بگڑتی ہوئی صورت حال پر خاصی روشنی ڈالی ہے۔ انھوں نے ستمبر ۲۰۰۰ء میں امریکی کانگریس کے ایک پینل کے سامنے واضح ثبوت پیش کیے۔ ''ازبک پولیس اور سیکورٹی فورسز نے ہزار ہا نیک مسلمانوں کو گرفتار کرلیا ہے۔ یہ گرفتاری قطعی غیر قانونی اور امتیازی نوعیت کی ہیں۔ وہ غیر رجسٹرڈ اسلامی گروہوں سے تعلق رکھنے والے ان لوگوں کو نشانہ بناتے ہیں جو ریاستی مقبوضہ مساجد سے باہر اپنے مذہبی فرائض ادا کرتے ہیں یا ان کے پاس اسلامی لٹریچر موجود ہوتا ہے۔ پولیس عموماً ان نظربندوں کو تشدد کا نشانہ بناتی ہے اور طرح طرح کی دھمکیاں دے کر خوف زدہ کرتی ہے۔ طبی سہولیات اور قانونی مشاورت کے حق سے محروم رکھتی ہے اور بسا اوقات ان افراد کو تہ خانوں میں چھ چھ ماہ تک قید تنہائی کا شکار رکھا جاتا ہے۔ عدالتی کاروائی انتہائی غیر منصفانہ ہوتی ہے، کیوں کہ جج اپنے طریق کار کے مطابق آزاد مسلمانوں کو ان کے مذہبی اعتقادات اور تعلق کی بنا پر لمبی سزائیں سنانے پر تلے ہوتے ہیں۔ وہ ٹارچر کے الزامات کو نظرانداز کرکے استغاثہ کے خود ساختہ الزامات کو ہی ثبوت مان لیتے ہیں۔ اکثر اوقات محض استغاثہ کا بیان ہی سزا سنانے کے لیے کافی ہوتا ہے۔''

ہیومن رائٹس واچ کے مطابق، حکومت نے محلہ دار نگران کمیٹیاں تشکیل دیں تاکہ مشتبہ یا بیرونی افراد کی آمد ورفت کی نگرانی کی جاسکے، اس کے نتیجے میں گرفتاریوں کی شرح ڈرامائی طور پر بڑھ گئی۔ ۲۰۰۰ء میں اندازاً محلہ کمیٹیوں نے دس ہزار سات سو ایسے افراد کو شناخت کیا جنھیں ریاست کا دشمن سمجھا جاتا تھا اور وہ پولیس کی تفتیشی فہرست پر تھے۔

اسی اثنا میں اعتراف کرانے کے لیے وسیع تشدد کا سہارا لیا گیا۔"لوگوں کو عموماً انتہائی وحشیانہ انداز میں مارا پیٹا جاتا ہے یا ہلاک کر دیا جاتا ہے۔تشدد کی کئی دوسری صورتیں بھی ہیں، مثلاً لوگوں کے ناخنوں میں سوئیاں چبھونا یا لوگوں کے سروں پر پلاسٹک بیگ ڈالنا تاکہ ان کی سانس الجھ جائے۔لوگوں کے ساتھ جسمانی تشدد کا بے مہابا استعمال ہوا ہے جس کے نتیجے میں کئی لوگ جان سے ہاتھ دھو بیٹھے۔" ازبک انسانی حقوق کی آزاد تنظیم کے چیئرمین میخائل اردزینوف کا کہنا ہے؛"۱۳ مارچ ۲۰۰۰ء کو تاشقند میں گرفتار کیے گئے حزب التحریر کے رکن رستم نوربایوف کو شدید تشدد کا نشانہ بنا کر نظربندی کے مرکز میں پانچ دن میں ہی ہلاک کر دیا گیا۔امان اللہ نذیروف؛ جنھیں ۱۹۹۹ء میں حزب کا رکن قرار دے کر سزا سنائی گئی تھی، دسمبر ۲۰۰۰ء میں نوائی کی جیل میں وفات پا گئے۔ ۱۵ ستمبر ۲۰۰۰ء کو تاشقند میں عدالتی کاروائی کا سامنا کرنے والے حزب کے پندرہ اراکین نے دعویٰ کیا کہ انھیں زدوکوب کیا گیا، بجلی کے جھٹکے لگائے گئے اور اعتراف جرم کرانے کے لیے انھیں گارڈز کے ذریعے جنسی تشدد کا نشانہ بھی بنایا گیا۔جج نے ان کے بیانات کا کوئی نوٹس نہیں لیا بلکہ انھیں بارہ سے سولہ سال تک کی سزائیں سنا کر جسلیک جیل بھجوا دیا گیا۔" پولیس گرفتاریوں کو جائزہ قرار دینے یا رشوت لینے کے لیے عام لوگوں کو منشیات کی معمولی مقدار، ہتھیار، اسلحہ یا اسلامی لٹریچر رکھنے اور رنگے ہاتھوں پکڑنے کا باقاعدہ ڈرامہ رچاتی ہے۔اس غیر قانونی کاروائی کا سب سے زیادہ اور مسلسل نشانہ حزب التحریر کے مشتبہ اراکین کو بنایا جاتا ہے۔ یہ ہیومن واچ کی ہولی کارٹر کی رپورٹ ہے۔

حزب کی عمومی سرگرمیوں کے متعلق کوئی خاص اطلاعات نظر نہیں آتیں اور اس کے مشتبہ اراکین پر چلنے والے مقدمات بھی ان کی تنظیمی صلاحیتوں اور مقبولیت پر کوئی روشنی نہیں ڈالتے۔ ۲۰ جولائی ۲۰۰۰ء کو ویزک کی ایک عدالت نے حزب کے پندرہ اراکین کو سترہ سال قید کی سزا سنائی۔ان کے رہنما تیس سالہ معروف ایشونوف کو دو حزبی گروہ چلانے، دو سو افراد کو حامی بنانے اور پمفلٹ کی تقسیم کے الزام میں سزا سنائی گئی۔اپریل ۲۰۰۰ء میں وادی فرغانہ کے ۱۵۷ افراد کی ایک فہرست حکومت کی جانب سے جاری کی گئی جنھیں وہ صرف حزب کے پمفلٹس تقسیم کرنے کے جرم میں گرفتار کرنا چاہتی تھی۔اسی جون میں کرغیزستان کے صوبے جلال آباد میں حزب کے ۵۳ اراکین کو تخریب کاری کے الزام میں مقدمات کا سامنا کرنا پڑا۔ان مقدمات کی کاروائی سے پتہ چلا کہ حزب محلہ مساجد چلا رہی تھی، رات کو پمفلٹ تقسیم کرتی تھی، ہفتہ وار اسٹڈی گروپ چلائے جاتے تھے جہاں چائے وغیرہ کے ساتھ اسلامی موضوعات پر بحث کی جاتی، نماز پڑھی جاتی اور قرآن کی تلاوت کی جاتی۔ یہ محلہ وار گروپس یا ضیافتیں ازبک دائرہ کی کرغیزی شکل تھے۔

وادی فرغانہ میں اپنے مختصر مراکز سے حزب التحریر انتہائی تیزی سے کرغیزستان اور تاجکستان کے علاقوں میں پھیلنے لگی۔ ۲۰۰۱ء کے موسم گرما تک کرغیز جیلوں میں حزب التحریر کے ۱۵۰ مشتبہ اراکین قید تھے۔ان کی زیادہ تر تعداد اوش کے قید خانوں میں تھی۔ ۲۰۰۰ء اور بعد ازاں اوش کی عدالتوں میں حزب التحریر کے ملزمان کے مقدمات ہی دکھائی دیتے تھے۔ان میں سے بعض ملزموں کی عمریں بمشکل اٹھارہ سال تھیں۔مئی ۲۰۰۰ء میں اٹھارہ سے پچیس سال تک کی عمر کے حزب کے چار سرگرم حامیوں پر مقدمہ چلایا گیا، جب کہ چودہ دوسرے

ملزموں کے خلاف مقدمے کی کارروائی ابھی جاری تھی۔ ''تمام ملزمان اپنے مقاصد کا برملا اظہار کرتے ہیں اور ان کا دعویٰ ہے کہ وادی فرغانہ میں اسلامی ریاست کی تشکیل کے مقدس مقاصد کے حصول کے لیے وہ ہر قربانی دینے کے لیے تیار ہیں۔'' اوش میں پبلک سیکورٹی کے سربراہ طالفت رزاقوف نے اپنی رائے دی۔ ان نوجوانوں نے اپنے دفتر کو تمام ضروری ساز و سامان سے آراستہ کر رکھا تھا۔ وہیں انھیں حزب کے احکامات اور اس کا لٹریچر بذریعہ ایمیل موصول ہوتے تھے۔ وہ انھیں کرغیزی زبان میں ترجمہ کرتے اور پھر تقسیم کرنے کے لیے ان کی فوٹو کاپیاں کر لیتے۔ وہ آڈیو اور ویڈیو کیسٹوں کا استعمال بھی عام کرتے تھے۔ کرغیز نیشنل گارڈ کمانڈر لیفٹنٹ جنرل عابدی چاٹ بایوف نے جون ۲۰۰۰ء میں دعویٰ کیا کہ حزب کی خفیہ مشنری سرگرمیوں کا ساتھ دینے کے لیے تین سو کرغیز باشندے افغانستان میں باقاعدہ تربیت لے رہے تھے۔ ۲۰۰۱ء کے ابتدائی تین ماہ میں حزب کے چالیس مشتبہ اراکین کو گرفتار کر کے ان پر مقدمات چلائے گئے۔

کرغیزستان میں بڑھتی ہوئی غربت اور عوامی مسائل کے حل میں حکومتی ناکامیوں اور کرپشن کی انتہا پر عوامی ردعمل نے حزب التحریر کی حمایت میں بے پناہ اضافہ کیا ہے۔ آبادی میں بے تحاشا اضافے نے غربت کے مسئلے کو اور بھی گمبھیر بنا دیا ہے۔ ۲۰۰۰ء کی مردم شماری سے پتہ چلتا ہے کہ کرغیزستان کی آبادی ۴.۸ ملین ہے جو ۱۹۹۱ء کے مقابلے میں ۱۳ فیصد بڑھ گئی ہے۔ اوش میں اضافے کی شرح ۲۳ فیصد تک چلی گئی، کیوں کہ بے روزگار کسانوں کا ایک طوفان شہروں میں امڈ آیا ہے۔ بشکیک کی موجودہ آبادی گیارہ لاکھ ہے، حالاں کہ وہاں ملازمتوں کی صورت حال کوئی خاص خوشگوار بھی نہیں۔ ۲۰۰۱ء میں ورلڈ بینک کی رپورٹ کے مطابق ۸۸ فیصد آبادی کا گزارہ بمشکل ۷ ڈالر فی ماہ کے لگ بھگ تھا اور سالانہ اوسط تنخواہ ۶۵ ڈالر کے قریب تھی، جب کہ گزارے کی کم از کم سطح کا اندازہ سالانہ ۲۹۵ امریکی ڈالر کے لگ بھگ تھا۔ ۱۹۹۰ء اور ۱۹۹۶ء کے دوران کرغیزستان کی داخلی خام پیداوار ۷.۴ فیصد کم ہو کر بمشکل آدھی رہ گئی تھی۔ صنعتی پیداوار ۱۶ فیصد کم ہو گئی۔ زرعی پیداوار ۳۵ فیصد اور سرمایہ کاری ۵۶ فیصد کی سطح پر آ گئی۔

تباہ کن غربت اور گھرانوں کی مایوسی کی انتہا کا عالم یہ تھا کہ بین الاقوامی تنظیم برائے مہاجرین کی ایک رپورٹ کے مطابق چار ہزار کرغیز خواتین اور لڑکیوں کو متحدہ عرب امارات، چین، ترکی اور یورپ تک میں جسم فروشی کے دھندے کے لیے فروخت کر دیا گیا۔ ''انسانوں کی اسمگلنگ اس وقت کرغیزستان کی سب سے بڑی صنعت بن چکی ہے...... اس نے سیاحت کو بہت پیچھے چھوڑ دیا ہے اور منشیات کی اسمگلنگ کے بعد اس کی اہمیت سب سے زیادہ ہے۔'' اس حقیقت کا اظہار کرغیزستان میں اقوام متحدہ کے مشن کے سربراہ ارکان مراد نے کیا۔

غربت نے بہت سے نوجوانوں کو افغانستان سے افیم کی اسمگلنگ کی راہ بھی سجھا دی ہے۔ یہ ایک ایسا سماجی مسئلہ ہے جس پر آج کل کرغیزی پریس میں خاصا شور مچا ہوا ہے۔ ۱۹۹۹ء میں کرغیز پولیس نے اسمگلروں سے ۱۷ ہزار پونڈ افیم برآمد کی۔ اس کے اگلے سال برآمد ہونے والی افیم ۲۶ ہزار پونڈ تک پہنچ گئی۔ اقوام متحدہ کے ڈرگ کنٹرول پروگرام کا دعویٰ ہے کہ پکڑی جانے والی منشیات اس مقدار کا نہایت معمولی حصہ ہیں جو کرغیزستان میں

اسمگل کر کے یہاں سے روس اور یورپ تک پھیلا دی جاتی ہے۔ ہیروئن کی عادت بھی ڈرامائی انداز میں بڑھی ہے۔ اگرچہ کرغیزستان میں صرف ۵۰۰ ۴ نشے کی لت میں مبتلا افراد رجسٹرڈ ہیں تاہم غیر سرکاری اداروں کے اندازے کے مطابق تقریباً پچاس ہزار افراد منشیات کا شکار ہیں۔ ان میں سے منشیات کے عادی کئی افراد ایڈز کی لپیٹ میں بھی آ گئے ہیں۔ مارچ ۲۰۰۱ء میں ایڈز کی روک تھام کے لیے جب ایک یورپی این جی او نے کنڈوم کے استعمال کی حوصلہ افزائی کرنا چاہی تو حزب نے اس کی مخالفت میں احتجاجی پمفلٹ شائع کیے کہ وہ این جی او دراصل جسم فروشی کی حوصلہ افزائی کرنا چاہتی ہے۔

کرغیز صدر آقایوف نے اعتراف کیا ہے کہ عوامی غربت میں اضافے سے مذہبی انتہا پسندی کو تقویت حاصل ہو رہی ہے لیکن حکمران طبقے میں روز افزوں کرپشن کے خاتمے اور عوامی مسائل کے حل کے لیے وہ کچھ بھی کرتے نظر نہیں آتے، ''انتہا پسند کرغیزستان کو ایک عبوری علاقہ سمجھتے ہیں۔ وہ اسلام کی جغرافیائی وسعت اور ریاست کی تشکیل یعنی خلافت کے لیے وادی فرغانہ تک رسائی کو اپنا اہم مقصد گردانتے ہیں۔ انھیں کرغیزستان اور تاجکستان میں غربت اور دوسرے سماجی مسائل کا اچھی طرح علم ہے۔ ان کی تمام تر توجہ مقامی آبادی کی حمایت کے حصول پر ہے۔ اعلیٰ اسلام کی تبلیغ کرنے والوں کے لیے عوامی حمایت قطعی کوئی حادثہ نہیں۔ انھیں پیسے کا لالچ بھی دیا جاتا ہے۔ لوگوں کو سبز ڈالر کا نوٹ دکھائیں تو وہ حرص اور لالچ کا شکار ہو ہی جاتے ہیں۔ ہمیں فوراً اس پر قابو پانا چاہیے۔'' آقایوف نے یہ بات مئی ۲۰۰۱ء میں ایک روسی اخباری نمائندے کو بتائی۔

کرغیزستان کا ایک اور مخصوص مسئلہ اسلام پسندوں کے غصے کو مزید بھڑکا رہا ہے۔ ملک کی سترہ فیصد آبادی عیسائی ہے اور روسی نسل کے لوگوں کو یہاں آباد رکھنے کے لیے آقایوف نے روسی آرتھوڈاکس چرچ کو مقامی طور پر چرچوں کی تعمیر و توسیع کی کھلی اجازت دے دی ہے۔ دریں اثنا کرغیزستان وسط ایشیا کا واحد ملک ہے جہاں مختلف عیسائی تحریکوں کو پھلنے پھولنے کا بھرپور موقع فراہم کیا گیا ہے۔ یہ رعایت حزب التحریر کے نزدیک انتہائی ناپسندیدہ اور توہین انگیز ہے۔ ان قوموں کے درمیان نسلی اور مذہبی منافرت مسلسل بڑھتی جا رہی ہے جو کبھی انتہائی امن و آشتی سے اکٹھے رہا کرتے تھے۔ اوش صوبے میں کرغیزوں اور ازبکوں کے درمیان نسلی رقابتیں ہمیشہ سے ہی موجود ہیں۔ یہاں ازبک آبادی کا ۲۵ فیصد ہیں (اور اوش شہر میں ۴۰ فیصد)۔ وسط ایشیا کا سب سے مقدس مقام اور عوامی زیارت گاہ تخت سلیمان بھی اوش شہر میں ہی واقع ہے۔ ازبک اور کرغیز سرحدی کشمکش کی وجہ سے یہاں تک عوامی رسائی بھی ایک مسئلہ بن کر رہ گئی ہے۔ شمال میں کرغیزوں اور روسی نسل کے آبادکاروں کے مابین مذہبی اور نسلی کشمکش جاری ہے۔ ''کرغیزستان کے شمالی حصے میں عیسائیت کی تبلیغ کا عمل جنوبی علاقوں میں اسلامائزیشن کی کارروائیوں کے مقابلے میں جاری ہے۔'' یہ خیالات انارہ طبیشالیوا نامی ایک کرغیز خاتون سماجی سائنٹسٹ کے ہیں۔

کرغیزستان میں اسلامی انقلاب پسندی کی ابھی کوئی لہر نہیں آئی تاہم حزب التحریر یہاں آہستہ آہستہ مقبولیت حاصل کر رہی ہے۔ پہلی دفعہ قازق پولیس نے جنوبی علاقوں میں حزب کے سرگرم کارکنوں کی گرفتاری کی رپورٹ دی ہے۔ ادھر کرغیز پولیس نے بھی قازق حزب کے کئی کارکنوں کو کرغیزستان میں گرفتار کیا ہے۔ ۶ جولائی کو قازقستان کے

سب سے بڑے شہر المانے کے ہزاروں لیٹر بکسوں میں حزب التحریر کے اشتہار دکھائی دیے، جس نے سکیورٹی اداروں اور عوام دونوں کو ہی چونکا دیا۔ اس دن کا چناؤ اس لیے کیا گیا کہ وہ صدر رنذر بایوف کا سرکاری یوم پیدائش تھا۔ انھوں نے چند ہفتے پہلے ہی اسلامی انقلاب پسندی کے خلاف اپنے عوام کو مزاحمت پر اکسایا تھا۔ ایک ٹی وی انٹرویو میں انھوں نے بصد اصرار یہ کہا: ''بعض لوگوں کے دلوں میں یہ امید جاگ رہی ہے کہ ہماری ریاستوں کے مسلمان عوام ان کی انقلاب پسندی کی حمایت کریں گے اور مذہبی رہنما ہمیں دوبارہ ازمنہ وسطیٰ میں لے جائیں گے۔ عورتوں کے چہروں پر نقاب ہوگا اور لوگ لمبی لمبی داڑھیاں رکھیں گے۔ اس قسم کا انلقاب تاجکستان جیسے کسی ایک ملک میں تو کامیاب ہوسکتا ہے مگر یہ محض اس کی شروعات ہوگی۔'' جنگ کے نتیجے میں عوامی تباہ حالی کے باوجود حزب شمالی تاجکستان میں مقبول ہوتی جارہی ہے۔ ۲۰۰۰ء میں تاجکستان میں حزب کے سو سے زیادہ مشتبہ اراکین کو گرفتار کیا گیا اور ان پر مقدمات چلائے گئے۔ اگلے سال یہ تعداد دگنی ہوگئی۔ جب میں نے علی سے استفسار کیا تو انھوں نے دعویٰ کیا کہ خوبند میں حزب کے بیس ہزار حامی موجود ہیں اور ان کی مدد سے حزب اب وادی فرغانہ کے جنوبی علاقوں میں بھی اپنا اثر و رسوخ بڑھا رہی ہے۔ اپریل ۲۰۰۱ء میں چکالودسک (صوبہ سغد) کے ایک گیراج میں ایک ہزار پانچ سو کتابیں اور پندرہ سو پمفلٹ ملے اور حزب کے پندرہ مشتبہ اراکین بھی گرفتار کیے گئے۔ دارالحکومت دوشنبہ بھی حزب کی سرگرمیوں کے اثرات سے باہر نہیں۔ ۲۶ سے ۴۰ سال تک کے پانچ حزبی کارکن؛ ۱۶ نومبر ۲۰۰۰ء کو حزب کے پانچ ہزار اشتہار رکھنے کے الزام میں دوشنبہ میں گرفتار کیے گئے۔ تاجک حکومت واضح خطرات محسوس کررہی ہے اور جواباً اس نے نسبتاً معتدل مزاج جماعت احیائے اسلام کو اسلامی تبلیغ اور اسلامی تعلیمی سرگرمیاں خوبند (سغد) صوبے میں شروع کرنے کے لیے کہا ہے، حالاں کہ جماعت کا اس علاقے میں کبھی بھی کوئی خاص اثر نہیں رہا۔ جماعت کے مقامی رہنما 'غیر قانونی جماعتوں اور تحریکوں سے بچنے' اور 'دہشت گردوں سے ہوشیار رہنے' کی اپیلیں کررہے ہیں۔ اشارتاً، ان کا ہدف صرف حزب ہوتی ہے۔ جماعت کے رہنما تسلیم کرتے ہیں کہ نوجوان تاجک نسل حزب التحریر میں شامل ہورہی ہے اور ان کی پارٹی انھیں روکنے سے قاصر ہے۔ ''حزب میں شامل ہونے والے بعض لوگ جماعت کے وہ پرانے جہادی ہیں جو امن معاہدے کے بعد موجودہ فوج کا حصہ نہیں بننا چاہتے تھے لیکن زیادہ تر ایسے نوجوان ہیں جو خانہ جنگی کے دوران بچّے تھے اور حزب التحریر کے ذریعے پہلی بار اسلامی تعلیمات سے روشناس ہورہے ہیں۔'' یہ بات مجھے جماعت کے رہنما محی الدین کبیر نے بتائی۔

حزب التحریر اور اسلامی شدت پسندی

مغربی دارالحکومتوں میں اگرچہ تحریک کی سرگرمیوں کے متعلق کوئی زیادہ واقفیت نہیں تاہم حزب کے متعلق تشویش کی ایک لہر ضرور موجود ہے۔ ۲۰۰۰ء کے آخری مہینوں میں کلنٹن انتظامیہ کے انٹیلی جنس ماہرین کے مابین حزب التحریر کو دہشت گردوں کا حامی گروپ قرار دینے کے سلسلے میں اچھی خاصی بحث ہوتی رہی۔ بالآخر واشنگٹن نے ایسے کسی بیان سے احتراز کیا، کیوں کہ حزب نے کبھی کسی گوریلا کارروائی میں حصہ نہیں لیا تھا، لوگوں کو اغوا نہیں کیا اور نہ ہی کہیں فوجی تربیت کے کیمپ بنائے۔ درحقیقت حزب نے ہمیشہ پُرامن تبدیلی کی حمایت کی ہے۔ روس کو بھی حزب

کے متعلق خاصی تشویش ہے، کیوں کہ اسے اس اسلامی تحریک کے روس کے مسلم علاقوں میں پھیل جانے کا خوف ہے۔حزب سے نمٹنے کے لیے روس کا وسط ایشیائی حکومتوں سے بڑا قریبی رابطہ ہے۔حزب کے نوجوان انتہاپسندوں کو ازبک اسلامی تحریک کے پرانے انتہاپسندوں کی طرح شدید ریاستی جبر وتشدد اور غربت کا سامنا ہے اور حقیقی خوف یہ ہے کہ یہ نوجوان بھی کبھی کسی وقت اپنے بزرگوں کی سنی ان سنی کر کے گوریلا جنگ کا آغاز کر سکتے ہیں۔

حزب التحریر کے رہنما طالبان، القاعدہ یا ازبک اسلامی تحریک جیسی کسی بھی تحریک کے ساتھ اپنے عمومی تعلق سے صاف انکاری ہیں۔''ازبک اسلامی تحریک ایک علیحدہ تحریک ہے اور ان کے اندر بہت سے رجحانات اور اختلافات بھی پائے جاتے ہیں۔ہتھیاروں اور منشیات کے بہت سے اسمگلر بھی ازبک اسلامی تحریک کے ساتھ ہیں اور اس بات سے تحریک کی شہرت کو یقینا نقصان پہنچتا ہے۔'' علی نے وضاحت کی۔ازبک اسلامی تحریک کے بعض اراکین وسط ایشیا میں روسی مقاصد کی تکمیل کے لیے استعمال ہو رہے ہیں۔ یہ جاننا ناممکن ہے کہ کون سی جماعت زیادہ مقبول ہے؛ حزب التحریر یا ازبک اسلامی تحریک۔ دونوں کا مقصد علاقے میں خلافت کا قیام ہے لیکن ان کے طریق کار مختلف ہیں جیسے بعض ڈاکٹر سرجری کا استعمال کرتے ہیں اور بعض جڑی بوٹیوں سے علاج کرنا پسند کرتے ہیں۔ازبک اسلامی تحریک کا کہنا ہے کہ وہ صرف کریموف کا تختہ الٹ کے ازبکستان میں اسلام لانا چاہتے ہیں، لیکن یہ ان کے منصوبے کا پہلا حصہ ہے۔ پورے وسط ایشیا کے لیے ان کے کچھ اور مقاصد بھی ہیں۔

بہر حال، کوئی سو حزبی کارکن فرار ہو کر شمالی افغانستان چلے گئے ہیں، جہاں ازبک تحریک نے ان کا خاصا خیر مقدم کیا ہے۔حزب کے کارکن تحریک کے کیمپوں میں رہتے ہیں اور گوریلوں سے فوجی تربیت حاصل کرتے ہیں۔کرغیز حکام کی رپورٹ ہے کہ ۲۰۰۰ء کے موسم گرما میں ازبک تحریک کے حملوں کے دوران، انھوں نے تحریک کے بعض جنگجوؤں کی لاشوں کے ساتھ حزب کا لٹریچر بھی دیکھا۔وہ بارہ ستمبر کے ایک واقعے کی مثال دیتے ہیں جس میں باتکن کے قریب سات ازبک گوریلے مار دیے گئے تھے۔اس سے واضح ہوتا ہے کہ دونوں گروہوں میں مختلف سطحوں پر قریبی تعلق اور روابط موجود ہے، خصوصاً جب کہ اراکین کا تعلق ایک ہی گاؤں یا شہر سے ہو۔

علی نے تسلیم کیا کہ حزب طالبان کے لیے ہمدردانہ رویہ رکھتی ہے لیکن ان کی جانب سے کسی بھی طرح کی معانت سے وہ انکاری ہیں۔''حزب افغانستان میں طالبان کی تحریک کی حامی ہے اور بہت سے حزبی کارکن وسط ایشیا میں کریک ڈاؤن سے بچنے کے لیے، افغانستان چلے گئے ہیں۔طالبان کے بعض نظریات بہت اچھے ہیں۔ وہ ایک حقیقی اسلامی ریاست کی تشکیل چاہتے ہیں لیکن ہمارے درمیان اختلاف یہ ہے کہ حزب دنیا میں ایک جدید زندگی چاہتی ہے۔ دنیا کو جنت بنانے اور یہاں کی زندگی گزارنے کے بعد بھی جنت میں جانے کے لیے لوگوں کو تیار کرنا چاہتی ہے۔حزب التحریر دنیا اور آخرت دونوں جگہ کی جنت چاہتی ہے۔'' اگرچہ علی نے بھی دوسرے حزبی رہنماؤں کی طرح اسامہ بن لادن کی طرف سے حمایت یا مالی معاونت سے صاف انکار کیا تاہم انھوں نے اس کی تعریف کی۔''بن لادن سے ہمارا کوئی خاص تعلق نہیں لیکن وہ وسط ایشیا کی ساری اسلامی تحریکوں کی حمایت کرتے ہیں اور اس معاملے میں یہاں وہ خاصے معروف ہیں۔ کرغیز اور ازبک سفارت کاران کے انکار کو تسلیم نہیں

کرتے۔ ان کے مطابق تمام اسلامی تنظیموں کے درمیان گہرے روابط موجود ہیں۔ وہ کابل میں ستمبر ۲۰۰۰ء کی ایک میٹنگ کا حوالہ دیتے ہیں جس میں طالبان، ازبک تحریک، حزب التحریر، چیچن کی علیحدگی پسندوں اور بن لادن نے مستقبل کے تعاون کے بارے میں خاصے طویل مذاکرات کیے تھے۔

اگرچہ حزب التحریر نے ابھی تک کسی بھی ہنگامہ آرائی میں حصہ نہیں لیا تاہم علی ایک خطرناک وارننگ دینے سے قطعاً نہیں ہچکچائے؛ ''حزب پُرامن جہاد چاہتی ہے۔ یہ جہاد جنگ کے بجائے وضاحتوں اور باہمی مذاکرات کے ذریعے بڑھتا جائے گا لیکن بالآخر جنگ ہونا ہے، کیوں کہ وسط ایشیائی حکمرانوں کا جبر وتشدد بڑھتا جارہا ہے اور ہمیں اس کے لیے تیار ہونا پڑے گا۔ اگر ازبک تحریک اچانک وادی فرغانہ میں نمودار ہوتی ہے تو حزب کے کارکن چپ چاپ رہ کر، سکیورٹی افواج کو انھیں مار ڈالنے کی اجازت ہرگز نہیں دیں گے۔''

حزب کی یہ وارننگ بھی ہے کہ ازبکستان میں آنے والا بحران حزب کو اقتدار پر قبضے کے بھرپور مواقع فراہم کرے گا۔ ''کریموف اسلامی تحریک اور روسیوں دونوں کو خوش کرنے کے چکر میں پھنس کر رہ گیا ہے۔ کریموف کو روسیوں اور اسلام میں سے کسی ایک کا انتخاب کرنا پڑے گا اور روسیوں کو باہر رکھنے کے لیے اسے اسلام کی سمت آنا پڑے گا لیکن اگر روسی فوجیں ازبکستان آجاتی ہیں تو حزب التحریر کے لیے بہت اچھا ہوگا۔ ہر شخص کو پتہ چل جائے گا۔ طاقت کی واضح تقسیم ہو جائے گی اور اس طرح جنگ شروع ہوگی۔'' علی کا کہنا ہے۔

دوسرے لوگ بھی اسی طرح کی وارننگ دے رہے ہیں، ''آمریت پسند حکمرانوں اور مذہب کے درمیان چپقلش نہ صرف انسانی حقوق کے حوالے سے بلکہ ملکی سیاسی اور سماجی ماحول کے اعتبار سے بھی صورت حال ابتر کیے جارہی ہے۔ درحقیقت اس طرح کی صورت حال ایسی ہی خانہ جنگی کو جنم دے سکتی ہے جیسی ماضی قریب میں افغانستان میں دیکھی گئی۔'' یہ وارننگ انسانی حقوق کی' زاد ازبک تنظیم کے اردز ینوف کی طرف سے آئی ہے۔ ایک آپشن جس کے متعلق وسط ایشیائی حکمرانوں نے غور وفکر کی زحمت ہی گوارا نہیں کی، یہ ہے کہ حزب التحریر کو قانونی قرار دے دیا جائے اور اسے عام سیاسی پارٹیوں کی طرح سرگرم عمل ہونے کی اجازت دے دی جائے۔ حزب نے ان حکومتوں کا تختہ تشدد کے ذریعے الٹنے کا کبھی دعویٰ نہیں کیا اور جماعت کی قانونی حیثیت تسلیم ہونے کے بعد اس کی قیادت کو عوامی جذبات سے کھیلنے اور نعرہ بازی کی بجائے مقامی مسائل کو سمجھنے اور واضح معاشی اور سیاسی حکمت عملی اختیار کرنے پر مجبور ہونا پڑے گا۔ نیز اس کے قانونی قرار دیے جانے کے بعد تشدد کے حامی دوسرے اسلامی انقلابی گروہوں سے اس کے روابط میں بھی یقیناً کمی آجائے گی لیکن تاجکستان کے سوا کوئی دوسری وسط ایشیائی ریاست کسی اسلامی جماعت کو کھلم کھلا کام کرنے کی اجازت نہیں دیتی۔ جب تک یہ صورت نہیں بدلتی، حزب کے لیے لوگوں میں کشش باقی رہے گی، کیوں کہ اس کے پروگرام کی جاذبیت کے ساتھ ساتھ اس کے دفاع اور مزاحمت کی خوشگوار خوشبودار مہک بھی شامل ہے۔

نیویارک اور واشنگٹن پر گیارہ ستمبر ۲۰۰۱ء کے حملوں کے جواب میں افغانستان پر امریکی بمباری نے صورت حال کو اور زیادہ خراب کر ڈالا ہے۔ ازبکستان اور تاجکستان نے افغانستان میں حملوں کے لیے اپنے ہوائی اڈے امریکی افواج اور فضائیہ کو پیش کرنے کے ساتھ ہی دونوں حکومتوں نے حزب التحریر پر جبر وتشدد کی انتہا کر دی

ہے۔ ان کا خیال ہے کہ اتحادی ہونے کے ناطے اسلامی گروہوں کے خلاف سخت تر کریک ڈاؤن کے باوجود وہ مغربی تنقید کا نشانہ بننے سے بچ جائیں گے۔ اکتوبر کے پہلے ہفتے میں تاشقند کی ایک عدالت نے حزب کے ۱۹ اراکین کو غیر قانونی جماعت کا رکن ہونے کے الزام میں سزا سنائی۔ ان میں سے ہر ایک کو نو سے بارہ سال تک کے لیے جیل بھیج دیا گیا۔ عدالت نے ایک نہایت اہم قدم یہ اٹھایا کہ انھیں القاعدہ سے تعلق کی بنا پر بھی سزا دے ڈالی۔ ملزمان نے بن لادن کی جماعت سے کسی بھی طرح کے تعلق سے انکار کیا۔ ''ہمارا اسامہ بن لادن یا کسی بھی دہشت گرد گروہ سے کوئی تعلق نہیں، کیوں کہ ہماری جدوجہد کا طریقہ کار ہی دوسری طرح کا ہے۔ ہم اپنے نظریات کے لیے پُرامن طریقوں سے برسرِ پیکار ہیں۔'' نوراللہ مجیدوف (حزب کے ایک رہنما) نے وضاحت کی۔

حزب التحریر کا بن لادن سے تعلق ظاہر کر کے حکام امریکہ سے سیاسی قربت کی امید لگائے بیٹھے تھے۔ ازبکستان تو خاص طور پر حزب التحریر اور دہشت گردی کے خلاف عالمی جنگ کے مابین تعلق پیدا کرنے کا خواہاں تھا۔ اس طرح مقامی جابرانہ قوانین اور اس سے کہیں زیادہ اسلامی انتہا پسندوں کے خلاف جابرانہ ازبک ہتھکنڈوں کو منصفانہ قرار دیا جا سکتا تھا۔ جنگ میں پھیلاؤ کے ساتھ ساتھ اپنے ہی عوام کے خلاف انتہائی غیر انسانی سلوک کے لیے مغربی طاقتوں کی حمایت اور خوشنودی کا بے دریغ استعمال انسانی حقوق کے علم برداروں کے لیے بے حد تشویش کا باعث ہے۔

دریں اثنا، حزب کی عرب دنیا سے درآمد شدہ سیدھی سادھی یک رخی آئیڈیالوجی کو مسلسل عوامی مقبولیت مل رہی ہے، کیوں کہ انتہائی مصیبت کے وقت لوگ عام سے تنکے کا سہارا بھی غنیمت سمجھتے ہیں۔ اگرچہ حزب وسط ایشیا کے پیچیدہ مسائل کے حل کے لیے کوئی ٹھوس پروگرام پیش نہیں کر رہی، تاہم اس کا واضح پیغام یہ ہے کہ خلافت اور اسلامی نظام کا احیا نہ صرف سارے مسائل حل کر دے گا بلکہ ایک مثالی معاشرے کا قیام بھی ممکن بنا دے گا۔ وسط ایشیا کے پریشان حال نوجوانوں کے لیے حزب کی واضح اور ناقابل تبدیل سوچ کے مالک سرگرم کارکن؛ جن کے بارے میں بہتر حالات میں کوئی دوبارہ سوچنا بھی گوارا نہ کرتا، ان کے لیے نجات دہندہ کا روپ دھار چکے ہیں۔ ''اس تمام علاقے میں کمزور معیشتیں شکست و ریخت کے عمل سے دوچار ہیں اور حکمرانوں کی آہنی طاقت مٹی میں ملتی نظر آ رہی ہے۔ سابقہ سوویت یونین کے بہت سے حصے مختتم توقعات کے انقلاب کی براہ راست زد میں ہیں۔ جگہ جگہ مسلح جتھے بن گئے ہیں، ان کی کوئی نظریاتی اساس نہیں۔ چونکہ دوسرے ذرائع ابلاغ یا تو موجود نہیں یا ناکام ہو چکیں، اس لیے جنگجو کارروائی محض اپنے عدم اتفاق کے اظہار کا ذریعہ بنا لی گئی ہے۔'' یہ رائے وسط ایشیا کی صورت حال کی ایک تجزیہ نگار پاؤلا نیوبرگ کی ہے۔

حزب التحریر کے تعلیمی جہاد کے عملی جہاد میں بدل جانے کا خوف، ممکن ہے خود بخود ایک حقیقت کا روپ دھار لے۔

[بشکریہ 'جہاد'، مشعل، لاہور، ۲۰۰۲ء]

جماعت احیائے اسلام اور تاجکستان میں خانہ جنگی

احمد رشید

ترجمہ: تنویر اقبال

تاجکستان کی خونیں خانہ جنگی میں جس تعداد میں انسانی جانیں ضائع ہوئیں، آبادی کے تناسب کے اعتبار سے پچھلے پچاس سال میں ہونے والی کسی بھی خانہ جنگی میں اس کی مثال نہیں ملتی۔ اس خانہ جنگی کے نتیجے میں، مقامی اسلامی تحریک کے ہاتھوں، وسط ایشیا میں کامیاب سیاسی بغاوت کا پہلا تجربہ ہوا۔ وسط ایشیائی اسلامی گروہوں میں، بسماچیوں کے وارث اسلام پسند تاجک انتہائی ممتاز حیثیت کے حامل ہیں۔ مقامی مسلمان فرقوں اور گروہوں کو باہم متحد کر کے، اس تحریک نے اپنے جواز کو ہر شک وشبہ سے بالاتر کر لیا ہے، جب کہ وسط ایشیا کے دوسرے مسلمان انقلابی گروہوں مثلاً ازبک مسلم تحریک پر زیادہ تر سعودی عرب کے وہابی عقیدے اور طالبان کے دیوبندی مسلک کا گہرا اثر ہے۔ تاجک اسلام پسند سوویت دور میں روپوش ہو جانے والے 'غیر سرکاری' عالموں سرکاری مذہبی پیشواؤں، پامیر کے پہاڑوں میں آباد صوفی پیروں اور ان کے پیروؤں، افغان جنگ سے متاثر نئی نسل اور سوویت یونین کے خاتمے کے بعد ابھرنے والے قوم پرستوں، غرض سب حلقوں اپنے ساتھ لے کر چل رہے ہیں۔ ۱۹۹۱ء کے بعد تاجکستان میں تیز رفتار اسلامی احیا کے جلو مین یہ سب گروپ مجتمع ہو گئے۔ اس لہر نے وسط ایشیا کے سارے حکمرانوں کو ہلا کر رکھ دیا۔ ۱۹۹۰ء اور ۱۹۹۲ء کے دوران تاجکستان میں ایک ہزار نئی مساجد کا افتتاح کیا گیا؛ روزانہ ایک نئی مسجد، ان میں سے بہت سے گھروں، اسکولوں اور دفتروں میں واقع تھیں۔ خانہ جنگی شروع ہونے کے بعد، ان گروہوں کی حمایت میں اور زیادہ اضافہ ہو گیا۔

اسلامی احیا کا تاجک قوم پرستی سے بھی گہرا تعلق تھا۔ ۱۹۲۰ء میں بپا ہونے والی بسماچی بغاوت، جسے سوویت حکمرانوں نے انگریزی ریشہ دوانیوں سے جنم لینے والی مولویوں کی رجعت پسند تحریک قرار دیا تھا، ابھی تک تاجکوں کے ذہن سے محو نہیں ہوئی تھی۔ تاجکوں نے آزادی ملتے ہی قومی یکجہتی اور تشخص؛ جن کا وجود ہی نہیں

تھا، کو بھرپور طریقے سے ابھارنے کی کوششیں شروع کر دیں۔ ازبکستان میں روس مخالف ازبک قوم پرستی سب سے بڑی سیاسی تحریک تھی جس سے آزادی سے پہلے عظیم ازبک قومی تشخص کو اجاگر کرنے میں مدد ملی مگر تاجکستان میں تاریخی قومی بنیادیں موجود ہی نہیں تھیں، کیوں کہ تاجک پورے وسط ایشیا میں منتشر تھے وران کا قبائلی کلچر، اجتماعی کاشت کاری کے ہاتھوں تباہ ہو چکا تھا۔ درحقیقت تاجکستان کی آبادی کا ۲۳ فیصد ازبکوں پر مشتمل ہے۔ شمالی اور جنوب مشرقی علاقوں میں انھی کا غلبہ ہے۔ تاہم ازبکوں نے ماضی میں تاجک کمیونسٹ پارٹی میں غیر متناسب شرح سے نمائندگی لی ہوئی تھی۔ چنانچہ بہت سے تاجکوں نے اسلامی احیا کو اپنا تشخص مستحکم کرنے اور تاجکستان کی ترقی کو یقینی بنانے کا واحد ذریعہ سمجھا۔

سوویت دور میں تاجکستان کی انتہائی غربت، کپاس کی جبری کاشت کی معیشت پر اس کا انحصار، بلند و بالا پامیر پہاڑوں کے درمیان وادی میں بکھرے ہوئے اکا دکا دیہات جو وسطی علاقوں میں اپنے ہمسایوں سے مکمل طور پر کٹے رہتے تھے، کا کٹھن جغرافیہ، یہ سب وہ عوامل تھے جن کی وجہ سے تاجک کسی قومی تشخص کے بجائے اپنے علاقوں اور قبائل کے زیادہ وفادار تھے۔ قومی تشخص کی کمی کی وجہ سے ہی خانہ جنگی کے سیاسی مقاصد، دونوں فریقوں میں ہی انتہائی محدود نوعیت کے تھے۔ جنگجو قبائلی سردار اپنی وفاداریاں بدلتے رہتے تھے اور 'نسلی صفائی' یا 'یکتائی' کے نام پر ان مقبوضہ علاقوں میں قتل و غارت گری کرتے رہتے تھے لیکن خانہ جنگی کے بعد جب بہتر قومی تشخص اجاگر ہونے لگا تو اس نے واضح طور پر روسی مخالفت کے بجائے ازبک مخالف رخ اختیار کر لیا۔ ازبکستان کے صدر کریموف کی تاجکستان کے خلاف سخت پالیسیوں اور تاجک قوم پرستی کو دبانے کے فیصلوں کے نتیجے میں ازبکستان کے خلاف تاجک مزاحمت کو مزید مہمیز ملی۔

جماعت احیائے اسلام کے مبدا

سوویت دور میں کسی بھی دوسری وسط ایشیائی جمہوریہ کی نسبت تاجکستان میں زیر زمین اسلامی سیاسی سرگرمیاں مسلسل جاری رہیں، اسی لیے تاجک قومیت کے احیا کا فطری راستہ صرف اسلام تھا۔ ملا محمد رستموف ہندوستانی انتہائی معروف اور بااثر روپوش روحانی پیشوا تھے۔ انھوں نے دیوبند ہندوستان میں تعلیم و تربیت حاصل کی۔ بعد ازاں ۱۹۷۰ء کے عشرے میں انھوں نے دوشنبہ میں ایک خفیہ مدرسے کی ابتدا کی۔ وہ اپنے ساتھ اسلامی دنیا کی تشکیل کے نئے تصورات اور پاکستان، ہندوستان اور عرب ریاستوں میں اسلامی بنیاد پرستی کی تحریکوں کے نظریات وسط ایشیا میں لائے اور وادی فرغانہ میں تاجک اور ازبک دونوں سے ان نظریات کا تعارف کرانے لگے۔ اس تحریک کا تاریخی ریکارڈ تو موجود نہیں تاہم اتنا ضرور پتہ ہے کہ ۱۹۸۲ء میں ملا ہندوستانی کے مدرسے سمیت بائیس مدرسے غیر قانونی طور پر چل رہے تھے۔ سوویت حکومت نے ان سب کو بند کر دیا۔ ملا ہندوستانی کو پندرہ سال سزا دے کر سائبیریا بھیج دیا گیا، جہاں ۱۹۸۹ء میں وہ انتقال کر گئے۔

ملا ہندوستانی کے ایک شاگرد عبداللہ سیدوف تھے۔ یہ سید عبداللہ نوری کے نام سے جانے جاتے تھے۔ نوری ۱۹۴۷ء میں طویل ڈیرہ کے قصبے میں پیدا ہوئے۔ وادی کے دوسرے قبائل کے ساتھ ۱۹۵۳ء میں ان کے

خاندان کو بھی جنوب میں واقع وخش وادی کے کپاس کے کھیتوں میں کام کرنے کے لیے جبراً وہاں سے لے جایا گیا۔ ۱۹۷۴ء تک نوری نے سروے انجینئرنگ کی تربیت لینے کے ساتھ ساتھ نحضۃ الاسلامی نامی ایک غیر قانونی اسلامی تعلیمی ادارہ قائم کرنے میں بھی بھرپور مدد کی۔ مارچ ۱۹۸۷ء میں افغانستان کی سرحد کے ساتھ پنج کے مقام پر نوری نے افغان مجاہدین کی حمایت میں پہلی عوامی ریلی کی قیادت کی۔ کچھ ہی ہفتے بعد گلبدین حکمت یار کی حزب اسلامی کے گوریلوں نے افغان سرحد سے شہر پر حملہ کر دیا۔ چالیس دوسرے افراد کے ساتھ نوری کو غیر قانونی اسلامی لٹریچر پھیلانے اور افغانستان پر سوویت قبضے کے خلاف احتجاج منظم کرنے کے الزامات لگا کر گرفتار کر لیا گیا۔ ۱۹۸۸ء میں رہائی کے بعد نوری نے اپنی خفیہ سرگرمیاں جاری رکھیں اور بالآخر جماعت احیائے اسلام کے بانی رکن اور قائد بن گئے۔

ملا ہندوستانی کے ایک اور شاگرد محمد شریف ہمت زادہ تھے۔ وہ دسمبر ۱۹۹۱ء میں اسی جماعت کے فوجی ونگ کے رہنما بن گئے۔ دوشنبہ کے نواح میں میری ہمت زادہ سے ان کی روپوشی ہی کے دوران ان کے چھوٹے سے مکان میں ملاقات ہوئی۔ طویل قامت، باریش اور خوش شکل ہمت زادہ کا تعلق کسان گھرانے سے تھا اور انھوں نے مکینک کی تربیت لی ہوئی تھی۔ وہ مجاہدین کی ہمراہی میں افغان جنگ میں حصہ لے چکے تھے۔ ان کے افغان اور پاکستانی اسلام پسندوں؛ حکمت یار اور قاضی حسین احمد سے گہرے تعلقات تھے۔ گرفتاری سے بچنے کے لیے انھوں نے پندرہ سال خفیہ اسلامی سرگرمیوں میں گزارے۔ بعض لوگ انھیں وسط ایشیا کا گلبدین حکمت یار بھی کہتے تھے، کیوں کہ سوویت افواج کے خلاف برسرِپیکار مجاہدین میں حکمت یار کو متشدد اور انتہا پسند افغان رہنما سمجھا جاتا تھا۔ ''پچیس سال تک کمیونسٹوں نے اللہ کا نام ہمارے حافظے سے نکالنے کی کوشش کی لیکن آج بھی ہر تاجک اللہ کو یاد کرتا ہے اور اللہ کی جماعت کی کامیابی کے لیے دعا کرتا ہے۔'' ہمت زادہ نے مجھے بتایا۔

جماعت احیائے اسلام کی تاجک شاخ کی بنیاد رکھتے وقت نوری اور ہمت زادہ کی باہمی دوستی خاصی پرانی تھی۔ استراخان (روس) میں تاتاری دانشوروں نے یہ جماعت ۱۹۹۰ء میں قائم کی تھی۔ وہ سوویت یونین میں مسلمانوں کو مجتمع کر کے روس میں نفاذ شریعت کی مہم چلانا چاہتے تھے۔ اس کے ابتدائی اجلاس میں طے کیا گیا کہ ہر سوویت جمہوریہ میں پارٹی کی آزاد و خودمختار شاخ قائم کرنی چاہیے۔ صدر میخائل گورباچوف کے تحت گلاس ناسٹ کے عروج کے زمانے میں جماعت احیائے اسلام روس میں ایک سیاسی پارٹی کی حیثیت سے رجسٹر ہوئی، جب کہ وسط ایشیائی جمہوریاؤں میں، حکمران کمیونسٹ پارٹیوں نے اس پر پابندی لگائے رکھی۔ تاجک نمائندوں نے جماعت کے ابتدائی اجلاس میں شرکت کے بعد یہ ٹھان لی کہ وطن واپس لوٹتے ہی تاجکستان میں جماعت کی تنظیم کریں گے لیکن اس پر فوری پابندی عائد ہو گئی۔

بہرحال نوری کی نوجوان تنظیم وادی کراتے جن کے قبائل اور وادی وخش کے شہر کرگان طیب کے اردگرد جبراً آباد کیے گئے کراتے جنوں کی حمایت اور تعاون سے جماعت احیائے اسلام کی ایک خفیہ تاجک برانچ قائم کر دی گئی۔ جماعت کے افتتاحی غیر قانونی اجلاس میں ۲۶ اکتوبر ۱۹۹۱ء کو لگ بھگ چھ سو پچاس مندوبین نے

شرکت کی۔ ہمت زادہ کو پارٹی کا پہلا چیئر مین منتخب کیا گیا۔ اسلامی اخبار جاری کیا گیا۔فوجی نشان اور پارٹی پرچم کی منظوردی گئی۔ جماعت نے خود کو اسلام کی تبلیغ، روحانی احیا کا ارتقا اور تاجکستان کی سیاسی اور معاشی آزادی کی جدوجہد کے وقف کر دیا۔ ہمت زادہ نے ایک پریس کانفرنس میں اہل وطن کو یقین دہانی کرائی کہ پارٹی کا مقصد اسلامی ریاست کے بجائے قانون کی بالادستی کی محافظ ایک جمہوری ریاست کا قیام ہے۔آرمینیا کے مہاجرین اپنی جمہوریہ میں شدید لڑائی کی وجہ سے تاجک دارالحکومت کی طرف امڈے آرہے تھے۔ان کی دارالحکومت میں آباد کاری کی افواہ نے پورے دوشنبہ میں شدید ہنگاموں کی آگ بھڑکا دی، چنانچہ فروری ۱۹۹۰ء میں جماعت منظر عام پر آ گئی اور اس کے سرگرم کارکن تاجک کمیونسٹ پارٹی کے ہیڈ کوارٹر کو گھیرے میں لینے والے جم غفیر میں شامل ہو گئے اور مختلف اسلامی مطالبات کا نعرہ لگا دیا۔کئی دنوں تک انھوں نے وہاں کا گھیراؤ کیے رکھا اور اپنے مطالبات پر مبنی بینرز لگا دیے، زیادہ مساجد بنائی جائیں۔سور اور شراب بیچنے والے اسٹور بند کیے جائیں اور ملکی شاہراہوں کے روسی نام تبدیل کر دیے جائیں۔

۱۹۹۱ء کے آخر میں جوں جوں سیاسی صورت حال (تیسرے باب میں تفصیل ہے) بگڑنے لگی، کمیونسٹ پارٹی میں اندرونی رقابتیں سر ابھارنے لگیں، اس کے نتیجے میں قیادت میں بھی کئی تبدیلیاں آئیں۔تاجک پارلیمنٹ میں شدت پسند کمیونسٹوں نے بالآخر الیکشن کے ذریعے ۶۲ سالہ رحمان بنی یوف کو ستمبر میں صدر بنا دیا۔ دوشنبہ زبردست عوامی احتجاج کی لپیٹ میں آ گیا۔ ہزاروں افراد نے لینن اسکوائر میں احتجاجی کیمپ لگا دیے۔اس کا نام بدل کر آزادی اسکوائر کر دیا گیا۔ میں ان دنوں وہیں پر تھا۔ جوں جوں میں مظاہرین کے جم غفیر میں سے گزرتا گیا، مجھے ان کے جوش وجذبے، حکمرانوں سے ان کی ظاہری نفرت اور روز بروز اسکوائر میں بیٹھنے کی خواہش، بھوک اور پیاس کی شدت کے باوجود، متاثر کیے بغیر نہ رہ سکی۔ ایسا لگتا تھا کہ سیاسی جبر کے شکار اس علاقے میں کوئی نہ کوئی بات رونما ہونے والی ہے۔ جماعت کے لیے بھی یہ ایک خاص کٹھن مرحلہ تھا۔لوگ اس کی زیر قیادت اور تحفظ میں شہر کی گلیوں اور بازاروں میں پڑے ہوئے تھے اور وہ پہلی دفعہ اس عمل میں وسیع تحرک اور سیاسی ہنگامہ آرائی کا مزہ چکھ رہے تھے۔تاجک جماعت احیائے اسلام کو اس زمانے میں جتنے قریبی عوامی رابطے کا موقع ملا، وہ وسط ایشیا میں کبھی کسی اسلامی تحریک کو نصیب نہیں ہوا۔تاجک حکومت نے جماعت کو سیاسی پارٹی کے طور پر دوشنبہ میں رجسٹر کیا اور چند ہی روز بعد، سوویت یونین کے خاتمے کے ساتھ، اس کے اراکین کی تعداد بیس ہزار ہو چکی تھی۔

دریں اثنا بنی یوف کو نئی جمہوریہ کے صدارتی الیکشن کرانے پر مجبور کر دیا گیا۔ ۲۴ نومبر کے ان انتخابات میں بنی یوف ۵۸ فیصد ووٹ لے کر ایک معمولی اکثریت سے کامیاب ہوئے۔روس اور وسط ایشیائی رہنماؤں کو یہ جان کر شدید دھچکا لگا کہ اپوزیشن لیڈر دولت ہدیٰ نذروف، جنھیں جمہوریت پسندوں، قوم پرستوں اور اسلام پسندوں کے ارتقا پذیر محاذ کی مکمل حمایت حاصل تھی، نے ۳۴ فیصد ووٹ لیے۔وسط ایشیا میں یہ مشاہدہ پہلی دفعہ کیا گیا کہ اعلیٰ طور پر منظم اور متحرک اپوزیشن (بشمول اسلامی تحریک) کس طرح اور کتنی تیزی سے عوامی حمایت کو متحرک کر سکتی ہے۔ واضح طور پر اسلامی احیا صرف ثقافتی تشخص اور پارسائی تک ہی محدود نہیں تھا۔ اگر یہ تحریک

تاجکستان کے ریاستی ڈھانچے کو سیاسی چیلنج کر سکتی تھی تو بلاشبہ وسط ایشیا کی دوسری ریاستوں کے حکمرانوں کے لیے بھی یہ زبردست خطرہ بن سکتی تھی۔ متنازعہ انتخابی نتائج نے مارچ ۱۹۹۲ء میں مزید ہنگاموں اور جلسے جلوسوں کی راہ کھول دی۔ جواباً حکومت نے شدید کریک ڈاؤن شروع کر دیا، جس میں بہت سے لوگ جاں بحق ہو گئے۔ قتل و غارت، لوٹ مار اور اغوا روزمرہ کا معمول بن گئے، غرض دوشنبہ میں مکمل لاقانونیت کا راج تھا۔ خانہ جنگی سے بچاؤ مشکل ہوتا جا رہا تھا۔ جماعت احیائے اسلام کے اہم رہنما؛ دوشنبہ کے شمال میں کراتے جن اور طویل دارا کی وادیوں میں فوجی مراکز قائم کرنے کی غرض سے پہاڑوں میں روپوش ہو گئے۔

دوشنبہ میں برسرکار اسلام پسندوں کے نیٹ ورک کا؛ خاندانی، قبائلی اور علاقائی بندھنوں کی وجہ سے، حکومتی کفالت میں 'سرکاری اسلام' سے بھی قریبی رابطہ تھا۔ سوویت یونین کے آخری برسوں میں تاجک مسلمانوں کے مفتی اعظم قاضی اکبر طوراجانزادہ ان کے اہم ہمدردوں میں تھے۔ وہ ۱۹۵۴ء میں دوشنبہ کے قریب پیدا ہوئے اور بخارا کے سرکاری مدرسے میں تعلیم حاصل کرتے رہے۔ بعدازاں اعلیٰ تعلیم کے لیے وہ ۱۹۷۰ء کے عشرے میں اردن چلے گئے۔ واپسی کے بعد انھوں نے کچھ عرصہ تاشقند کے وسط ایشیائی مسلم بورڈ میں کام کیا۔ ۱۹۸۸ء میں انھیں تاجکستان کا پہلا مفتی اعظم مقرر کیا گیا۔ ۱۹۹۰ء میں انھیں ماسکو میں سپریم سوویت کا رکن چنا گیا۔ یہ اس بات کا اشارہ تھا کہ روسی ان پر مکمل اعتماد کرتے تھے۔ دوشنبہ میں ان کا اپنا ٹی وی شو بھی تھا۔ تنومند، خطرتاً ہنگامہ پسند، بیک وقت خوش مذاقی، درشتی اور موقع پرستی کے حامل، طوراجان زادہ کے ذاتی تعلقات بہت دور دور تک پھیلے ہوئے تھے۔ انھوں نے ۱۹۹۰ء میں دارالحکومت میں مسجدوں کی تعمیر میں مذہبی جوش وخروش کی پوری طرح حوصلہ افزائی کی۔ مسجدوں کی افتتاحی تقریب کے موقع پر؛ چاہے وہ ان کی علاقائی حدود سے باہر ہی کیوں نہ ہوں، وہ دعا کی تقاریب میں ضرور شریک ہوتے۔

۱۹۹۱ء میں جب میری جان زادہ سے ملاقات ہوئی تو وہ مقبولیت کے عروج پر تھے۔ دوشنبہ کی مرکزی مسجد میں ہزار ہا لوگ ان سے ملنے آتے تھے۔ جماعت احیائے اسلام سے بھی ان کے خفیہ رابطے تھے۔ انھوں نے واضح الفاظ میں بنی یوف حکومت کے زوال اور حکومت اور اپوزیشن کے مابین موجودہ لڑائی کی پیش گوئی کی "اسلام مضبوط ہے، جب کہ کمیونسٹوں پر لوگ اعتماد نہیں کرتے۔" انھوں نے فخریہ انداز میں کہا، حالاں کہ وہ بنی یوف کی کابینہ کے اجلاسوں میں بھی شریک ہوتے تھے۔ طوراجان زادہ نے یہ دعویٰ بھی کیا کہ جماعت کو حکومت سے مقابلے یا اسلامی ریاست کے قیام میں کوئی دلچسپی نہیں۔ ان کا خیال تھا کہ حکومتی جبر وتشدد کے سامنے جماعت محض مدافعت پر مجبور ہو گئی ہے۔ (نوری نے بھی کچھ ایسا ہی دعویٰ کیا تھا۔)

خانہ جنگی شروع ہوتے ہی طوراجان زادہ حکومت سے علیحدہ ہو گئے۔ ایران میں جلاوطنی کاٹتے ہوئے وہ اپوزیشن اتحاد کے اہم رہنما بن گئے۔ خانہ جنگی کے دوران جماعت احیائے اسلام کی حمایت کے حصول میں انھوں نے دنیا کے کونے کونے کا سفر کیا۔ ان کے سرکاری مرتبے اور اسلامی علم اور ذاتی مقبولیت نے جماعت کو ایسا حقیقی جواز عطا کیا جس کی وسط ایشیا میں پہلے کوئی مثال نہیں ملتی؛ یوں لگا جیسے پوپ ویٹکین سے نکل کر گوریلوں کے لیڈر

173

سیاسی اسلام

بن گئے ہیں۔ انھی دنوں طوراجان زادہ کو محسوس ہوا کہ جماعت ان کی مقبولیت اور مرتبے کو نقصان پہنچانا چاہتی ہے۔ پارٹی میں طوراجان زادہ کے حمایتیوں کا کہنا تھا کہ تاجکستان میں کوئی ایک پارٹی اسلامی انقلاب بپا نہیں کرسکتی اور معاشرے کی نچلی سطح سے آہستہ آہستہ اسلامائزیشن کا عمل شروع ہونا چاہیے۔ انھوں نے یہ رویہ ۱۹۹۷ء کی خانہ جنگی کے بعد اختیار کیا۔ اسی وجہ سے بالآخر انھیں جماعت احیائے اسلام سے نکال دیا گیا۔

جوں ہی تاجک جماعت نے دوسرے قبائل اور نسلی گروہوں سے اتفاق واتحاد کی بنیاد ڈالی، وسط ایشیا کی دوسری شاخوں کا، آزادی کے بعد، تاجکوں کا ساتھ دینا محال تر ہوتا گیا۔ قازقستان میں جماعت کے اراکین کی اکثریت کا تعلق قازق نسل سے نہیں، جب کہ کرغیزستان میں صرف جنوب کے باشندوں، ازبک اور دوسرے نسلی گروہوں میں ان کی جڑیں پھیلی ہوئی تھیں۔ جماعت احیائے اسلام ترکمانستان میں کبھی بھی غلبہ حاصل نہیں کرسکی۔ ازبکستان میں وادی فرغانہ میں اس کی مقبولیت بہت تیزی سے پھیلی، تاہم اس کے رہنما عبداللہ عطائیف کی ۱۹۹۲ء میں اچانک گمشدگی کے ساتھ ہی جماعت کی مقبولیت بری طرح متاثر ہوئی۔ عام تاثر یہ ہے کہ عبداللہ کو ازبک خفیہ ایجنسی نے اغوا کرکے مار ڈالا۔ دوسرے زیادہ انقلابی گروپ اسی کے بطن سے وادی فرغانہ میں ۱۹۹۱-۹۲ء کے دوران پیدا ہوئے۔ ان میں توبہ، اسلام لشکر لاری اور عدالت قابل ذکر نام ہیں۔

وادی فرغانہ اس طرح اسلامی احیا کا ازبکستان میں اہم ترین مرکز بن گئی۔ سعودی عرب، پاکستان اور ترکی کے مبلغین اپنا اپنا حلقہ اثر پیدا کرنے کے لیے ڈالروں سے بھرے ہوئے سوٹ کیس لیے یہاں آن پہنچے۔ ایران نے فارسی بولنے والے تاجکوں کے ذریعے جماعت احیائے اسلام میں جگہ بنانے کی کوشش کی لیکن سنی تاجکوں کے دل، زبان اور ثقافتی تعلق کے باوجود شیعہ ایران کے لیے کوئی خاص ہمدردی جنم نہیں لے سکی۔ چنانچہ اسلام پسندوں میں ایرانی اثر نہ ہونے کے برابر ہی رہا۔

خانہ جنگی

۱۹۹۲ء کے دوران دوشنبہ میں سیاسی جدوجہد نے تاجکستان میں ہر جگہ بے چینی اور شورش کی انتہا کردی۔ کہیں کوئی زیادہ خودمختاری کا طلب گار تھا اور کہیں جمہوریہ سے علیحدہ ہوجانے کی کھلم کھلا دھمکیاں تھیں۔ پامیری باشندوں نے گورنو بدخشاں کو اپریل میں خودمختار جمہوریہ بنانے کا اعلان کردیا۔ ادھر جنوب مشرق میں قلاب اور شمال میں خوجند کے نیوکمیونسٹ لیڈروں نے یہ دھمکی دی کہ اگر صدر نبی یوف جماعت احیا کو کچلنے میں ناکام رہے تو وہ اپنی جمہوریائیں بناکر آزادی کا اعلان کردیں گے۔ قلاب میں موجود فوجی ملیشیا نے کرگان طیب میں جماعت کے حامی دیہاتیوں کا قتل عام شروع کردیا۔ غرض تاجکستان شدید بدامنی کا شکار ہوگیا اور صدر نبی یوف بے یارو مددگار ہوتے چلے گئے۔ تشدد اور ہنگامے حد سے بڑھ گئے تو صدر کو استعفیٰ دینے پر مجبور ہونا پڑا۔ پہلی دفعہ ایسا ہوا کہ وسط ایشیا کے کسی لیڈر کو عوامی دباؤ اور ہنگاموں کے نتیجے میں اقتدار سے علیحدہ ہونا پڑا۔ کریموف نے اقوام متحدہ کے سکریٹری جنرل بطروس غالی کو لکھا کہ ''انتشار اور ہنگامہ آرائی کی فضا نے پورے وسط ایشیا کو اپنی لپیٹ میں لے لیا ہے۔'' حکومت کے دعووں کے مطابق ۱۹۹۲ء کے ابتدائی چھ ماہ میں لگ بھگ چالیس ہزار افراد اپنی جان سے

ہاتھ دھو بیٹھے۔

روسی فوجی دستوں نے دوشنبہ ایئرپورٹ اور افغان سرحدوں کا کنٹرول سنبھال لیا، کیوں کہ لاکھوں روسی نسل کے افراد تاجکستان سے نکلنے کی کوشش میں تھے۔ ۱۹۹۲ء میں دو لاکھ سے زیادہ روسیوں نے یہاں سے ہجرت کی۔ جنوب میں لڑائی خوفناک شکل اختیار کرگئی۔ گاؤں کے گاؤں خالی ہونے لگے اور مہاجروں نے ہر جانب سے دوشنبہ پر یلغار کردی۔ اجتماعی کاشتکاری کے تجربے کے بعد وسط ایشیا میں انتقال آبادی کا یہ سب سے بڑا واقعہ تھا۔ جماعت احیائے اسلام کے بہت سے حامی افغانستان فرار ہوگئے۔ اکتوبر میں قلاب کے نیوکمیونسٹوں کی جانب سے بغاوت کی کوشش کے بعد، تاجک پارلیمنٹ نے قلاب کے کمیونسٹ رہنما امام علی رحمانوف کو نیا صدر چن لیا۔ انھوں نے تمام فوجی اور سول محکموں میں قلابیوں کو بھرتی کرلیا۔ قلابیوں کے مکمل غلبے کے بعد، جماعت احیائے اسلام سے اتفاق واشتراک کی راہ بالکل ہی معدوم ہوگئی۔

جماعت احیائے اسلام نے کراتے جن، دارا کی وادیوں، کرگان طیب اور افغانستان کو اپنے مراکز بنا کر حکومتی فوج اور قلابی ملیشیا پر حملے شروع کردیے اور اس طرح خانہ جنگی گوریلا جدوجہد کی شکل اختیار کرگئی۔ جماعتی رہنما ایران، پاکستان، روس اور افغانستان کی طرف نکل گئے جہاں پہلے اسی ہزار مہاجرین موجود تھے۔ انھوں نے افغان حکومت کی اجازت سے قندوز اور طالقان کے شمال مشرق میں مراکز قائم کرلیے۔ (یہ علاقے ان دنوں صدر برہان الدین ربانی اور افغان تاجک لیڈر احمد شاہ مسعود کے کنٹرول میں تھے۔) دریں اثنا تاجک اپوزیشن کے سیکولر رہنماؤں نے ماسکو میں جماعت کے ساتھ مل کر سیاسی سرگرمیوں کے لیے اپنے دفاتر بنالیے۔ اس طرح تاجک تنازعہ بین الاقوامی صورت اختیار کرگیا۔ افغانستان میں مہاجرین کی جنگی تربیت کی جارہی تھی، انھیں اسلحہ دے کر واپس تاجکستان بھیج دیا جاتا تھا۔ ان کے رہنما مالی اور فوجی تعاون کے لیے ایران، پاکستان اور سعودی عرب کے سفر کررہے تھے۔ روس اور ازبکستان کی مکمل حمایت تاجک حکومت کو حاصل تھی۔ فوجی دستے، ہوائی جہاز اور فوجی ساز وسامان بھیجا جارہا تھا، تاہم ساتھ ساتھ اپوزیشن سے مذاکرات بھی چل رہے تھے۔

تنازعے کے دوران جماعت نے دوسری جماعتوں کے ساتھ اتحاد بنانے اور اشتراک کرنے میں انتہائی لچک دار رویے کا مظاہرہ کیا۔ ان جماعتوں میں دوشنبہ کا ایک چھوٹا سا دانشور، جمہوریت کا حامی رست خیز پاپولر فرنٹ تھا، تاجکستان ڈیموکریٹک پارٹی اور اسماعیلی پامیری مسلمانوں کی لعل بدخشاں تھی جو اس وقت پورے گورنو بدخشاں پر قابض تھی۔ ۱۹۹۵ء میں ان پارٹیوں نے جماعت احیائے اسلام کی زیر قیادت (ماسکو اور طالقان میں اپنے ہیڈکوارٹر کے ساتھ) متحدہ تاجک اپوزیشن تشکیل دی، لیکن تاجک معیشت میں ابتری اور انتشار کے ساتھ ساتھ حکومت روسی امداد کی محتاج ہوتی چلی گئی۔ قتل وغارت رکنے کا نام نہیں لے رہا تھا۔ دونوں جانب یہ احساس پیدا ہونے لگا کہ فوجی ذرائع سے ایک دوسرے پر فتح حاصل نہیں کی جاسکتی۔ بازی بری طرح پھنس کر رہ گئی۔ متحدہ اپوزیشن گرمیوں میں افغانستان سے گوریلا حملے جاری رکھتی اور سردیوں میں حکومت اپنے چھنے ہوئے علاقے واپس لینے کی کوشش کرنے لگتی۔ بالآخر دونوں امن مذاکرات کی جانب بڑھنے لگے۔

۱۹۹۶ء میں طالبان کے کابل پر قبضے کے بعد علاقائی صورت حال یکسر تبدیل ہوگئی۔ وسط ایشیائی لیڈروں کو یہ دھڑکا لگا ہوا تھا کہ کہیں پشتون نژاد طالبان اپنے مخصوص مسلک کے لیے ان کے علاقوں میں دراندازی شروع نہ کردیں۔ حکومت اور اپوزیشن دونوں کو ہی یہ احساس ہوگیا کہ خانہ جنگی کے خاتمے کے لیے مذاکرات کی جانب پیش رفت ان کے مفاد میں ہے۔ مذاکرات میں معاونت کے لیے اقوام متحدہ نے اپنا خصوصی نمائندہ مقرر کیا۔ مذاکرات کے دوطرفہ راؤنڈ بھی ہوئے لیکن حقیقی پیش رفت صدر رحمانوف اور نوری کے مابین، خوس دہ، افغانستان میں دسمبر کی بالمشافہ ملاقات کے بعد ہی ممکن ہوئی۔

اگرچہ دونوں کے فوری مقاصد مختلف نوعیت کے تھے لیکن خانہ جنگی کے اہم عناصر اب واضح حل کی تلاش میں تھے۔ جماعت جان گئی تھی کہ روس اور ازبکستان اسے عوام سے کاٹ دینا چاہتے ہیں۔ وہ جماعت اور اسلام کی مقبولیت کو گھٹانے کے لیے غربت اور ناداری کو بدترین شکل تک لے جائیں گے۔ صدر رحمانوف کو بھی احساس ہوگیا کہ وہ قلابیوں کے (طاقت کے مختصر سے مرکز کے) ساتھ ملک کو کنٹرول نہیں کرسکتے اور انتشار اور افراتفری کا تسلسل ملک کو کہیں کا نہیں رکھے گا۔ طالبان کے خلاف احمد شاہ مسعود کی حمایت میں روس اور ایران سعودی عرب اور پاکستان کے کردار کو محدود کرنا چاہتے تھے، کیوں کہ یہ دونوں ممالک طالبان کے زبردست موئید اور حامی تھے۔ ازبکستان نے بھی اندازہ لگا لیا کہ اس کی فوجی امداد کے باوجود رحمانوف تاجکستان میں ازبک اکثریت کے تحفظ یا ملکی سطح پر صحیح کنٹرول کے سلسلے میں ناکام ہو رہے تھے۔ ربانی اور احمد شاہ مسعود کا اپنا مفاد یہ تھا کہ تاجکستان میں ان کے مراکز محفوظ اور مضبوط ہوں تاکہ روس اور ایران سے آنے والی فوجی امداد میں کوئی رخنہ اندازی نہ ہو۔ ان وجوہات کی بنا پر تاجکستان میں امن کا قیام ضروری ہوگیا تھا۔ انھی دونوں ممالک نے مذاکرات کے عمل میں اہم کردار بھی ادا کیا۔

جنگ کے خاتمے اور مسلح گروہوں کو مذاکرات تک لانے کے لیے سلامتی کونسل نے یکے بعد دیگرے کئی نمائندوں کا تقرر کیا۔ ''امن کے عمل کی کامیابی اقوام متحدہ کی شمولیت اور پڑوسی ممالک کی حمایت کے بغیر ناممکن تھی۔ پڑوسی ممالک اس امن معاہدہ کے ضامن بنے۔ تاجکوں میں جنگ کے خاتمے کی خواہش بھی اس تصفیے کا ایک موثر عامل بنی۔'' اقوام متحدہ کے سکریٹری جنرل کے خصوصی نمائندے آئیو پٹروف نے ۲۰۰۱ء میں مجھے بتایا۔ ''لیکن بعض عوامی اور اہم گروہ مذاکرات سے باہر رہ گئے۔ ان میں سابق وزیر اعظم عبدالملک عبداللہ جانوف کی زیر قیادت خویند باشندے اور ایک باغی فوجی افسر کرنل محمود ہدیٰ بردیف کا ازبکی گروپ شامل تھا۔ انھوں نے بارہا امن مذاکرات کو سبوتاژ کرنے کی کوشش کی، یہاں تک کہ نومبر ۱۹۹۸ء میں خویند پر حملے تک کرڈالے۔''

اگرچہ اس معاہدے کو سبھی نے مجبوراً قبول کیا تاہم فائنل امن معاہدہ دوسرے وسط ایشیائی ممالک کے لیے بھی ماڈل کی شکل اختیار کرگیا۔ عام معافی کا اعلان کردیا گیا۔ قیدیوں کا تبادلہ عمل میں آیا اور وسط ایشیا میں پہلی دفعہ دو متحارب گروہوں نے باہم مل کر کولیشن حکومت قائم کی۔ جماعت احیا کے باغیوں کو اقوام متحدہ کی نگرانی میں، قومی فوج میں شامل کیا گیا اور مہاجرین کو واپس اپنے اپنے علاقوں میں لاکر آباد کیا گیا۔ جماعت اور دوسری پارٹیوں کو قانونی حیثیت دی گئی۔ فروری ۲۰۰۰ء میں پارلیمانی انتخابات کرائے گئے، جن میں آزادانہ مقابلہ ہوا۔

یہ مظاہرہ بذات خود مکمل آمریت کے خاتمے کی جانب بے مثال واقعہ تھا۔ بین الاقوامی مبصرین نے الیکشن میں دھاندلی پر شدید تنقید کی۔ مقامی طور پر احتجاجی مظاہرے بھی ہوئے۔ تاہم رحمانوف کی عوامی ڈیموکریٹک پارٹی ۶۴ اعشاریہ ۵ فیصد ووٹ لے کر انتخابات جیت گئی۔ کمیونسٹ دوسرے نمبر پر رہے اور غریب جماعت ۷ اعشاریہ ۵ فیصد ووٹ لے کر تیسرے نمبر پر رہی۔ تاہم نوری نے واشگاف انداز میں، تمام تر انتخابی دھاندلیوں کے باوجود، نتائج کو نہ صرف تسلیم کیا بلکہ یہ بھی واضح کیا کہ ''امن کے عمل کو کسی قیمت پر نقصان نہیں پہنچنے دیا جائے گا۔'' اس انداز کے سمجھوتے اور اتفاق رائے کے بارے میں، تاجکستان میں کیا، پورے وسط ایشیا میں سوچا بھی نہیں جا سکتا تھا؛ سوائے کرغیزستان کے کثیر جماعتی انتخابات کہیں بھی ممکن نہیں ہو پائے تھے۔

جماعت احیائے اسلام کا زوال

تاہم امن و امان کی صورت حال خطرناک ہی رہی۔ ۱۹۹۱ء میں معاہدہ کئی بار ٹوٹتے ٹوٹتے بچا۔ متحدہ اپوزیشن معاہدے پر فوری عمل درآمد چاہتی تھی جب کہ رحمانوف کے پشت پناہ شدت پسند اس کی راہ میں مزاحم تھے۔ دھماکوں، قتل و غارت اور اغوا کی وارداتیں دوشنبہ کا معمول تھیں، جب کہ دارالحکومت سے باہر حکومتی فوج اور جماعت کے باغیوں کے مابین مسلح تصادم جاری تھا۔ ان تمام ہنگاموں کے دوران اقوام متحدہ کے ایلچی گرد میرم نے دوطرفہ مذاکرات کے عمل کو جاری رکھنے کا نازک کام مسلسل سرانجام دیا۔

قومی معیشت کی خطرناک صورت حال بھی معاہدے پر عمل درآمد میں رکاوٹ بن رہی تھی۔ زراعت بری طرح متاثر ہوئی تھی۔ فیکٹریاں بند پڑی تھیں اور وسیع پیمانے پر بے روزگاری پھیلی ہوئی تھی۔ امن کی بحالی اور اس کے حقیقی فائدے، فریقین اسی وقت اپنے حمایتیوں تک پہنچا سکتے تھے، جب کہ قومی تعمیر نو کا عمل باقاعدگی سے شروع ہو جاتا۔ تاہم امدادی سرگرمیاں اور منتشر آبادیوں کی ازسرنو بحالی کا کام کئی سال تک فنڈز کی کمی اور بین الاقوامی عدم توجہ کی وجہ سے رکا رہا۔

امداد کے وعدوں کے باوجود بین الاقوامی برادری نے تعمیر نو کی کوششوں میں خاصی سرد مہری دکھائی۔ اقوام متحدہ نے ۲۰۰۰ء کے لیے انسانی ریلیف کے لیے ۳۴ اعشاریہ ۸ ملین ڈالر کی امداد مانگی، سال کے آخر تک بمشکل آدھی امداد اکٹھی ہو سکی۔ ۲۰۰۱ء میں اقوام متحدہ نے ۸۵ ملین ڈالر امداد کے لیے کہا لیکن چھ ماہ بعد بھی صرف اس کا ایک چوتھائی حصہ تاجکستان پہنچ سکا۔ تاجکستان میں روزمرہ زندگی مزید تکلیف دہ ہوتی چلی گئی۔ بجلی، پانی اور خوراک کی قلت نے غربت کی سطح اور زیادہ بڑھا دی۔ ۱۹۹۱-۲۰۰۱ء کے عشرے کے دوران آبادی پانچ اعشاریہ دو ملین سے بڑھ کر چھ اعشاریہ پانچ ملین ہو گئی۔ ۲۰۰۱ء میں ایک اعلیٰ تاجک سفارت کار کی تنخواہ بمشکل آٹھ ڈالر فی ماہ تھی، جب کہ وزیر خارجہ کی تنخواہ بیس ڈالر تھی۔ ۲۰۰۰ء میں ہونے والی شدید خشک سالی نے اگلے سال کی زرعی پیداوار پر اور بھی تباہ کن اثر ڈالا۔ حالاں کہ اسی دوران اقوام متحدہ کے ورلڈ فوڈ پروگرام کے تحت کئی ملین ٹن گندم ایک اعشاریہ دو ملین سے زیادہ متاثرہ افراد میں تقسیم بھی کی گئی۔

نہ روزگار تھا اور نہ ہی تحفظ۔ چنانچہ تاجکوں نے ملک سے باہر جا کر روزی کمانے کا سوچا۔ بین الاقوامی ادارہ ہجرت کے مطابق ہر سال دو لاکھ سے زیادہ تاجک افراد جز وقتی یا موسمی کام کاج کے لیے روس کا رخ کرنے لگے۔

''یوں لگتا ہے کہ ہر گھرانے کا کوئی نہ کوئی آدمی غیر ممالک؛ خصوصاً روس میں، مزدوری کی غرض سے گیا ہوا ہے۔'' یہ الفاظ بین الاقوامی ادارہ ہجرت کے ایک افسر ایگور بوس نے کہے ہیں۔ بعض لوگوں نے افغانستان سے باہر کام کرنے والی منشیات کی تنظیموں میں شمولیت اختیار کر لی۔ ۱۹۹۸ء میں شمالی افغانستان کے طالبان کے قبضے میں چلے جانے کے بعد تاجکستان، افغان ہیروئن کو روس اور یورپ لے جانے کا ایک اہم روٹ بن گیا۔ مئی ۲۰۰۰ء میں تاجک افسروں کے مطابق، پچھلے سالوں کی نسبت افغانستان سے دس گنا زیادہ ہیروئین تاجکستان لائی جا رہی تھی۔ منشیات کی معیشت سے پیدا شدہ آمدنی سے وسیع کرپشن پھیلنا شروع ہو گئی۔ معاشی اصلاحات کی طرف توجہ پہلے ہی کم تھی، امن و امان کے مسائل اور زیادہ الجھنے لگے، کیوں کہ تھوڑی بہت ترقی ڈرگ مافیا اور سیکیورٹی فورسز کے مابین تصادم کی وجہ سے نہ ہونے کے برابر رہ گئی۔ یہ بات خود معجزے سے کم نہیں تھی کہ مخلوط حکومت اس بدتر صورت حال میں بھی قائم رہی۔ شاید یہ کہنا زیادہ بہتر ہو گا کہ یہ تاجکستان کی جنگی درماندگی کا ایک سادہ سا عکس تھا۔

امن اپنے دامن میں جماعت احیائے اسلام کے لیے کچھ اور مسائل لے آیا۔ اس دوران جماعت کے سیاسی مستقبل کی بقا اور وسط ایشیا میں اسلام کے مستقبل کے بارے میں اہم بحث شروع ہو گئی۔ تاجکستان کے غیر مساوی نسلی، علاقائی اور قبائلی خدوخال ہیں؛ جماعت کی مسلح حمایت ذاتی قبائلی یا علاقائی حدود سے کسی بھی طرح باہر نہیں جا پائی، خانہ جنگی اسلامی جہاد کی شکل اختیار کرنے کے بجائے فوراً ہی مختلف قبائل کے مابین جنگ کا روپ دھار گئی۔ چنانچہ بعض جگہ جماعت کی شدید حمایت موجود تھی اور بعض جگہوں پر جماعت کا وجود ہی نہیں تھا۔ ایسی جگہوں پر حکومت نے جماعت کے مخالف جنگی سرداروں کو اپنے ساتھ ملا لیا۔ جماعت اس علاقائیت پسندی کے مسئلے پر کبھی قابو نہیں پا سکی۔ خانہ جنگی کے بعد جب جماعت پورے ملک میں اپنی جڑیں نہ پھیلا سکی تو یہ مسائل اور بھی شدید ہو گئے۔ تقسیم در تقسیم اور گروہ بندی نے ڈرامائی طور پر اس کا اثر و نفوذ بہت کم کر دیا اور اس کا نتیجہ ۲۰۰۰ء کے انتخابات میں جا کر واضح ہو گیا۔

قاضی طورا جان زادہ کو؛ جنھیں رحمانوف نے ۱۹۹۸ء میں نائب وزیر اعظم اول مقرر کیا تھا، رحمانوف کی انتخابی حمایت پر جماعت احیائے اسلام سے نکال دیا گیا۔ فروری ۲۰۰۰ء میں دوشنبہ میں اپنے ہی مسلح محافظوں کے ہاتھوں، قاتلانہ حملہ سے وہ بال بال بچے۔ بعد میں پتہ چلا کہ اس میں بھی جماعت کے انتہا پسندوں کا ہاتھ تھا۔ طورا جان زادہ اعتدال پسند رہنما تھے اور ان کا کہنا تھا کہ کوئی ایک جماعت ملک میں اسلام کا اداراتی نظام قائم نہیں کر سکتی۔ اس کا بہتر طریقہ یہ ہے کہ عوام کو آہستہ آہستہ اسلام کی طرف راغب کرنے کی پالیسی اپنائی جائے۔ جماعت کے بعض رہنما حکومت کے متعلق نوری کی پالیسی کو انتہائی نرم سمجھتے تھے، جب کہ بعض دوسرے رہنما

رحمانوف کے ساتھ نوری کی سمجھوتہ آمیز پالیسی کو درست خیال کرتے تھے۔ اس کشمکش کے نتیجے میں جماعت مزید تقسیم کا شکار ہوگئی۔ مزید براں، جماعت کے بعض اعلیٰ فوجی کمانڈروں نے حکومتی فوج میں شمولیت کے جماعتی فیصلے کو ماننے سے انکار کر دیا۔ بعض لوگ خانہ جنگی کے دوران جماعت کے ایک نمایاں کمانڈر جمعہ نعمان غنی کے ساتھ مل گئے۔ انھوں نے امن معاہدہ مسترد کر کے جہاد کا سلسلہ جاری رکھا اور ازبک حکومت کو اپنی مسلح کارروائیوں کا نشانہ بنا لیا۔ نعمان غنی نے ازبک تحریک اسلامی قائم کر لی۔ افغانستان اور تاجک علاقہ طویل دارا، ان کی حربی سرگرمیوں کے مراکز تھے۔ ازبکستان کے خلاف ۱۹۹۹۔۲۰۰۱ء کے دوران ان کی مسلح کارروائیوں اور دوشنبہ حکومت کے خلاف شدید ہنگامہ آرائیوں نے جماعت احیائے اسلام میں شکست و ریخت کا عمل اور بھی تیز کر دیا۔ رحمانوف نے اس صورت حال کا بھرپور فائدہ اٹھایا۔ جماعت کے بعض دوسرے مسلح گروہ ڈاکوؤں اور قزاقوں کی شکل اختیار کر گئے۔ انھوں نے اغوا اور بینک ڈکیتیوں کے ذریعہ حکومت کے لیے مزید مسائل پیدا کرنا شروع کر دیے۔ ۲۰۰۰ء کے موسم گرما تک جماعت کے اقلیتی کمانڈر رحمان سینگنوف کی قیادت میں تقریباً سو افراد نے دوشنبہ کے قرب و جوار میں بے پناہ اودھم مچا رکھا تھا۔ بالآخر تاجک فوج کی مداخلت اور تقریباً ایک ماہ کی لڑائی کے بعد، اگست میں باغیوں کو گھیرے میں لے لیا گیا اور سنگینوف اپنے پینتالیس ساتھیوں کے ہمراہ مارا گیا۔

نوری کی زیر قیادت جماعتی اعتدال پسندوں کا خیال تھا کہ جماعت اور ازبک تحریک اسلامی کے ابتدائی تصور کے مطابق جہاد ہی وسط ایشیا میں اسلامی تحریک کا واحد راستہ نہیں۔ ''ازبک تحریک اسلامی کے فلسفے کے برعکس یہاں جہاد واحد لائحہ عمل نہیں۔ ضرورت ایک ایسا سیاسی ڈھانچہ تعمیر کرنے کی ہے جو اسلامی مقاصد کے پھیلاؤ میں معاون ہو سکے۔'' یہ الفاظ نوری کے معتمد خاص اور جماعت کے ایک اہم لیڈر محی الدین کبیر کے ہیں۔ ان کے یہ الفاظ دراصل جماعت کے حقیقت پسند نوجوان نسل کے تصورات کے عکاس ہیں۔ بعض رہنما، مثلاً شریف ہمت زادہ جو پہلے جماعت کے فوجی وِنگ کمانڈر تھے، حکومت میں شامل ہو گئے۔ ہمت زادہ سے میری ملاقات کوئی دس سال پہلے اس وقت ہوئی تھی جب وہ انڈر گراؤنڈ تھے۔ اب وہ پارلیمنٹ کے رکن بن گئے تھے۔ کسی زمانے کی طویل داڑھی بھی مختصر اور خوش شکل نظر آنے لگی تھی اور اب وہ خوش وضع سوٹ اور ٹائی بھی پہننے لگے تھے۔ ''اگر تمام جماعتیں، ہماری طرح امن کی تعمیر کی واقعی خواہاں ہوں تو وسط ایشیا کے لیے تاجکستان کا امن پروگرام ایک بہترین ماڈل بن سکتا ہے۔'' انھوں نے بڑے اصرار سے یہ بات کہی۔ ''لیکن اس کے لیے علاقائی حکومتوں کو اسلامی جماعتوں کے بارے میں اپنا رویہ بدلنا ہوگا اور انھیں اظہار رائے اور ریاست کی تعمیر میں حصہ لینے کے لیے قانونی اور آئینی راستہ دینا پڑے گا۔ اگر موجودہ حکمران ایسا نہیں کرتے تو لوگ انتہا پسندوں سے جا ملیں گے۔'' ان کی رائے خطرناک حد تک مناسب اور درست تھی۔ اس وقت ازبک اسلامی تحریک اور حکمران ٹولہ ایک خونیں جنگ میں بری طرح الجھ کر رہ گئے ہیں۔ جماعت احیائے اسلام نے اپنی سیاسی حمایت کھو دینے کے بعد نوری کی زیر قیادت حکومتی ڈھانچے میں پارلیمانی اپوزیشن کا کردار ادا کرنا شروع کر دیا۔ اس کی ایک وجہ یہ بھی تھی کہ جماعت نے محسوس کیا کہ اسے اور ملک کو انتہا پسند اسلامی جماعتوں اور نظریات کی وجہ سے سنگین مسائل کا سامنا ہے۔ خانہ

جنگی کے خاتمے کے باوجود تاجکستان وسط ایشیا اور افغانستان کے درمیان عدم استحکام کا مرکز بنا ہوا تھا اور بین الاقوامی برادری اس صورت حال کو سمجھ نہیں پارہی تھی۔ دوشنبہ مسلسل طالبان کے خلاف احمد شاہ مسعود کی مزاحمت کو سپلائی مراکز فراہم کرتا رہا، لیکن ستمبر ۲۰۰۰ء میں طالقان ہاتھ سے نکل جانے کے بعد مسعود کے لیے اور زیادہ نازک صورت حال پیدا ہوگئی۔ اب طالبان کا افغان تاجک طویل سرحد پر مکمل کنٹرول ہوگیا اور پہلی دفعہ وہ تاجک سرحد پر موجود روسی سرحدی محافظوں کے بالکل آمنے سامنے کھڑے تھے۔

مسعود کی حامی علاقائی ریاستوں کو اچانک یہ محسوس ہوا کہ اگر طالبان کے خلاف مسعود کی مزاحمت کو قائم رکھنا ہے تو اسے کہیں زیادہ فوجی مدد درکار ہوگی۔ چنانچہ اکتوبر ۲۰۰۰ء کی ایک اہم میٹنگ میں دوشنبہ میں روسی وزیر دفاع ایگور سرگیف، ایرانی وزیر کارجہ کمال خرادی اور صدر رحمانوف نے مسعود سے گفتگو کے دوران انھیں مکمل اور بھرپور امداد دینے کا وعدہ کیا۔ مسعود کے طالبان مخالف متحدہ محاذ نے اگلے موسم گرما تک طالبان کو بدخشاں پر قبضہ کرنے سے روکے رکھا۔ مسعود کے قبضے میں افغانستان کا یہ آخری شمالی علاقہ تھا جو عین تاجکستان کی سرحد پر واقع تھا۔ لیکن اس صورت حال نے پہلے سے کہیں زیادہ تاجکستان کو افغانستان کے خلاف فرنٹ لائن اسٹیٹ بنا دیا۔ طالبان تاجکستان کو مستحکم نہیں ہونے دینا چاہتے تھے۔ انھی خارجی خطرات کی موجودگی اور ہزارہا افغان مہاجرین کے تاجکستان میں گھس آنے کے خوف کی بدولت تاجک حکومت قومی معاشی ترقی کے پروگرام آگے بڑھا نہیں پارہی تھی۔

طالبان ہی واحد خطرہ نہیں تھے۔ اسلامی ازبک تحریک کے وادی فرغانہ میں داخلے کا راستہ بھی تاجکستان ہی تھا۔ وادی طویل دارا میں اس کا مرکز موجود تھا اور وہ پورے وسط ایشیا سے مذہبی گروہوں کو اکٹھا کر رہی تھی تاکہ ۲۰۰۱ء کے موسم گرما تک، وہ پورے وسط ایشیا کی اسلامی تحریک کی شکل اختیار کر سکے۔ ازبک اسلامی تحریک کی تاجک سرزمین میں موجودگی ازبکستان اور کرغیزستان کے ساتھ دوشنبہ کے مسائل کو اور الجھائے جارہی تھی۔ جماعت احیائے اسلام میں بھی اس کی وجہ سے تقسیم کا عمل تیز ہوگیا۔ نعمان غنی کو مرزا ضیاؤف جیسے سابقہ فوجی کمانڈروں؛ ضیاؤف اس وقت تاجک حکومت میں شامل تھے، کی مکمل خفیہ حمایت حاصل تھی۔ ضیاؤف کا خیال تھا کہ ازبک تحریک کے ذریعے ازبکستان پر بھرپور دباؤ ڈالا جاسکتا ہے۔ تاجکستان کو ایک اور پین اسلامک تحریک کا سامنا کرنا پڑ گیا جو ساری وسط ایشیائی ریاستوں میں مقبولیت حاصل کرتی جارہی تھی۔ یہ تھی حزب التحریر اسلامی، جو جماعت احیائے اسلام کے برعکس اس کے زیادہ تر حامی اشرافیہ سے متعلق افراد تھے۔ اگرچہ حزب التحریر انتہائی پُرامن جماعت تھی، پھر بھی حکومت نے ایک اور اسلامی تحریک کو برداشت کرنے سے انکار کر دیا اور اس کے خلاف زبردست کریک ڈاؤن کی ابتدا کر ڈالی۔ حیرت انگیز بات یہ ہے کہ کولیشن حکومت میں موجود جماعت احیائے اسلام نے بھی اس کی حمایت کی۔ رحمانوف نے اسے امن وامان کا مسئلہ سمجھا، جب کہ جماعت احیائے اسلام نے اسے اپنی اسلام حمایتی بنیاد کے لیے حریفانہ خطرہ سمجھا۔ ایک انقلابی اسلامی قوت بلاوجہ دوسری اسلامی قوت سے نبرد آزما ہوگئی۔ تاجکستان بری طرح روسی امداد کا محتاج تھا مگر روس، خانہ جنگی سے تباہ حال تاجکستان کو بھرپور مدد مہیا کرنے سے قاصر تھا۔ مغرب نے تاجکستان کو بدستور نظر انداز کیے رکھا۔ معاہدہ امن ہونے کے پانچ سال بعد،

180 سیاسی اسلام

۲۰۰۱ء میں بین الاقوامی برادری کو دوشنبے کی کولیشن حکومت کی اسٹریٹجک اہمیت اور مادی امداد مہیا کرنے کی ضرورت کا احساس ہوا۔ بالآخر بین الاقوامی برادری کو طالبان، ازبک اسلامی تحریک اور حزب التحریر کے ہاتھوں تاجکستان کو پیش آمدہ خطرات کے متعلق صحیح اندازہ ہو گیا۔ انھیں یہ بھی ادراک ہو گیا کہ ان کے اپنے مفادات بھی ان خطرات سے بری طرح متاثر ہو سکتے ہیں۔

امریکہ نے طالبان اور اسامہ بن لادن کو تنہا کرنے کی کوششوں کے دوران، اپنے مقاصد کے حصول کے لیے تاجکستان میں امن و استحکام کی ضرورت کو شدت سے محسوس کیا۔ امریکی سنٹرل کمانڈ فورسز کے جنرل ٹامی فرینکس نے مئی ۲۰۰۱ء میں دوشنبہ کا اپنا پہلا دورہ کیا اور پہلی دفعہ امریکی افسروں نے تاجکستان کو 'اسٹریٹجی کے اعتبار سے اہم ملک' قرار دیا۔ وسط ایشیا میں امن و تحفظ یقینی بنانے کے لیے تاجکستان کا استحکام بہت ضروری تھا۔ چنانچہ تاجکستان کے تحفظ کو مستحکم کرنے کے لیے انھوں نے امریکی فوجی امداد کا وعدہ کیا۔ جواباً تاجک حکومت نے وسط ایشیا میں امن و تحفظ کے پروگرام کے لیے نیٹو اور تاجکستان کے لیے مشاورتی گروپ کے ممالک میں شمولیت کی حامی بھر لی۔ اس کے مرکزی عطیہ کنندگان ممالک میں امریکہ، جاپان اور یورپی یونین شامل تھے۔ انھوں نے قرضہ اور توازن ادائیگی کی مد میں ۴۳۰ ملین ڈالر کی امداد کا وعدہ کیا۔ یہ امدادی پیکج صدر رحمانوف کو مئی میں ٹوکیو میں پیش کیا گیا جہاں وہ دس عطیہ کنندہ ممالک اور پندرہ بین الاقوامی اداروں؛ آئی ایم ایف اور ورلڈ بینک جن میں سر فہرست تھے، کی سالانہ میٹنگ میں شرکت کے لیے گئے تھے۔ یہ امدادی پیکج گزشتہ سال کی امداد ۲۸۰ ملین ڈالر کے مقابلے میں دوگنا تھے۔ اتفاقاً میں ان دنوں ٹوکیو میں تھا۔ بنی یوف کے سینئر عہدیداروں سے ملاقات ہوئی تو وہ بے پناہ خوش نظر آئے کہ بالآخر دنیا تاجکستان کی اہمیت کو محسوس کرنے لگی ہے۔ افغان خانہ جنگی کی طرح تاجک خانہ جنگی نے بھی وسط ایشیا میں بہت سے لوگوں کو یہ یقین دلا دیا کہ 'اسٹیٹس کو' کو بدلنے کی خواہاں قبائلی اور علاقائی بنیادوں پر قائم اسلامی تحریکیں انتہائی خطرناک اور تباہ کن نوعیت کی حامل ہیں اور علاقائی معاشی تباہ حالی کی بنیادی وجہ بھی ہیں۔ میں نے ۲۰۰۱ء کے موسم بہار میں کراتے جن اور طویل دارا کی وادیوں کا طویل دورہ کیا اور وہاں کے ان مقامی قبائلی لیڈروں سے گفت و شنید کی جو کبھی جماعت احیائے اسلام کا مضبوط گڑھ سمجھے جاتے تھے۔ یہ حقیقت اب واضح ہو چکی تھی کہ جماعت کا اثر اور خانہ جنگی کے دوران اسلامائزیشن کا جذبہ حیرت انگیز طور پر مفقود ہوتا جا رہا تھا۔ وادیوں میں مدارس اور اسلامی تعلیم کے دوسرے مراکز نہ ہونے کے برابر رہ گئے تھے اور ان سے منسلک مولوی حضرات اپنی پرانی مساجد یا کھلیان آباد کرنے واپس جا چکے تھے۔ پاکستان اور افغانستان کے مقابلے میں؛ جہاں مدارس سے لاکھوں اسلامی مزاج رکھنے والے افراد نکلتے ہیں، تاجکستان بالکل ہی سیکولر نظر آ رہا تھا۔ جماعت مدارس کی اہمیت سمجھنے میں ناکام رہی، نتیجتاً مدارس کے خاتمے کے ساتھ ہی جماعت کے مستقبل کی پرداکت کی بنیاد ہی ختم ہو کر رہ گئی۔ جزوی وجہ یہ بھی تھی کہ ان مدارس کو پاکستان اور سعودی عرب سے امداد ملتی تھی اور انھیں جماعت کی طالبان مخالف سرگرمیوں اور احمد شاہ مسعود کی حمایت کی وجہ سے جماعت سے کوئی خاص ہمدردی نہیں تھی۔ چنانچہ ان میں سے کسی بھی ملک نے تاجکستان میں اپنا اثر و نفوذ بڑھانے کی زیادہ کوشش نہیں

کی۔ ساتھ ہی ۱۹۹۳ء میں حکومت نے مدارس کو ملنے والی غیر ملکی امداد پر مکمل پابندی عائد کر دی۔

خانہ جنگی کے دوران مقامی مولویوں کا اپنے علاقوں پر خاصا اثر تھا مگر آہستہ آہستہ وہ اثر زائل ہو گیا۔ ووٹ ڈالنے یا زندگی کے رویوں کے بارے میں ان کی عوامی اثر پذیری ختم ہوتی چلی گئی۔ نوجوانوں نے مساجد میں جانا چھوڑ دیا اور سوویت دور کی طرح پھر مسجدوں میں صرف بوڑھے لوگ ہی نظر آنے لگے۔ نوجوان یا تو گھروں سے کام کی تلاش میں نکل گئے تھے یا فارغ اوقات میں مادی فنون سیکھنے یا ویڈیوز دیکھنے لگے تھے۔ تعلیم اسلامی کے بجائے دوبارہ سیکولر رنگ اختیار کر رہی تھی۔ صوفیا کے مزاروں پر دعاؤں اور زیارتوں کا سلسلہ دوبارہ زور و شور سے شروع ہو گیا۔ خانہ جنگی کے دوران جماعت کے انتہا پسند حلقوں میں اسے بہت معیوب سمجھا جاتا تھا مگر ان کی گرفت ہلکی ہوتے ہی مزاروں پر حاضری کا سلسلہ عوامی مقبولیت حاصل کرنے لگا۔ بعض جگہوں پر دیہاتی چودھریوں کو ووڈکا اور برانڈی کے ساتھ زائرین کی تواضع کرتے بھی دیکھا گیا۔ ایسی ایک جگہ میں نے شراب پر پابندی کے اسلامی احکام کے متعلق پوچھا تو دیہاتیوں نے مسکرا کر جواب دیا کہ اب ایسی پابندیاں ختم ہو چکی ہیں۔ ''جب جماعت والے یہاں تھے تو ہم بوتلیں چھپا کر رکھتے تھے لیکن اب وہ جا چکے ہیں تو ہم نے بھی انھیں باہر نکال لیا ہے اور آزادی سے پیتے پلاتے ہیں۔'' طویل دارا؛ جو کبھی جماعت کا فوجی مرکز ہوا کرتا تھا، وہاں کے ایک کسان نے وضاحت سے بتایا۔

دیکھنے میں یہ آیا کہ خانہ جنگی کے دوران شدید نقصانات اٹھانے کے بعد جماعت نہ تو اپنے آپ کو صحیح طرح منظم رکھ سکی اور نہ ہی قومی معاشیات یا سیاسی ڈھانچے کے احیا کے لیے مناسب منصوبہ بندی کر سکی، چنانچہ اسلام کی ادارتی تشکیل نو تو دور کی بات رہی، وہ عوام میں اپنی موجود مقبولیت بھی قائم نہ رکھ سکی۔ جماعت کی عوامی جڑیں اور اس کی سیاسی استعداد روز بروز کم ہوتی چلی گئی۔ خانہ جنگی کے پانچ سال کے دوران نوجوانوں میں جماعت کا اثر بہت زیادہ بڑھ گیا تھا مگر آہستہ آہستہ وہ زائل ہوتا چلا گیا، ساتھ ہی علاقائی اور قبائلی سیاست زور پکڑنے لگی، کیوں کہ حکومت کی جانب سے مہیا کردہ ترقیاتی وسائل جو پہلے ہی ضرورت سے بہت کم تھے، اس کے حصول میں سخت مقابلہ تھا اور انھیں بہر حال غربت کے سیلاب میں، اپنے سروں کو پانی کی سطح سے اونچا رکھنے کی کوششیں جاری رکھنا تھیں۔ جنگی تباہ کاریوں نے کسی بھی قسم کی انقلابی تبدیلی کی خواہش کو بری طرح کچل کر رکھ دیا تھا لیکن روسی دور کے رہن سہن اور طور طریقوں کی جانب لوگوں کے جانے کے باوجود، پورے ملک میں اسلامی تصورات کے بارے میں کوئی خاص تبدیلی محسوس نہیں ہوئی۔ خانہ جنگی کے دوران اور اس کے مابعد تاجک اور زیادہ پختہ مسلمان ہو گئے، تاہم انقلابی اور سیاسی انتہا پسند آہستہ آہستہ منظر سے غائب ہونے لگے۔ لوگ پھر سے اپنے پرانے طور طریقوں کی طرف راغب ہونے لگے۔ دل کی گہرائی سے اسلام کی محبت رکھنے کے باوجود وہ اس کی انتہا پسندانہ سیاسی سوچ کی حمایت کے لیے تیار نہیں تھے۔ جہادی اسلام تاجکستان میں ناکام ہو گیا لیکن اسے شکست نہیں دی جا سکی۔ غربت کے دھندلکوں میں تاجکوں کو آج بھی اس سنگین مسئلے کا سامنا ہے کہ وہ قبائلی اتحاد، ہم آہنگی اور عظیم تر جمہوریت کی جانب سفر کے لیے کس طرح قومی اتفاق رائے پیدا کریں۔

['جہاد'، مشعل، لاہور، ۲۰۰۲ء]

طالبان کا تاریخی و سیاسی شعور

محمد عامر رانا

تحریک طالبان پاکستان کے بارے میں عام تاثر یہ ہے کہ یہ ایک عالمی جہادی تنظیم ہے، جس کے نظریات داعش اور القاعدہ سے ملتے ہیں، تاہم گزشتہ دنوں ایک طالبان کمانڈر نے اپنی تنظیم کے جو اغراض و مقاصد اور نظریات بیان کیے وہ اس تاثر سے یکسر متضاد ہیں۔ اس حوالے سے بظاہر یہی محسوس ہوتا ہے کہ گو پاکستانی طالبان کے مختلف جہادی تحریکوں سے روابط رہے ہیں مگر وہ عالمی جہادی تنظیموں کی فکر سے بہت کم متاثر ہوئے ہیں اور ان کی سوچ مقامی و قبائلی سطح تک محدود ہے۔ دوسری جنگ عظیم کی طرح افغان سوویت جنگ (۱۹۷۹-۸۸ء) کے بعد بھی جہادی تنظیمیں اپنے نظریات کے پرچار کے لیے تشدد پر آمادہ ہوئیں۔ دوسری جنگ عظیم کے بعد اسلامی تحریکوں سے متاثر ہو کر اپنے مسلمان بھائیوں کے حق میں مشرقِ وسطیٰ و شمالی افریقہ اور برِ صغیر میں جماعت اسلامی کو ورلڈ آرڈر تبدیل کرنے کی تحریک ملی۔ قومی ریاستوں کے ارتقا اور سوشل ازم کے ابھرنے کی وجہ سے اسلامی سیاسی فکر اور شدت پسندوں کے محاسبے کی مختلف تحریکیں ابھرتی رہی ہیں۔ نوآبادیاتی نظام کے وقت مسلمانوں میں سیاسی و سماجی شعور کی بیداری اور اسلامی بھائی چارے کے لیے تعلیمی اداروں کا قیام عمل میں لایا گیا۔ پرتشدد تحریکوں، مثال کے طور پر القاعدہ نے عالمی وحدت اور دیگر نظریات انھیں اسلامی بھائی چارے کی تحریکوں سے مستعار لیے تھے۔ انھیں تحریکوں کے مسلسل ارتقا کے نتیجے میں داعش نے جنم لیا جن میں خوارج کے نظریات مزید شدت سے شامل ہوئے۔ خارجی ایک ایسا گروہ تھا جس نے خلفائے راشدین کے دور میں مختلف اوقات میں بغاوت کی۔ اس کی نمایاں مثال خلیفۂ چہارم حضرت علی رضی اللہ عنہ کے دورِ خلافت میں خوارج کی بغاوت ہے۔

سرد جنگ کے خاتمے کے بعد مشرقی و جنوب ایشیائی مسلمانوں میں مزاحمت کی تحریکیں انھیں اسلامی تحریک سے متاثر ہو کر ابھرنے میں کامیاب ہوئیں مگر ان تحریکوں کا مرکز علاقائی تنازعات اور مذہبی شناخت تک ہی محدود رہا۔ تاہم نائن الیون کے واقعے نے عالمی منظر نامہ ہی بدل کر رکھ دیا۔ نتیجتاً علاقائی مزاحمتی تحریکیں القاعدہ کی طرف متوجہ ہونے پر مجبور ہوئیں، کیوں کہ ان کو اپنے نظریات کی بقا القاعدہ میں دکھائی دینے لگی۔ دنیا کو افغانستان میں

طالبان تحریک کے قومی و اخلاقی پہلوؤں کو سمجھنے میں ایک دہائی سے زائد عرصہ لگا، جب کہ پاکستانی قبائل کے مختلف گروہوں تحریک طالبان پاکستان کو اب بھی القاعدہ کا ساتھی گروہ سمجھا جاتا ہے۔تحریک طالبان پاکستان کے کمانڈر مفتی نور ولی الیاس ابو منصور عاصم کی حال ہی میں شائع ہونے والی کتاب 'انقلاب محسود ساؤتھ وزیرستان: فرنگی راج سے امریکی سامراج تک' سے اس تنظیم کا دنیا کے بارے جو نقطۂ نظر ظاہر ہوتا ہے، وہ اس عام تاثر سے کلی طور پر مختلف ہے جس کے مطابق تحریک طالبان پاکستان کے نظریات کو القاعدہ اور داعش کے ساتھ نتھی کر دیا جاتا ہے۔محسود کمانڈر نے ایک مکمل سماجی نظام کا ماڈل پیش کیا ہے جو تحریک طالبان قبائلی علاقہ جات میں چاہتی ہے۔اس کتاب میں قبائلیوں کے روایتی نظام پشتون ولی (پختون کا طرز معاشرت اور انصاف کا ڈھانچہ جرگہ) اور ناناوتی (معاف کرنے اور پناہ دینے کی روایات) کو قبائلی علاقوں کے لیے بہترین نظام قرار دیا گیا ہے۔ مصنف نے انگریز کے ایف سی آر کے نظام کو مسترد کرتے ہوئے قبائلی علاقوں میں اس کو تبدیل کر کے شرعی نظام کے نفاذ کا مطالبہ کیا ہے۔وہ دلیل دیتے ہیں کہ قبائلی نظام اسلامی نظام سے بھرپور مطابقت رکھتا ہے۔انھوں نے اسلامی اقدار پر مبنی اس طرح کے نظام کے پورے ملک میں نفاذ کا مطالبہ بھی کیا ہے۔

مصنف نے اپنے نقطۂ نظر کی تائید میں پاکستان تحریکِ انصاف کے چیئرمین عمران خان کی کتاب 'غیرت مند مسلمان' کا حوالہ دیا ہے جو ۹۰ء کی دہائی کے وسط میں ایک معروف اشاعتی ادارے نے شائع کی تھی جس میں عمران خان نے پاکستان کے قبائلی نظام کی کہانی بیان کرتے ہوئے نہ صرف اس کی تعریف کی تھی بلکہ پاکستان میں مروج جمہوری نظام سے اس کا موازنہ بھی کیا تھا۔انھوں نے پارلیمان اور سیاستدانوں پر تنقید کرتے ہوئے قبائلی طرز کا نظام تجویز کیا تھا۔مفتی نور ولی نے عمران خان کے وژن کی تعریف کرتے ہوئے اپنی کتاب میں لکھا ہے کہ پاکستانی قوم کے لیے یہ عقل کی بات نہ ہوگی کہ وہ روایتی مؤثر قبائلی نظام کے ہوتے ہوئے نام نہاد جمہوری نظام کو فوقیت دے۔

دلچسپ امر یہ ہے کہ مصنف نے امریکی اور پاکستانی فوج کو ایک ہی خانے میں رکھتے ہوئے قبائلی نظام کا دشمن قرار دیا ہے اور دعویٰ کیا ہے کہ دونوں ہی قبائلی نظام کو نیست و نابود کرنا چاہتے ہیں اور اپنے اہداف کے حصول کے لیے مختلف سیاسی و عسکری حربے آزما رہے ہیں۔عسکری حربے ظاہر ہے قبائلی علاقوں پر قبضے کے لیے آزمائے جا رہے ہیں، جب کہ سیاسی حکمتِ عملی ان علاقوں کو قومی دھارے میں لانے کے لیے استعمال کی جارہی ہے۔انھوں نے قبائلیوں کو متنبہ کیا ہے کہ قبائلیوں کو غیر مسلح کرنے، اہم مقامات پر قبضے کے معاشی و معاشرتی اصلاحات متعارف کروائی جائیں گی جن سے قبائلی عورت آزاد ہو جائے گی اور پردہ کرنا ترک کر دے گی۔ان کے خیال میں اس طرح کی معاشرتی تبدیلیاں عالمی سیاحوں کو اس علاقے کی جانب متوجہ کریں گیاور یہ خطہ 'منی لندن' بن جائے گا۔

طالبان کی مسلح جدوجہد اور دہشت گردی کی تائید کرتے ہوئے مصنف نے یہ دلیل دی ہے کہ ان کی یہ جدوجہد قبائلیوں کی آزادانہ حیثیت کو برقرار رکھنے کے لیے ہے۔قبائلی نظام کے تحفظ کے لیے محسود قبائل نے افغانستان

میں امریکی فوج کو شکست دینے پر توجہ دی اور وہاں طالبان کی قیادت میں خلافت قائم کی۔ مصنف کے مطابق یہ پاکستان کی حکومت ہی تھی جس نے ان کی توجہ ایک عظیم مقصد سے ہٹانے کی کوشش کی۔

کتاب میں طالبان کے سماجی اور سیاسی شعور کے بارے میں طویل اور مدلل بحث کی گئی ہے جو کسی بھی لحاظ سے اسلامی شدت پسندوں اور داعش کے عالمی تشدد پسند نظریات سے مطابقت نہیں رکھتا۔ نہ ہی یہ سوچ پاکستان کی مذہبی جماعتوں کے عالمی نظریات سے ہم آہنگ ہے جو ملک کے قومی جمہوری نظام میں شریکِ کار بھی ہیں۔ ان کے نظریات پنجاب کے قدامت پسند ایک مذہبی حلقے کے بہت قریب ہیں جن کے صوبے میں لاتعداد مدارس بھی موجود ہیں۔ البتہ یہاں دلچسپ امر یہ بھی ہے کہ محسود طالبان کا تاریخی پس منظر جماعت اسلامی کے برِ صغیر سے متعلق تاریخی نقطہ نظر سے میل رکھتا ہے۔ مفتی ولی طالبان کی جدوجہد کو برطانوی راج کے دوران علما کرام کی مزاحمتی تحریک سے جوڑتے ہیں اور ان کا دعویٰ ہے کہ وہ پاکستان کو حقیقی معنوں میں دارالاسلام بنانا چاہتے ہیں۔ طالبان کے مطابق برِ صغیر میں مسلمان علما کی جدوجہد آزادی کو سیکولر طاقتوں سے متاثر ہو کر سر سید احمد خان نے ہائی جیک کر لیا تھا جو جدید تعلیم کے حامی تھے۔ قیامِ پاکستان کے بعد بھی تصادم جاری رہا کیوں کہ سرسید کے غیر مذہبی خیالات مسلسل ملکی اشرافیہ کو متاثر کرتے رہے ہیں، جب کہ علما کا راستہ ہمیشہ سے مختلف رہا اور ان کی منزل دارالاسلام تھی۔ مفتی ولی کے مطابق پاکستان میں جہادی تحریکیں اسی مزاحمت کا تسلسل ہیں۔ پاکستان میں اعتدال پسند طبقات ملکی نصابِ تعلیم سے مطمئن نہیں اور طلبا کو جو تاریخ پڑھائی جا رہی ہے، انھیں اس پر تحفظات ہیں۔ ادھر طالبان بھی پڑھائی جانے والی تاریخ سے خوش نہیں ہیں۔ مفتی ولی کو روایتی نصاب اور تعلیمی اداروں سے شکایت ہے کہ آزادی کے اصل ہیروز علما ہیں، جن کو مطالعۂ پاکستان کے نصاب میں مناسب جگہ نہیں دی گئی۔ ان کے خیال میں پاکستانی نظامِ تعلیم کا مقصد اس کے سوا کوئی اور نہیں کہ پاکستانی طلبا کے ذہنوں میں سیکولرازم ٹھونسا جائے۔

عمرانیات کے تناظر میں دیکھا جائے تو پاکستانی طالبان کو پاکستان میں مسلسل موجود رہنے والے سماجی، معاشرتی اور سیاسی تضادات کی پیداوار قرار دیا جا سکتا ہے۔ یہ کتاب پاکستانی طالبان کی پر تشدد مزاحمتی تحریک کا ایک منفرد اور مختلف پہلو اجاگر کرتی ہے۔

[بشکریہ 'تجزیات آن لائن'، ۲۶ فروری ۲۰۱۸]

حزب اللہ: سیاسی مؤقف اور حکمت عملی میں تغیر وارتقا

مولانا عمار خان ناصر

محمد عمار خان ناصر گفٹ یونیورسٹی میں اسسٹنٹ پروفیسر اور ماہنامہ 'الشریعہ' گوجرانوالہ کے مدیر ہیں۔ وہ نوجوان علماء کی اس کڑی سے تعلق رکھتے ہیں جنھوں نے بزرگوں کی روایت کو زندہ رکھتے ہوئے دور جدید کے مسائل پر اپنا ایک نقطہ نظر نہ صرف پیش کیا ہے بلکہ اپنے علمی استدلال سے اس کو ثابت بھی کیا ہے۔

حزب اللہ اس وقت عالم عرب کی نمایاں ترین مزاحمتی تحریک (حرکۃ مقاومۃ) ہے۔ اس کا ظہور لبنان کی پندرہ سالہ خانہ جنگی (۱۹۷۵ء تا ۱۹۹۰ء) کے دوران میں اس وقت ہوا جب ۱۹۸۲ء میں اسرائیلی افواج نے لبنان پر حملہ کر دیا اور لبنان کے تقریباً نصف علاقے پر قبضہ کر کے اس کے دارالحکومت بیروت کا محاصرہ کر لیا۔ اس حملے میں ابتدا اسرائیل کا ارادہ جنوبی لبنان کو اسرائیل کا حصہ بنا کر اس پر مستقل قبضہ جمانے کا تھا، لیکن حزب اللہ اور دیگر قوتوں کی سخت مزاحمت اور جارحانہ عسکری کارروائیوں کے نتیجے میں اسرائیل اس ارادے کو عملی جامہ نہ پہنا سکا اور ۱۹۸۵ء میں اسرائیلی حکومت نے اپنی فوجوں کو لبنان سے نکال کر اپنی جنوبی سرحدوں کے ساتھ متصل علاقے تک محدود کرنے کا فیصلہ کر لیا۔ اسرائیل کے خلاف عسکری مزاحمت کرنے والی قوت کے طور پر حزب اللہ نے اپنے آغاز سے لے کر اب تک مختلف مرحلوں میں غیر معمولی کامیابیاں حاصل کی ہیں اور تقریباً ہر مرحلے میں اسے عرب عوام اور مسلم دنیا میں پہلے سے بڑھ کر تائید حاصل ہوئی ہے۔

۱۹۸۵ء میں حزب اللہ نے اپنا پہلا باقاعدہ سیاسی منشور جاری کیا تھا جس کے مطابق اس کے اہداف میں لبنان سے استعماری طاقتوں کا خاتمہ، مسیحی انتہا پسند جماعت Phalange کو ان کے جرائم (یعنی صبرا اور شتیلا میں مسلمانوں کی قتل وغارت گری) کی پاداش میں کیفر کردار تک پہنچانا اور لبنان میں ایک اسلامی حکومت قائم کرنا تھا۔ حزب اللہ کے قائدین اسرائیل کو صفحہ ہستی سے نابود کرنے کو بھی اپنا مقصد قرار دیتے رہے ہیں۔ تاہم ۸۰ء کی

دہائی کے آخر اور ۹۰ء کی دہائی کے شروع میں عالمی سطح پر رونما ہونے والے نہایت اہم سیاسی واقعات نے حزب اللہ کو مجبور کر دیا کہ وہ اپنی سیاسی سوچ کا از سرنو جائزہ لے اور اپنی ترجیحات کا از سرنو تعین کرے۔ ۱۹۸۸ء میں ایران عراق جنگ کا خاتمہ ہوا۔ ۱۹۸۹ء میں آیت اللہ خمینی دنیا سے رخصت ہو گئے۔ ۱۹۹۰ء میں عراق نے کویت پر حملہ کر دیا۔ ۱۹۹۱ء میں میڈرڈ کانفرنس کی وساطت سے عرب اسرائیل امن مذاکرات کا آغاز ہوا۔ ۱۹۹۰ء میں ہی سوویت یونین شکست وریخت سے دوچار ہوا۔ ان تمام حالات کے شرق اوسط کی سیاست پر گہرے اثرات مرتب ہوئے۔

لبنان کی مقامی سیاست کے اتار چڑھاؤ میں 'معاہدۂ طائف' (۱۹۸۹ء) کو ایک نہایت اہم نقطہ تغیر (Tuning Point) کی حیثیت حاصل ہے۔ اس معاہدے کے نتیجے میں لبنان کی پندرہ سالہ خانہ جنگی اختتام کو پہنچی اور یہ طے پایا کہ مختلف مسلح گروہوں سے اسلحہ واپس لے کر ملک کو ایک مرکزی اتھارٹی کے زیر انتظام لایا جائے گا۔ اگرچہ حزب اللہ معاہدۂ طائف میں فریق نہیں تھی اور نہ اس وقت ایک سیاسی جماعت کی حیثیت سے منظم تھی، تاہم ملک کے عمومی سیاسی منظرنامے میں رونما ہونے والی ایک اہم تبدیلی کے اثرات قبول نہ کرنا اس کے لیے ممکن نہیں تھا، چنانچہ حزب اللہ کی قیادت نے معاہدۂ طائف کے بعد اپنی پالیسیوں اور ترجیحات واہداف پر از سرنو غور کیا اور اپنی جدوجہد کو نئی صورت حال سے ہم آہنگ کرنے کے لیے غیر معمولی اجتہادی بصیرت کا ثبوت دیا۔

(حزب اللہ کے سیاسی نقطہ نظر اور حکمت عملی میں اس تغیر وارتقا کا ایک سنجیدہ مطالعہ 'الاسلامیون فی مجتمع تعددی' کے عنوان سے ایرانی مصنف ڈاکٹر مسعود اسد اللہی نے کیا ہے۔ یہ کتاب بیروت کے دو اداروں؛ 'الدار العربیہ للعلوم' اور 'مرکز الاستشارات والبحوث' کے زیر اہتمام دسمبر ۲۰۰۴ء میں شائع ہوئی ہے۔ اصل میں یہ مصنف کا ڈاکٹریٹ کا مقالہ ہے جو فارسی زبان میں تحریر کیا گیا تھا۔ تہران کی امام صادق یونیورسٹی کی طرف سے اس پر انھیں پی ایچ ڈی کی ڈگری جاری کی گئی، جب کہ ایران کی وزارت اطلاعات کی طرف سے اسے ۲۰۰۰ء میں لکھا جانے والا ڈاکٹریٹ کا بہترین مقالہ دے کر انعام بھی دیا گیا۔ مصنف نے اس مقالے میں عربی، فارسی اور انگریزی کے بہترین مراجع سے استفادہ کرتے ہوئے، نیز حزب اللہ کے اعلیٰ سطحی قائدین سے براہ راست ملاقاتوں اور انٹرویوز کی روشنی میں حزب اللہ کے آغاز، اس کے فکری وسماجی پس منظر اور اس کی پالیسیوں میں رونما ہونے والے تغیرات کا گہری نظر سے جائزہ لیا ہے اور ایک سنجیدہ اور بڑی حد تک غیر جانب دارانہ تجزیہ پیش کیا ہے۔ کتاب کی اسی اہمیت کے پیش نظر بیروت کے مذکورہ اداروں نے اسے عربی میں منتقل کرنے کی ضرورت محسوس کی اور اس کے عربی ترجمہ کی خدمت ڈاکٹر دالال عباس نے انجام دی ہے۔

ڈاکٹر مسعود اسد اللہی کی بیان کردہ تفصیلات اور اس موضوع پر کیے جانے والے دیگر اہم تجزیوں کی روشنی میں ایک عسکری تنظیم سے سیاسی جماعت میں تبدیل ہونے کے عمل میں حزب اللہ کو اپنے موقف اور پالیسیوں میں جو بنیادی اور جوہری تبدیلیاں لانی پڑیں، اس کے اہم نکات حسب ذیل ہیں:

ا۔ ابتدا میں حزب اللہ نے معاہدۂ طائف کی مخالفت کی اور اس میں طے پانے والی سیاسی اصلاحات کو لبنان

کے سیاسی نظام کی درستی کے لیے ناکافی قرار دیا۔حزب اللہ طائفی نظام کی مخالف ہے جس میں حکومتی مناصب فرقہ وارانہ تناسب سے مسیحیوں، اہل تشیع اور اہل سنت میں تقسیم ہیں۔حزب اللہ اس کے بجائے آزادانہ جمہوری عمل کے ذریعے سے حکومت کے قیام پر یقین رکھتی ہے۔تاہم لبنان کی تمام سیاسی جماعتوں کی طرف سے معاہدۂ طائف پر دستخط ہو جانے کے بعد اور یہ دیکھتے ہوئے کہ اس معاہدے کو امریکا، سوویت یونین، عرب ممالک اور خاص طور پر شام کی تائید حاصل ہے، حزب اللہ نے بتدریج اپنے موقف میں نرمی پیدا کی اور نہ صرف اس معاہدے کی شقوں کو عملاً قبول کرنے کا فیصلہ کیا بلکہ مسلح گروہوں کو غیر مسلح کرنے سے متعلق شقوں پر عمل درآمد میں بھی تعاون کیا اور ۱۹۹۱ء میں بیروت اور بقاع کے علاقے سے اپنا تمام اسلحہ نکال کر جنوبی لبنان میں منتقل کر دیا۔اس کے بعد ۱۹۹۲ء میں بعلبک میں اپنا ایک نہایت اہم فوجی مرکز 'شکنہ عبداللہ' خالی کر کے لبنانی فوج کے سپرد کر دیا۔

۲۔ ۱۹۹۰ء کے معاہدۂ طائف کے بعد حزب اللہ نے اپنی پالیسیوں اور ترجیحات میں جوہری تبدیلی کی اور انتہا پسندانہ انقلابی خیالات ترک کر کے لبنان کے جمہوری نظام کا حصہ بننے کا راستہ اختیار کیا۔ ۱۹۹۲ء میں حزب اللہ نے امام خمینی کی تائید سے انتخابات میں حصہ لینے کا فیصلہ کیا جس پر داخلی طور پر اختلاف اور تقسیم کی صورت بھی پیدا ہوئی، لیکن جمہوری طرز فکر غالب رہا۔انتخابات کے موقع پر حزب اللہ نے جس سیاسی پروگرام کا آغاز کیا، اس میں لبنان کی سرزمین کو اسرائیلی قبضے سے آزاد کرانا، سیاسی فرقہ واریت کا خاتمہ، سیاسی اور ابلاغی آزادی کو یقینی بنانا اور لبنان کی آبادی کی درست نمائندگی کے لیے انتخاب سے متعلق قوانین کی اصلاح جیسے اہداف شامل تھے۔ ۱۹۹۲ء میں ہی حزب اللہ نے مسیحیوں کے ساتھ مکالمے کے عمل کا آغاز کیا اور یہ پیغام دیا کہ وہ ثقافتی، سیاسی اور مذہبی آزادیوں کے تقدس پر یقین رکھتی ہے۔ ۱۹۹۷ء میں حزب اللہ نے اسرائیلی قبضے کے خلاف جدوجہد کے لیے مختلف مذہبی گروہوں پر مشتمل لبنانی بریگیڈز کی تشکیل کی اور اپنی مزاحمتی جدوجہد کو شیعہ مذہبی تشخص سے الگ کر کے لبنانی قومی رنگ دینے کی کوشش کی۔

۳۔حزب اللہ بنیادی طور پر ایک شیعہ تشخص رکھنے والی جماعت ہے۔اس نے روز اول سے اپنی فکری اور روحانی راہنمائی کا سرچشمہ ایران کے مذہبی انقلاب کو قرار دیا اور اعلان کیا کہ وہ ولایت فقیہ کے تصور پر یقین رکھتی اور امام خمینی کی تعلیمات اور ہدایات کی روشنی میں جدوجہد کرنا چاہتی ہے۔حزب اللہ نے ایران کے سرکاری جھنڈے کو اپنا جھنڈا قرار دیا۔اسرائیل کے خلاف مزاحمت کے لیے حزب اللہ کی ابتدائی عسکری تربیت کا فریضہ بھی 'پاس داران انقلاب' نے انجام دیا تھا۔اس تناظر میں حزب اللہ نے جو سیاسی و مذہبی پروگرام پیش کیا، وہ ایک عالمی انقلابی پروگرام تھا جس میں حکمت عملی کے بنیادی پتھر کی حیثیت مسلح جدوجہد کو حاصل تھی۔اس کے اہداف خارجی طور پر امریکا، فرانس اور اسرائیل تھے، جب کہ لبنان کو ولایت فقیہ کے تصور کے تحت ایک اسلامی ریاست بنانا مقصود تھا جو شرق اوسط میں 'عظیم تر اسلامی ریاست' کا ایک جزو ہوگی۔لبنان کے مسیحی گروہوں کو امریکا اور اسرائیل کی کٹھ پتلی قرار دیتے ہوئے ان کے بارے میں شدید تحفظاتی موقف اپنایا گیا۔حزب اللہ نے کہا کہ وہ لبنان کے مسیحیوں یا اہل سنت کی طرف سے تجویز کردہ کسی سیاسی منہج میں شریک ہونے پر یقین نہیں رکھتی اور اس کی

بجائے 'دوسروں' کو چاہیے کہ وہ حزب اللہ کے 'اسلامی پروگرام' کے تحت اپنے لیے کردار کا انتخاب کریں۔ شرق اوسط کے عرب ممالک کو رجعت پسند اور شکست خوردہ کہا گیا، عرب حکومتوں کو اسرائیل کے خلاف موثر مزاحمت کی راہ میں ایک بڑی رکاوٹ تصور کیا گیا اور ان ممالک کے عوام کو حزب اللہ کی طرف سے یہ دعوت اور پیغام دیا گیا کہ وہ اپنے حکمرانوں کے خلاف اٹھ کھڑے ہوں۔ گویا حزب اللہ کے ابتدائی سیاسی زاویہ نظر اور سوچ کی تشکیل سرتا سر ایرانی انقلاب کے توسیع پسندانہ افکار کے زیر اثر ہوئی تھی۔

ظاہر ہے کہ یہ ایک تخیلاتی اور رومانوی اسکیم تھی جسے ایک جذباتی فضا پیدا کرنے کے لیے تو استعمال کیا جا سکتا تھا، لیکن زمینی حقائق کی روشنی میں اس کے حقیقتاً روبہ عمل ہونے کا کوئی امکان نہیں تھا، چنانچہ 'معاہدۂ طائف' کے بعد کی صورت حال میں جب حزب اللہ نے لبنانی سیاست میں حصہ لینے کا فیصلہ کیا تو اسے اپنے اس انقلابی پروگرام میں انقلابی تبدیلی پیدا کرنا پڑی اور لبنان کے محدود سیاسی تناظر میں اپنے اہداف اور عملی کردار کا از سر نو تعین اس کے لیے ناگزیر قرار پایا۔ عربی ومغربی صحافت میں حزب اللہ کے اس فکری ارتقا کو 'لبننۃ حزب اللہ' (Lebononization of Hizoballah) کا عنوان دیا جاتا ہے۔ حزب اللہ کے قائد حسن نصر اللہ نے ایک موقع پر اس کی وضاحت کرتے ہوئے کہا کہ ''ہم سمجھتے ہیں کہ ایک اسلامی ریاست کے قیام کے لیے یہ ضروری ہے کہ عوام کی ایک بہت بڑی اکثریت اس کی خواہش رکھتی ہو۔ ہم اکیاون فیصد اکثریت کی نہیں بلکہ بہت بڑی اکثریت کی بات کر رہے ہیں۔ یہ صورت حال لبنان میں نہیں پائی جاتی اور غالباً کبھی نہیں پائی جائے گی۔''

۴۔ حزب اللہ روز اول سے ایک تسلسل کے ساتھ یہ کہتی آئی ہے کہ اس کا ہدف ریاست اسرائیل کو صفحۂ ہستی سے نابود کرنا ہے، چنانچہ اس نے اسرائیل کے وجود کو مستقل طور پر تسلیم کرنا تو درکنار، اس کے ساتھ امن مذاکرات کو بھی خارج از امکان قرار دیا۔ اسی وجہ سے ۱۹۹۳ء میں یاسر عرفات نے اوسلو معاہدے کے تحت اسرائیل کے وجود کو تسلیم کر لیا تو حزب اللہ نے انھیں مسلمانوں کے ساتھ غداری کا مرتکب قرار دیا تاہم بعد کے عرصے میں حسن نصر اللہ کے متعدد بیانات اس موقف سے مختلف رجحان کی نشان دہی کرتے ہیں۔ مثلاً ۲۰۰۰ء میں لبنان سے اسرائیلی فوجوں کے انخلا کے بعد حسن نصر اللہ نے بنت جبیل میں ایک بہت بڑے اجتماع سے خطاب کرتے ہوئے اس طرف اشارہ کیا کہ حزب اللہ 'القدس' کی آزادی کے لیے اسرائیل کے خلاف کسی عسکری کارروائی میں شریک نہیں ہوگی۔ اسی طرح مجلس امن قومی کے سیکرٹری جنرل حسن روحانی نے کہا کہ اگر اسرائیل لبنان کے شبعا کے علاقے سے بھی نکل جائے تو حزب اللہ کی طرف سے اس کے خلاف عسکری کارروائیوں کو جاری رکھنے کا کوئی جواز باقی نہیں رہے گا، کیونکہ حزب اللہ کی مقاومت سرزمین لبنان تک محدود ہے۔ (ماذا تعرف عن حزب اللہ، ۹۸)

۲۰۰۳ء میں ایک انٹرویو میں حسن نصر اللہ سے پوچھا گیا کہ فلسطینیوں اور اسرائیل کے مابین مذاکرات کی تجدید کے بارے میں وہ کیا کہتے ہیں تو انھوں نے کہا کہ وہ کسی ایسے معاملے میں مداخلت نہیں کرنا چاہتے جو بنیادی طور پر ایک 'فلسطینی مسئلہ' ہے۔ اسی طرح ۲۰۰۴ء میں ان سے سوال کیا گیا کہ اگر فلسطینی اور اسرائیل دو ریاستوں کے قیام پر باہم متفق ہو جائیں تو کیا وہ اسے قبول کر لیں گے؟ اس کے جواب میں حسن نصر اللہ نے کہا کہ وہ اس کو

سبوتاژ نہیں کریں گے، کیوں کہ یہ ایک 'فلسطینی مسئلہ' ہے۔ حسن نصر اللہ نے یہ بھی کہا کہ لبنان کی حدود سے باہر وہ اسرائیلی فورسز کے خلاف صرف دفاع کی غرض سے لڑیں گے اور یہ کہ حزب اللہ کے میزائل دراصل لبنان پر اسرائیل کے حملوں کو روکنے کے لیے ہیں۔

حزب اللہ کی پالیسی میں اسی تبدیلی کے ردعمل کے طور پر صبحی طفیلی، جو حزب اللہ کے بانیوں میں سے تھے اور اس کے سیکرٹری جنرل کے عہدے پر فائز رہے، اس سے الگ ہو گئے اور ۲۰۰۳ء میں نیو ٹی وی چینل کو انٹرویو دیتے ہوئے انھوں نے کہا کہ ۹۰ء کی دہائی میں ایران کے سیاسی مؤقف میں تبدیلی پیدا ہونا شروع ہوئی اور ۱۹۹۳ء اور ۱۹۹۶ء کے امن معاہدوں میں، ایرانی وزیر خارجہ کی موجودگی میں اسرائیل کو فلسطین میں پرامن وجود کی یقین دہانی کرائی گئی اور اسی مفاہمت کے تحت اسرائیل نے جنوبی لبنان سے اپنی فوجیں نکالنا شروع کیں۔ صبحی طفیلی نے کہا کہ اس کا مطلب عملاً یہ بنتا ہے کہ حزب اللہ نے اب اسرائیل کی (شمالی) سرحدوں کی حفاظت کا کردار قبول کر لیا ہے۔ صبحی طفیلی نے کہا کہ اگر کوئی شخص اس بات کو پرکھنا چاہے تو وہ اسلحہ لے کر اسرائیلی سرحدوں کی طرف جائے اور دشمن کے خلاف کوئی عسکری کارروائی کرنے کی کوشش کرے، اسے معلوم ہو جائے گا کہ حزب اللہ کے لوگ اس کے ساتھ کیا سلوک کرتے ہیں۔ انھوں نے کہا کہ بہت سے افراد جو اس غرض سے گئے تھے، وہ حزب اللہ کے ہاتھوں گرفتار ہو کر اب جیلوں میں پڑے ہیں۔ (ماذا تعرف عن حزب اللہ، ۱۰۱ تا ۱۰۴)

۲۰۰۶ء میں حزب اللہ کے ہاتھوں اسرائیلی فوجیوں کی گرفتاری کے بعد اسرائیل نے ۳۴ دن تک بمباری کر کے لبنان کا پورا انفرا اسٹرکچر تباہ کر دیا۔ جنگ کے خاتمے کے بعد حسن نصر اللہ نے ۲۷ جولائی ۲۰۰۶ء کو لبنان کے ٹی وی چینل New Tv کو انٹرویو دیتے ہوئے کہا کہ اگر ایک فیصد بھی اس بات کا اندازہ ہوتا کہ اسرائیلی فوجیوں کی گرفتاری کے نتیجے میں لبنان کو اس قدر تباہی کا سامنا کرنا پڑے گا تو ایسا نہ کیا جاتا۔ حسن نصر اللہ نے کہا کہ وہ اسرائیل کے ساتھ جنگ کے ایک اور راؤنڈ کا ارادہ نہیں رکھتے۔ (ماذا تعرف عن حزب اللہ، ۹۴، ۹۵)

حزب اللہ کی عسکری جدوجہد کا تقابل اگر ہم اپنے یہاں کی جہادی تحریکات سے کریں تو اتفاق اور اختلاف کے کئی پہلو سامنے آتے ہیں۔

اس بات میں دونوں کا اشتراک ہے کہ دونوں کا تنظیمی ڈھانچہ ریاستی نظام کے براہ راست کنٹرول میں نہیں اور ایک مستقل، متوازی اور آزاد سیٹ اپ کا درجہ رکھتا ہے۔ اسی وجہ سے دونوں اپنی جدوجہد کا لائحہ عمل نظم اجتماعی کے فیصلوں اور پالیسیوں کے تابع اور ان کا پابند سمجھنے کے بجائے اپنے مخصوص تصورات کی روشنی میں طے کرنا چاہتے ہیں۔ البتہ ایک فرق یہ ہے کہ لبنان میں حزب اللہ کے وجود میں آنے اور طاقت پکڑنے کا عمل بنیادی طور پر ایک ایسے وقت میں ہوا جب لبنان خانہ جنگی کا شکار تھا، مختلف مذہبی گروہوں پر ریاست کا اختیار اور کنٹرول نہ ہونے کے برابر تھا اور ہر گروہ کے پاس اپنی اپنی استعداد اور صلاحیت کے مطابق سیاسی وعسکری تنظیم کے کھلے مواقع موجود تھے، چنانچہ حزب اللہ نے شام اور ایران کی سیاسی، عسکری اور مالی مدد سے اپنے آپ کو منظم کیا۔ ہمارے یہاں صورت حال مختلف تھی۔ یہاں ریاستی نظم بھی مستحکم تھا اور فوج بھی ایک طاقت ور ادارے کے طور پر پوری

طرح منظم تھی۔ فوجی قیادت نے ہی مخصوص سیاسی وتزویراتی مفادات کے پیش نظر عسکری گروہوں کی تشکیل اور ان کی تربیت وتنظیم کا فریضہ انجام دیا، لیکن ایک تو ان عناصر پر دوٹوک انداز میں یہ واضح کرنے کی بجائے کہ ان کی خدمات ایک مخصوص دائرے میں ریاست پاکستان کی پالیسیوں اور مفادات کے دائرے میں ہی مطلوب ہے، نہایت غیر حکیمانہ طریقہ اختیار کیا گیا جس کے تحت مسلسل دو دہائیوں تک نوجوان مذہبی نسل کو یہ خواب دکھایا گیا کہ عالمی سطح پر جہاد کے احیا کا عمل شروع ہو رہا ہے جو دنیا کی تمام کافر طاقتوں کو نابود کر کے اسلام کے عالمی غلبے پر منتج ہوگا، حالاں کہ استعمال کرنے والی طاقتوں کے نزدیک ان عناصر کا حقیقی کردار اپنے اہداف کے از خود تعین کرنے کا نہیں بلکہ محض اوپر سے معین کردہ اہداف کی تکمیل کے لیے اپنی خدمات پیش کرنے کا تھا۔ اس دوغلے پن کی وجہ سے جب ریاست کو معروضی حالات کے تناظر میں اپنی پالیسیوں کا رخ بدلنا پڑا جو جہادی عناصر کی ترجیحات اور اہداف سے مختلف تھا تو بالکل فطری طور پر پاکستانی ریاست اور عسکری ادارے بھی ان کے نزدیک دشمن کی فہرست میں شامل ہو گئے۔

ایک اور اہم فرق یہ بھی تھا کہ حزب اللہ نے لبنان کے مخصوص حالات میں مختلف عوامل کے تحت بتدریج عسکری مزاحمت کرنے والی واحد اسلامی تنظیم کی حیثیت اختیار کر لی۔ لبنان میں موجود فلسطینی مزاحمت کاروں کا اخراج حزب اللہ کے وجود میں آنے سے قبل ہو چکا تھا۔ اگرچہ ابتدا میں مقامی طور پر بہت سے دوسرے گروہ بھی اسرائیل کے خلاف مزاحمت کے لیے سامنے آئے، بلکہ حزب اللہ سے پہلے اہل تشیع کی سیاسی نمائندگی کرنے والی بڑی تنظیم 'امل' کی طرف سے بھی حزب اللہ کو پر تشدد مزاحمت کا سامنا کرنا پڑا، لیکن بتدریج ایسا ہوا کہ اسرائیل کے خلاف مزاحمت اور لبنانی سیاست میں اہل تشیع کی پرزور نمائندگی کا جذبہ رکھنے والے عناصر حزب اللہ کے پرچم تلے جمع ہوتے گئے اور بعض داخلی اختلافات کے باوجود حزب اللہ ایک متحد قیادت کا تاثر پیدا کرنے میں کامیاب رہی۔ اس کے برعکس ہمارے یہاں مختلف عسکری تنظیموں کی تشکیل اور الگ الگ اور باہم منقسم گروہوں کے طور پر ان کی بقا چونکہ خفیہ ہاتھوں کی مرہون منت تھی، اس لیے جہادی عناصر کسی ایک متحد طاقت کا تاثر پیدا کرنے میں ناکام رہے اور عملاً یہ ہوا کہ نئے حالات میں ان میں سے کچھ نے مستقبل کی امیدوں اور وعدوں کے سہارے، ریاست کے ساتھ ہم آہنگی اور موافقت کا راستہ اختیار کیا، کچھ عملاً غیر متحرک ہو گئے اور کچھ ریاست کے خلاف باقاعدہ محاذ آرائی کے راستے پر چل پڑے۔

قیادت کی ذہنی وفکری سطح، ذہانت کے معیار (Calibre) اور پختہ کاری کے حوالے سے جو فرق سامنے آتا ہے، اسے بھی نظر انداز نہیں کیا جا سکتا۔ ماضی قریب میں عالم اسلام کے مختلف خطوں میں عسکری جدوجہد منظم کرنے والی تحریکوں میں جس حقیقت پسندی کا اظہار ہمیں مثال کے طور پر امیر عبد القادر الجزائری، امام شامل اور خود برصغیر میں ۱۸۵۷ء کی جنگ میں شکست کھانے والے قائدین کے ہاں ملتا ہے، حزب اللہ کی قیادت بھی بڑی حد تک اسی حقیقت پسندی کا ثبوت دینے میں کامیاب رہی ہے اور اس کا تعلق خلیج اور شرق اوسط میں شیعہ سیاسی قیادت کے مجموعی فہم وبصیرت سے بھی جوڑا جا سکتا ہے۔ ایرانی قیادت نے گزشتہ تیس سال کے عرصے میں نہ صرف

اپنے ملک کا تحفظ کیا اور امریکا، عراق اور عرب ممالک کے ساتھ سیاسی مخاصمت کے باوجود اپنے وجود کو برقرار رکھا ہے بلکہ خطے میں اپنے سیاسی اثر و نفوذ کو بھی مستحکم کرنے میں کامیاب ہوئی ہے۔ عراق کی شیعہ مرجعیت نے امریکی حملے پر جذباتی اور سطحی ردعمل ظاہر کرتے ہوئے شدت پسند عناصر کا ساتھ دینے کی بجائے اسے عراقی اہل تشیع کے سیاسی حقوق اور سیاسی کردار کی بحالی کا ایک موقع سمجھتے ہوئے حملہ آور طاقت کے ساتھ تعاون کرنے اور اقتدار میں شریک ہو جانے کا مقصد حاصل کیا ہے اور لبنان کی حزب اللہ ابتدائی جذباتی مرحلے سے گزرنے کے بعد عملی بصیرت اور فراست کا اظہار کرتے ہوئے لبنان کی ایک ایسی سیاسی قوت کا روپ دھار چکی ہے جسے کسی حال میں نظر انداز نہیں کیا جا سکتا۔

[بشکریہ 'تجزیات آن لائن'، یکم جولائی ۲۰۱۷]